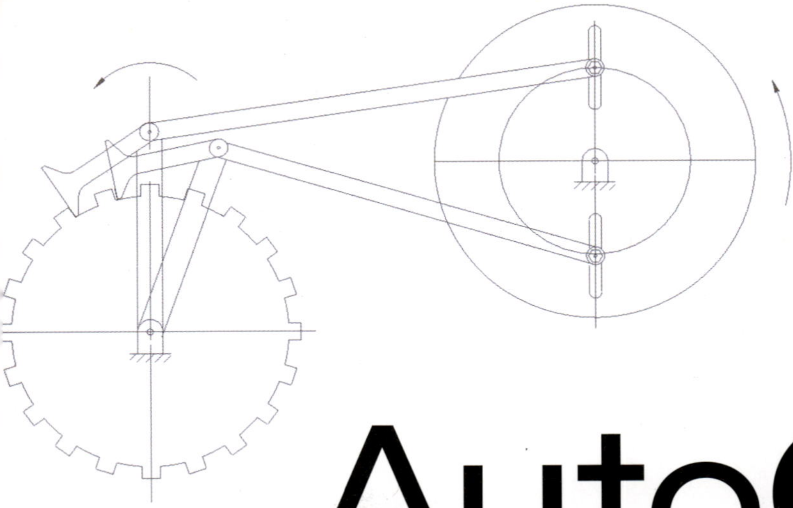

# AutoCAD

## AutoCAD Practice 실습 및 실무

장승호 저

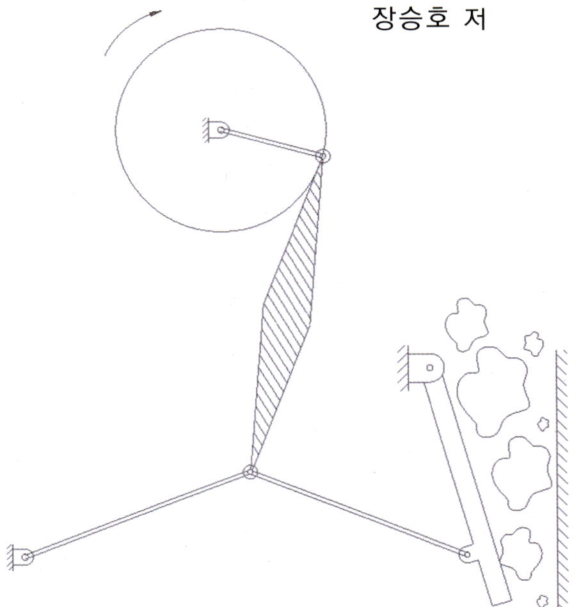

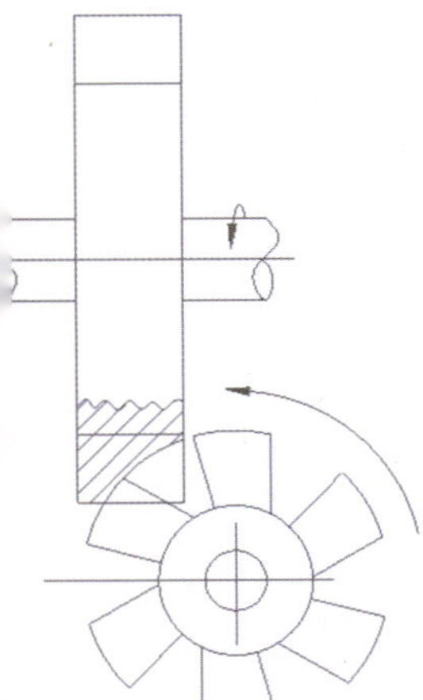

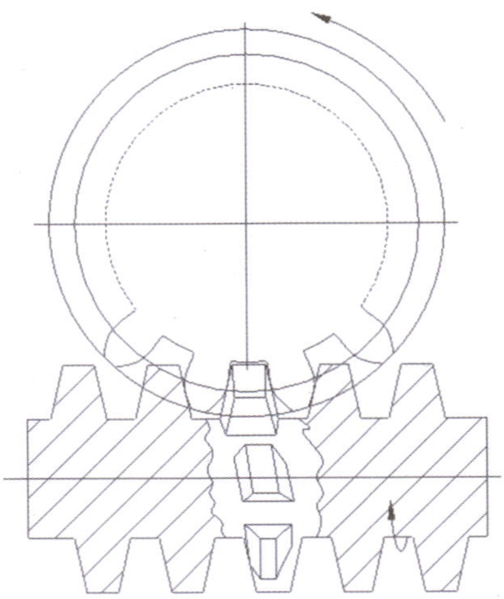

도서출판
구미서관

# PREFACE

캐드시스템(CAD System)은 기계, 건축/토목, 전기/전자 등 각종 산업분야에서 다양하게 사용되고 있으며, 현재 전 세계적으로 매우 많은 종류의 캐드용 소프트웨어가 연구/개발되어 상용화되고 있다. 이들 각종 캐드용 소프트웨어 중에서도 오토캐드(AutoCAD)는 미국, 일본을 비롯한 대부분의 선진국에서 캐드의 표준처럼 자리 잡고 있다. 따라서 오토캐드의 사용법과 원리를 잘 익히면, 급속히 발달하고 있는 캐드기술을 이해하고 날로 발전하는 각종 상용 캐드 소프트웨어에 대한 손쉬운 접근과 보다 발전된 방향으로의 캐드기술의 응용문제를 푸는 데 큰 도움이 되리라고 생각한다. 그러나 기존의 오토캐드 관련 책들은 분량이 너무 많고, 내용설명이 너무 복잡하여 학생들이 그 핵심내용을 공부하는 데 어려움이 많았다. 이 교재는 오토캐드의 원활하고 효율적인 사용방법을 학생들로 하여금 쉽게 터득하게 하기 위하여, 학생들이 한 번만 이 책을 처음부터 끝까지 차근차근 따라 하면, 누구나 혼자서도 오토캐드를 쉽게 익힐 수 있도록 가능하면 많은 그림을 삽입하여 집필하였다. 또한, 이 교재에서는 컴퓨터 그래픽스 및 캐드시스템에 관한 원리적이며 기초적인 내용을 실습을 통해 매우 쉽게 이해할 수 있도록 그 내용을 구성하였다. 이 교재의 PART 1 “2차원 도면작성”에서는 산업현장에서 사용되는 각종 도면 작성법을 보다 효율적으로 습득하기 위한 방법에 치중하였으며, PART 2 “3차원 형상모델링”에서는 와이어프레임 모델, 서피스 모델 및 솔리드 모델을 쉽게 습득하는 방법을 다루었다. 또한, PART 3 “도면실습”에서는 산업현장에서 필요로하는 각종 도면을 직접 독자적으로 드려볼 수 있도록 하였다. 이 교재는 기계, 건축/토목, 전기/전자 등을 주전공으로 하고 있는 공과대학 학생들 및 캐드시스템을 혼자 공부하는 독학생이 충분히 실습/복습을 해볼 수 있는 책이 되리라고 확신한다.

2023년 2월

저자 **장승호**

CONTENTS

PART

# 1

# 2차원 도면작성
(2D drawing)


1. 오토캐드(AutoCAD) 시작하기 2

1.1 오토캐드 화면 각부의 명칭 3
1.2 작업공간(work space) 지정하기 7
1.3 새로운 도면파일 만들기_NEW(명령어) 8
1.4 새로 만든 도면 저장하기_SAVE 10
1.5 새로 만든 도면 열기_OPEN 11
1.6 인쇄하기_PRINT, PLOT 13
1.7 종료하기_QUIT 15

2. 좌표계 및 기본설정(스냅, 그리드, 특성, 줌, 팬 등) 16

2.1 좌표계_COORDINATE 16
2.2 그리드_GRID 및 스냅_SNAP 23
2.3 직교모드 와 극좌표추적 25
2.4 객체스냅_OSNAP 27
2.5 특성_PROPERTIES 29
2.6 명령취소_UNDO 및 명령복구_REDO 31
2.7 줌_ZOOM 32
2.8 팬_PAN 34
2.9 도면 윈도우의 바탕색 바꾸기 35
2.10 십자선 크기 바꾸기 38

3. 그리기 40

3.1 선_LINE 40
3.2 광선_RAY 및 구성선_CONSTRUCTION LINE 42
3.3 폴리선_POLYLINE 45
3.4 여러줄선_MULTILINE 47
3.5 직사각형_RECTANGLE 49
3.6 폴리곤_POLYGON 51
3.7 선의 종류_LINE TYPE 및 굵기_LINE WEIGHT 53
3.8 점_POINT 56
3.9 등분할_DIVIDE 58
3.10 길이 분할_MEASURE 59
3.11 원_CIRCLE 60
3.12 호_ARC 64
3.13 타원_ELLIPSE 67
3.14 도넛_DONUT 70
3.15 Fill 명령 71
3.16 스플라인_SPLINE 곡선 72
3.17 해치_HATCH, 그라데이션_GRADIENT 및 경계 _BOUNDARY 76
3.18 영역_REGION 81
3.19 유틸리티_UTILITIES 82

4. 수정(객체 편집) 85

4.1 객체선택_SELECT 85
4.2 객체선택을 이용한 형상(특성) 변경 및 이동 89
4.3 지우기_ERASE 90
4.4 이동_MOVE 91
4.5 복사_COPY 93
4.6 회전_ROTATE 95
4.7 자르기_TRIM 97
4.8 연장_EXTEND 99
4.9 길이조정_LENGTHEN 100
4.10 분해_EXPLODE 101
4.11 끊기_BREAK 102

4.12 결합_JOIN 104
4.13 대칭_MIRROR 105
4.14 축척_SCALE 106
4.15 간격띄우기_OFFSET 108
4.16 배열_ARRAY 110
4.17 모깍기_FILLET 114
4.18 모따기_CHAMFER 115
4.19 신축_STRETCH 117
4.20 중복객체 삭제_OVERKILL 118

5. 주석, 치수, 도면층, 블록 120

5.1 여러줄 문자_MULTILINE TEXT 120
5.2 단일행 문자_SINGLE LINE TEXT 123
5.3 치수_DIMENSION 125
5.4 도면층_LAYER 142
5.5 블록_BLOCK 145


PART

# 2

# 3차원 형상모델링
(3D geometric modeling)


1. 와이어프레임 모델(Wire frame model) 152

1.1 3차원 좌표계 152
1.2 뷰 포인트_VPOINT 153
1.3 탐색막대, 뷰 큐브, 궤도 155
1.4 스티어링 휠_NAVSWHEEL 157
1.5 3차원 뷰 표시방법 158
1.6 프리즘 형상 입력(와이어 프레임 모델) 159
1.7 사용자 좌표계_UCS 161
1.8 뷰 포트_VPORTS 167

2. 서피스 모델(Surface Model) 175

2.1 평면형_PLANESURF 175
2.2 3D 면_3DFACE (3차원 면 생성하기) 176
2.3 모서리_EDGE 179
2.4 3차원 메쉬_3DMESH 180
2.5 돌출객체_EXTRUDE 182
2.6 직선보간 표면_RULESURF 183
2.7 선의 수 변경_SURFTAB1 & SURFTAB2 186
2.8 방향벡터 표면_TABSURF 188
2.9 회전 표면_REVSURF 190
2.10 모서리 표면_EDGESURF 192
2.11 네트워크 표면_SURFNETWORK 194
2.12 스윕_SWEEP 196
2.13 로프트_LOFT 198

3. 솔리드 모델(Solid Model) 200

3.1 프리미티브(Primitive) 200
3.2 돌출객체_EXTRUDE 210
3.3 눌러당기기_PRESSPULL 211
3.4 폴리솔리드_POLYSOLID 212
3.5 회전 솔리드_REVOLVE 214
3.6 솔리드 편집 및 수정 217
3.7 부드러운 객체_MESHSMOOTH 228
3.8 3D 대칭_MIRROR3D 230
3.9 3D 배열_ARRAY 232

PART

# 3

# 도면실습
(AutoCAD Drawing Practice)

---


| | |
|---|---|
| 실습 01 원 그리기 | 236 |
| 실습 02 원 그리기 | 237 |
| 실습 03 자르기 | 238 |
| 실습 04 자르기 | 239 |
| 실습 05 모깎기 | 240 |
| 실습 06 모따기 | 241 |
| 실습 07 대칭 | 242 |
| 실습 08 타원 | 243 |
| 실습 09 배열 | 244 |
| 실습 10 기본 명령어 연습 | 245 |
| 실습 11 기본 명령어 연습 | 246 |
| 실습 12 기본 명령어 연습 | 247 |
| 실습 13 기본 명령어 연습 | 248 |
| 실습 14 기본 명령어 연습 | 249 |
| 실습 15 기본 명령어 연습 | 250 |
| 실습 16 기본 명령어 연습 | 251 |
| 실습 17 명령어 연습 | 252 |
| 실습 18 명령어 연습 | 253 |
| 실습 19 명령어 연습 | 254 |
| 실습 20 명령어 연습 | 255 |
| 실습 21 명령어 연습 | 256 |
| 실습 22 명령어 연습 | 257 |
| 실습 23 명령어 연습 | 258 |
| 실습 24 명령어 연습 | 259 |
| 실습 25 명령어 연습 | 260 |
| 실습 26 명령어 연습 | 261 |

실습 27 명령어 연습 262
실습 28 명령어 연습 263
실습 29 명령어 연습 264
실습 30 명령어 연습 265
실습 31 명령어 연습 266
실습 32 명령어 연습 267
실습 33 명령어 연습 268
실습 34 명령어 연습 269
실습 35 명령어 연습 270
실습 36 도면연습 271
실습 37 도면연습 272
실습 38 도면연습 273
실습 39 도면연습 274
실습 40 도면연습 275
실습 41 도면연습 276
실습 42 도면연습 277
실습 43 도면연습 278
실습 44 도면연습 279
실습 45 3차원 연습(부울 연산: 속이 뚫린 구 만들기) 280
실습 46 3차원 연습(직선보간 표면: 간이 의자 만들기) 281
실습 47 3차원 연습(모서리 표면: 간이 천막 만들기) 281
실습 48 3차원 연습(회전된 표면) 282
실습 49 3차원 연습(회전 솔리드) 282
실습 50 3차원 연습(슬라이스 – 표면(S)) 283
실습 51 연습(3차원: 복합기어 트레인) 283
실습 52 도면(실습 36)으로부터 3차원 형상 만들기 284
실습 53 도면(실습 37)으로부터 3차원 형상 만들기 284
실습 54 도면(실습 38)으로부터 3차원 형상 만들기 285
실습 55 도면(실습 39)으로부터 3차원 형상 만들기 285
실습 56 도면(실습 40)으로부터 3차원 형상 만들기 286
실습 57 도면(실습 41)으로부터 3차원 형상 만들기 286
실습 58 도면(실습 42)으로부터 3차원 형상 만들기 287
실습 59 도면(실습 43)으로부터 3차원 형상 만들기 287
실습 60 도면(실습 44)으로부터 3차원 형상 만들기 288

# 부록


부록 A. 배치(layout) 인쇄법 290

부록 B. 제도법 297

1. 제도의 정의 297
2. 단면도, 정투상법 및 등각투상법 300
3. 도면의 양식 303

부록 C. 오토캐드에서 사용되는 명령어 및 단축키 305

부록 D. CAD 관련용어 해설 325

PART

# 1

# 2차원 도면작성

## (2D drawing)

1. 오토캐드(AutoCAD) 시작하기 | 2. 좌표계 및 기본설정(스냅, 그리드, 특성, 줌, 팬 등) | 3. 그리기 | 4. 수정(객체 편집) | 5. 주석, 치수, 도면층, 블록

# 1. 오토캐드(AutoCAD) 시작하기

오토캐드는 2D도면작성 및 3D모델링 작업에 사용되는 컴퓨터 지원 설계(CAD : Computer Aided Design) 프로그램이다. 이 프로그램은 기계, 건축/토목, 전기/전자 등 우리 주변의 거의 모든 산업분야에서 사용할 수 있는 범용 설계프로그램이며, 오토캐드 소프트웨어의 파일 형식은 서로 다른 기종의 CAD 프로그램 간에 도면 데이터를 주고/받음에 있어서 표준 형식으로 사용되고 있다. 오토캐드에서는 모든 도면(형상)을 실제 크기로 작도(도면작성)하고 출력 단계에서 척도에 맞게 확대/축소하여 출력할 수 있도록 되어 있다.

먼저 오토캐드를 실행하면, 다음 그림과 같은 초기화면이 나타나며, 여기에서 화면 왼쪽 위의 [시작]탭에 있는 [새로만들기]를 클릭하면, "처음 도면작업 화면"으로 넘어간다.

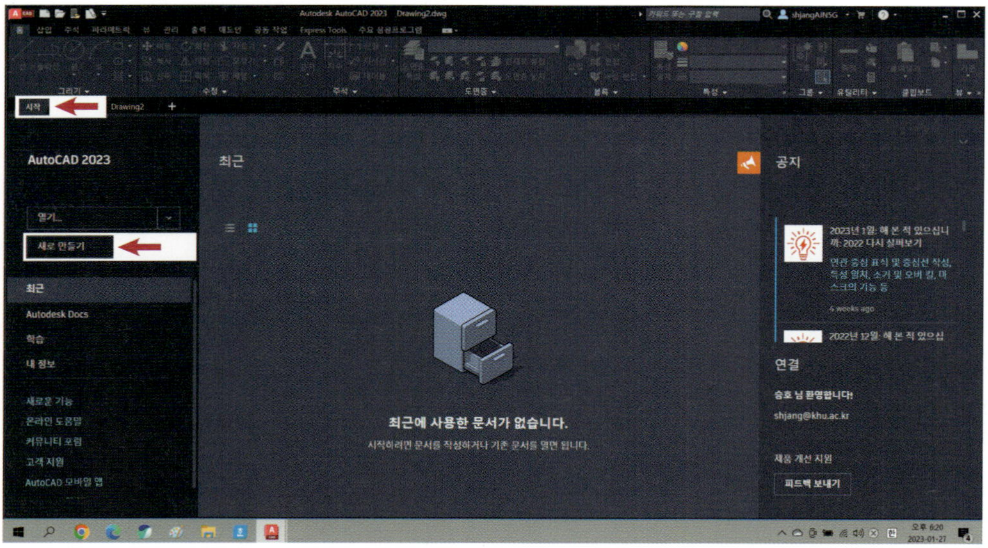

## 1.1 오토캐드 화면 각부의 명칭

다음 그림은 오토캐드의 초기화면이며, 신속접근 도구막대, 메뉴 막대(풀다운 메뉴), 리본메뉴, 도면 윈도우, 명령 윈도우, 상태막대로 구성되어 있다.

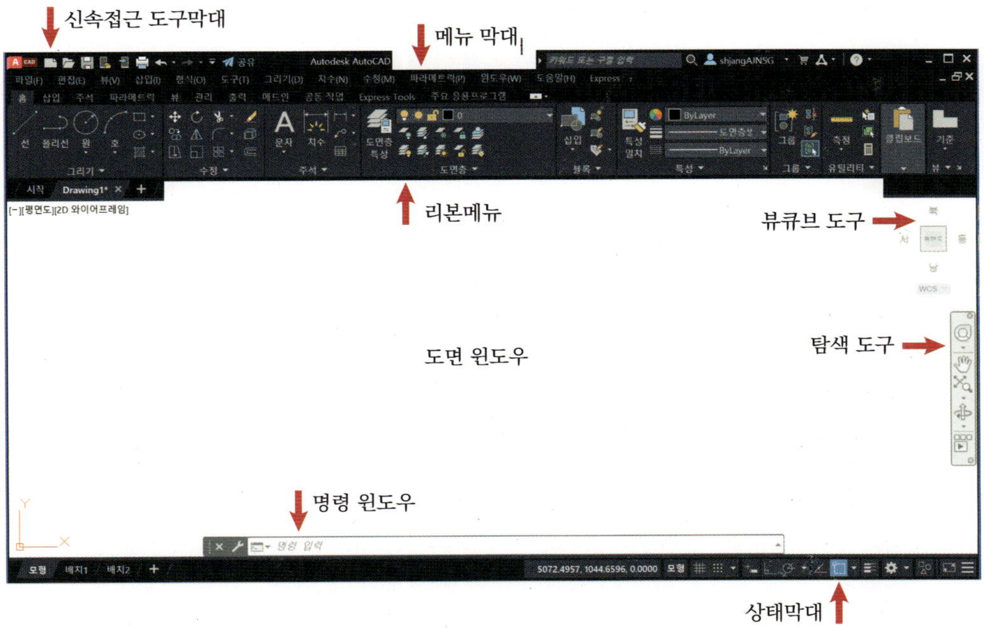


### A) 리본 메뉴

리본메뉴는 도면의 드로잉과 편집 등에 필요한 다양한 명령어로 구성된 메뉴이다. 원하는 명령 아이콘에 마우스 커서를 올려놓으면 간단한 사용방법이 나타나며, 이를 클릭하면 명령이 실행된다. 화면 하단의 명령윈도우에 명령 : ribbon Enter 또는 명령 : ribbonclose Enter 를 입력하면 리본메뉴를 화면상에 표시할 수도 있고, 없앨 수도 있다.

## B) 메뉴 막대

메뉴 막대는 신속접근 도구막대( )에서 메뉴 막대 표시, 메뉴 막대 숨기기를 누르므로 서 메뉴 막대를 표시하거나 숨길 수 있다. 이는 파일, 편집, 뷰, 삽입, 형식, 도구, 도면설정, 화면구성설정, 플롯설정 등 다양한 옵션의 설정과 도면 드로잉과 편집이 가능한 다양한 명령어를 선택할 수 있는 메뉴이다.

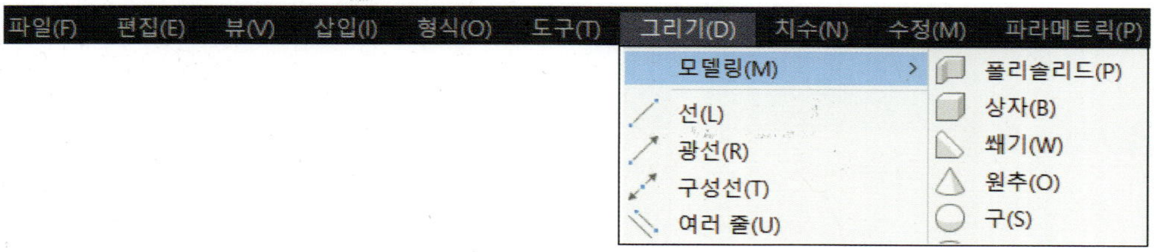


## C) 명령 윈도우

사용자가 명령어를 직접 입력하여 도면을 드로잉하기 위한 윈도우이다. 입력한 명령어에 대한 실행결과, 옵션사항, 실행에러 등을 표시하여 준다. [Ctrl+9]을 누르면 명령 윈도우가 나타나기도 하고 사라지기도 한다.

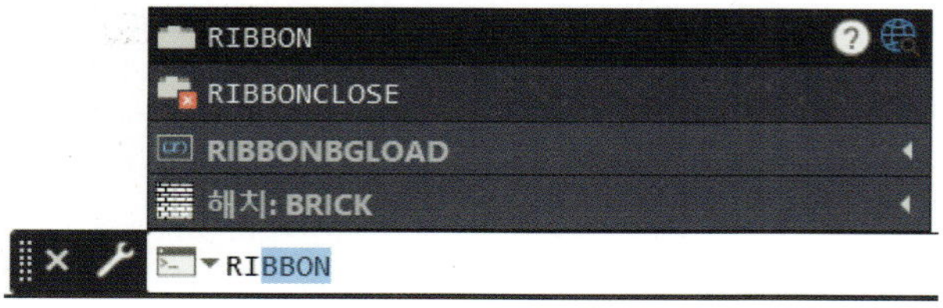


## D) 신속접근 도구막대

신속접근 도구 막대는 자주 사용하는 도구에 신속하게 접근할 수 있도록 만들어 놓은 막대이다.

## E) 상태 막대

상태막대는 현재의 작업설정 상태를 나타내며, 모눈, 직교, 극좌표, 객체 스냅 등의 설정 상태와 현재 커서의 위치 좌표가 표시된다.

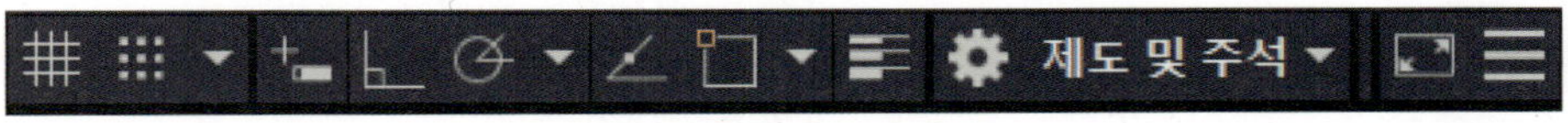


## F) 응용프로그램 아이콘(A CAD)

응용프로그램 아이콘을 이용하면 새로만들기, 열기, 저장, 인쇄, 옵션, 닫기 등을 쉽게 할 수 있다.

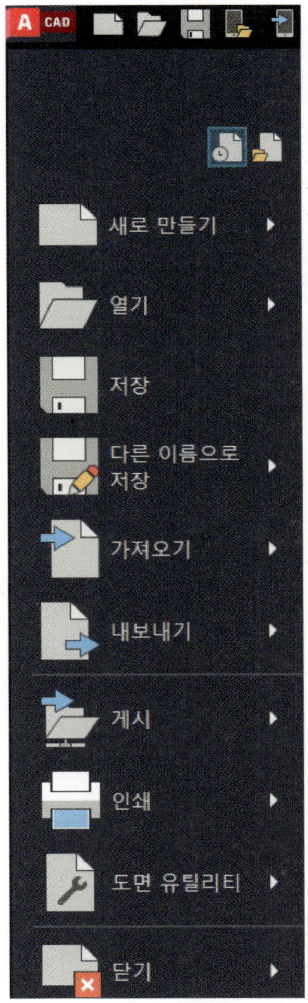

표 1 | 명령 입력방법

| 리본 메뉴로 입력 | 리본메뉴와 마우스를 이용하여 해당 아이콘을 직접 클릭한다. |
| --- | --- |
| 메뉴 막대로 입력 | 메뉴 막대와 마우스를 이용하여 필요한 명령어를 직접 선택한다. |
| 키보드로 입력 | 명령 윈도우를 통하여 키보드를 이용하여 명령어를 입력한 다음, Enter↵키를 누른다. 단, 명령입력에 있어서는 대문자, 소문자를 가리지 않는다. 명령 윈도우를 통하여 키보드로 명령어를 직접 입력하는 것이, 리본메뉴로 입력하거나 메뉴 막대로 입력하는 것보다 도면 드로잉 시 효율적일 수 있으므로 자주 쓰이고 간단한 명령어는 숙지하는 것이 좋다(부록 참조). |

## 1.2 작업공간(work space) 지정하기

▶ 명령어 선택

| 작업공간 | 신속접근 도구막대 | 작업공간_ 제도 및 주석 _선택 |
|---|---|---|
| | 상태 막대 | 작업공간_ 제도 및 주석 _선택 |

2차원 도면 작성(2D drawing)을 하기 위해서는 그림과 같이 작업공간_전환에서 "제도 및 주석"을 선택하면 된다. 또한, 이 교재의 PART 2"3차원 형상 모델링(3D geometric modeling)"을 하기 위해서는 "3D 기본사항 또는 3D 모델링"을 선택하면 된다.

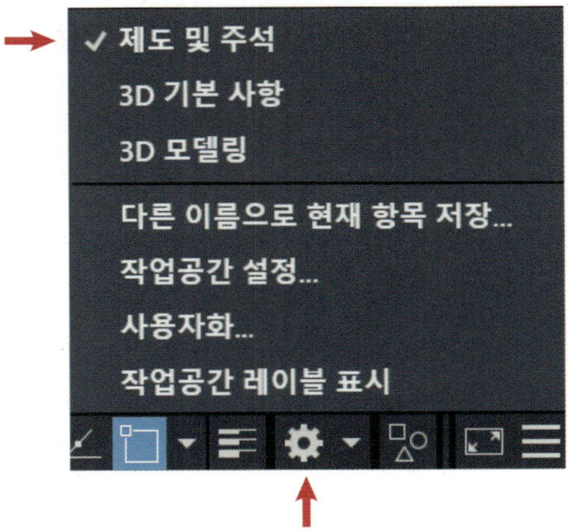

## 1.3 새로운 도면파일 만들기_NEW(명령어)

▶ 명령어 선택

| 새로운 도면파일 만들기 | 신속접근 도구막대 | 새로 만들기(□)_아이콘 |
|---|---|---|
| | 메뉴 막대 | 파일(F)-새로 만들기 |

아래 그림과 같이 템플릿(template)폴더에서 새 도면을 작성하기 위한 템프릿(예를 들어 acadiso.dwt(2D 도면작성), acadiso3D.dwt(3D 형상모델링) 등)을 선택하고, 열기를 클릭(또는 더블 클릭)하여 새 도면을 준비하면, 도면작성하기 매우 편리하다.

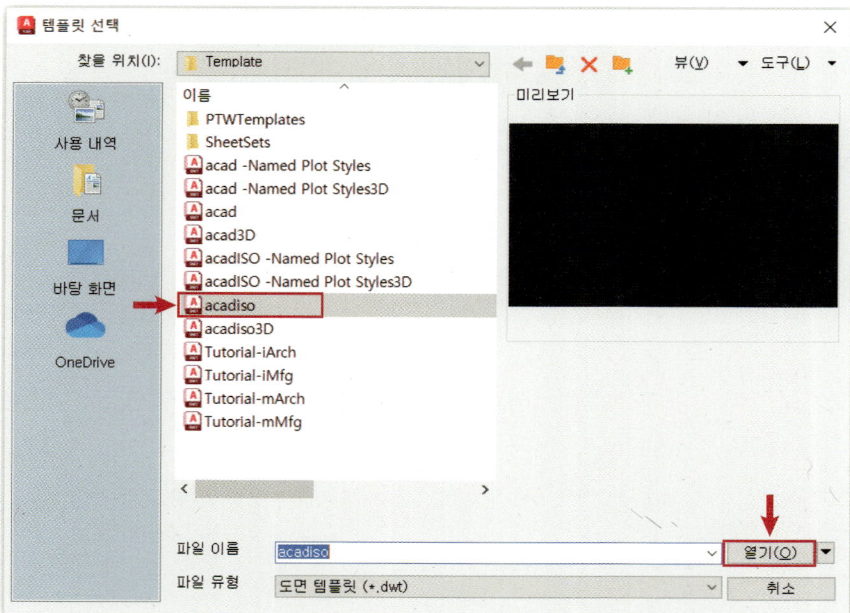

다음 그림과 같이 대표적인 도형으로서 삼각형, 원, 직사각형을 리본메뉴(홈탭의 원, 직사각형, 선 선택)를 이용하여 간단하게 그려본다.

명령 : line Enter (명령어 입력)
명령 : circle Enter (명령어 입력)
명령 : rectangle Enter (명령어 입력)

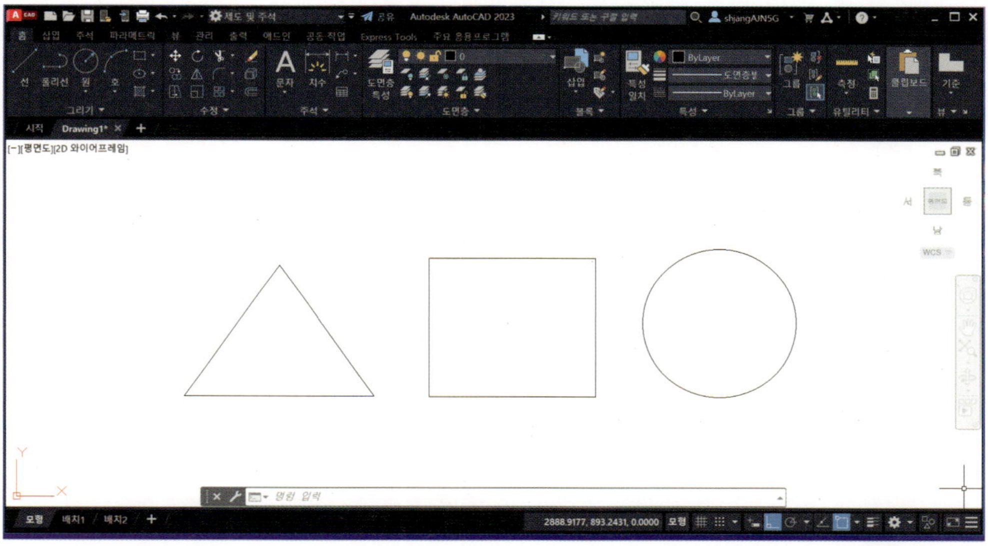

## 1.4 새로 만든 도면 저장하기_SAVE

▶ 명령어 선택

| 도면파일 저장 | 신속접근 도구막대 | 저장_아이콘(💾) |
|---|---|---|
| | 메뉴 막대 | 파일(F)-저장 |

도면을 저장하려면 다음 그림과 같이 신속접근 도구막대에서 저장_아이콘을 선택하거나, 메뉴 막대에서 파일(F)-저장(S) 또는 다른 이름으로 저장(A)을 선택한 후, 파일 이름(예, "연습도면")을 입력하고 저장(S)을 클릭한다.

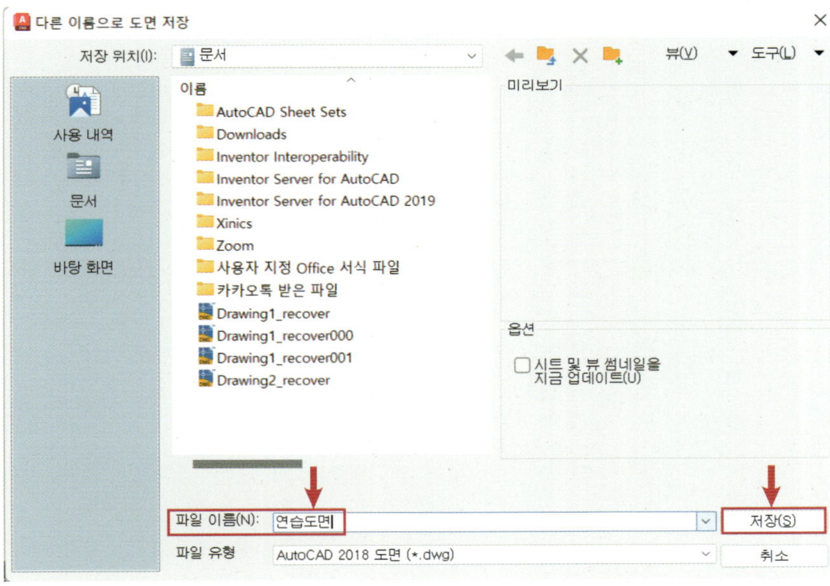

## 1.5 새로 만든 도면 열기_OPEN

**명령어 선택**

| 도면 열기 | 신속접근 도구막대 | 열기_아이콘( ) |
|---|---|---|
| | 메뉴 막대 | 파일(F)-열기(O) |

새로이 만든 도면을 열기 위해서는 그림과 같이 신속접근 도구막대에서 열기_아이콘을 선택하거나, 메뉴 막대에서 파일(F)-열기(O)선택한 후, 대화상자에서 원하는 파일(예, “연습도면”)을 선택하면 된다.

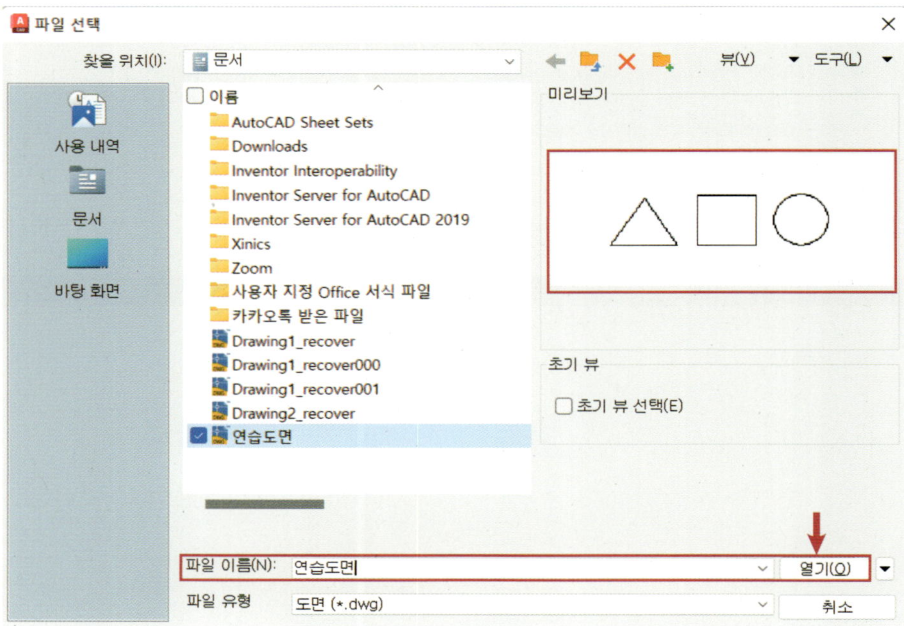

단, 웹 및 모바일에 저장(아이콘) 하거나, 웹 및 모바일에서 열기(아이콘)를 하기 위해서는, 다음 그림과 같이 신속접근 막대에서 해당 아이콘을 클릭하면 된다. 이렇게 하면, 현재 작업 중인 도면을 "AutoCAD의 웹 및 모바일"에 저장하거나, 또는 웹 및 모바일에서 옮으로써 언제 어디서나 작업을 계속할 수 있다.

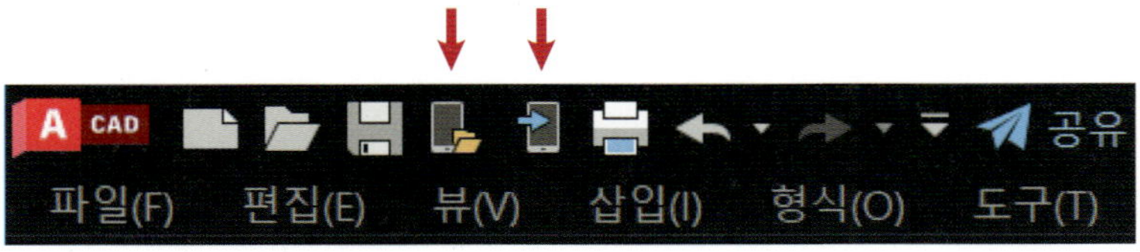


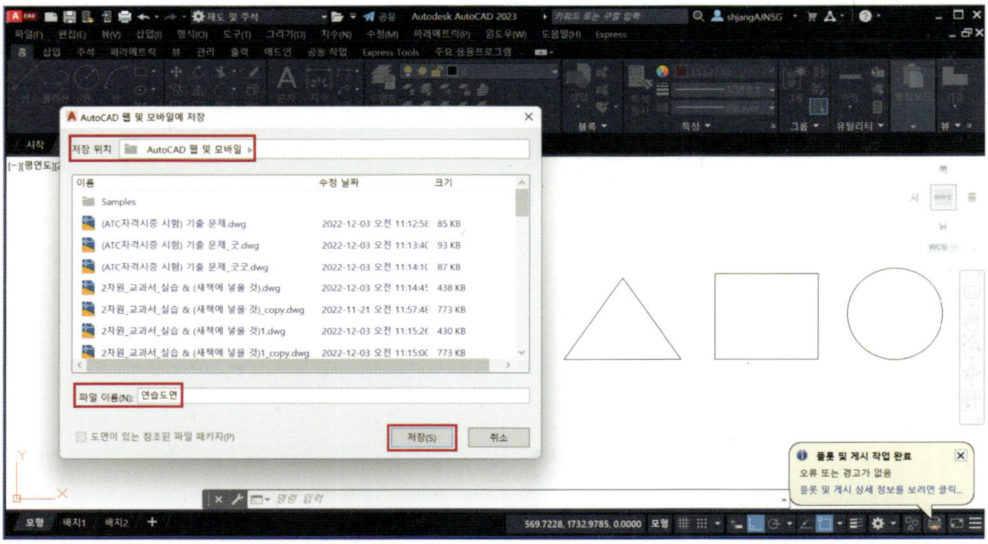

## 1.6 인쇄하기_PRINT, PLOT

**명령어 선택**

| 인쇄 | 신속접근 도구막대 | 플롯() |
|---|---|---|
| | 메뉴 막대 | 파일(F)-플롯() |

도면을 인쇄하기 위해서는 그림과 같이 신속접근 도구막대에서 플롯을 선택하거나, 메뉴 막대에서 파일(F)-플롯()선택하면 된다. 다음 그림과 같은 플롯 창이 나타나면, 프린터 이름을 선택하고, 도면방향(가로), 플롯영역(범위), 플롯축척(용지에 맞춤), 플롯 간격띄우기(플롯의 중심), 용지크기(A4) 등을 선택한 후, "미리보기"로 확인한 후, 확인을 클릭하면 된다. 단, 플롯영역-플롯대상(W)을 "범위(extents)"로 하면 작업 중인 도면을 "모두 인쇄"하는 것이며, 일정 부분만 인쇄하고자 하는 경우는 플롯영역을 "윈도우(window : 도면상에 윈도우로 원하는 부분을 지정)"로 지정하면 된다. 또한, 플롯대상(W)에서 "화면표시(display)"는 "화면에 표시된 모든 것"을 인쇄할 때 사용하며, "한계(limits)"는 "명령어 : Limits으로 지정한 도면한계"를 인쇄할 때 사용하면 된다.

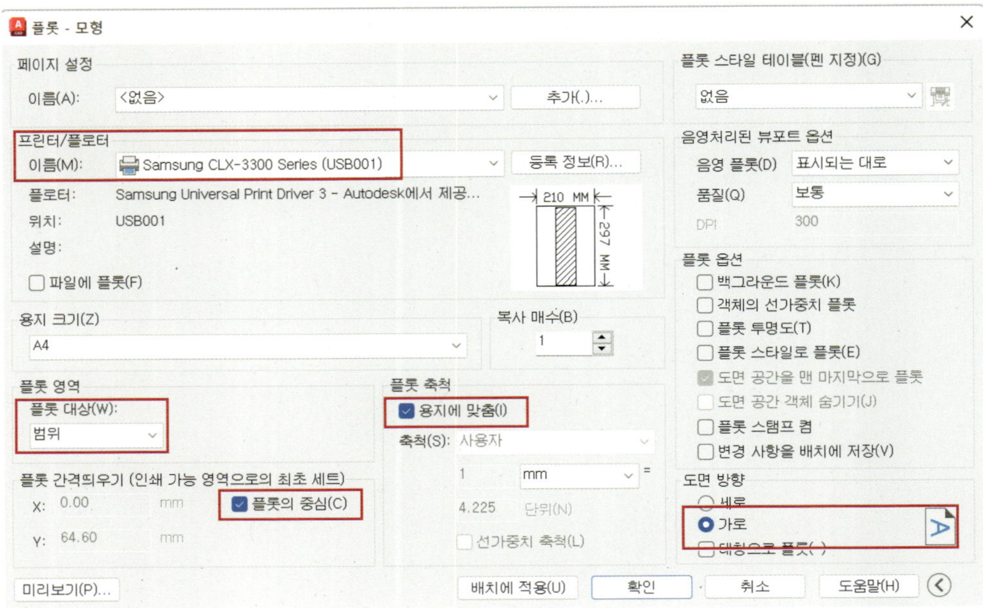

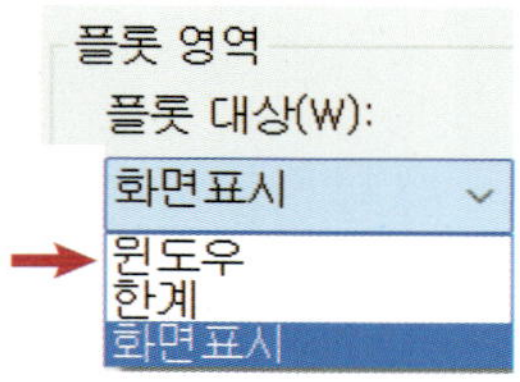
플롯 영역
플롯 대상(W):
화면표시
윈도우
한계
화면표시

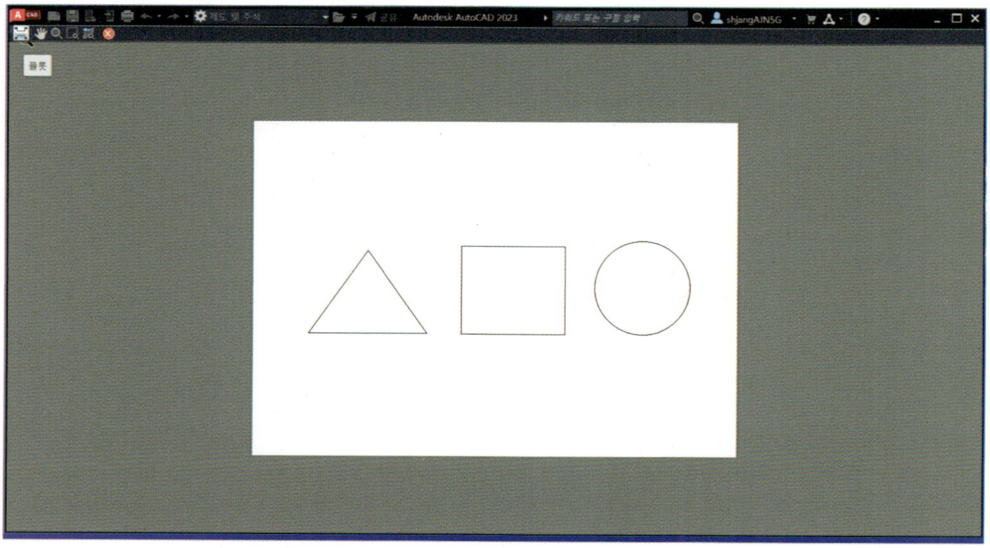
Autodesk AutoCAD 2023
플롯

## 1.7 종료하기_QUIT

**명령어 선택**

| 종료 | 제목 표시 줄 | 닫기(X) |
|---|---|---|
| | 메뉴 막대 | 파일(F)-종료(X) |
| | 명령어 | QUIT |

그림과 같이 제목 표시 줄의 제일 오른쪽에 있는 닫기(X)를 클릭하거나, 메뉴 막대에서 파일(F)-종료(X)를 선택하면 된다.

# 2. 좌표계 및 기본설정(스냅, 그리드, 특성, 줌, 팬 등)

## 2.1 좌표계_COORDINATE

오토캐드에서 도면을 드로잉(drawing)하기 위해서는 도면 윈도우 상에 점의 위치를 지정하여야 한다. 점의 위치 지정에 있어서는 도면 윈도우 상의 임의의 위치를 직접 클릭하거나, 명령 윈도우 창에 좌푯값을 직접 입력하면 된다.

또한, 현재의 커서 위치 좌표는 아래 그림과 같이 화면 하단의 상태막대에 좌표 (X, Y, Z)로 나타낸다. 2D 작업 시에는 X, Y 좌표만 입력하면 Z 좌표는 자동으로 항상 0으로 설정된다. 즉, Z 좌표는 3D 모델링 작업 시에만 입력하여 사용한다. 오토캐드에서 좌표의 입력방법은 절대좌표 입력, 상대좌표 입력 및 상대극좌표 입력의 3가지 방법이 있다.

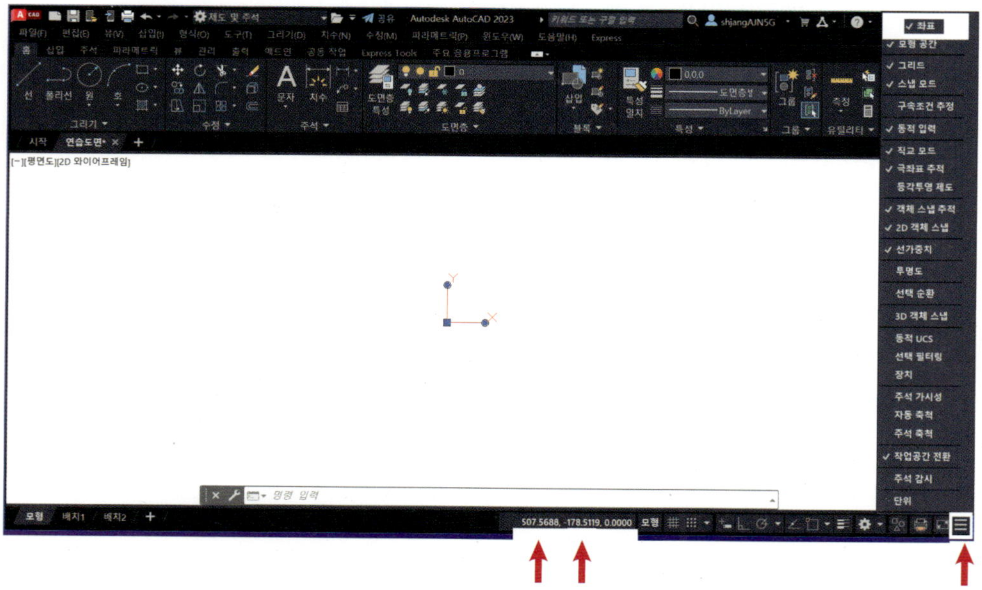

### 2.1.1 절대좌표 입력법

임의의 점을 도면 윈도우에 표시함에 있어서 기준점이 항상 원점(0,0,0)인 좌표를 절대좌표라고 한다. 도면 윈도우상에 나타내고자 하는 점의 좌표는 명령 윈도우에 원점을 기준으로 한 (X값, Y값)을 입력한다.

**예** 절대좌표를 이용하여 원 및 사각형 그리기

먼저 신속접근 도구막대의 새 도면( )을 클릭한 후, 템프릿 acadiso.dwt을 선택한다. 그리고 리본메뉴에서 원( )을 선택하고 중심점 (0,0)을 입력한 후, 반경 100을 입력한다. 다음으로 메뉴 막대의 [뷰(V)]-줌(Z)-범위( )를 하면, 아래 그림과 같은 화면이 나타난다. 단, 절대좌표의 입력에 있어서는 동적입력(dynamic input, )을 OFF로 해야, "명령윈도우"에 절대좌표치를 쉽게 입력할 수 있으므로 상태막대의 "동적입력"을 OFF로 한다.

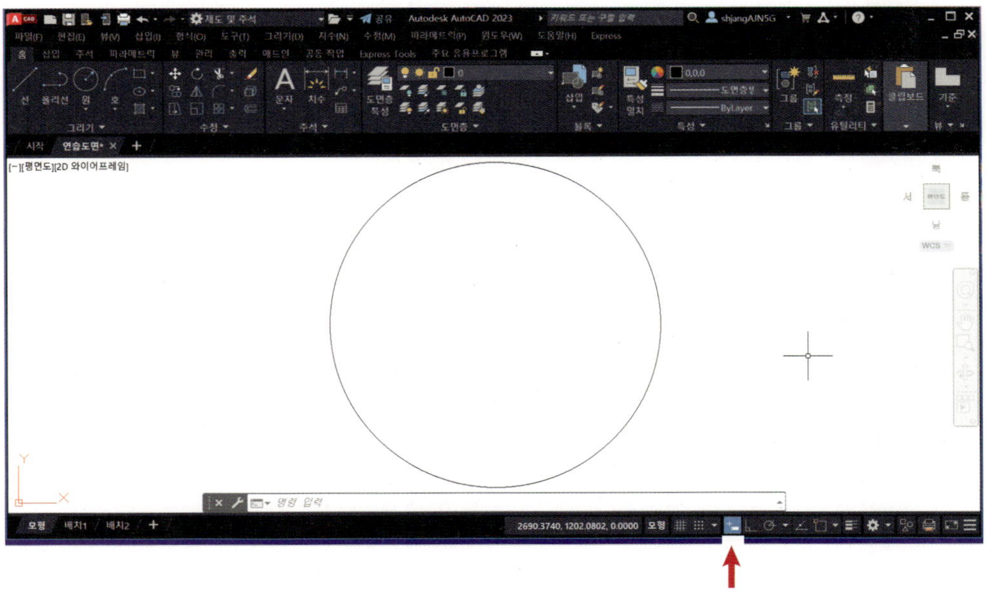

명령 : line Enter (명령어 입력)

첫 번째 점 지정 : 20,10 Enter (시작좌표 : 절대좌표 20,10)

다음 점 지정 또는 [명령 취소(U)] : 70,10 Enter

다음 점 지정 또는 [명령 취소(U)] : 70,60 Enter

다음 점 지정 또는 [닫기(C)/명령 취소(U)] : 20,60 Enter

다음 점 지정 또는 [닫기(C)/명령 취소(U)] : 20,10 (또는 C) Enter

다음 점 지정 또는 [닫기(C)/명령 취소(U)] : Enter (입력종료)

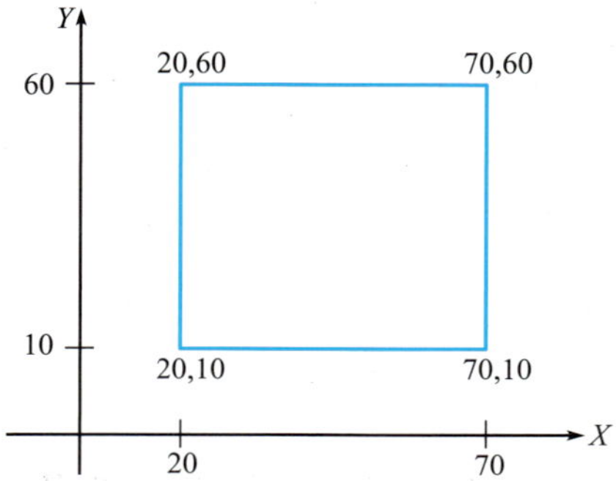


동일 명령(예를 들어 Line, Circle, Rectangle 등)을 반복해서 사용하고자 할 때는, 다음 그림과 같이 커서를 도면 윈도우의 임의의 위치에 놓고, 오른쪽 마우스를 클릭하면 다음 그림과 같은 창이 뜨며, 창의 제일 위에 있는 반복(R) LINE를 선택하면 보다 쉽게 명령을 입력할 수 있다.

또한, 다음 그림과 같이 "명령 윈도우"의 오른쪽에 있는 화살표 부분을 클릭하면 지금까지 입력한 명령들과 실행상황을 한꺼번에 볼 수 있다.

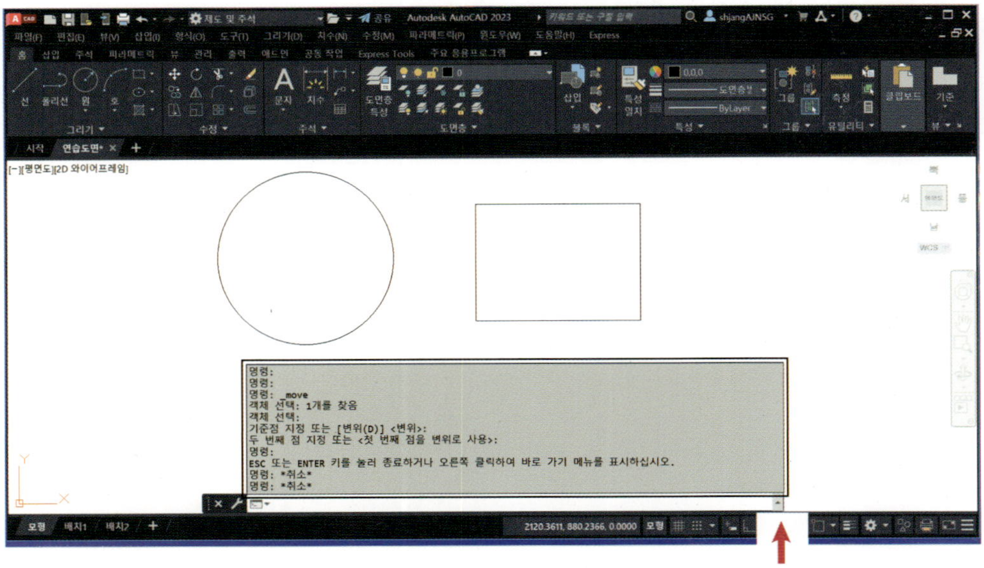

### 2.1.2 상대좌표 입력법

입력한 좌표로부터 다음 좌표까지의 거리로 지정하는 좌표이다. 명령 윈도우에 @와 함께 진행방향으로의 (X 거릿값, Y 거릿값)을 입력한다.

**예 상대좌표를 이용한 사각형 그리기**

명령 : line Enter (명령어 입력)
첫 번째 점 지정 : 20,10 Enter (시작좌표 : 절대좌표 20,10)
다음 점 지정 또는 [명령 취소(U)] : @50,0 Enter (20,10을 기준으로 한 상대좌표)
다음 점 지정 또는 [명령 취소(U)] : @0,50 Enter (70,10을 기준으로 한 상대좌표)
다음 점 지정 또는 [닫기(C)] : @-50,0 Enter (70,60을 기준으로 한 상대좌표)
다음 점 지정 또는 [닫기(C)] : @0,-50 Enter (20,60을 기준으로 한 상대좌표)
다음 점 지정 또는 [닫기(C)] : Enter (입력종료)

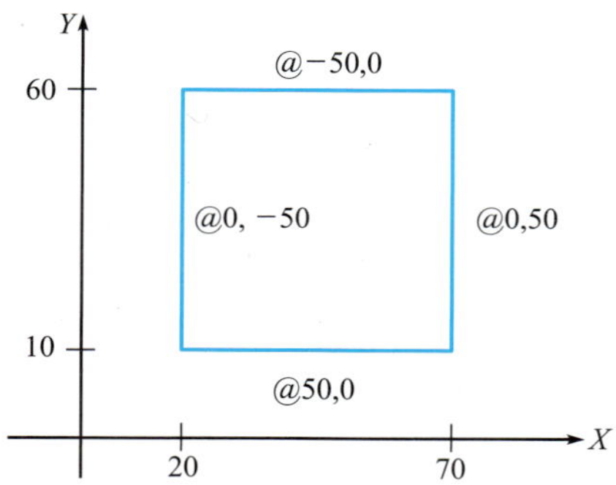

## 2.1.3 상대 극좌표 입력법

이는 거리와 각도(방향)으로서 진행방향을 표시하는 입력방법이다. 극좌표 입력법에는 상대 극좌표 입력법과 절대 극좌표 입력법이 있으며, 상대극좌표는 명령 위도우에 (@거리<각도), 절대 극좌표는 명령 윈도우에 (거리<각도)를 입력하면 된다. 각도는 그림과 같이 0도를 기준으로 반시계 방향을 양의 방향으로 한다. (단, - 각도의 입력도 가능하다)

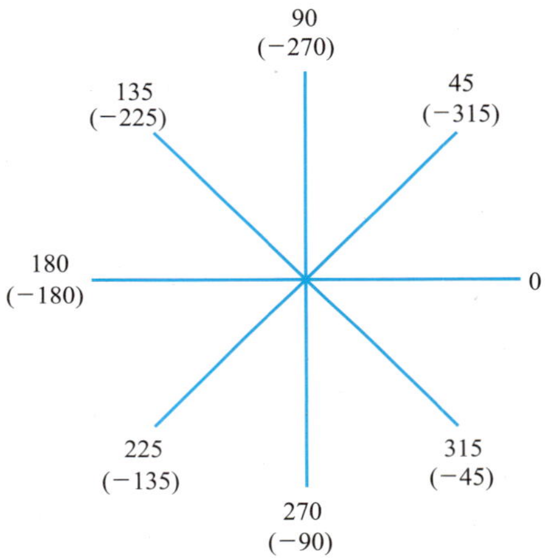


• 반시계 방향 (+각도)
• 시계방향 (−각도)

**예** 상대극좌표를 이용한 사각형 그리기

명령 : line Enter (명령어 입력)
첫 번째 점 지정 : 20,10 Enter (시작좌표 : 절대좌표 20,10)
다음 점 지정 : @50<0 Enter (20,10을 기준으로 0도 방향으로 길이50)
다음 점 지정 : @50<90 Enter (70,10을 기준으로 90도 방향으로 길이50)
다음 점 지정 : @50<180 Enter(70,60을 기준으로 180도 방향으로 길이50)
다음 점 지정 : @50<270 Enter (20,60을 기준으로 270도 방향으로 길이50)
다음 점 지정 또는 [닫기(C)/명령 취소(U)] : Enter (입력종료)

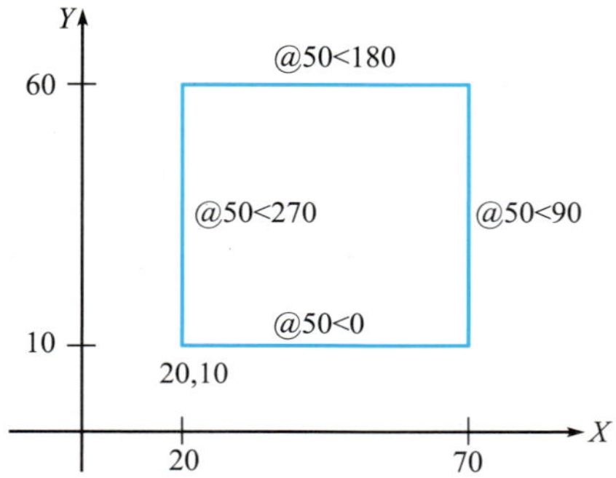


단, 상태막대의 동적입력을 선택(ON)하면, 그림과 같은 커서가 나타나면서 명령윈도에"@"입력하지 아니하고도, 쉽게 상대좌표 치를 입력할 수 있다.

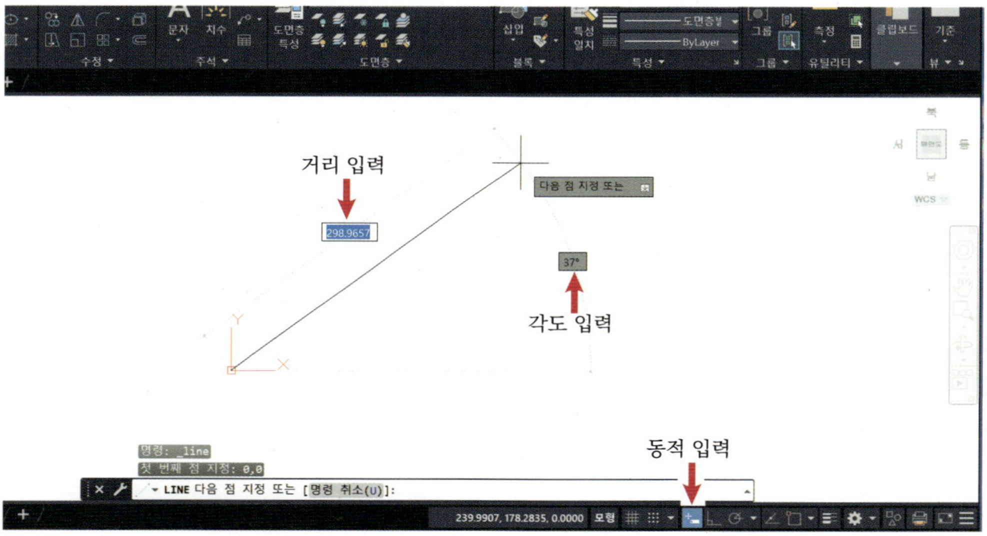

## 2.2 그리드_GRID 및 스냅_SNAP

스냅을 설정하면 커서가 이동할 때마다 설정된 스냅 사이즈에 따라 한 칸씩 커서가 움직이며, 그리드를 설정하면 도면 윈도우에 그리드가 표시되어 도면작성이 매우 쉬워진다.

**▶ 명령어 선택**

| | | |
|---|---|---|
| 그리드 | 메뉴 막대 | [도구]-제도설정 |
| | 상태막대 | 마우스 오른쪽 버튼-설정 |
| | 명령어 | GRID |
| 스냅 | 메뉴 막대 | [도구]-제도설정 |
| | 상태막대 | 마우스 오른쪽 버튼-설정 |
| | 명령어 | SNAP |

상태막대의 스냅( ) 또는 그리드( )에 마우스를 대고 오른쪽 버튼을 누른 후, 설정(S)을 클릭(스냅 및 그리드탭 클릭) 하면, 다음과 같은 "제도 설정"화면이 나타나며, 이곳에 원하는 스냅 간격, 그리드 간격 등을 입력하면 된다.

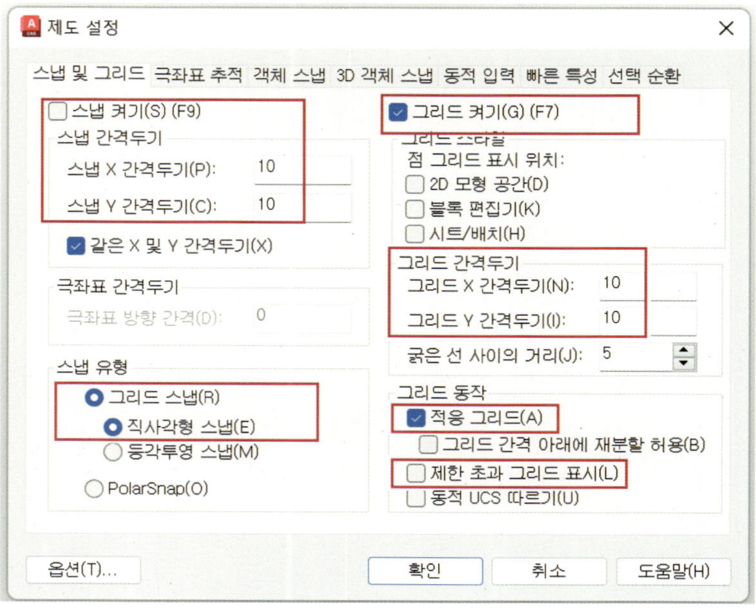

도면한계(drawing limit))를 설정하기 위하여 메뉴 막대-형식(O)-도면한계를 0,0에서 420,290(A3 용지 크기는 420×297임)로 하고("제도설정" 옵션에서 "제한 초과 그리드 표시(L)"를 off로 한 상태), 스냅 간격과 그리드 간격을 각각 10으로 설정한 상태는 다음 그림과 같다. 단, 일반적인 A4용지의 크기는 A3 용지 크기의 반인 297×210이다.

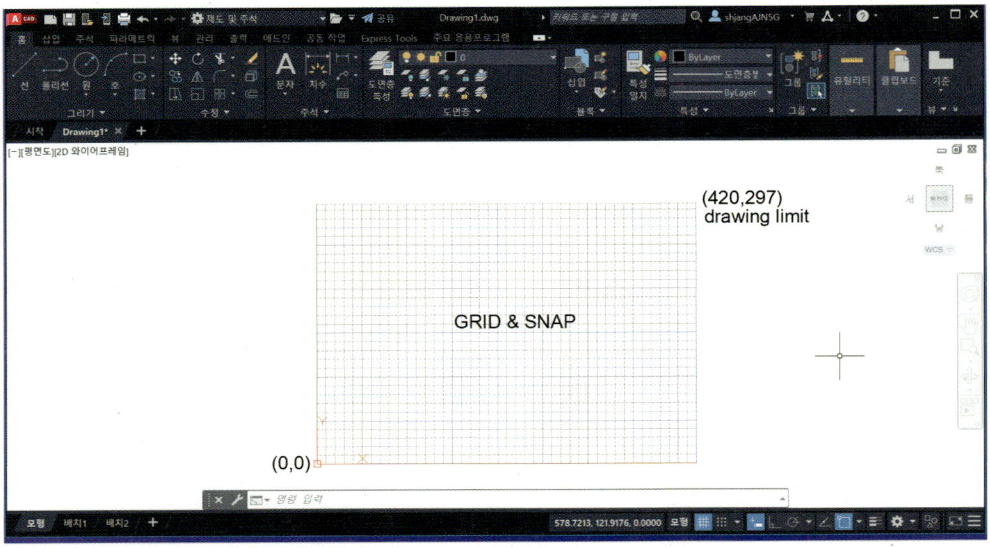

## 2.3 직교모드와 극좌표추적

### 2.3.1 직교모드_ORTHO MODE

선을 그리거나 객체를 복사, 이동 시 수평 또는 수직으로만 이동을 제한시키는 기능이다. 상태막대에서 직교모드를 선택하면 다음절에서 설명하는 극좌표추적이 OFF가 되고, 또한 극좌표추적를 선택하면 직교모드가 OFF가 된다.

▶ 명령어 선택

| 직교모드 | 상태 막대 | 직교모드( ) 선택 |
|---|---|---|
| | 명령어 | ORTHO |

명령 : ortho Enter↵ (명령어 입력)
모드 입력 [켜기(ON)/끄기(OFF)] : on Enter↵
명령 : LINE Enter↵
명령 : LINE Enter↵
명령 : LINE Enter↵

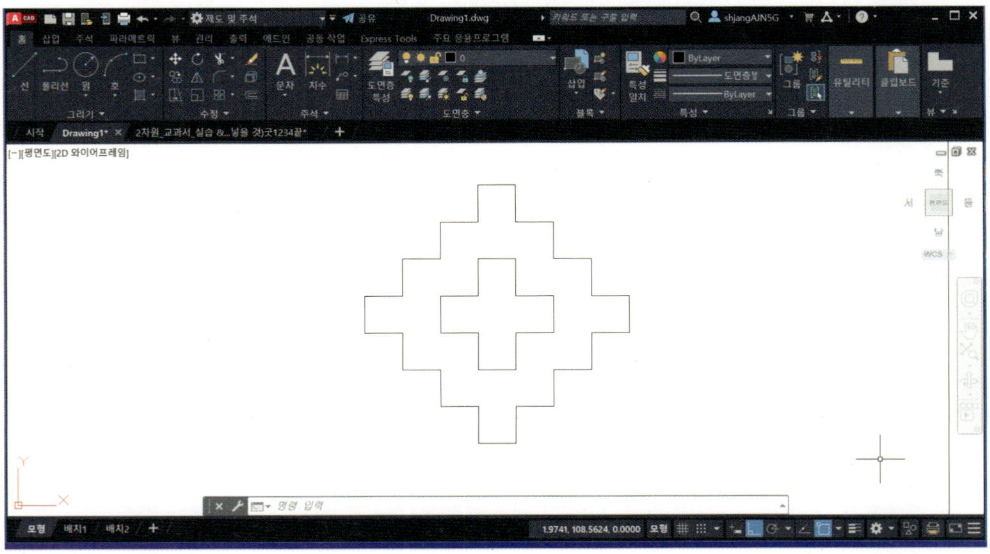

## 2.3.2 극좌표추적_POLAR TRACKING

**명령어 선택**

| 극좌표추적 | 상태 막대 | 극좌표추적( ) 선택 |
|---|---|---|

극좌표추적을 하기 위해서는 상태막대의 에 커서를 대고 오른쪽 마우스를 클릭하면 아래 그림과 같은 창이 나오며, 희망하는 증분 각도를 선정할 수 있다. 예를 들어 희망하는 추적 각도를 30으로 설정하면 매번 30°씩 증가하는 30°, 60°, 90°, 120 등으로 순차적으로 각도가 증가하면서 도면 윈도우 화면에 희망하는 점의 각도가 나타난다.

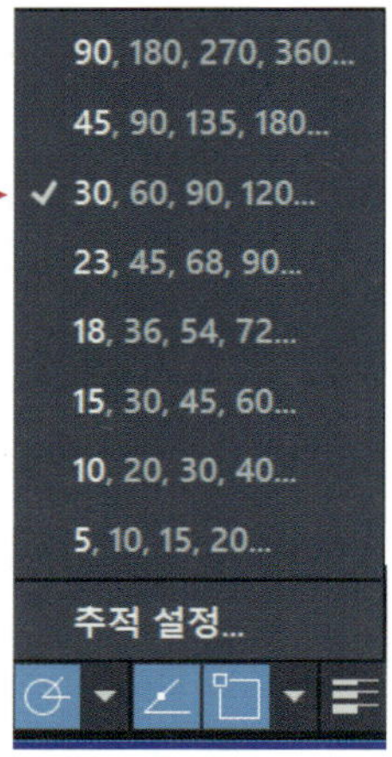


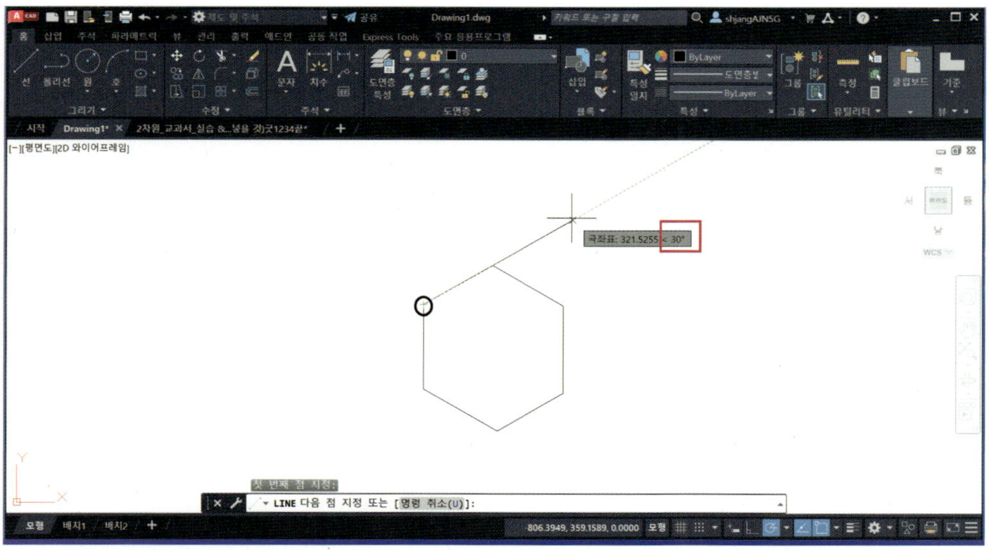

## 2.4 객체스냅_OSNAP

객체 상의 끝점 찾기(Endpoint), 중간점 찾기(Midpoint), 중심점 찾기(Center), 점 찾기(Node), 사분점 찾기(Quadrant), 교차점 찾기(Intersection), 삽입점 찾기(Insertion), 수직점 찾기(Perpendicular), 접선 찾기(Tangent), 근처점 찾기(Nearest), 가상교차점 찾기(Apparent intersection), 평행선상의 한 지점 찾기(Parallel) 등 도면작성 시, 흔히 사용하는 객체 상의 원하는 위치에 대하여, 좌푯값을 입력하지 않고도 쉽게 찾아주는 기능이다.

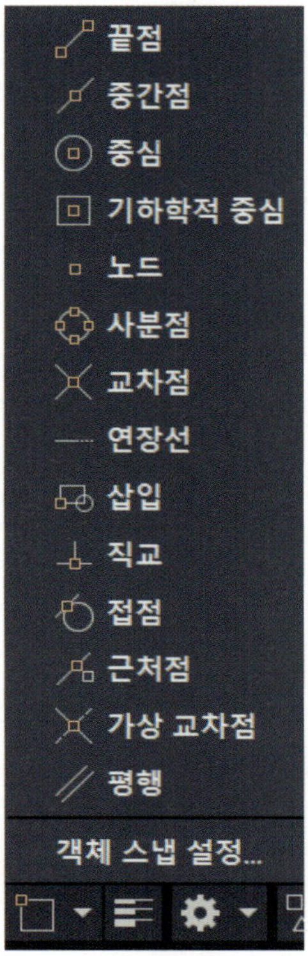


**명령어 선택**

| 객체스냅 | 메뉴 막대 | [도구]-제도 설정-[객체 스냅]탭 |
|---|---|---|
| | 상태막대 | 객체 스냅( ) 선택 |
| | 명령어 | OSNAP |

**예** 객체스냅 설정

명령 : osnap Enter (명령어 입력)

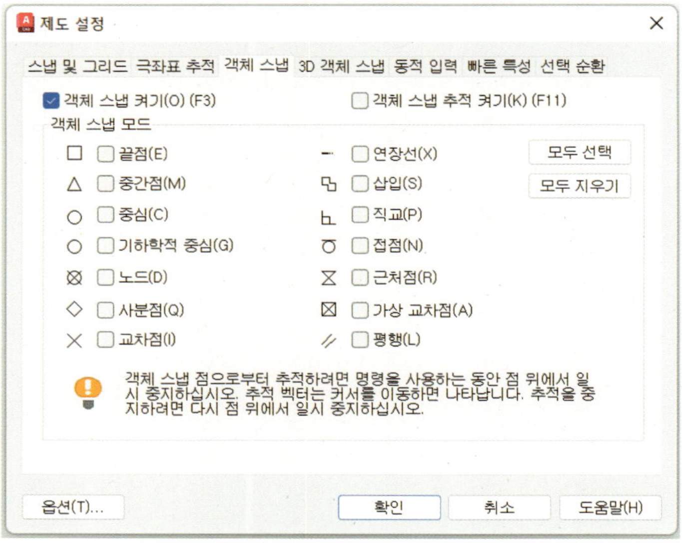

상태막대의 객체스냅( )에 커서를 가지고 가서, 오른쪽 마우스를 누르면, 스냅 하고자 하는 지점들을 선정할 수 있다. 객체스냅( )을 클릭하면, 객체스냅 아이콘의 색이 흐리게 또는 진하게 변화하면서 on 또는 off 시킬 수 있다. 또한, 상태막대의 객체스냅 추적( ) 기능을 on 시키면 객체를 스냅 한 상태로 다음 점을 추적할 수 있다. 단, 너무 많은 OSNAP 모드를 선택한 경우에는 원하는 객체가 아닌, 근처의 다른 객체들이 너무 많이 선택되므로 기본적인 것만 활성화시켜 놓고 사용하고, 다른 모드들은 필요시에만 활성화시켜 사용하는 것이 좋다.

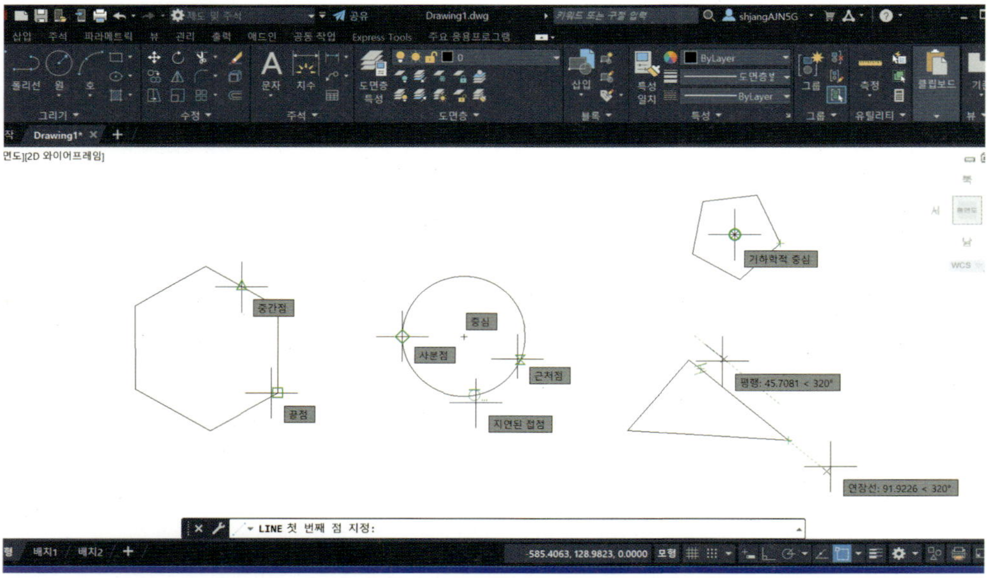

## 2.5 특성_PROPERTIES

리본메뉴에서 특성을 선택하면, 도면 윈도우 상에 그린 임의의 객체에 대하여 각종 특성(색상, 도면층, 선종류 등)을 표시할 수 있으며, 객체의 형상 등 각종 특성을 직접 변경할 수도 있다. 또한, 여러 객체들을 동시에 선택한 후, 오른쪽 마우스를 클릭하고, "빠른 특성"을 클릭하면, 선택한 모든 객체의 개수 및 모든 특성들이 종합해서 화면에 나타난다.

▶ 명령어 선택

| 특성 | 리본메뉴 | [뷰]탭-[팔레트]패널- |
|---|---|---|
| | 메뉴 막대 | [수정]-특성 |
| | 명령어 | PROPERTIES |
| | 단축키 | PR |

**예** 객체의 특성 보기

명령 : PR Enter (명령어 입력)

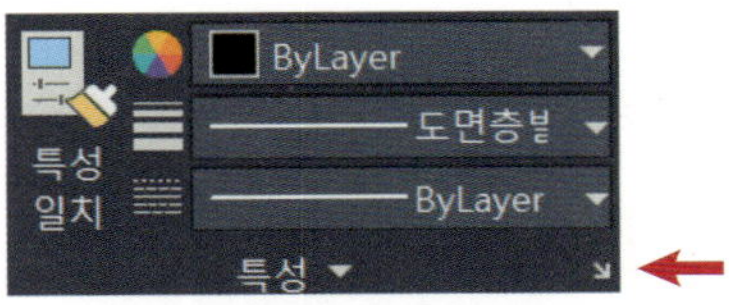


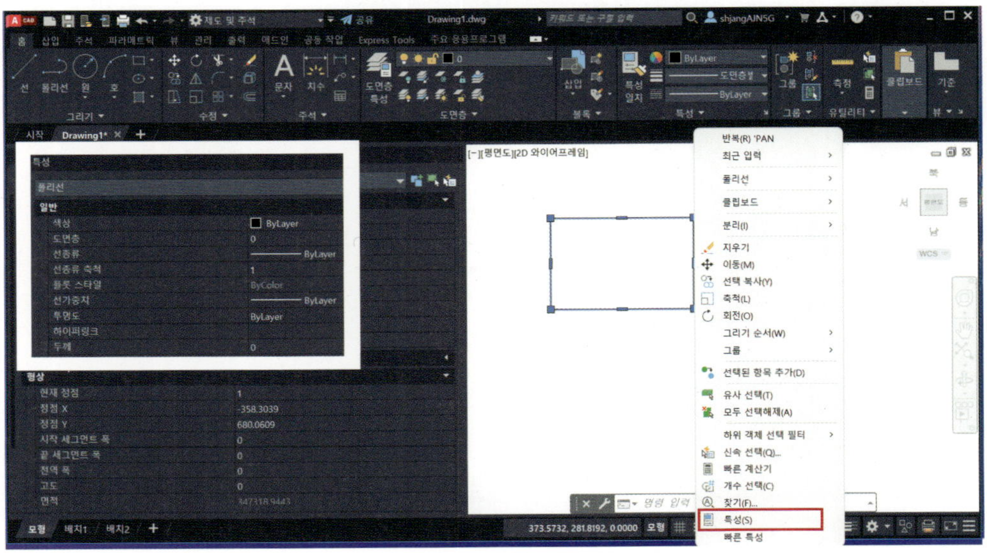

### 2.5.1 특성일치_MATCHPROP

선택한 객체의 특성을 "다른 객체"에 동일하게 적용할 수 있다. 적용할 수 있는 특성 유형에는 "색상, 도면층, 선종류, 선종류 축척, 선가중치, 플롯 스타일, 투명도" 및 기타 지정한 특성이 포함된다.

▶ 명령어 선택

| 특성 | 리본 메뉴 | [홈]탭-[특성]패널-특성일치( ) |
|---|---|---|
| | 명령어 | MATCHPROP |

**예** 특성 일치시키기

원본 객체 선택 :
[특성을 복사할 객체를 지정함.]

대상 객체 선택 :
[원본 객체의 특성을 복사할 객체를 지정함.]
단, 작성중인 다른 도면으로 화면을 전환하여 대상 객체를 선택할 수도 있다.

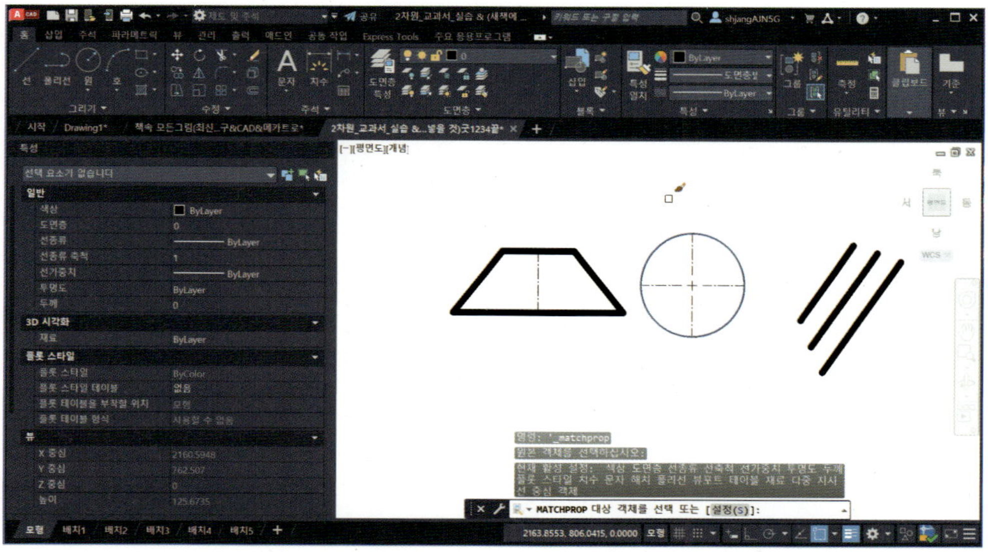

## 2.6 명령취소_UNDO 및 명령복구_REDO

바로 전에 행한 명령을 취소 또는 복구할 수 있다.

▶ 명령어 선택

| 명령취소 | 신속접근 도구막대 | 명령취소, 명령복구 |
|---|---|---|
| | 명령어 | UNDO, REDO |

### 예 명령취소하기

명령 : UNDO Enter↵ (명령어 입력)

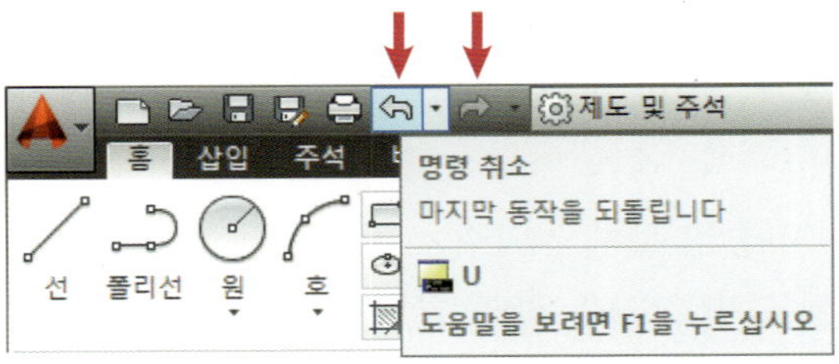


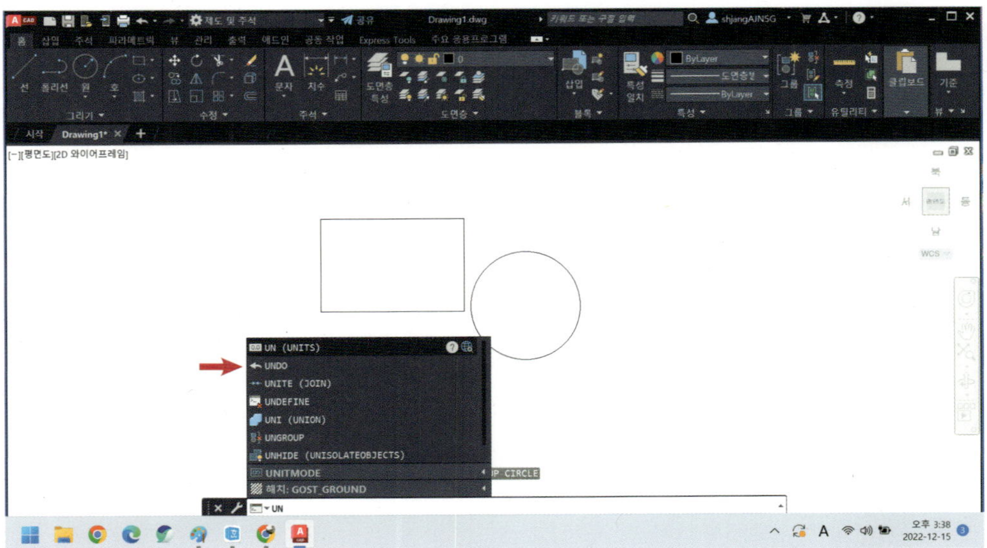

## 2.7 줌_ZOOM

줌 명령은 도면 윈도우상에 드로잉된 객체를 축소 또는 확대하여 나타내는 명령어이다. 단, 줌 명령어를 사용하지 않고도 마우스의 포인트를 도면 윈도우상에 위치시키고 마우스의 스크롤을 위로 올리면 확대, 아래로 내리면 축소가 가능하다.

▶ 명령어 선택

| 줌 | 리본메뉴 | [뷰]탭-[뷰포트도구]패널-탐색막대( ) |
|---|---|---|
| | 메뉴 막대 | [뷰]탭-줌(Z) |
| | 명령어 | ZOOM |

명령 : ZOOM Enter (명령어 입력)

줌 범위(Extents) : 도면작업을 한 부분을 모두 도면 윈도우에 나타냄.

줌 윈도우(Window) : 확대, 축소 하고자 하는 두 코너 점을 입력 또는 클릭함.

줌 이전(Previous) : 이전의 뷰로 돌아감.

줌 전체(All) : 설정된 도면 크기를 작업 윈도우에 나타냄.

줌 동적(Dynamic) : 도면 전체를 한눈에 보며 원하는 부분을 확대, 축소.

줌 중심(Center) : 도면내의 지정한 점이 도면 윈도우의 중심이 되게 확대, 축소.

줌 축척(Scale) : 배율을 지정.

객체(Object) 줌 : 선택된 객체를 작업 윈도우에 나타냄.

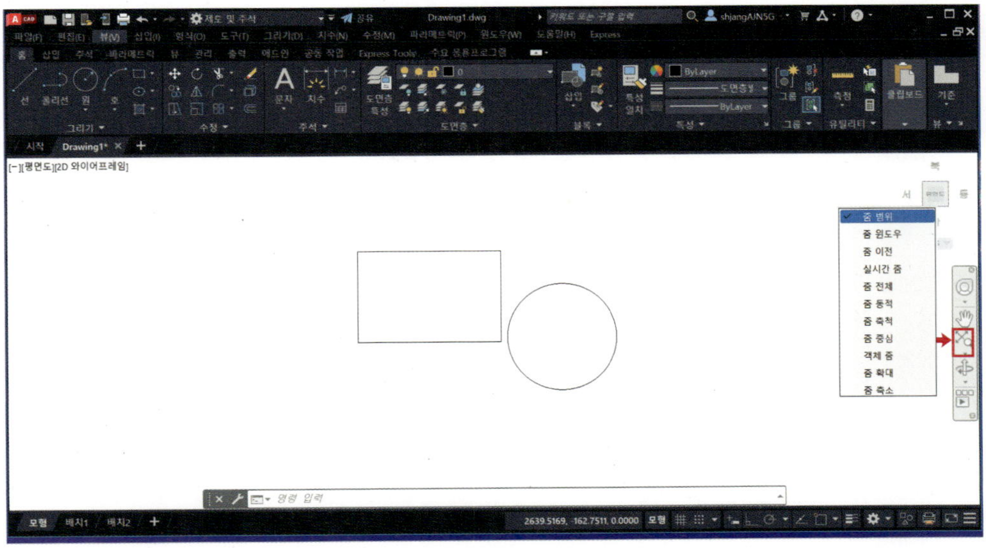

줌 범위
줌 윈도우
줌 이전
실시간 줌
줌 전체
줌 동적
줌 축척
줌 중심
객체 줌
줌 확대
줌 축소


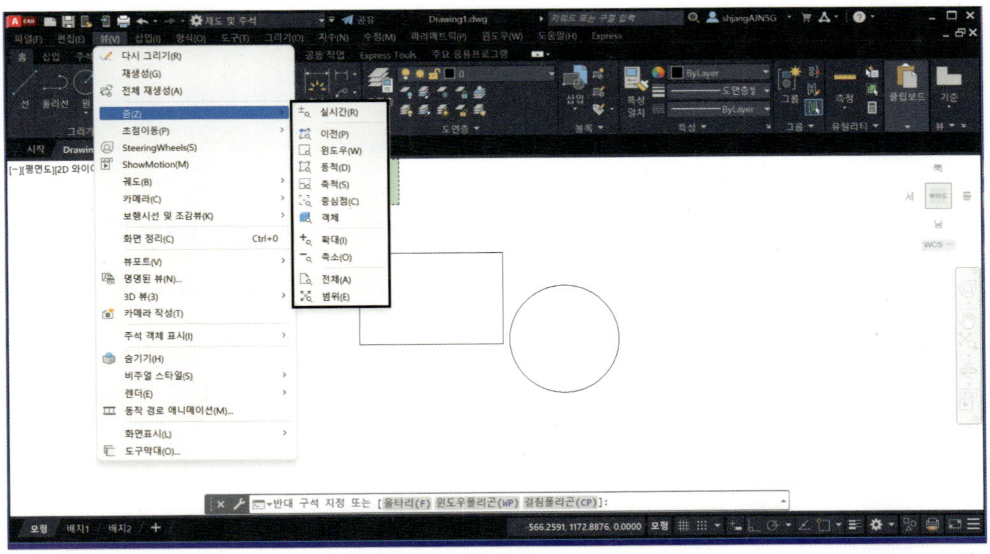

다시 그리기(R)
재생성(G)
전체 재생성(A)
줌(Z)
초점이동(P)
SteeringWheels(S)
ShowMotion(M)
궤도(B)
카메라(C)
보행시선 및 조감뷰(K)
화면 정리(C) Ctrl+0
뷰포트(V)
명명된 뷰(N)...
3D 뷰(3)
카메라 작성(T)
주석 객체 표시(I)
숨기기(H)
비주얼 스타일(S)
렌더(E)
동작 경로 애니메이션(M)...
화면표시(L)
도구막대(O)...
실시간(R)
이전(P)
윈도우(W)
동적(D)
축척(S)
중심점(C)
객체
확대(I)
축소(O)
전체(A)
범위(E)

## 2.8 팬_PAN

화면상의 도면 위치를 희망하는 위치로 이동시키는 명령어이다.

**명령어 선택**

<table>
<tr><td rowspan="3">초점이동</td><td>리본메뉴</td><td>[뷰]탭-[2D탐색]패널-</td></tr>
<tr><td>메뉴 막대</td><td>[뷰]-초점이동</td></tr>
<tr><td>명령어</td><td>PAN</td></tr>
</table>

### 예 초점이동 하기

명령 : PAN Enter (명령어 입력)

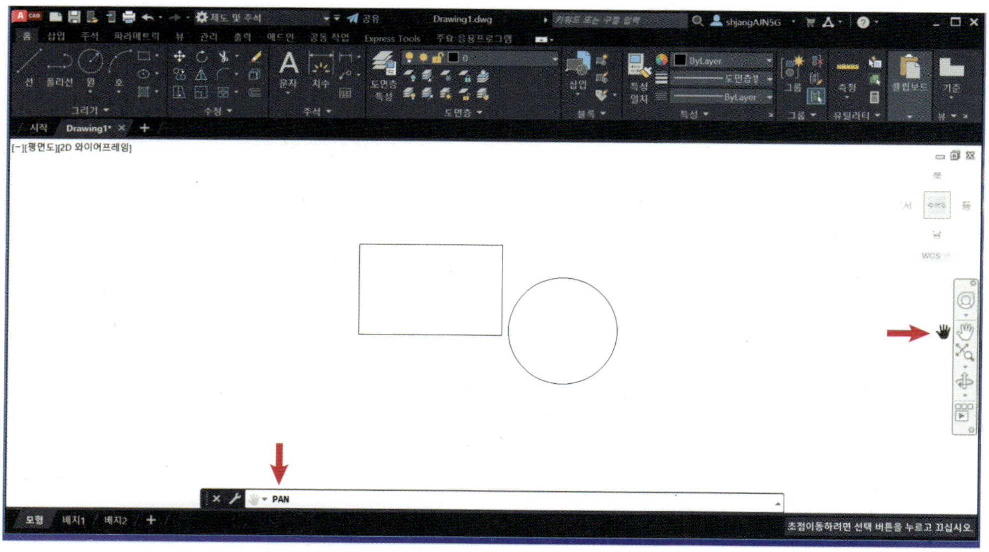

## 2.9 도면 윈도우의 바탕색 바꾸기

도면 윈도우의 바탕색을 희망하는 색으로 변경시키는 명령어이다.

▶ 명령어 선택

| 바탕색 바꾸기 | 신속접근 도구막대 | 응용프로그램-아이콘(A CAD)-옵션(옵션) |
|---|---|---|
| | 메뉴 막대 | 도구(T)-옵션(N) |
| | 명령어 | OPTIONS |

도면 윈도우의 바탕색을 희망하는 색으로 변경시키고자 할 때는 다음과 같은 순서로 클릭을 하면 된다.

1) 신속접근 도구막대의 응용프로그램-아이콘(A CAD)-옵션(옵션) 클릭
   [또는 메뉴 막대의 도구(T) → 옵션(N) 클릭]
2) [화면표시]탭 클릭
3) 파일 탭 표시(S) → 색상(C) 클릭
4) 도면 윈도우 색상 창 → 컨텍스트(X) : 2D 모형공간 → 인터페이스 요소(E) : 균일한 배경을 클릭
5) 희망하는 색상(빨간색, 노란색, 초록색, 흰색, 검은색 등) 선정 클릭
6) 적용 및 닫기(A) 클릭
7) 확인 클릭

단, 3차원 그리기(3D 모델링)를 하는 경우에는 도면 윈도우 색상 창 → 컨텍스트(X)의 “3D 투시 투영”을 클릭한 후, 인터페이스 요소(E) → 천공 배경 평면도, 배경 하늘 수평면, 배경 기준 원점, 배경 기준 수평면, 지표 배경 밑면도, 배경 지구 수평면 등을 희망하는 색으로 선정하면 된다.

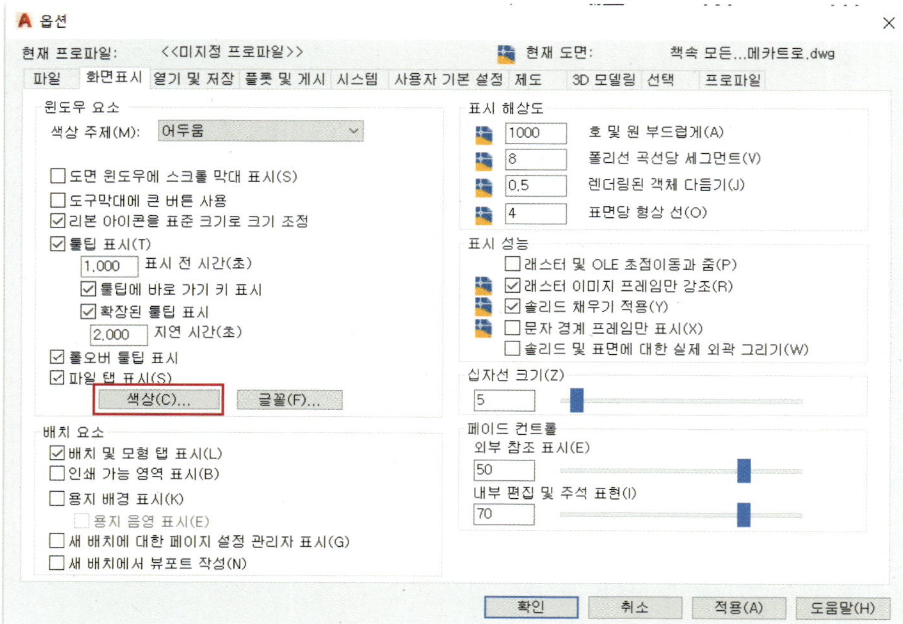

옵션
현재 프로파일: <<미지정 프로파일>>
현재 도면: 책속 모든...메카트로.dwg
파일 화면표시 열기 및 저장 플롯 및 게시 시스템 사용자 기본 설정 제도 3D 모델링 선택 프로파일
윈도우 요소
색상 주제(M): 어두움
도면 윈도우에 스크롤 막대 표시(S)
도구막대에 큰 버튼 사용
리본 아이콘을 표준 크기로 크기 조정
툴팁 표시(T)
1.000 표시 전 시간(초)
툴팁에 바로 가기 키 표시
확장된 툴팁 표시
2.000 지연 시간(초)
롤오버 툴팁 표시
파일 탭 표시(S)
색상(C)...
글꼴(F)...
배치 요소
배치 및 모형 탭 표시(L)
인쇄 가능 영역 표시(B)
용지 배경 표시(K)
용지 음영 표시(E)
새 배치에 대한 페이지 설정 관리자 표시(G)
새 배치에서 뷰포트 작성(N)
표시 해상도
1000 호 및 원 부드럽게(A)
8 폴리선 곡선당 세그먼트(V)
0.5 렌더링된 객체 다듬기(J)
4 표면당 형상 선(O)
표시 성능
래스터 및 OLE 초점이동과 줌(P)
래스터 이미지 프레임만 강조(R)
솔리드 채우기 적용(Y)
문자 경계 프레임만 표시(X)
솔리드 및 표면에 대한 실제 외곽 그리기(W)
십자선 크기(Z)
5
페이드 컨트롤
외부 참조 표시(E)
50
내부 편집 및 주석 표현(I)
70
확인
취소
적용(A)
도움말(H)


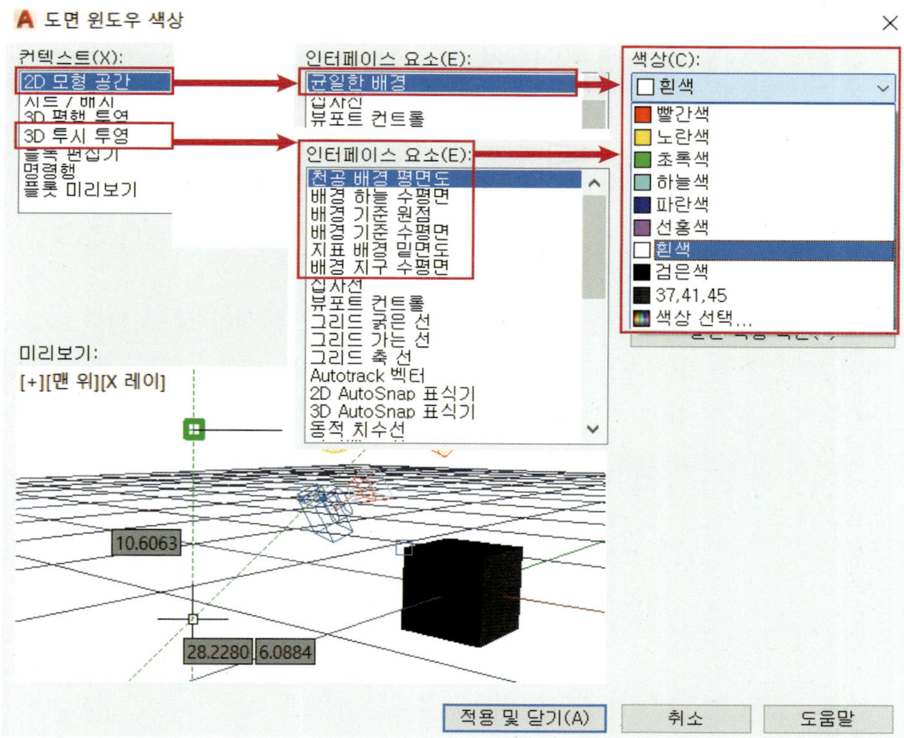

도면 윈도우 색상
컨텍스트(X):
2D 모형 공간
시트 / 배치
3D 평행 투영
3D 투시 투영
블록 편집기
명령행
플롯 미리보기
인터페이스 요소(E):
균일한 배경
십자선
뷰포트 컨트롤
인터페이스 요소(E):
천공 배경 평면도
배경 하늘 수평면
배경 기준 원점
배경 기준 수평면
지표 배경 밑면도
배경 지구 수평면
십자선
뷰포트 컨트롤
그리드 굵은 선
그리드 가는 선
그리드 축 선
Autotrack 벡터
2D AutoSnap 표식기
3D AutoSnap 표식기
동적 치수선
색상(C):
흰색
빨간색
노란색
초록색
하늘색
파란색
선홍색
흰색
검은색
37,41,45
색상 선택...
미리보기:
[+][맨 위][X 레이]
10.6063
28.2280
6.0884
적용 및 닫기(A)
취소
도움말

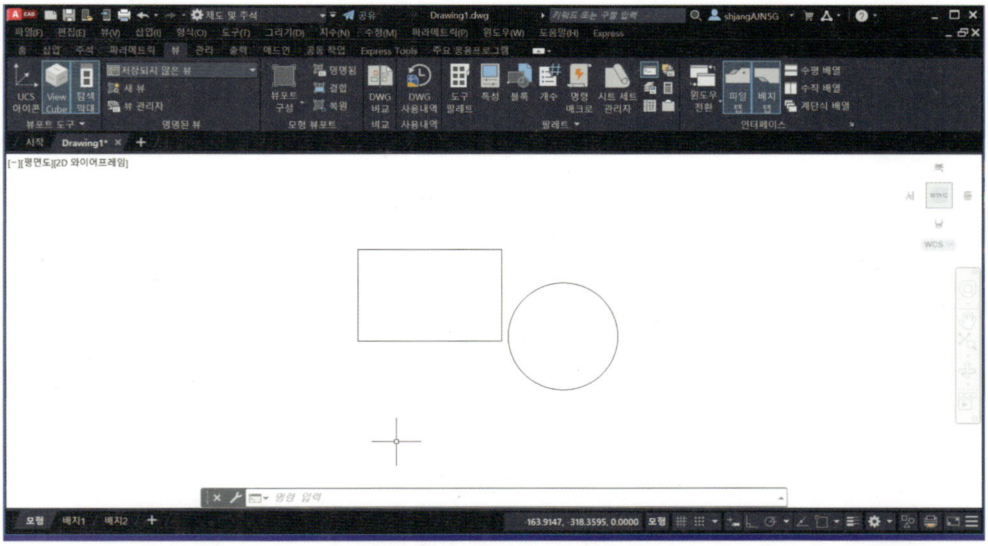

[도면 윈도우의 바탕색이 “흰색”인 경우]

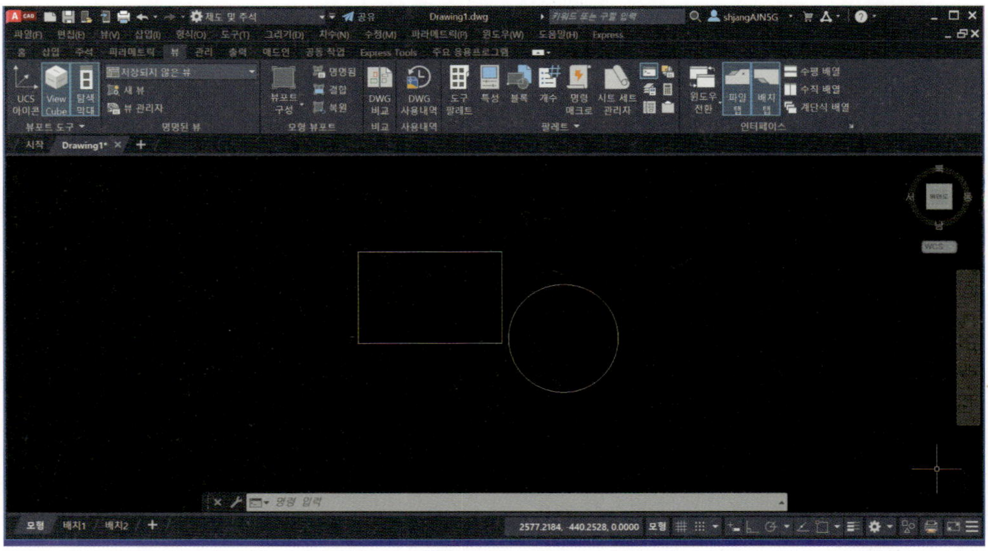

[도면 윈도우의 바탕색이 “검은색”인 경우]

## 2.10 십자선 크기 바꾸기

도면 윈도우상에 좌푯값을 입력하기 위한 커서인 “십자선의 크기(Cross hair size)”를 변경시키는 명령어이다.

▶ 명령어 선택

| 십자선크기 바꾸기 | 신속접근 도구막대 | 응용프로그램-아이콘( )-옵션( ) |
|---|---|---|
| | 메뉴 막대 | 도구(T)-옵션(N) |
| | 명령어 | OPTIONS |

십자선의 크기를 변경시키고자 할 때는 다음과 같은 순서로 클릭을 하면 된다.

1) 신속접근 도구막대의 응용프로그램-아이콘( )-옵션( ) 클릭
   [또는 메뉴 막대의 도구(T) → 옵션(N) 클릭]
2) 옵션 창 → 표시성능 : 십자선 크기(Z) → 0~100 선정

단, 객체를 선택하기 위한 “커서의 크기(Pickbox size)”를 변경시키기 위해서는 다음과 같이 입력값[0~50]을 변경하면 된다.

▶ 명령어 선택

| PICKBOX의 크기 변경 | 명령어 | PICKBOX |
|---|---|---|

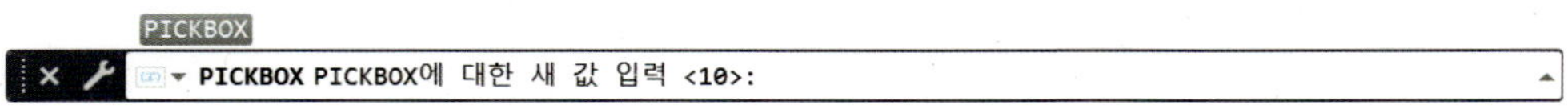

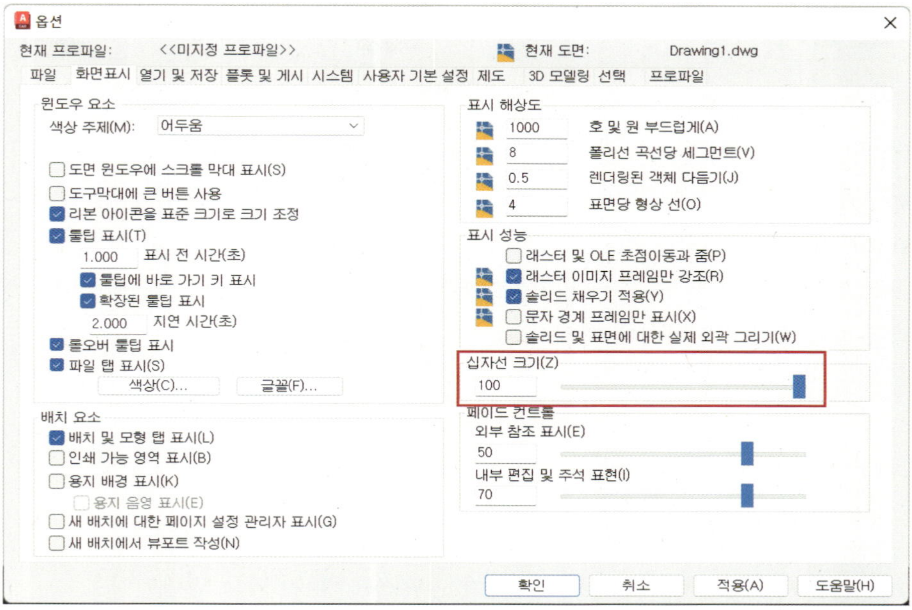


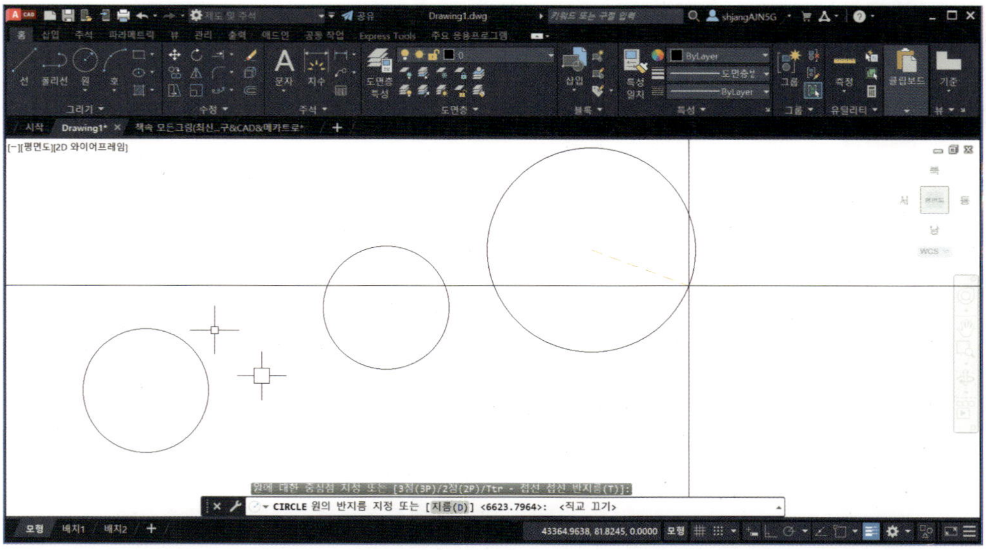


[십자선 크기 및 PICKBOX의 크기를 5, 10, 100 등으로 변경한 경우]

# 3. 그리기

2차원 도면작성(2D drawing)에 사용되는 도형 그리기에는 점(point), 선(Line), 호(Arc), 원(Circle), 타원(Ellipse), 다중선(Multiline), 폴리선(Polyline), 스프라인(Spline), 광선(Ray), 구성선(Construction Line), 도넛(Donut), 솔리드(Solid), 폴리곤(Polygon), 직사각형(Rectangle) 등이 있다. 이 장에서는 2차원 도면작성에 사용되는 각종 도형그리기 명령어에 대해서 알아보기로 한다.

## 3.1 선_LINE

직선을 그릴 때 사용하며, 도면 드로잉에 있어 가장 기본이 되는 명령이다.

▶ 명령어 선택

| 선 | 리본메뉴 | [홈]탭-[그리기]패널- |
|---|---|---|
| | 메뉴 막대 | [그리기] |
| | 명령어 | LINE |

**예** 절대좌표, 상대좌표, 극좌표를 이용한 사각형 그리기

명령 : line Enter (명령어 입력)
첫 번째 점 지정 : 20,10 Enter (시작좌표 : 절대좌표 20,10)
다음 점 지정 또는 [명령 취소(U)] : 70,10 Enter (절대좌표)
다음 점 지정 또는 [명령 취소(U)] : @0,50 Enter (상대좌표)
다음 점 지정 또는 [닫기(C)/명령 취소(U)] : @50〈180 Enter (상대 극좌표)
다음 점 지정 또는 [닫기(C)/명령 취소(U)] : c Enter (시작점과 끝점을 연결)

단, 명령 윈도우에 U(Undo)를 입력하면 가장 최근에 입력한 점이 없어지며, C(Close)를 입력하면 시작점과 끝점을 동일하게 하여 도형이 닫힌다.

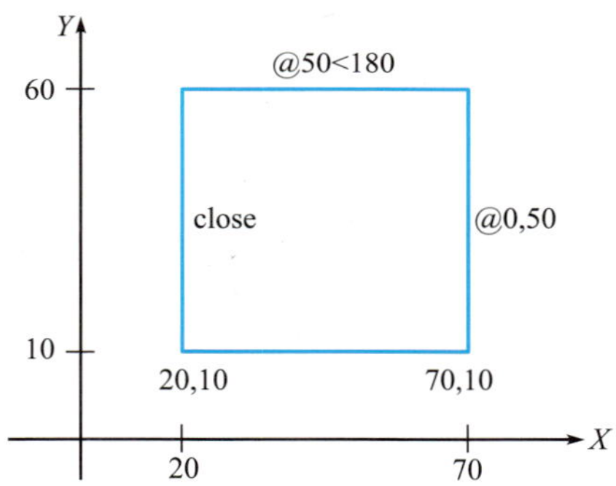

## 3.2 광선_RAY 및 구성선_CONSTRUCTION LINE

광선(Ray)이란 한 점에서 시작하여 한쪽 방향으로 무한히 이어지는 선이며, 구성선(Construction Line)이란 양방향으로 무한히 긴 선이다.

▶ 명령어 선택

| | | |
|---|---|---|
| 광선 | 리본메뉴 | [홈]탭-[그리기]패널- |
| | 메뉴 막대 | [그리기]-광선(R) |
| | 명령어 | ray |

| | | |
|---|---|---|
| 구성선 | 리본메뉴 | [홈]탭-[그리기]패널- |
| | 메뉴 막대 | [그리기]-구성선 |
| | 명령어 | XLINE |

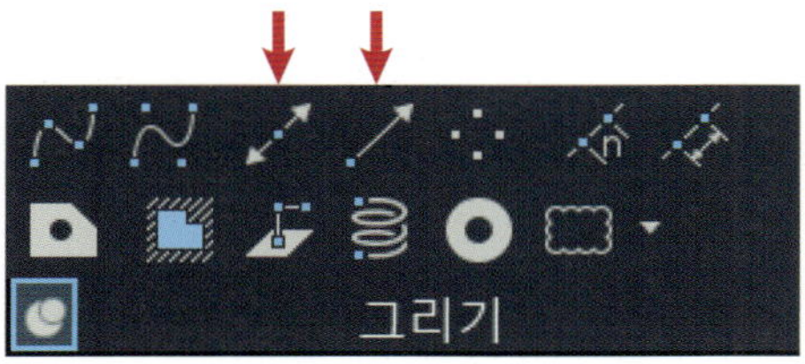

## 예 원점에서 시작하는 광선 그리기

명령 : ray Enter↵
시작점을 지정 : 0,0 Enter↵
통과점을 지정 : 1,1 Enter↵
통과점을 지정 : 0.5,1 Enter↵
통과점을 지정 : 1,0.5 Enter↵
통과점을 지정 : 10,-1 Enter↵
통과점을 지정 : 10,-6 Enter↵

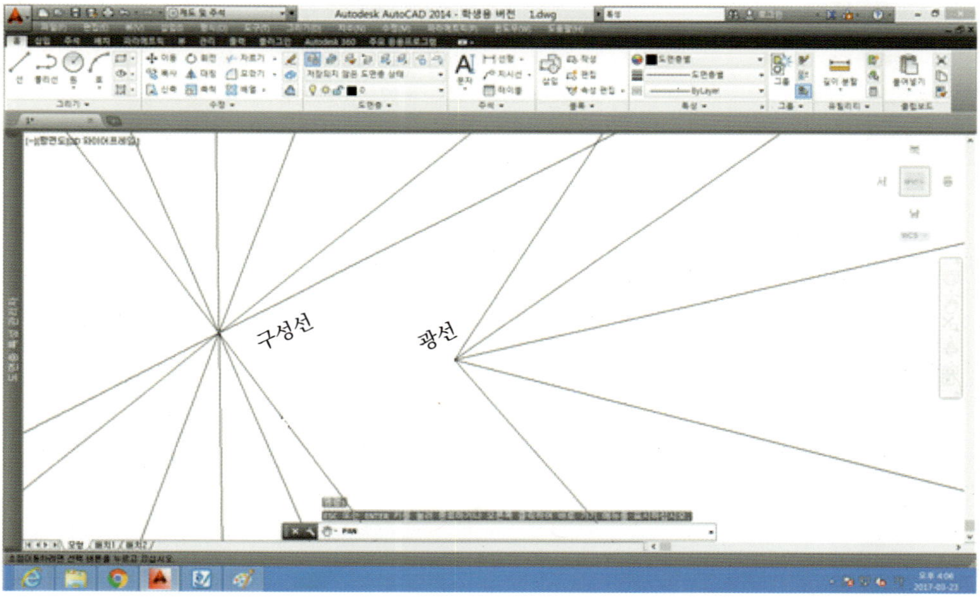


또한, 구성선(Construction Line)도 아래 그림에 표시한 것과 같은 리본메뉴를 이용하거나, 메뉴 막대-그리기(Draw)-구성선(T) 을 이용하여 광선그리기와 동일한 요령으로 그릴 수 있다.

## 예 45°기울어진(수평선에 대하여) 구성선 그리기

명령 : XLINE Enter↵

점 지정 또는 [수평(H)/수직(V)/각도(A)/이등분(B)/간격띄우기(O)] : A

X선의 각도 입력 (0) 또는 [참조(R)] : 45 Enter↵

통과점을 지정 :

통과점을 지정 :

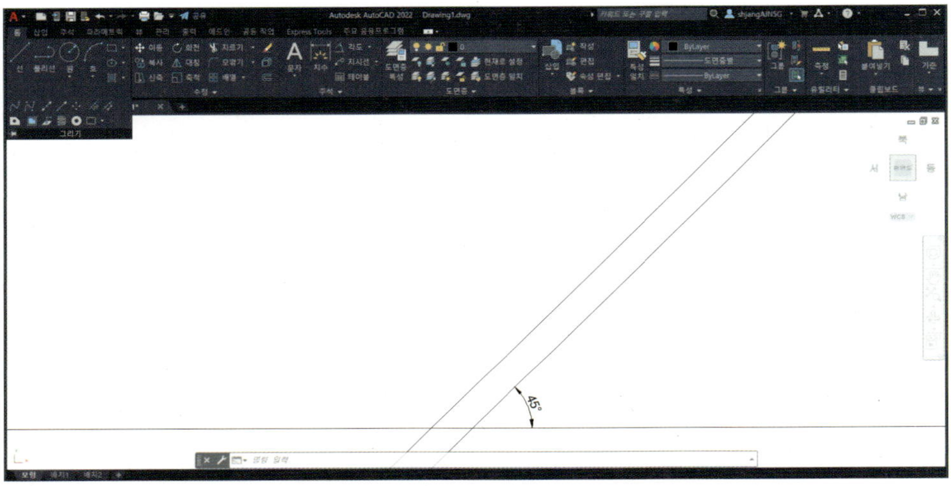


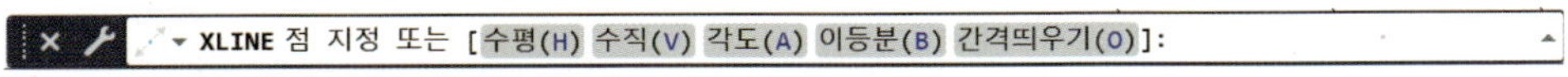


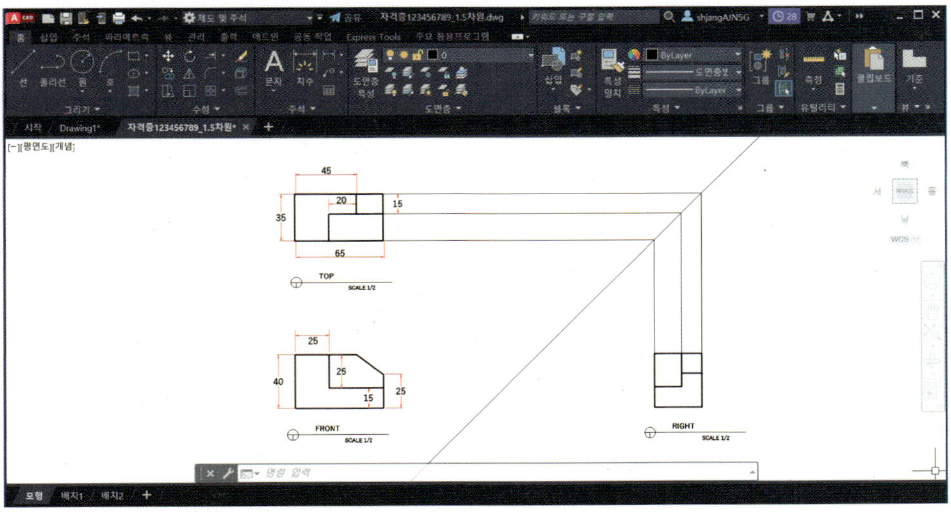


[수평선에 대하여 45° 기울어진 구성선을 이용한 우측면도 작성]

## 3.3 폴리선_POLYLINE

폴리선을 이용하면 직선(line)과 호(arc)를 연속적으로 그릴 수 있으며, 선의 두께(width)를 임의로 바꿀 수 있다.

▶ 명령어 선택

| 폴리선 | 리본메뉴 | [홈]탭-[그리기]패널- |
|---|---|---|
| | 메뉴 막대 | [그리기]-폴리선 |
| | 명령어 | PLINE |

**예** 폴리선으로 교통표지판(U턴) 그리기

명령 : pline Enter (명령어 입력)
시작점 지정 : 70,10 Enter (첫 번째 점 입력 : C1)
다음 점 지정 또는 [폭(W)] : w Enter (옵션선택 : 선두께 설정 모드선택)
시작 폭 지정 : 10 Enter (시작두께 입력)
끝 폭 지정 : Enter (끝두께 입력)
다음 점 지정 : @0,100 Enter (점 입력 : C2)
다음 점 지정 또는 [호(A)] : a Enter (옵션선택 : 호 그리기 모드선택)
호의 끝점 지정 [각도(A)] : a Enter (옵션선택 : 호의 각도 모드선택)
사이각 지정 : 180 Enter (호의 각도 입력)
호의 끝점 지정 [반지름(R)] : r Enter (옵션선택 : 반지름 모드선택)
호의 반지름 지정 : 30 Enter (반지름 입력)
호에 대한 현의 방향 지정 : 180 Enter (옵션선택 : 정렬방향 선택 : C3)
호의 끝점 지정[선(L)] : l Enter (옵션선택 : 라인 그리기 모드선택)
다음 점 지정 : @0,-70 Enter (점 입력 : C4)
다음 점 지정[폭(W)] : w Enter (옵션선택 : 선두께 설정 모드선택)
시작 폭 지정 : 20 Enter (시작두께입력)
끝 폭 지정 : 0 Enter (끝두께 입력)

다음 점 지정 : @0,-30 Enter↵ (점 입력 : C5)

다음 점 지정 : Enter↵ (닫기)

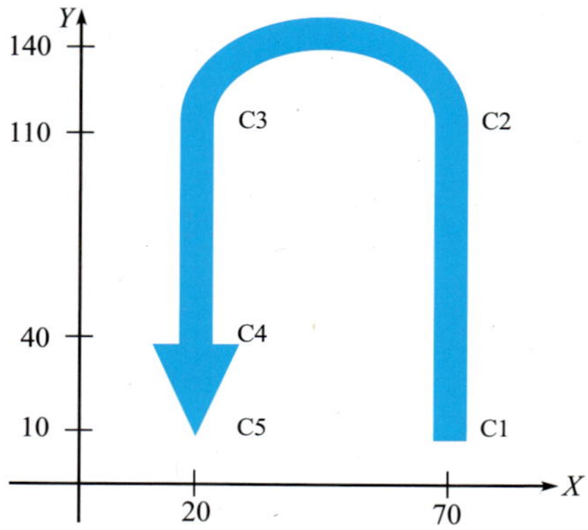

## 3.4 여러줄선_MULTILINE

다중선을 그리는 명령이다. 이 명령에 있어서는 자리 맞추기(Justification)를 중앙(Zero)으로 설정하면 선의 중앙이 기준이 되고, 맨 위(Top)로 설정하면 선의 맨 위가 기준이 되며, 맨 아래(Bottom)로 설정하면 선의 맨 아래가 기준이 된다.

▶ 명령어 선택

| 여러줄 선 | 메뉴 막대 | 그리기(Draw) - 여러 줄(U) |
|---|---|---|
| | 명령어 | mline |

**예** 10mm 떨어지 여러줄선으로 사각형 그리기

명령 : mline Enter (명령어 입력)
시작점 지정 또는 [자리맞추기(J)] : j Enter
(새로운 옵션선택 : 다중선의 기준 설정 모드를 선택한 것임)
자리맞추기 유형 입력 [맨 위(T)/0(Z)] : z Enter
(Zero : 중앙이 기준, Top : 상단이 기준, Bottom : 하단이 기준)
시작점 지정 또는 [축척(S)] : s Enter
여러 줄 축척 입력 : 10 Enter (선각격 입력)
시작점 지정 : 20,10 Enter (첫번째점 입력)
다음 점 지정 : @50,0 Enter (두번째점 입력)
다음 점 지정 또는 [명령 취소(U)] : @0,50 Enter (세번째점 입력)
다음 점 지정 또는 [닫기(C)/명령 취소(U)] : @-50,0 Enter (네번째점 입력)
다음 점 지정 또는 [닫기(C)/명령 취소(U)] : c Enter (닫기)

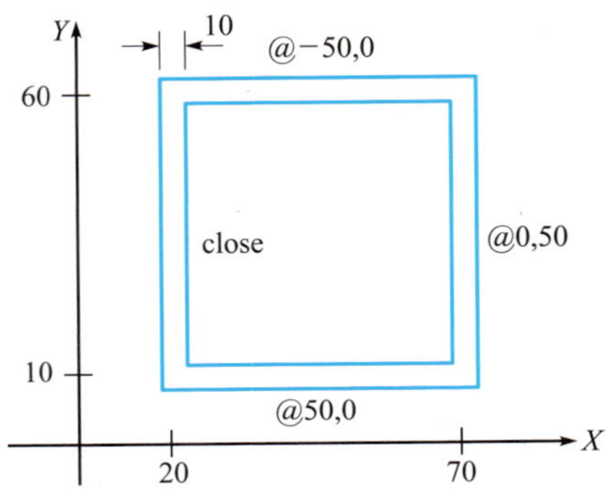

## 예 여러줄 편집 도구 사용하기

명령 : MLEDIT Enter

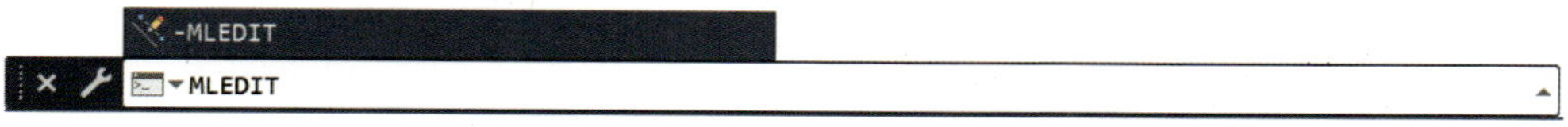


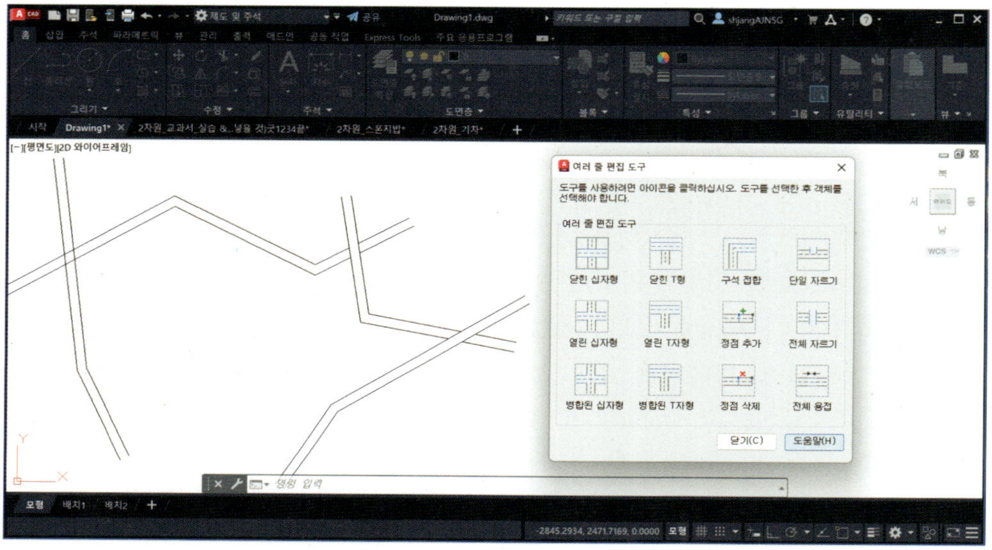

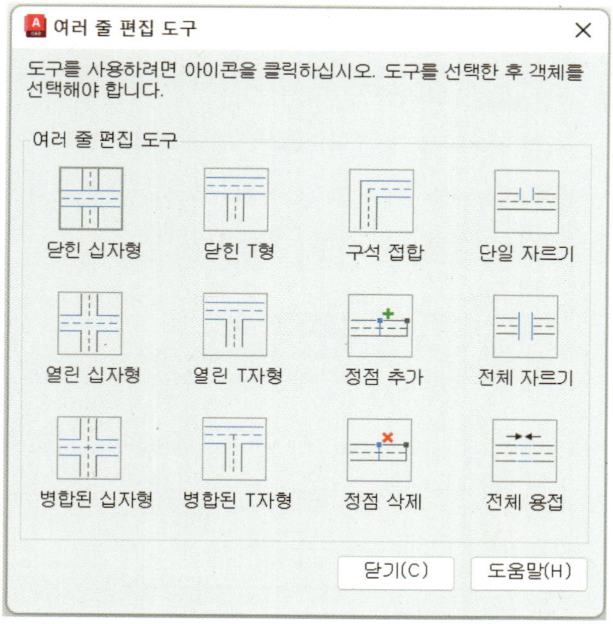

## 3.5 직사각형_RECTANGLE

정사각형 또는 직사각형을 그리는 명령어이다.

**▶ 명령어 선택**

| | | |
|---|---|---|
| 직사각형 | 리본메뉴 | [홈]탭-[그리기]패널- |
| | 메뉴 막대 | [그리기]-직사각형 |
| | 명령어 | RECTANG |

### a) 두 모서리 선택하여 직사각형 그리기

명령 : RECTANG Enter (명령어 입력)

첫 번째 구석점 지정 또는 [모따기(C)/고도(E)] : (C1 클릭)

다른 구석점 지정 또는 [영역(A)/치수(D)/회전(R)] : (C2 클릭)

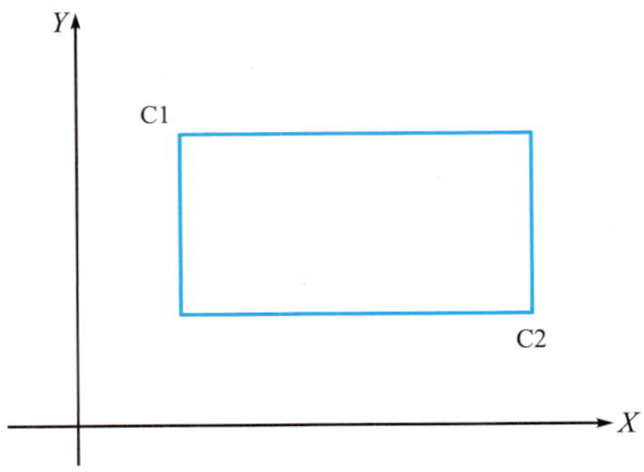


### b) 모깍기(Fillet) 옵션을 이용하여 직사각형 그리기

명령 : RECTANG Enter (명령어 입력)

첫 번째 구석점 지정 또는 [모깎기(F)] : f Enter (Fillet 모드선택)

직사각형의 모깎기 반지름 지정 : 50 Enter (Fillet 반지름 지정)

첫 번째 구석점 지정 : (C1 클릭)

다른 구석점 지정 : (C2 클릭)

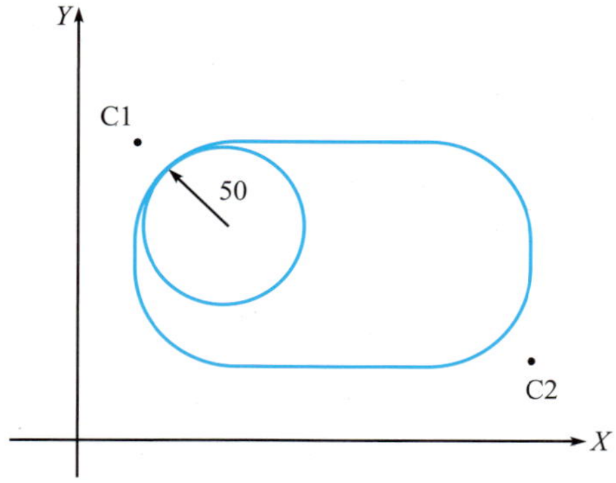


c) 모따기(Chamfer) 옵션을 이용하여 직사각형 그리기

명령 : RECTANG Enter (명령어 입력)

첫 번째 구석점 지정 또는 [모따기(C)] : c Enter (Chamfer 모드선택)

직사각형의 첫 번째 모따기 거리 지정 : 50 Enter

직사각형의 두 번째 모따기 거리 지정 : 20 Enter

첫 번째 구석점 지정 : (C1 클릭)

다른 구석점 지정 : (C2 클릭)

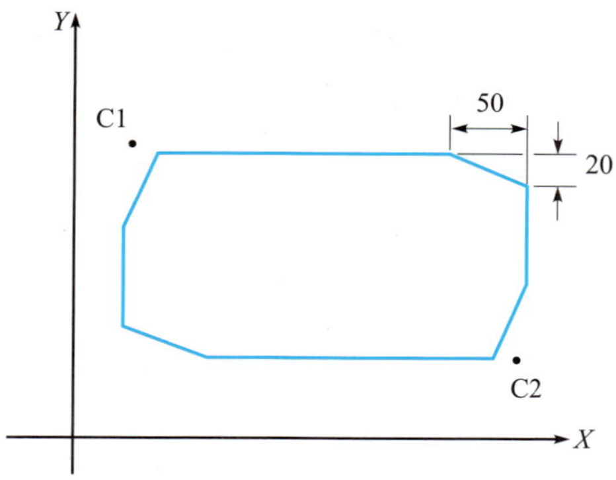


단, 모따기나 모깍기의 반경(또는 거리)의 크기가 너무 크거나 작으면, 화면에 모따기나 모깍기가 되지 않은, 일반적인 직사각형이 나타남.

## 3.6 폴리곤_POLYGON

3각형에서 1024각형까지의 다각형을 그리는 명령어이다.

▶ 명령어 선택

| | | |
|---|---|---|
| 폴리곤 | 리본메뉴 | [홈]탭-[그리기]패널- ⬠ |
| | 메뉴 막대 | [그리기]-폴리곤 ⬠ |
| | 명령어 | POLYGON |

### a) 원에 내접하는 다각형 그리기

명령 : polygon Enter (명령어 입력)
면의 수 입력 〈4〉 : 5 Enter (다각형 면수 지정)
폴리곤의 중심을 지정 또는 [모서리(E)] : 70,70 Enter (중심 지정)
옵션을 입력 [원에 내접(I)] : I Enter (내접하는 다각형 모드선택)
원의 반지름 지정 : 50 Enter (원 반지름 지정)

### b) 원에 외접하는 다각형 그리기

명령 : polygon Enter (명령어 입력)
면의 수 입력 〈4〉 : 5 Enter (다각형 면수 지정)
폴리곤의 중심을 지정 또는 [모서리(E)] : 140,70 Enter (중심 지정)
옵션을 입력 [원에 외접(C)] : c Enter (외접하는 다각형 모드선택)
원의 반지름 지정 : 30 Enter (원 반지름 지정)

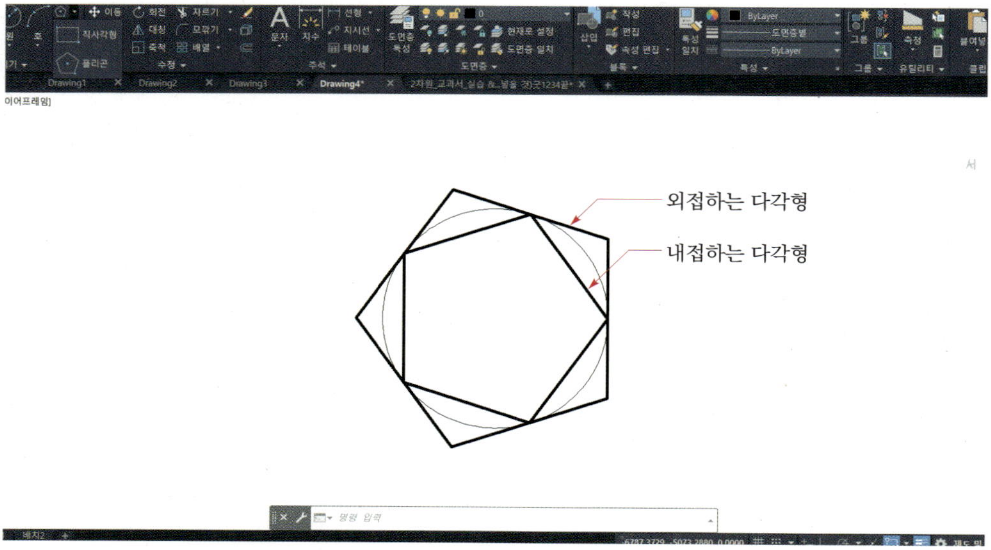
외접하는 다각형
내접하는 다각형

## 3.7 선의 종류_LINE TYPE 및 굵기_LINE WEIGHT

선의 종류(line type) 및 선의 굵기(line weight)를 변경시키는 명령어이다

**▶ 명령어 선택**

| 선 종류 | 리본메뉴 | [홈]탭-[특성]패널-선종류( )-기타-로드(L) |
|---|---|---|
| | 메뉴 막대 | 형식(O)-선종류(N) |

| 선 굵기 | 리본메뉴 | [홈]탭-[특성]패널-선가중치( ) |
|---|---|---|
| | 메뉴 막대 | 형식(O)-선가중치(W) |

선의 종류선택에 있어서는 리본메뉴의 [홈]탭에 있는 [특성]패널에서 선종류-기타(other)를 클릭하면, 그림과 같은 "선종류 관리자창"이 화면에 나타난다. 이때 화면상의 "로드(L)"를 클릭하여 희망하는 선을 선택한 다음, 확인을 누르고, 다시 리본메뉴의 [홈]탭에 있는 [특성]패널의 선종류에서 방금 전에 선택한 선을 선정하여야 최종적으로 원하는 선으로 설정된다. 물론, 선종류 관리자창에서 원하는 선택한 후, 현재(C)탭을 클릭하고 확인을 해도 된다. 오토캐드에서 제공하는 다양한 선들을 모두 사용해 보면 선의 종류를 익히는데 매우 유용하다.

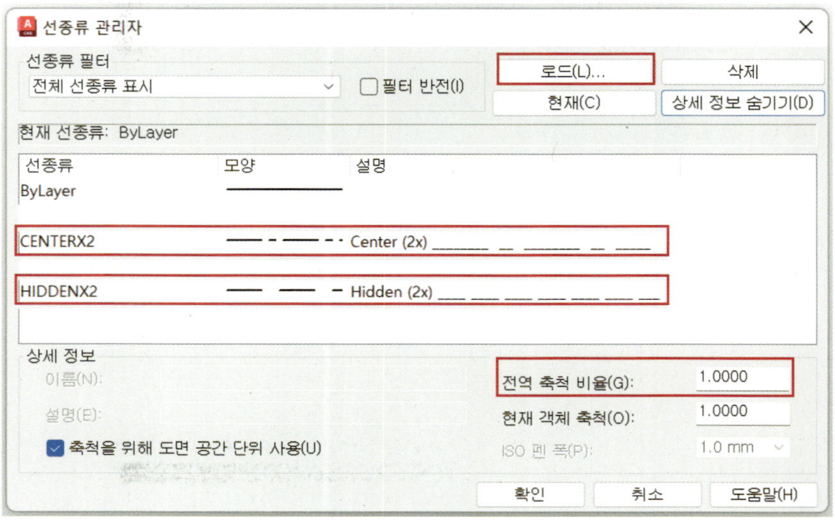

다음으로 선택한 점선 또는 중심선의 간격을 늘리거나 줄이기 위해서는 선종류 관리자창의 상세정보에서 "전역 축척비율(G)"에 희망하는 값을 입력하여야한다. 단, 전역 축척비율(G)에에 큰 값을 넣을수록 점선의 간격이 늘어나며, 작은 값을 넣으면 간격은 줄어든다. 이를 위해서는 다음 그림과 같은 특성창에서 "선종류 축척"의 값을 변경하여도 된다. 이 값은 "선종류 관리자창"의 "현재 객체 축척(O)"의 값에 해당한다.

또한, 선의 굵기를 변경하기 위해서는 리본메뉴의 [홈]탭에 있는 [특성]패널에서 선가중치(W)를 선택하면 된다. 또한, 선의 굵기를 화면상에 표시하기 위해서는 상태 막대의 아이콘(선 가중치)을 클릭하여야 한다.

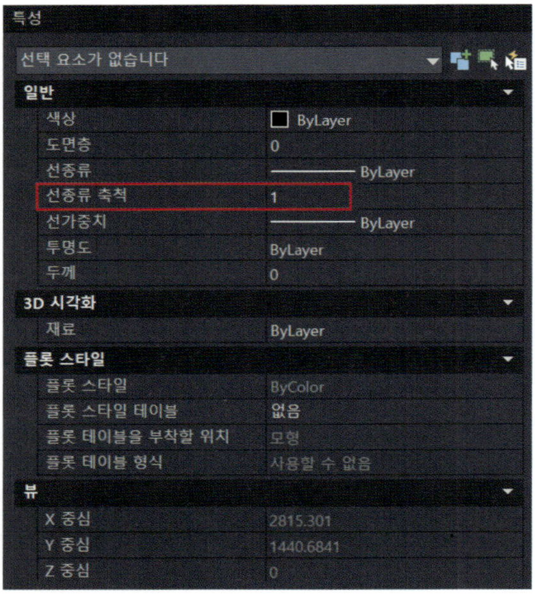

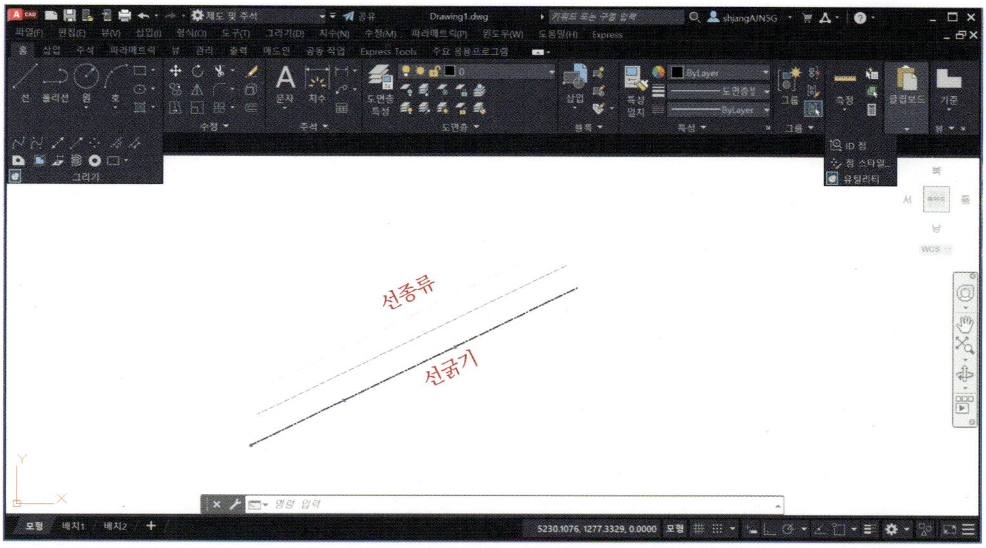
선종류
선굵기

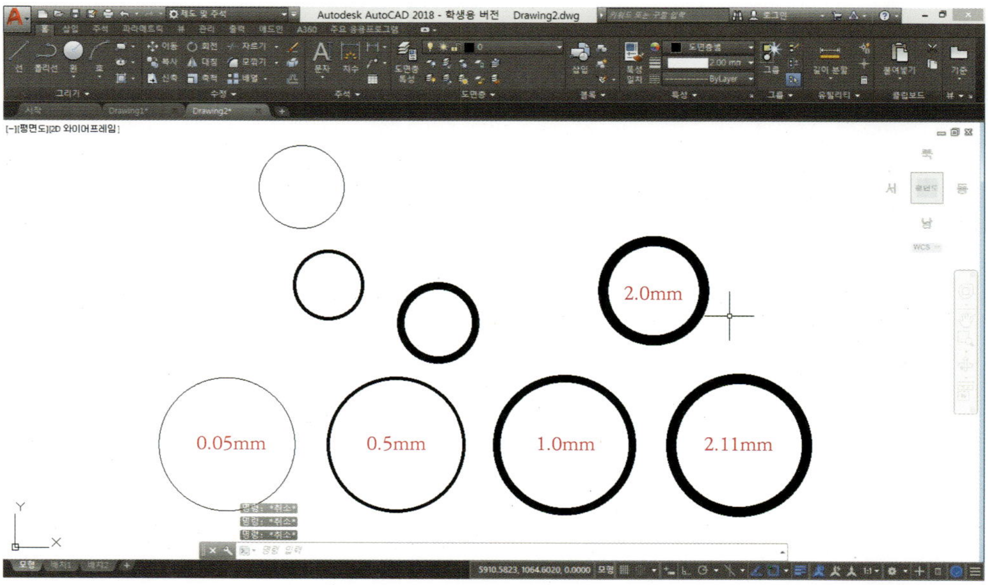
Autodesk AutoCAD 2018 - 학생용 버전 Drawing2.dwg
2.0mm
0.05mm
0.5mm
1.0mm
2.11mm

## 3.8 점_POINT

점을 찍을 때 사용하며, 도면작성에 있어 가장 기본이 되는 명령이다.

**▶ 명령어 선택**

| | | |
|---|---|---|
| 점 | 리본메뉴 | [홈]탭-[그리기]패널-다중점 |
| | 메뉴 막대 | [그리기]-점-단일점/다중점 |
| | 명령어 | POINT |

명령 : point Enter (명령어 입력)
점 지정 : 0,0 Enter (첫 번째 점 지정)
점 지정 : 50,50 Enter (두 번째 점 지정)
점 지정 : 100,100 Enter (세 번째 점 지정)

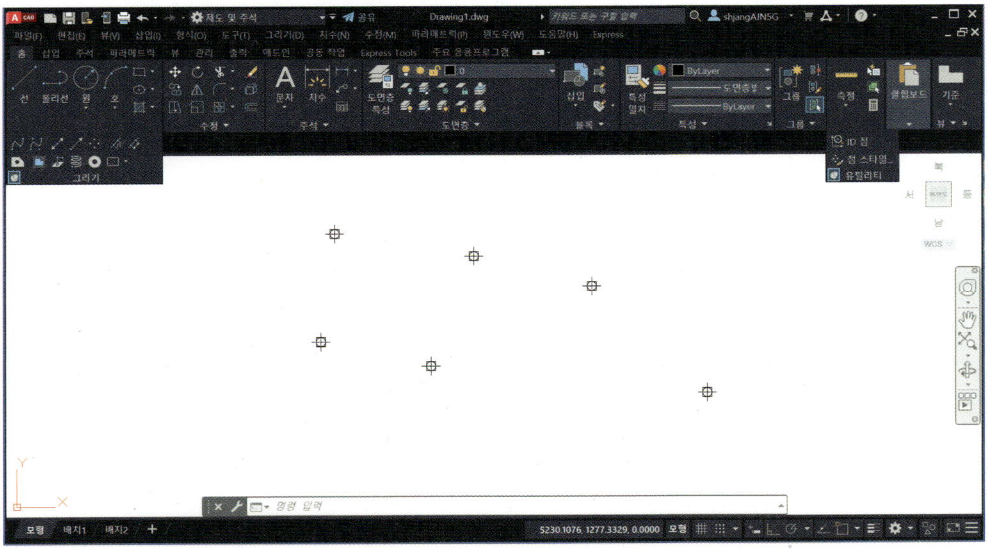

### 3.8.1 점 스타일_POINIT STYLE

희망하는 점의 모양과 크기를 설정하고자 할 때 사용하는 명령어이다.

**▶ 명령어 선택**

| | | |
|---|---|---|
| 점 종류 | 리본메뉴 | [홈]탭-[유틸리티]패널- 점 스타일... |
| | 메뉴 막대 | 형식(O) - 점 스타일... |
| | 명령어 | ddptype |

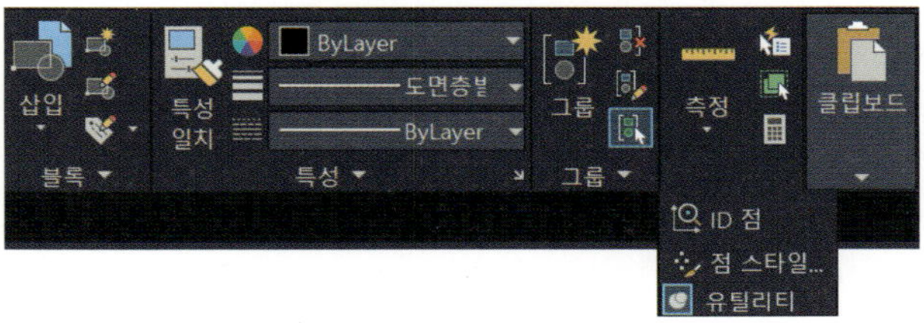


"점 스타일 설정창"에서 화면에 "상대적인 크기 설정(R)"을 선택하면, 점의 크기를 화면의 크기에 대한 상대적인 크기로서 표시한다. 따라서 화면의 크기를 Zoom으로 확대/축소하면 상대적으로 점의 크기가 변화하면서 화면에 나타난다. 그러나 "절대 단위로 크기 설정(A)"을 선택하면, 점의 크기를 절대적인 크기로서 화면에 표시하므로 Zoom을 하여도 크기가 변화하지 아니한다.

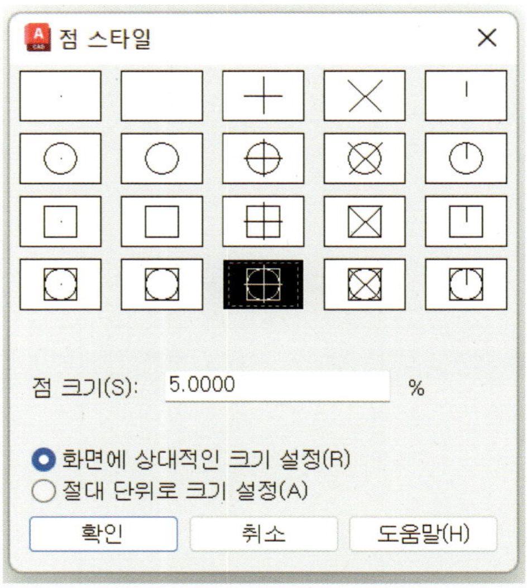

## 3.9 등분할_DIVIDE

객체의 길이 또는 둘레를 따라 동일한 간격으로 점을 작성한다.

▶ 명령어 선택

| 등분할 | 리본메뉴 | [홈]탭-[그리기]패널-등분할 |
|---|---|---|
| | 메뉴 막대 | 그리기-점-등분할 |
| | 명령어 | DIVIDE |

예 임의의 선을 8등분하기

명령 : divide Enter↵

등분할 객체 선택 : (임의의 선 클릭) Enter↵

세그먼트의 개수 또는 [블록(B)] 입력 : 8 Enter↵

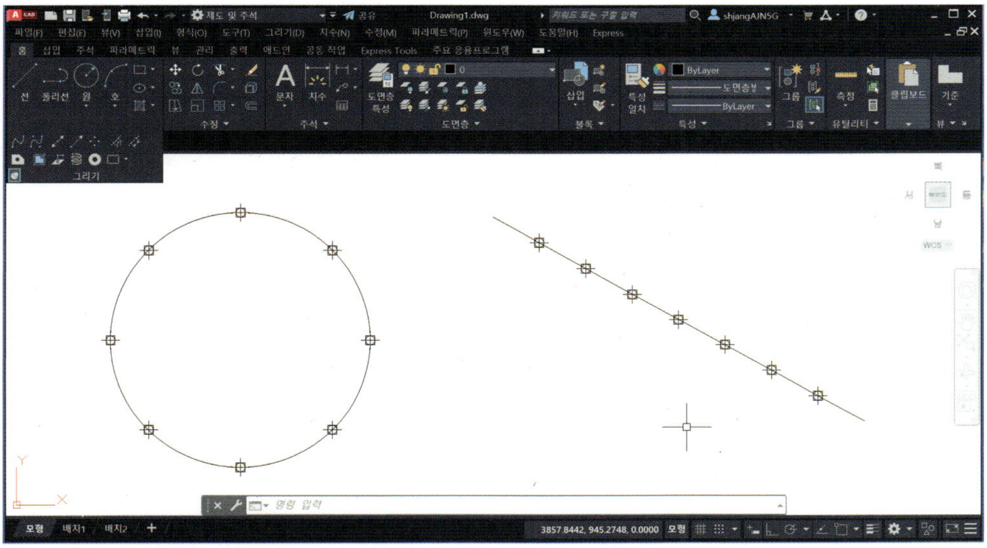

## 3.10 길이 분할_MEASURE

객체의 길이 또는 둘레를 따라 희망하는 거리간격으로 점을 작성한다.

**▶ 명령어 선택**

| 길이분할 | 리본메뉴 | [홈]탭-[그리기]패널-길이 분할 |
|---|---|---|
| | 메뉴 막대 | 그리기-점-길이 분할 |
| | 명령어 | MEASURE |

**예** 임의의 선을 지정한 길이로 분할시키기

명령 : measure Enter↵
길이 분할 객체 선택 : (선 선택)
세그먼트의 길이 지정 : 100 Enter↵

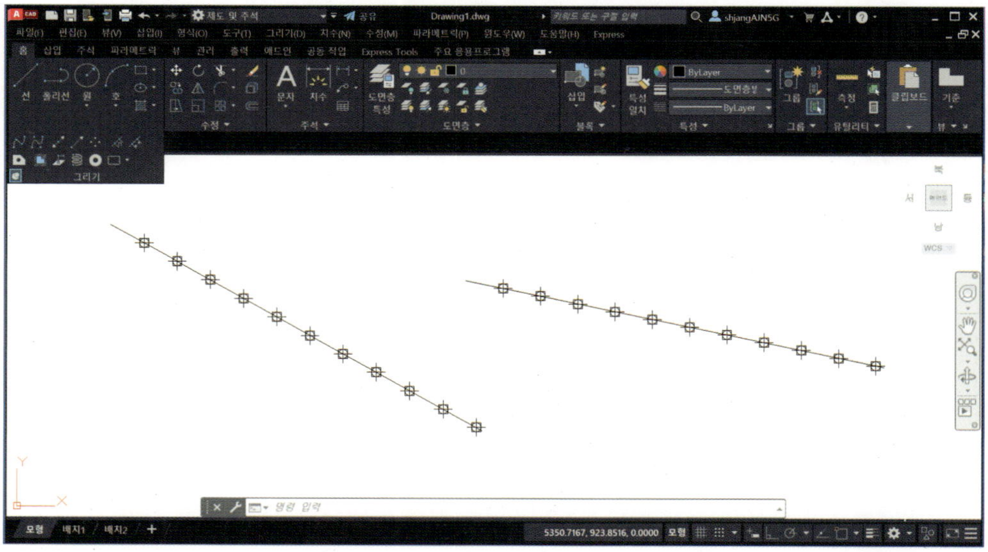

## 3.11 원_CIRCLE

원을 그리는 방법에는 다음 그림과 같이 2점 지정(지정하는 두 점을 지름으로 하는 원), 3점지정(지정하는 세점을 지나는 원), 접점 지정(Tan), 중심점 지정(Center), 반지름지정(Radius), 지름 지정(Diameter) 등이 있다

**명령어 선택**

| 원 | 리본메뉴 | [홈]탭-[그리기]패널- |
|---|---|---|
| | 메뉴 막대 | [홈]탭-[그리기]패널- |
| | 명령어 | CIRCLE |

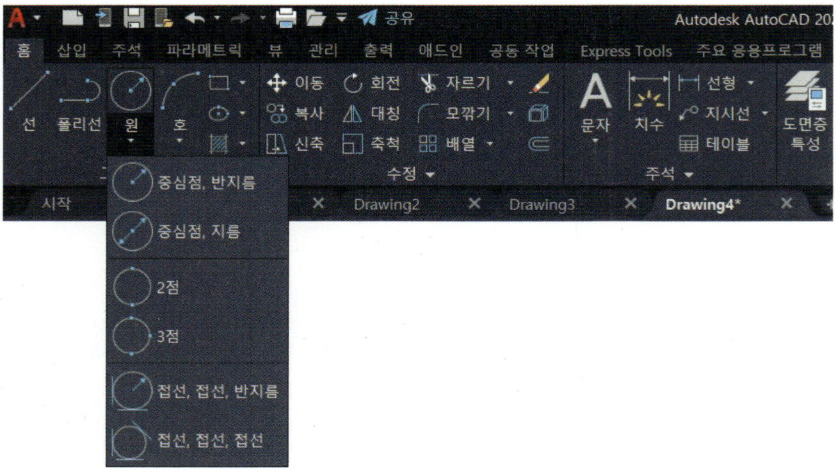


원의 해상도(원을 둥그렇게 표시하기 위한 점의 수)를 변경하기 위해서는 다음과 같이 하면 된다.

명령 : VIEWRES Enter (명령어 입력)
고속 줌을 원하십니까? [예(Y)/아니오(N)] 〈Y〉 : Y
원 줌 퍼센트 입력 (1-20000) 〈1000〉 : 2000

```
령: VIEWRES
▾ VIEWRES 고속 줌을 원하십니까? [예(Y) 아니오(N)] <Y>:
```

### a) 중심점, 반지름(Center, Radius)을 이용한 원 그리기

명령 : CIRCLE Enter (명령어 입력)

원에 대한 중심점 지정 : 70,70 Enter (중심점 지정 : C1)

원의 반지름 지정 : 100 Enter (반지름 지정 : C2)

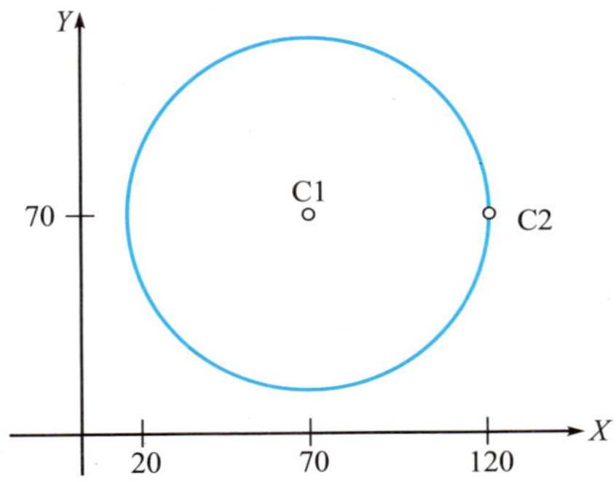


### b) 2점(2point)을 이용한 원 그리기

명령 : CIRCLE Enter (명령어 입력)

원에 대한 중심점 지정 또는 [2점(2P)] : 2p Enter ( 2Point 모드선택)

원 지름의 첫 번째 끝점을 지정 : 20,70 Enter (첫번째점 지정 : C1)

원 지름의 두 번째 끝점을 지정 : @100,0 Enter (두번째점 지정 : C2)

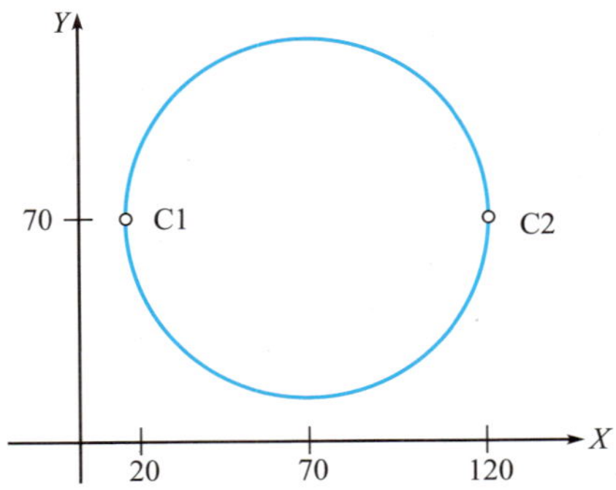

### c) 3점(3point)을 이용한 원 그리기

명령 : CIRCLE Enter (명령어 입력)

원에 대한 중심점 지정 또는 [3점(3P)] : 3p Enter (3Point 모드선택)

원 위의 첫 번째 점 지정 : (C1 클릭)

원 위의 두 번째 점 지정 : (C2 클릭)

원 위의 세 번째 점 지정 : (C3 클릭)

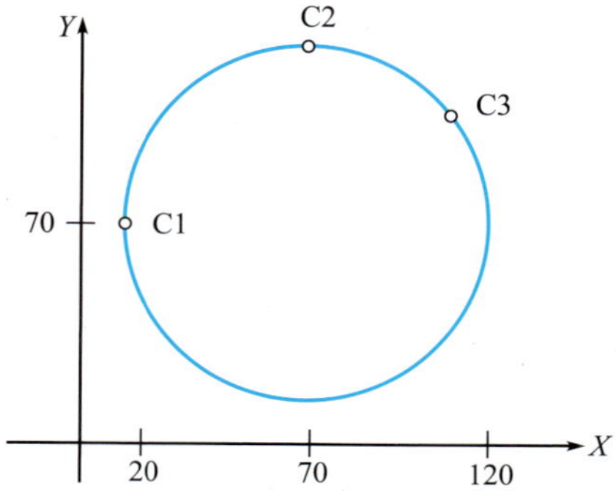


### d) 접선, 접선, 반지름을 이용한 원 그리기

먼저 다음 그림과 같이 두 개의 선(C1, C2)을 그려 놓고 시작 한다.

명령 : CIRCLE Enter (명령어 입력)

원에 대한 중심점 지정 또는 [접선 접선 반지름] : ttr Enter

원의 첫 번째 접점에 대한 객체위의 점 지정 : (접선 C1상의 한점 클릭)

원의 두 번째 접점에 대한 객체위의 점 지정 : (접선 C2상의 한점 클릭)

원의 반지름 지정 : 50 Enter (반지름 지정)

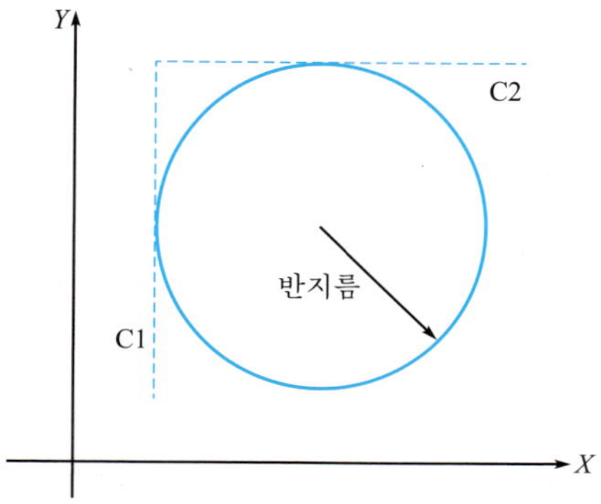

### e) 접선, 접선, 접선을 이용한 원 그리기

먼저 아래 그림과 같이 3개의 원(C1, C2, C3)을 그려 놓고 시작하거나, 3개의 선을 그려 놓고 시작한다.

▶ 명령어 선택

| 리본메뉴 | [홈]탭-[그리기]패널- 접선 접선 접선 |
|---|---|

원 위의 첫 번째 점 지정 : (원C1 상의 접점 클릭)
원 위의 두 번째 점 지정 : (원C2 상의 접점 클릭)
원 위의 세 번째 점 지정 : (원C3 상의 접점 클릭)

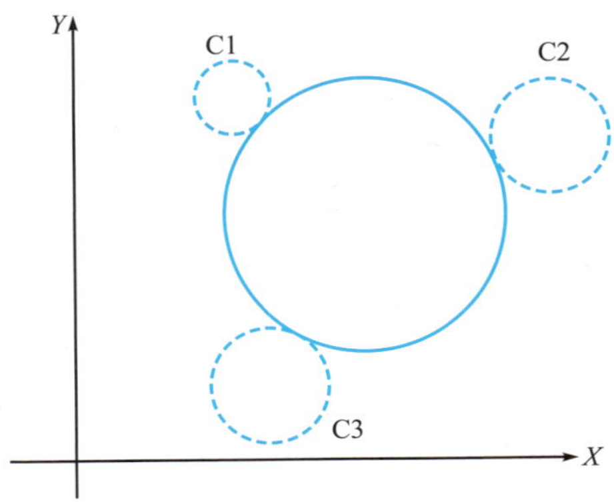


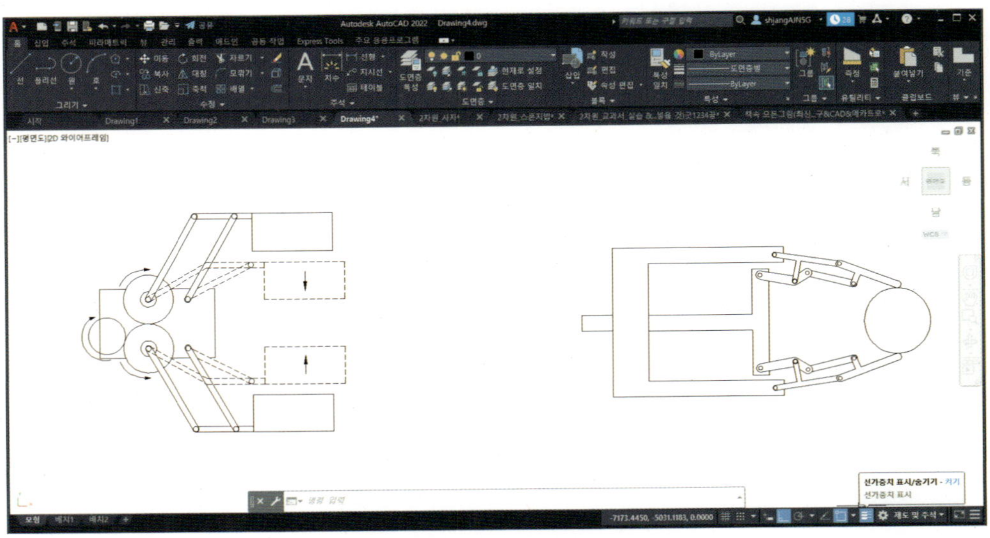

[원, 선 및 직사각형을 이용한 로봇 핸드(hand) 그리기]

## 3.12 호_ARC

호를 그리는 방법에는 옵션으로서 Start(시작점지정), Center(중심점지정), End(끝점지정), Angle(내부각도지정), Length(현의 길이값지정), Direction(접선의 방향지정), Radius(반지름지정)을 지정하는 방법이 있다.

**명령어 선택**

| | | |
|---|---|---|
| 호 | 리본메뉴 | [홈]탭-[그리기]패널- |
| | 메뉴 막대 | [그리기]-호 |
| | 명령어 | ARC |

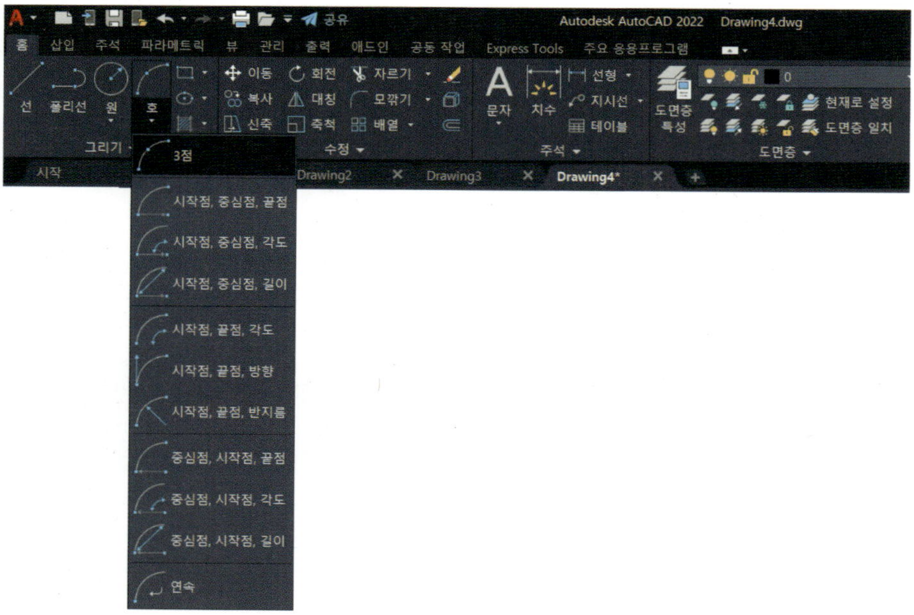

### a) 3점(3Point)을 이용한 호 그리기

| 리본메뉴 | [홈]탭-[그리기]패널- |
| --- | --- |

호의 시작점 지정 또는 [중심(C)] : 50,50 Enter (첫 번째 점 지정)

호의 두 번째 점 또는 [중심(C)/끝(E)] 지정 : @100,100 Enter (두 번째 점 지정)

호의 끝점 지정 : @100,-100 Enter (세 번째 점 지정)

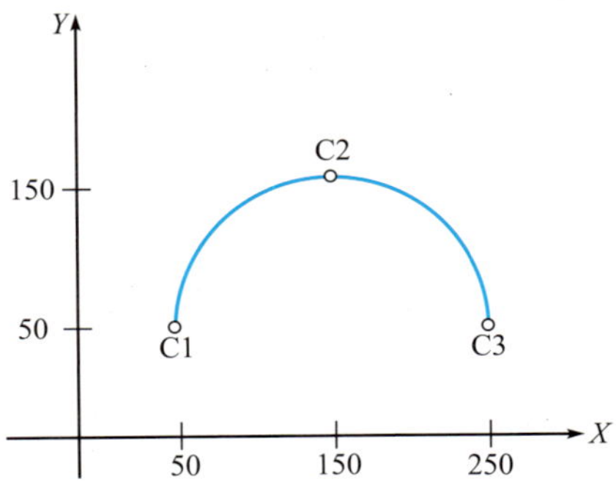


### b) 시작점, 중심점, 각도 (Start, Center, Angle)를 이용한 호 그리기

| 리본메뉴 | [홈]탭-[그리기]패널- |
| --- | --- |

호의 시작점 지정 : 50,50 Enter (첫 번째 점 지정)

호의 중심점 지정 : @100,0 Enter (중심점 지정)

사이각 지정 : -180 Enter (내부각도 지정)

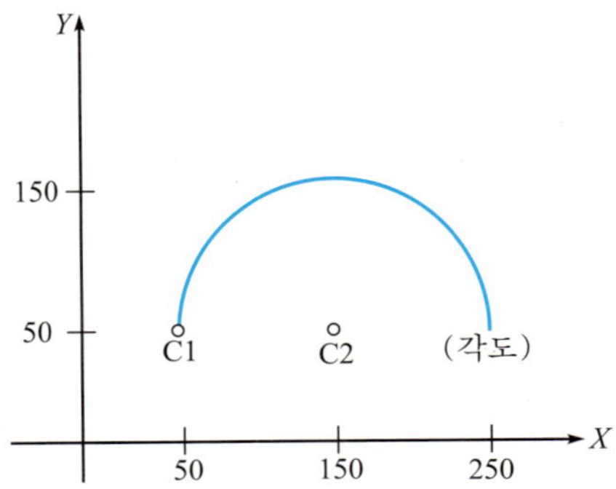

### c) 시작점, 끝점, 반지름(R) (Start, End, Radius)을 이용한 호 그리기

| 리본메뉴 | [홈]탭-[그리기]패널- |
|---|---|

호의 시작점 지정 : 250,50 Enter (첫 번째 점 지정)
호의 끝점 지정 : @-200,0 Enter (끝점 지정)
호의 반지름 지정 : 100 Enter (반지름 지정)

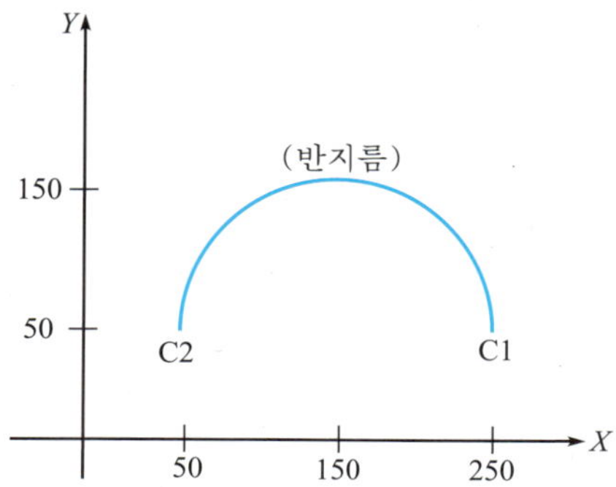


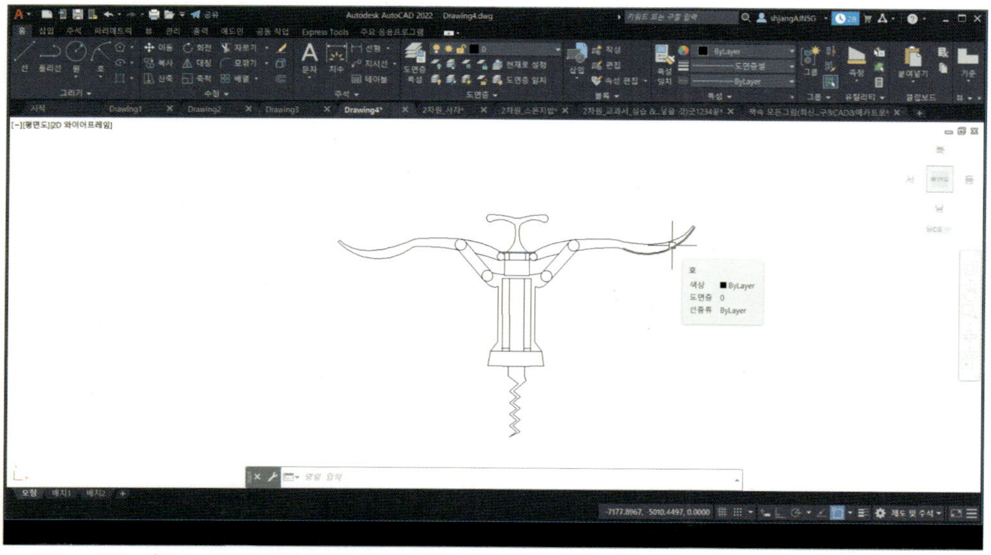

[원호, 원 및 선을 이용한 wine opener 그리기]

## 3.13 타원_ELLIPSE

타원을 그리는 명령어이다

**▶ 명령어 선택**

| | | |
|---|---|---|
| 타원 | 리본메뉴 | [홈]탭-[그리기]패널- |
| | 메뉴 막대 | [그리기]-타원 |
| | 명령어 | ellipse |

### a) 중심점과 끝점을 이용한 타원 그리기

명령 : ELLIPSE Enter (명령어 입력, 또는 중심점)
타원의 중심 지정 : 100,40 Enter (중심지정 : C1)
축의 끝점 지정 : @0,20 Enter (C2)
다른 축으로 거리를 지정 : @80,0 Enter (C3)

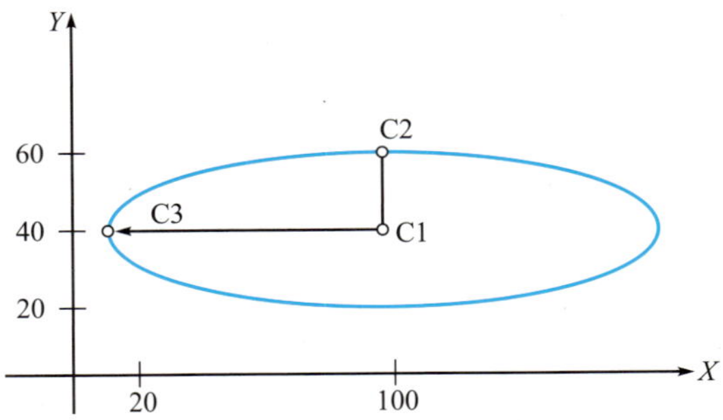


### b) 축과 끝점을 이용한 타원 그리기

명령 : ELLIPSE Enter (명령어 입력, 또는 축, 끝점)
타원의 축 끝점 지정 : 100,20 Enter (축 끝점 지정 : C1)
축의 다른 끝점 지정 : @0,40 Enter (축의 다른 끝점 지정 : C2)
다른 축으로 거리를 지정 또는 [회전(R)] : 80 Enter (거리지정)

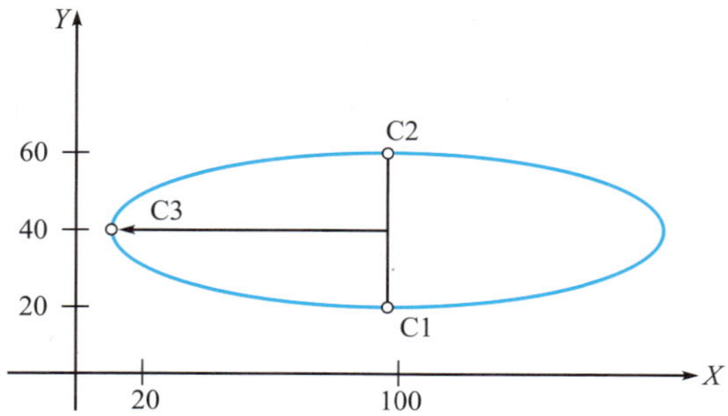


### c) 타원형 호( ) 그리기

명령 : ELLIPSE Enter (명령어 입력, 또는 타원형 호)

타원의 축 끝점 지정 또는 [호(A)/중심(C)] : a Enter

타원 호의 축 끝점 지정 또는 [중심(C)] :

축의 다른 끝점 지정 :

다른 축으로 거리를 지정 또는 [회전(R)] :

시작점 지정 또는 [매개변수(P)] :

끝각도를 지정 또는 [매개변수(P)/사이각(I)] :

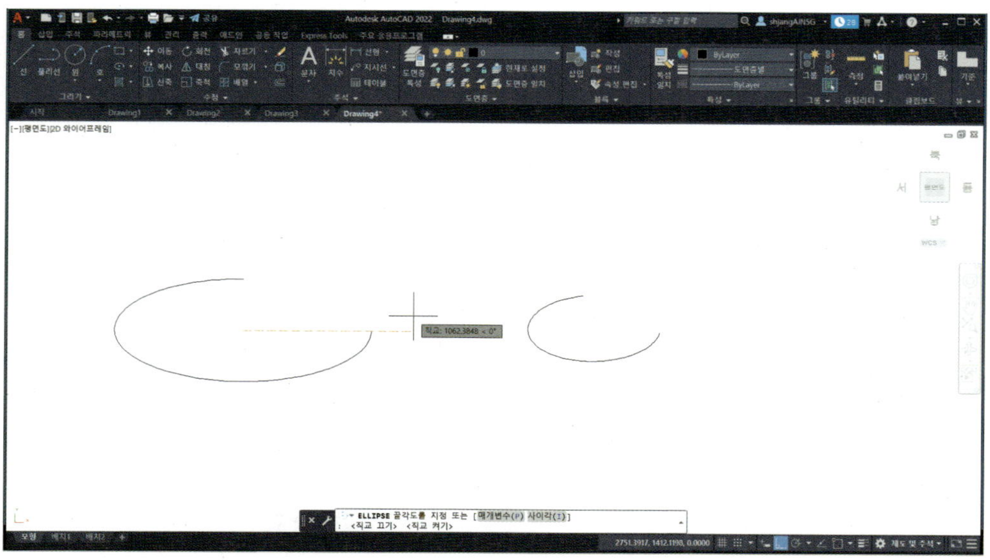

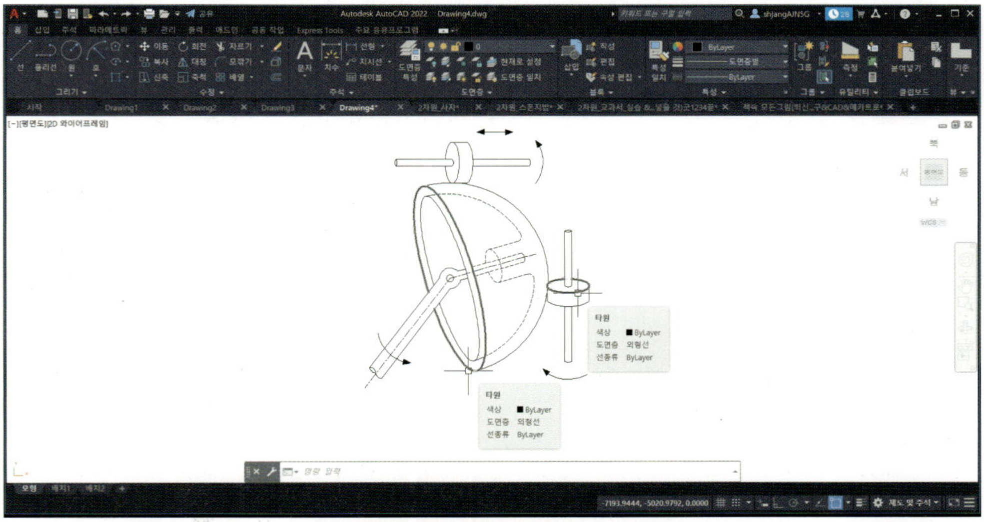


[타원, 선 및 원호 이용한 입체 캠(cam) 그리기]

## 3.14 도넛_DONUT

내부가 채워진 링을 그리는 명령어이다.

▶ 명령어 선택

| | | |
|---|---|---|
| 도넛 | 리본메뉴 | [홈]탭-[그리기]패널- |
| | 메뉴 막대 | [그리기]-도넛 |
| | 명령어 | DONUT |

**예** 도넛 그리기

명령 : DONUT Enter (명령어 입력)
도넛의 내부 지름 지정 : 100 Enter (내부지름 d1 지정)
도넛의 외부 지름 지정 : 150 Enter (외부지름 d2 지정)
도넛의 중심 지정 또는 〈종료〉 : 100,100 Enter (중심점 지정)
도넛의 중심 지정 또는 〈종료〉 : Enter

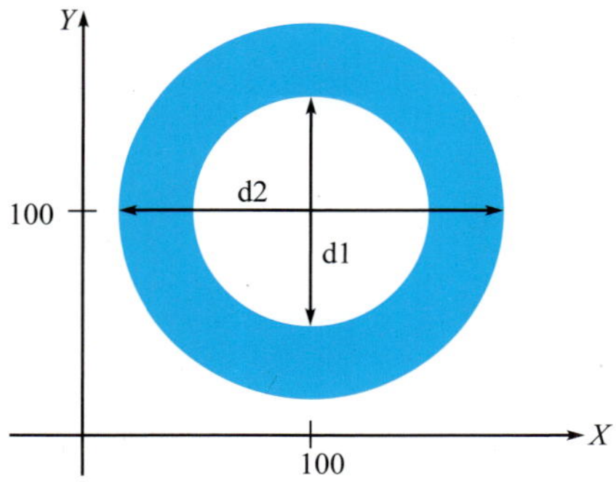

## 3.15 Fill 명령

도넛(Donut), 폴리선(Polyline) 등의 명령어로 그려진 요소의 화면표시 방법을 변경한다.

▶ 명령어 선택

| Fill | 명령어 | fill |
|---|---|---|

명령 : FILL Enter (명령어 입력)
모드 입력 [켜기(ON)/끄기(OFF)] 〈켜기〉 : off

명령 : regen (모든 요소를 재생성함)

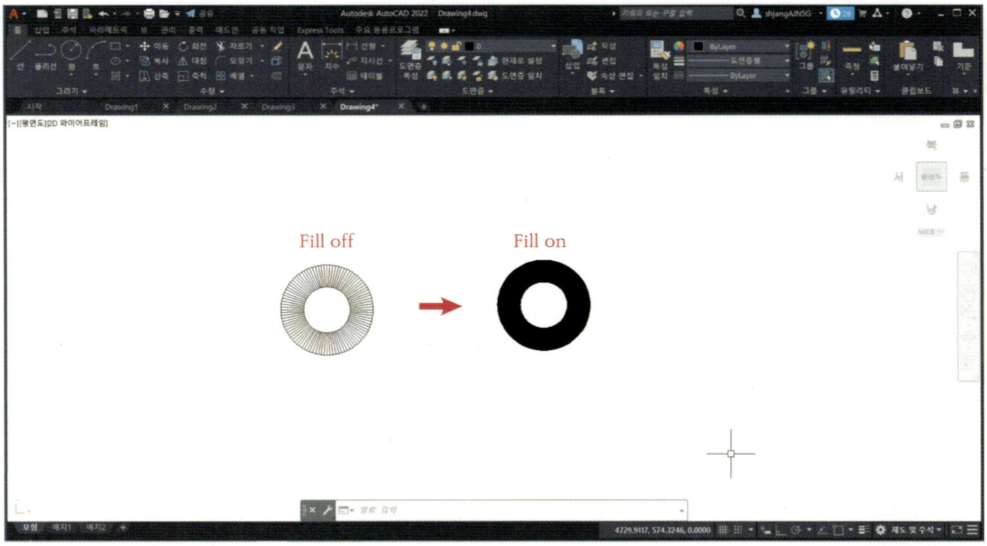

## 3.16 스플라인_SPLINE 곡선

스프라인 곡선은 부드러운 곡선을 그리는 명령어이며, a)주어진 정점을 모두 통과하는 스프라인 맞춤과 b)조정 정점으로 곡선의 형태를 정의하는 스프라인 CV가 있다. 이 두 가지 방법에는 고유한 장점이 있으며, 특히 스프라인 CV를 사용하면 한층 부드럽고 완만한 곡률을 갖는 곡선을 쉽게 그릴 수 있다.

스프라인 CV에서는 B-스플라인 곡선(curve)이라는 곡선식을 이용한다. 이는 근사 곡선(approximating spline)의 일종으로, B-spline에서 B는 수학 용어로 Basis를 뜻하며, 곡선을 정의하는 어떤 제어점(control point)도 통과하지 않고 제어점에 근접하여 지나가는 곡선을 구성한다. 즉, B-Splie은 Bezier 곡선과 유사한 형태의 곡선을 구할 수 있다는 특징을 갖는다. 스프라인 맞춤과 스프라인 CV는 자유곡선의 일종이며, 자동차, 선박, 비행기를 비롯하여 의류, 신발, 지도의 등고선 등에서 매우 편리하게 사용된다.

**명령어 선택**

| | | |
|---|---|---|
| 스플라인 | 리본메뉴 | [홈]탭-[그리기]패널-맞춤점 , 조정정점 |
| | 메뉴 막대 | [그리기]-스플라인-맞춤점 , 조정정점 |
| | 명령어 | SPLINE |

a) 스프라인 맞춤(, 주어진 6개의 점을 모두 지나는 스프라인곡선 그리기)

명령 : _SPLINE Enter (명령어 입력, 또는  클릭)
첫 번째 점 지정 또는 [메서드(M)/매듭(K)/객체(O)] : 점 P1 클릭
다음 점 입력 또는 [시작 접촉부(T)/공차(L)] : 점 P2 클릭
다음 점 입력 또는 [끝 접촉부(T)/닫기(C)] : 점 P3 클릭
다음 점 입력 또는 [끝 접촉부(T)/닫기(C)] : 점 P4 클릭
다음 점 입력 또는 [끝 접촉부(T)/닫기(C)] : 점 P5 클릭
다음 점 입력 또는 [끝 접촉부(T)/닫기(C)] : 점 P6 클릭
다음 점 입력 또는 [끝 접촉부(T)/닫기(C)] : Enter

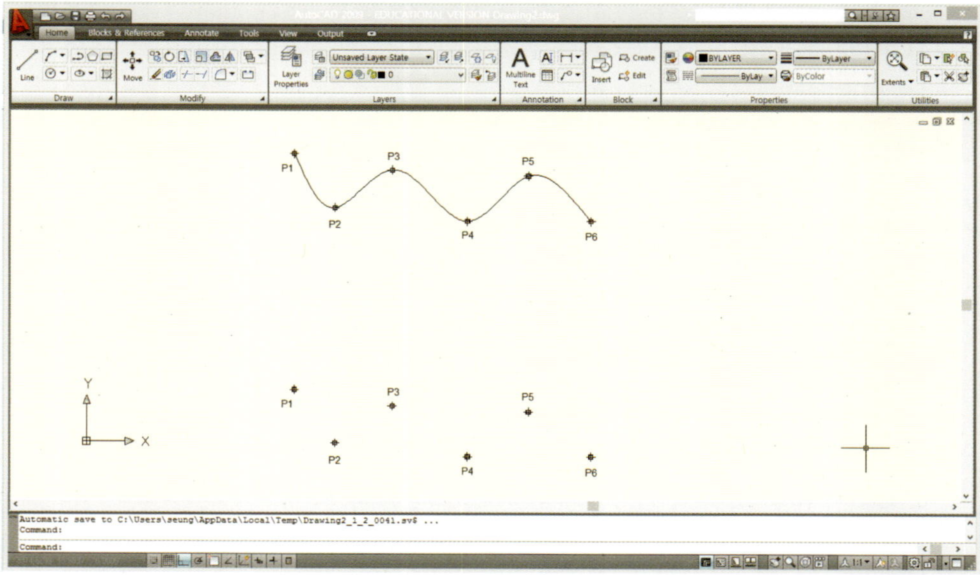

### b) 스프라인 CV( , 주어진 6개의 조정 정점을 이용한 스프라인 곡선)

명령 : _SPLINE Enter↵ (명령어 입력, 또는 클릭)
첫 번째 점 지정 또는 [메서드(M)/각도(D)/객체(O)] : 점 P1 클릭
다음 점 입력 : 점 P2 클릭
다음 점 입력 또는 [명령 취소(U)] : 점 P3 클릭
다음 점 입력 또는 [닫기(C)/명령 취소(U)] : 점 P4 클릭
다음 점 입력 또는 [닫기(C)/명령 취소(U)] : 점 P5 클릭
다음 점 입력 또는 [닫기(C)/명령 취소(U)] : 점 P6 클릭
다음 점 입력 또는 [닫기(C)/명령 취소(U)] : Enter↵

스프라인의 마지막 입력점을 첫 번째점과 일치하도록 정의하고 싶으면, 닫기(C)를 입력하면 된다.

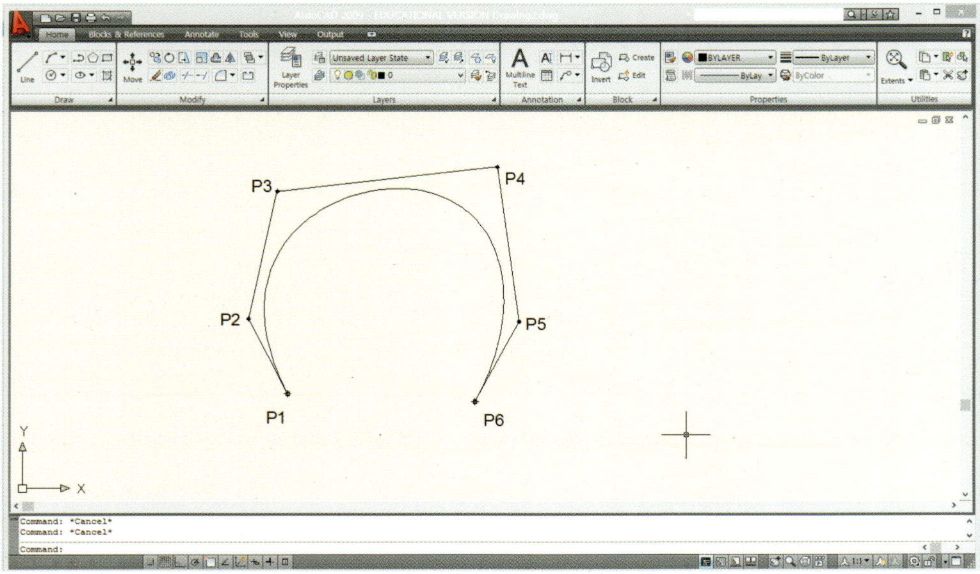

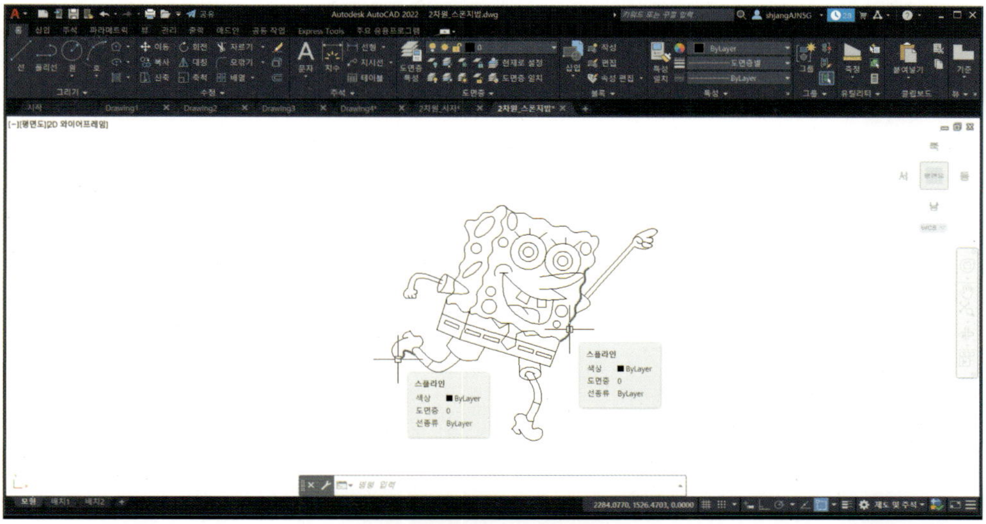


[스프라인을 이용한 스폰지밥]

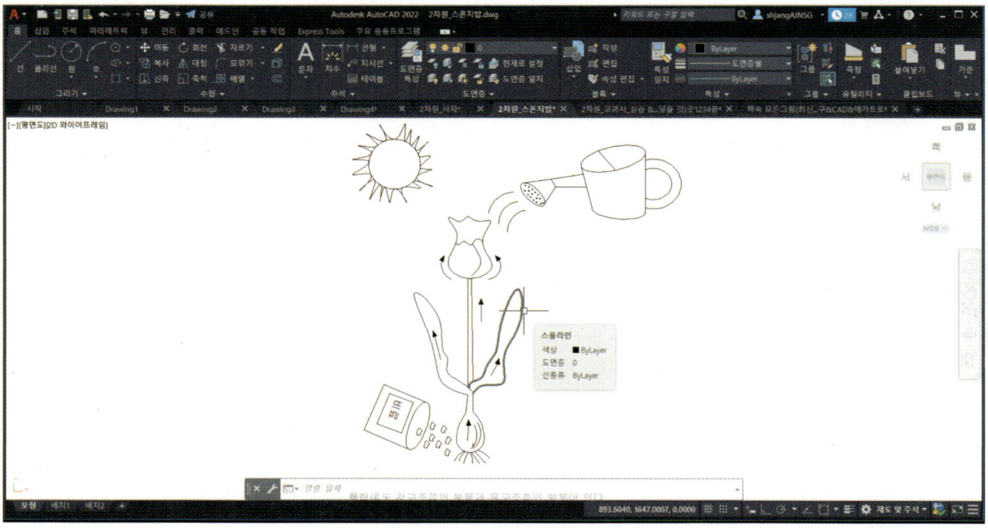


[스프라인을 이용한 튤립]

## 3.17 해치_HATCH, 그라데이션_GRADIENT 및 경계_BOUNDARY

닫힌 영역이나 지정된 경계에 대하여 해칭, 그라데이션 및 경계를 작성 하는데 사용하는 명령어이다.

**명령어 선택**

| 해치<br>그라데이션<br>경계 | 리본메뉴 | [홈]탭-[그리기]패널-해치( ) -그라데이션( )-경계 ( ) |
|---|---|---|
| | 메뉴 막대 | [그리기]-해치( )-그라데이션( )-경계 ( ) |
| | 명령어 | HATCH, GRADIENT, BOUNDARY |

### 닫힌 영역(지정된 경계)를 선택하는 방법

선택점 : (선택한 점을 기준으로 닫힌 영역이 선택됨) 및 선택 : (선택한 객체를 기준으로 닫힌 영역이 선택됨)을 하기 위해서는 다음과 같이 하면 된다.

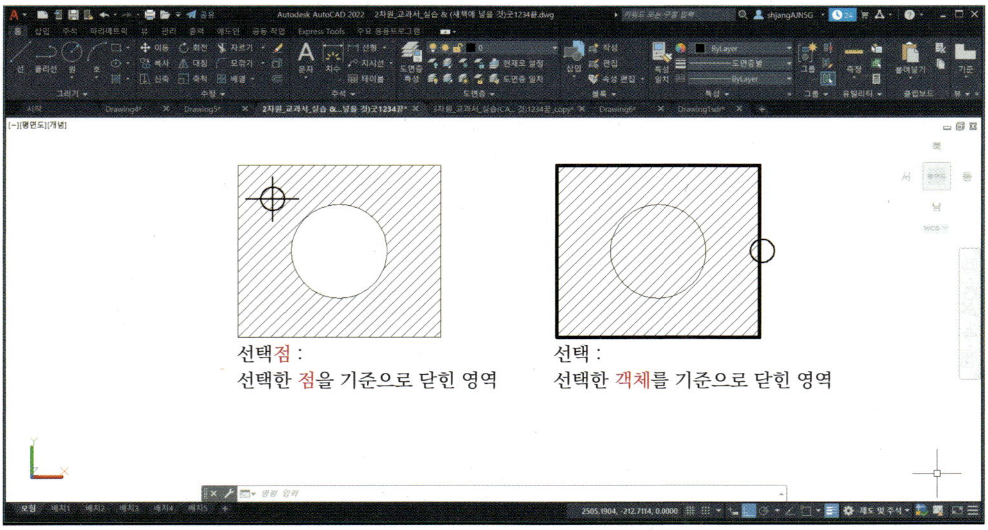

## 예 사자의 눈과 코의 내부(C1, C2)에 해칭하기

리본메뉴의 [홈]탭-[그리기]패널- 을 클릭하거나, 명령어 : hatch Enter 를 한 다음, 다음과 같은 순서로 진행을 하면 된다.

1. 화면상에서 해칭 할 객체에 커서를 이동시켜 객체를 선택(C1, C2)한 후, 오른쪽 마우스를 클릭한다.

2. 리본메뉴에 커서를 이용하여 원하는 패턴(Pattern)을 지정한다.

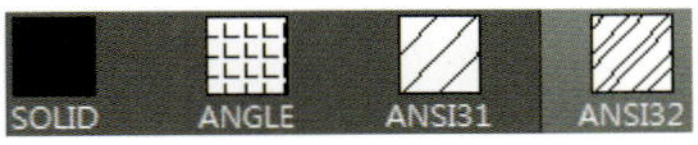


3. 원하는 각도를 입력한다(각도 0, 15, 30, 45 등).

4. 원하는 축척을 입력한다( 1, 2, 3, 4, 5, 6 등).
   (축척값은 작을수록 촘촘히 해칭이 되고, 클수록 듬성듬성 해칭이 이루어진다)

5. 원하는 해치 투명도를 입력한다(해치 투명도 0, 15, 30, 45 등).

6. 희망하는 또 다른 도형에도 커서를 이동시켜 원하는 패턴을 확정하고 Enter 종료한다.
   (그라데이션(그라데이션), 솔리드(솔리드)도 동일 요령으로 하면 된다.)

7. 해칭 스타일을 변경하고 싶을 때는 왼쪽 마우스 버튼을 이용하여 해칭패턴을 다시 선택한 후, 오른쪽마우스 버튼을 클릭 하여, 특성(Properties)을 변경하면 된다.

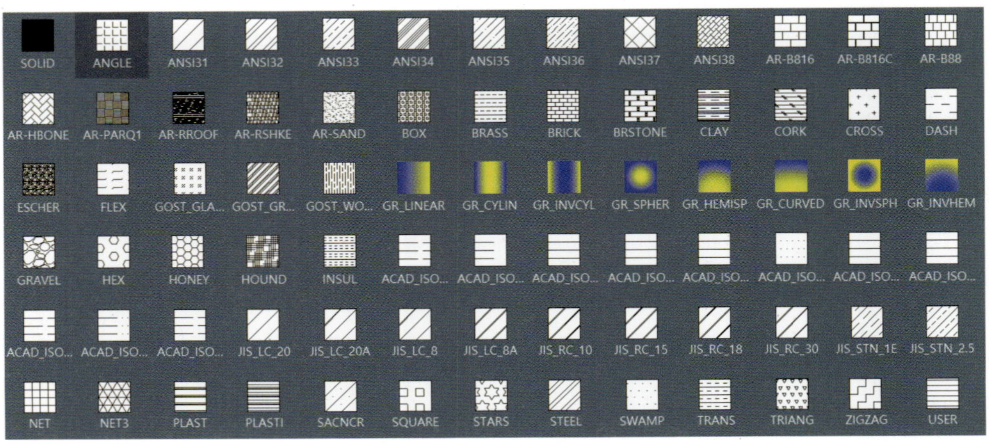


[해치에서 사용 가능한 패턴들]

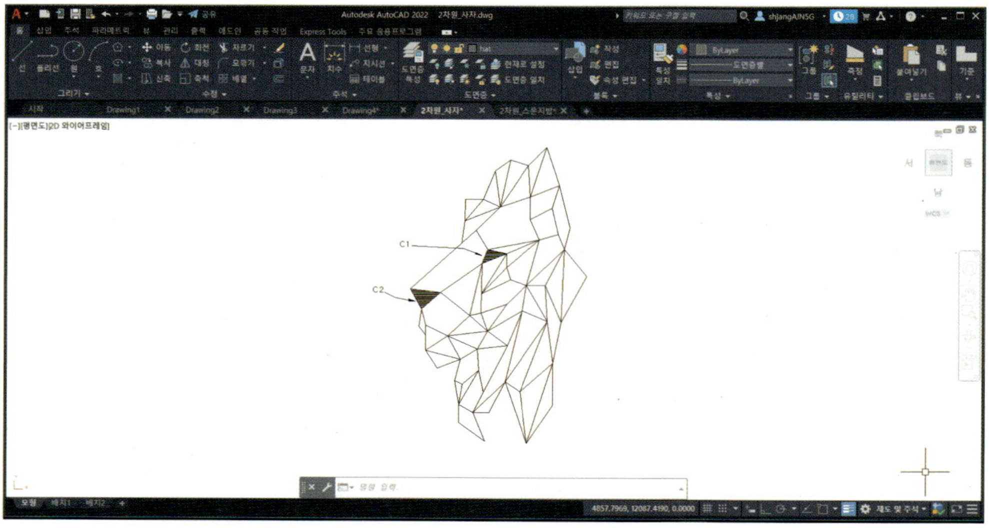
Autodesk AutoCAD 2022 2차원_사자.dwg
[-][평면도][2D 와이어프레임]
C1
C2

Autodesk AutoCAD 2022 2차원_사자.dwg
[-][평면도][2D 와이어프레임]
해치
색상 ByBlock
도면층 hat
선종류 ByLayer
해치
색상 ByBlock
도면층 hat
선종류 ByLayer
해치
색상 ByBlock
도면층 hat
선종류 ByLayer

[해치를 이용한 사자]

## 예 3개의 원으로 둘러 쌓인 내부를 경계로 만들기

명령 : boundary Enter

내부 점 선택 : 모든 것 선택...

가시적인 모든 것 선택 중...

선택된 데이터 분석 중...

내부 고립영역 분석 중...

내부 점 선택 :

경계 1 폴리선을(를) 작성함

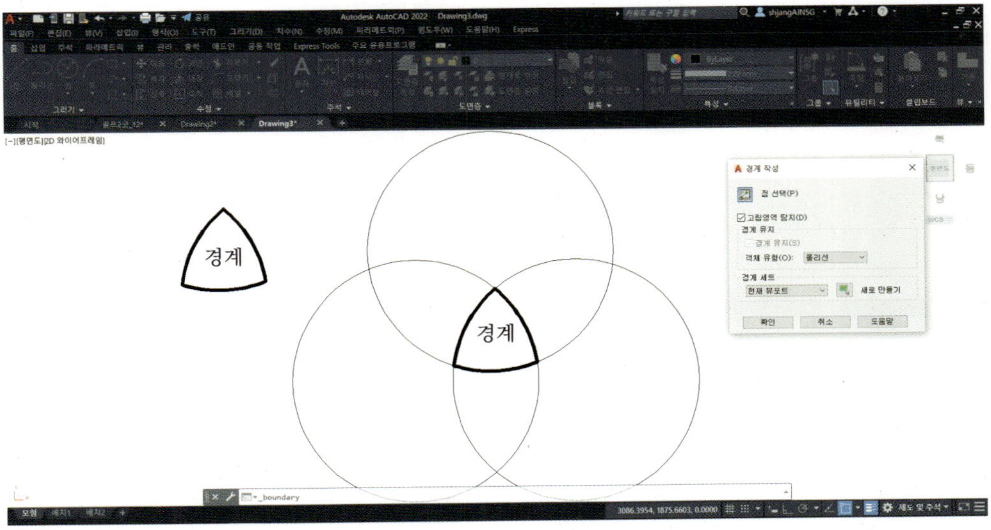

## 예 원과 사각형의 내부를 그라데이션 처리하기

명령 : gradient Enter↵
내부 점 선택 또는 [객체 선택(S)/명령 취소(U)/설정(T)] : _S
객체 선택 또는 [내부 점 선택(K)/명령 취소(U)/설정(T)] : 1개를 찾음

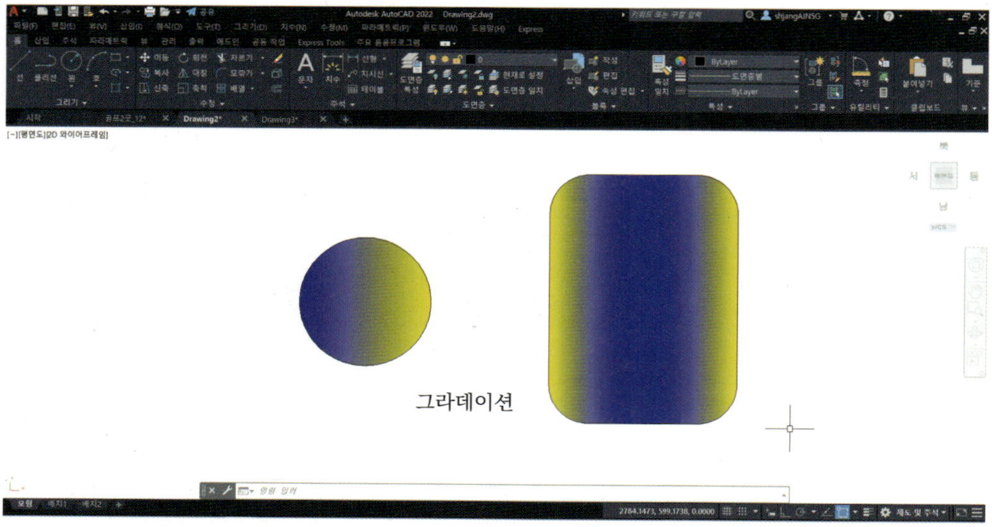

## 3.18 영역_REGION

영역을 둘러싸고 있는 객체를 2D 영역 객체로 변환할 수 있다. 유효한 객체로는 폴리선, 선, 원형 호, 원, 타원형 호, 타원, 스플라인이 포함된다.

**▶ 명령어 선택**

| 영역 | 리본메뉴 | [홈]탭-[그리기]패널-영역( ) |
|---|---|---|
| | 명령어 | REGION |

명령 : region Enter↵

객체 선택 : 반대 구석 지정 : 6개를 찾음

객체 선택 :

1개의 닫히고, 퇴보되거나 지원되지 않는 객체이(가) 거부됨.

1 루프이(가) 추출됨.

1 영역이(가) 작성됨.

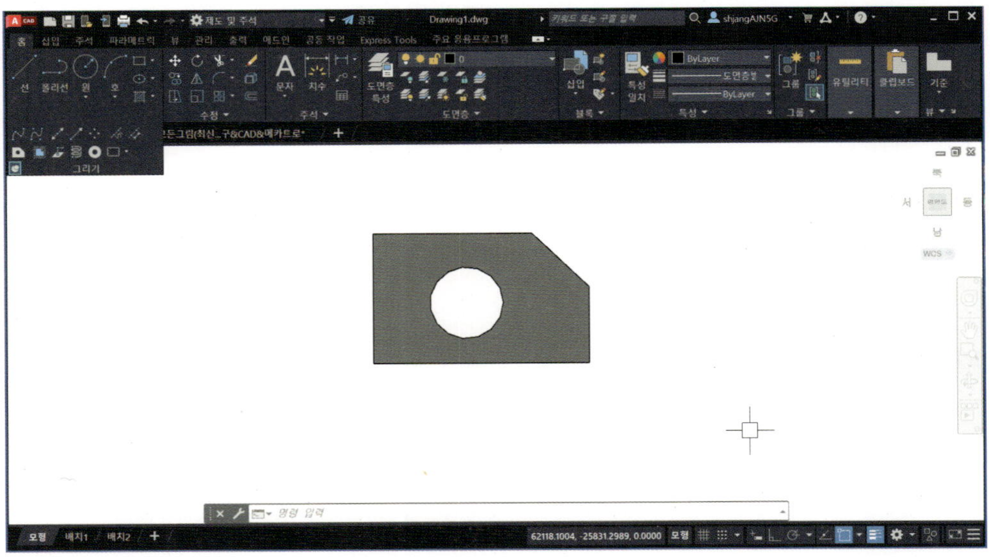

## 3.19 유틸리티_UTILITIES

리본메뉴의 유틸리티 패널을 이용하면, 임의의 객체에 대한 거리(거리), 반지름(반지름), 각도(각도), 면적(면적) 등을 쉽게 구할 수 있다.

**▶ 명령어 선택**

| 유틸리티 | 리본메뉴 | [홈]탭-[유틸리티]패널-측정(측정)-[빠른작업] 빠른 작업 |
|---|---|---|
| | 명령어 | REGION |

**예** 빠른 작업(빠른 작업)으로 임의의 객체에 대한 거리 구하기

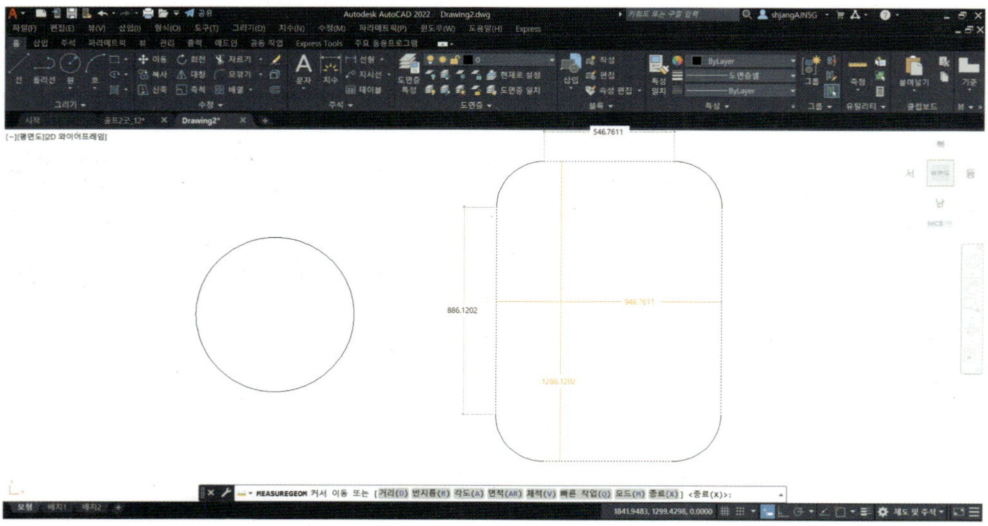

## 예 삼각형, 사각형, 원 등의 면적, 각도, 둘레길이, 지름, 반지름 구하기

a) 거리 명령어

명령 : MEASUREGEOM Enter (거리 명령어 입력)
옵션 입력 [거리(D)] : _distance
첫 번째 점 지정 : (임의의 선의 첫 번째 점 클릭)
두 번째 점 : (임의의 선의 두 번째 점 클릭)

거리 = 200.
X증분 = 200.
Y증분 = 0.

b) 반지름 명령어

명령 : MEASUREGEOM Enter (반지름 명령어 입력)
옵션 입력 [반지름(R)) : _radius
호 또는 원 선택 : (임의의 원 클릭)

반지름 = 100.
지름 = 200.

c) 각도 명령어

명령 : MEASUREGEOM Enter (각도 명령어 입력)
옵션 입력 [각도(A)] : _angle
호, 원, 선을 선택 : (임의의 선 클릭)
두 번째 선 선택 : (임의의 선 클릭)

각도 = 45°

d) 면적 명령어

명령 : MEASUREGEOM Enter

옵션 입력 [거리(D)/반지름(R)/각도(A)/면적(AR)/체적(V)/빠른 작업(Q)/모드(M)/종료(X)] 〈거리〉 : _area

다음 점 또는 [호(A)/길이(L)/명령 취소(U)] 지정 :

다음 점 또는 [호(A)/길이(L)/명령 취소(U)/합계(T)] 지정 〈합계〉 :

다음 점 또는 [호(A)/길이(L)/명령 취소(U)/합계(T)] 지정 〈합계〉 :

다음 점 또는 [호(A)/길이(L)/명령 취소(U)/합계(T)] 지정 〈합계〉 :

영역 = 829439.2205, 둘레 = 5164.7425

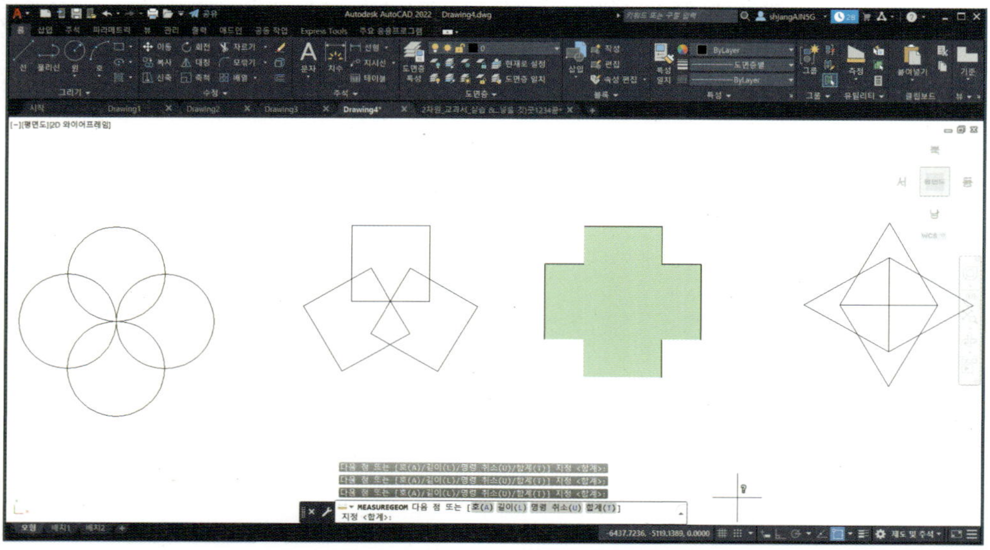


[면적 명령어로 십자 형상의 객체의 면적 구하기]

# 4. 수정(객체 편집)

2차원 드로잉에 사용되는 각종 수정 명령어에 대해서 알아보기로 한다.

## 4.1 객체선택_SELECT

객체선택 명령은 각종 편집 작업을 위해 도면 객체요소들을 선택하기 위한 명령이다.

### a) 단일객체 선택

마우스를 이용하여 화면의 도면 요소(객체)를 직접 클릭하여 객체를"하나씩 선택"하는 방법이다.

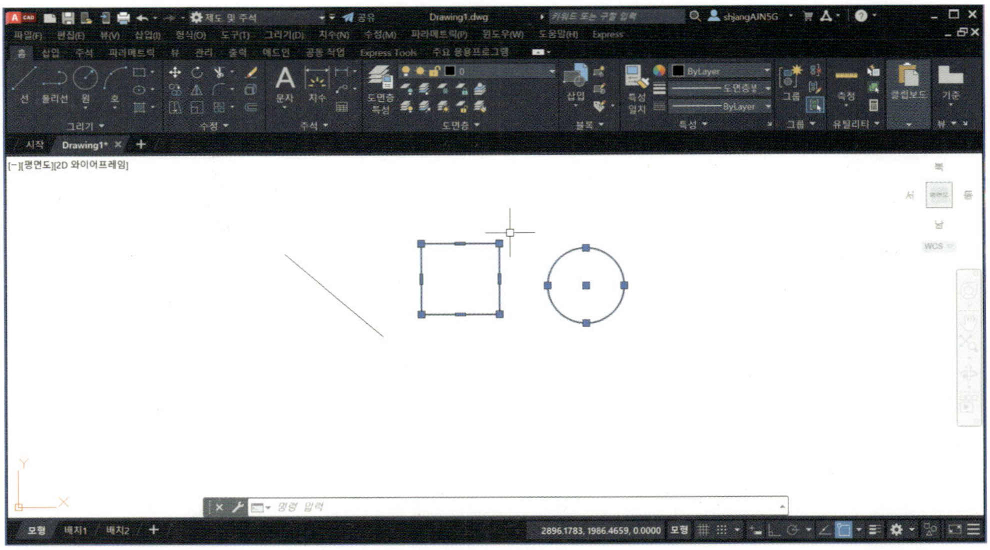


### b) Window 선택

마우스를 클릭하여 "왼쪽에서 오른쪽"으로 스크롤 시 다음 그림의 C1-C2와 같은 Window창(실선)이 만들어진다. Window안에 요소(객체)가 완전히 포함되어야지만 선택이 된다.

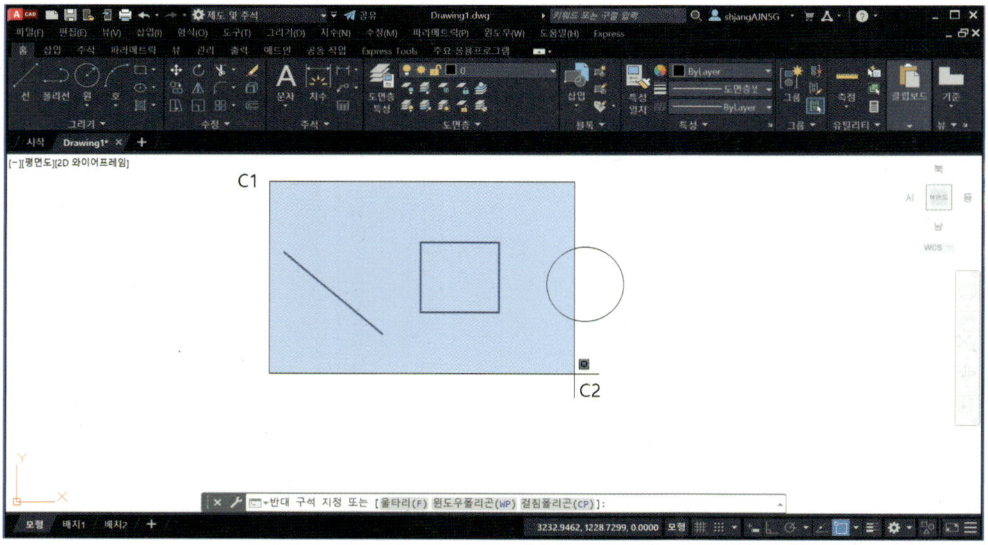


## c) Crossing 선택

Window선택과 달리 마우스를 클릭하여 "오른쪽에서 왼쪽"으로 스크롤 시 다음 그림의 C1-C2와 같은 Crossing창(점선)이 만들어진다. 이 경우에는 Crossing창안에 요소(객체)가 조금만 걸쳐도 선택이 된다. 즉, 마우스를 오른쪽에서 왼쪽으로 스크롤 하느냐 또는 왼쪽에서 오른쪽으로 스크롤 하느냐에 따라서 선택하는 방법이 달라짐을 의미한다.

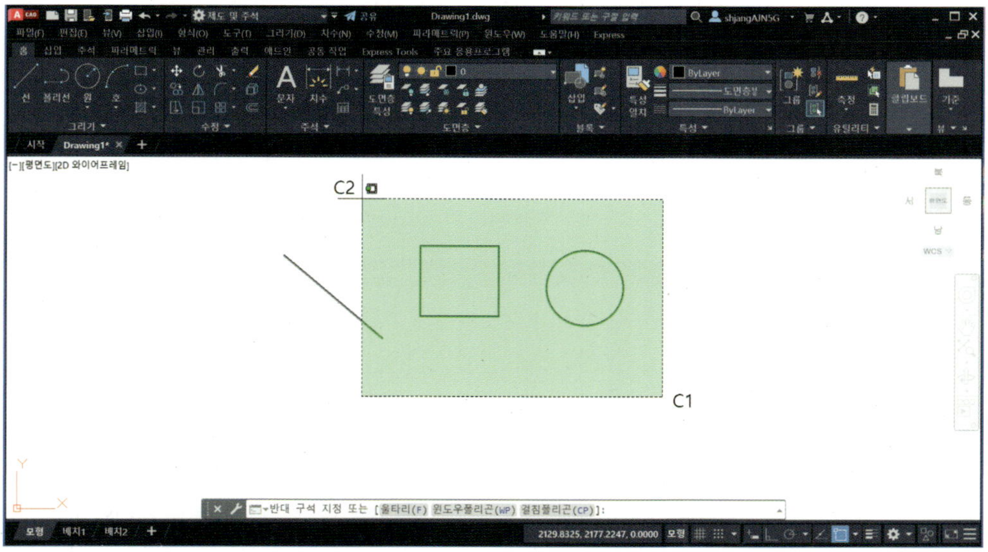

### c) 올가미 선택

화면영역을 클릭한 다음 “끌어서” 영역을 선택하면 직사각형 대신 자유형 쉐이프가 작성되면서 올가미 선택이 가능해진다.

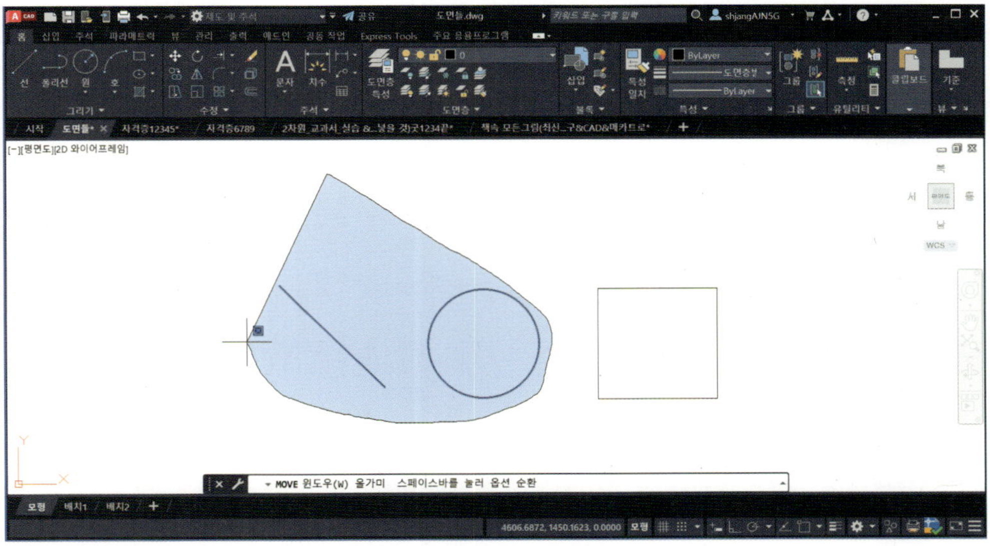


[올가미-Window 선택]

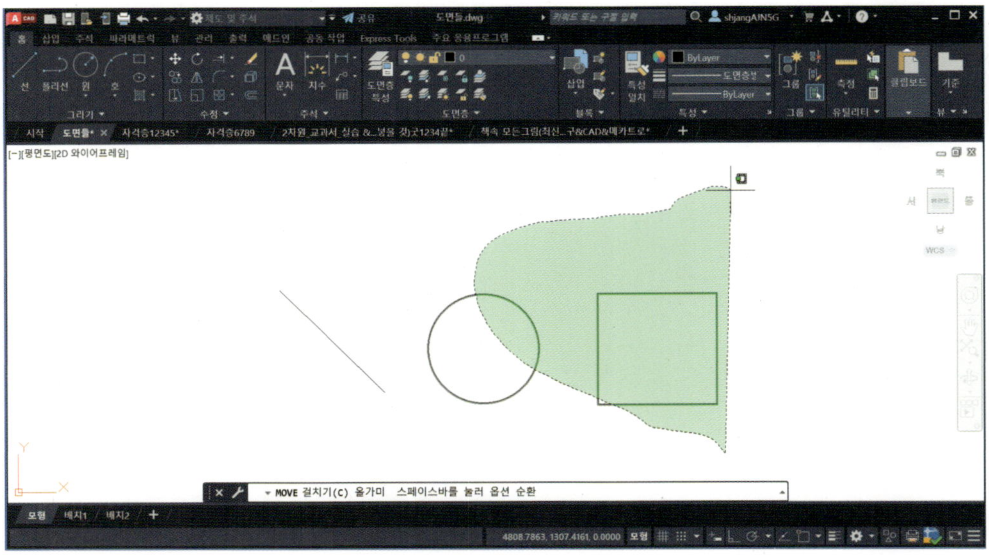


[올가미-Crossing 선택]

AutoCAD에서 올가미 선택 기능을 비활성화/활성화하는 방법은 다음과 같다.

1) 신속접근 도구막대의 응용프로그램-아이콘(A CAD)-옵션(옵션) 클릭
2) [선택]탭 클릭
3) 올가미의 누른 채 끌기 허용(L) 선택
4) 확인 → 클릭

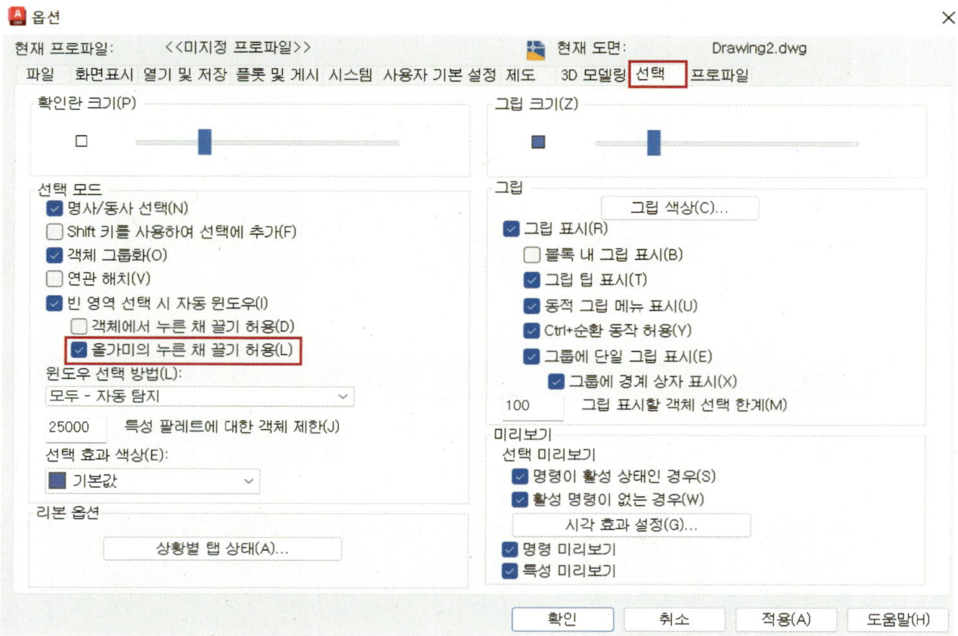

## 4.2 객체선택을 이용한 형상(특성) 변경 및 이동

객체선택 기능을 이용하여, 이미 작성한 도형들(원, 선, 직사각형, 폴리선, 타원 등)을 아래 그림과 같이 선택한 후, 마우스로 도형의 꼭짓점 또는 중심점을 선택하면, 형상을 원하는 데로 변경/신축시키거나(꼭지점을 선택 하여야함), 도형들을 희망하는 위치에 이동(중심점을 선택 하여야 함) 시킬 수 있다. 또한, 원하는 객체들만을 다음 그림과 같이 커서로 선택한 후, [특성]패널에서 색(0,0,0), 선의 굵기(0.20 mn), 선의 종류(Contin...) 등 원하는 특성들을 선택적으로 변경할 수 있다.

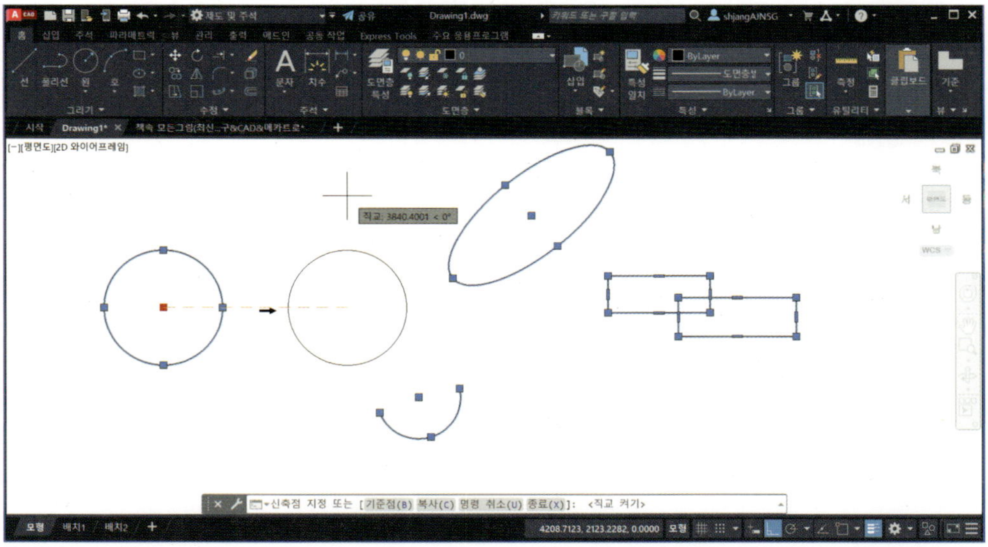

## 4.3 지우기_ERASE

그려진 도면 요소를 지우는 명령어이다. 드로잉을 한모든 도면요소를 한꺼번에 지우고자 할 때에는 erase 명령어 입력 후 All을 입력하면 모든 도면 요소가 선택되며, Enter↵를 누르면 도면요소가 모두 동시에 지워진다. 또한 명령어를 입력하지 않고도 지우고자하는 도면요소를 마우스로 선택한 후, Delete키를 누르면 된다.

▶ 명령어 선택

| 지우기 | 리본메뉴 | [홈]탭-[수정]패널- |
|---|---|---|
| | 메뉴 막대 | [수정]-지우기 |
| | 명령어 | erase |

**예** 지우기 명령을 이용하여 도면 전체 지우기

명령 : erase Enter↵
객체 선택 : all Enter↵
명령 : Enter↵

단, 리본메뉴-유틸리티 패널-모두선택(, Ctrl+A, Select All)을 클릭하면 모든 요소를 한 번에 선택(Select)할 수 있으며, "지우기"를 통하여 동시에 지울 수도 있다. 또한, "지우기"뿐만 아니라 축척(Scale), 이동(Move), 회전(Rotate), 복사(Copy), 대칭(Mirror) 등도 모두선택(을 하면 동시에 작업을 할 수 있으므로 편리하다.

## 4.4 이동_MOVE

그려진 도면 요소를 원하는 위치로 이동시키는 명령어이다.

▶ 명령어 선택

| | | |
|---|---|---|
| 이동 | 리본메뉴 | [홈]탭-[수정]패널- ✥ |
| | 메뉴 막대 | [수정]-이동 ✥ |
| | 명령어 | MOVE |

**예** 이동 명령을 이용하여 객체 옮기기

먼저 세 개의 원으로 미키마우스의 머리를 그려 놓고 시작하기로 한다.

명령 : circle Enter
원에 대한 중심점 지정 또는 [반지름(T)] : 0,0
원의 반지름 지정 또는 [지름(D)] : 500

명령 : circle Enter
원에 대한 중심점 지정 또는 [반지름(T)] : 280,400
원의 반지름 지정 또는 [지름(D)] : 150

명령 : circle Enter
원에 대한 중심점 지정 또는 [반지름(T)] : -280,400
원의 반지름 지정 또는 [지름(D)] : 150

명령 : move Enter (명령어 입력)
객체 선택 : 미키마우스의 머리선택 (이동할 도면요소선택)
객체 선택 : 오른쪽 마우스(또는 Enter)
기준점 지정 : C1 (이동할 도면 요소의 기준점지정 클릭)
두 번째 점 지정 : C2 (이동하고자하는 목적점 클릭)

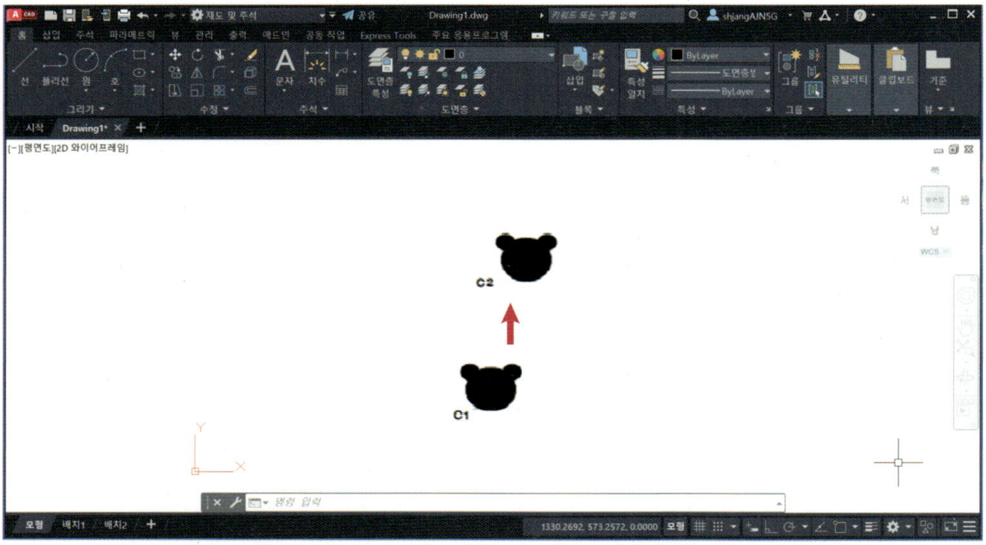
C2
C1

## 4.5 복사_COPY

그려진 도면 요소를 복사하는 명령어이다.

▶ 명령어 선택

| 복사 | 리본메뉴 | [홈]탭-[수정]패널- |
|---|---|---|
| | 메뉴 막대 | [수정]-복사 |
| | 명령어 | COPY |

**예** 복사 명령을 이용하여 복사하기

명령 : copy Enter (명령어 입력)
객체 선택 : 미키마우스의 머리선택 (복사할 도면요소 선택)
객체 선택 : 오른쪽 마우스(또는 Enter)
기본점 지정 : C1
두 번째 점 지정 : C2 (복사 목적점 또는 변위 클릭)
두 번째 점 지정 : C3
두 번째 점 지정 : C4
두 번째 점 지정 : Enter (또는 Esc)

단, 리본매뉴의 클립보드 패널 → 클립복사 (Ctrl+C) → 객체선택 → 오른 쪽 마우스를 한 후, 붙여 넣기(Ctrl+V)를 해도 동일하게 복사를 할 수 있다. 단, 이 경우에는 매번 붙여 넣기(Ctrl+V)를 해야 복사하고자 하는 도형이 화면에 나타난다는 단점이 있다. 또한 블록으로 붙여 넣고 싶으면 (블록으로 붙여넣기)을 클릭하면 되며, 클립복사 (Ctrl+C)를 하는 대신에 잘라내기를 하고 싶으면 (Ctrl+X)을 클릭하면 된다.

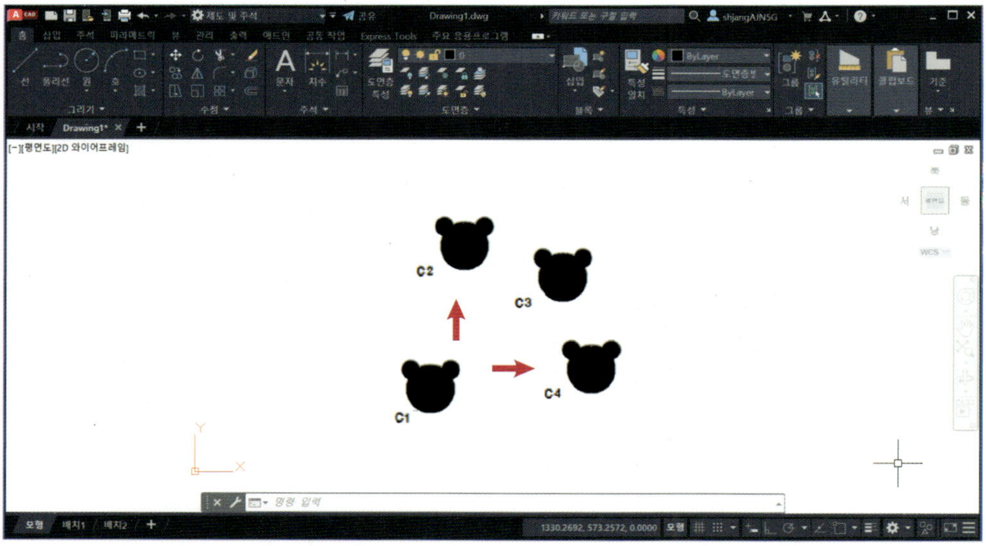
C2
C3
C1
C4

## 4.6 회전_ROTATE

그려진 도면 요소를 회전시키는 명령어이다.

▶ 명령어 선택

| | | |
|---|---|---|
| 회전 | 리본메뉴 | [홈]탭-[수정]패널- ⟳ |
| | 메뉴 막대 | [수정]-회전 ⟳ |
| | 명령어 | ROTATE |

### a) 회전 명령을 이용하여 객체 돌리기

명령 : rotate Enter (명령어 입력)
객체 선택 : 미키마우스의 머리 선택(회전할 도면요소 선택)
객체 선택 : 오른쪽 마우스(또는 Enter)
기준점 지정 : C1 (회전할 도면 요소의 기준점지정)
회전 각도 지정 : 90 Enter (반시계 방향으로 90도 회전)

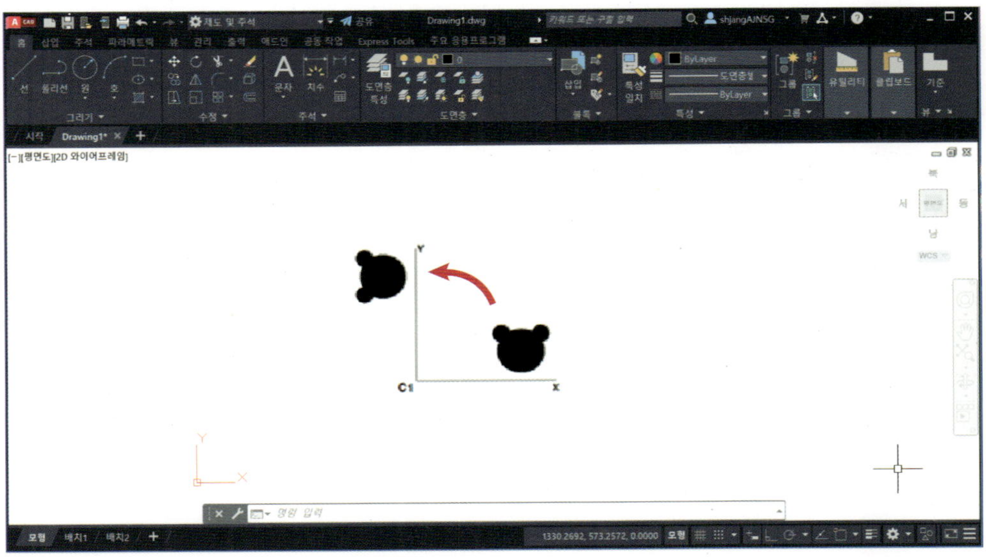

b) 복사(Copy)해서 시계방향으로 60°돌리기(원 아래에 있는 직선)

명령 : rotate Enter (명령어 입력)

객체 선택 : 1개를

기준점 지정 :

회전 각도 지정 또는 [복사(C)/참조(R)] 〈300〉 : C Enter

선택한 객체의 사본을 회전합니다.

회전 각도 지정 또는 [복사(C)/참조(R)] 〈300〉 : -60 Enter

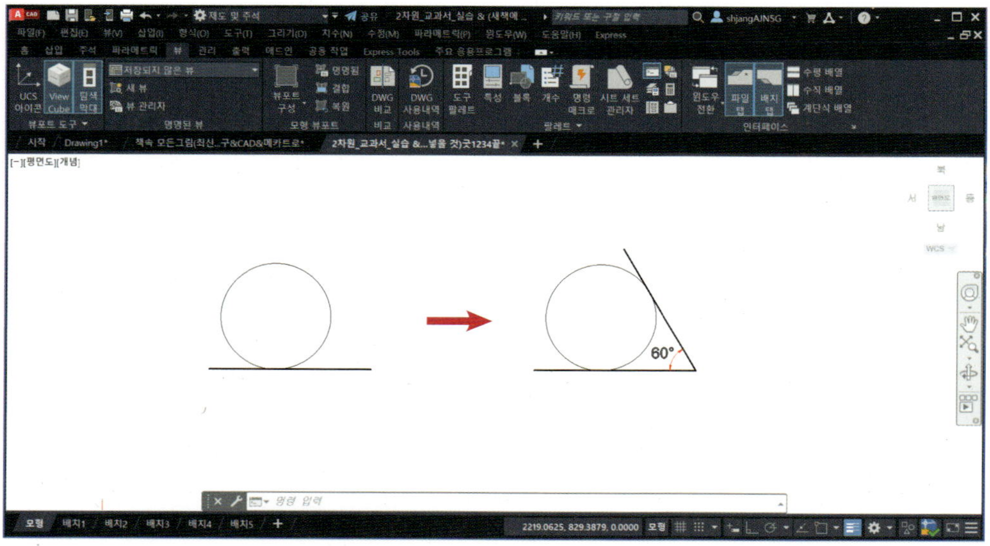

## 4.7 자르기_TRIM

선이 교차되는 도면 요소에서 선택된 선을 기준으로 하나 또는 그 이상의 도면요소를 잘라내는 명령어이다.

▶ 명령어 선택

| | | |
|---|---|---|
| 자르기 | 리본메뉴 | [홈]탭-[수정]패널- |
| | 메뉴 막대 | [수정]-자르기( ) |
| | 명령어 | TRIM |

### 예 자르기를 이용한 도면 편집

명령 : trim Enter (명령어 입력)
객체 선택 : (기준선 선택 : S1)
객체 선택 : (기준선 선택 : S2)
객체 선택 : 오른쪽 마우스(또는 Enter)
자를 객체 선택 : C1 (잘라낼 부분 선택)
자를 객체 선택 : C2
자를 객체 선택 : C3
자를 객체 선택 : C4
자를 객체 선택 : C5
자를 객체 선택 : C6
자를 객체 선택 : C7
자를 객체 선택 : C8
자를 객체 선택 : Enter(또는 Esc)

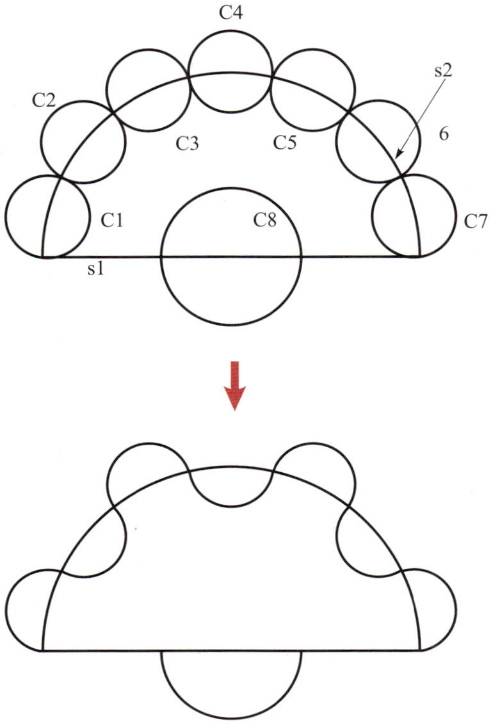
C4
C2
s2
C3
C5
6
C1
C8
C7
s1

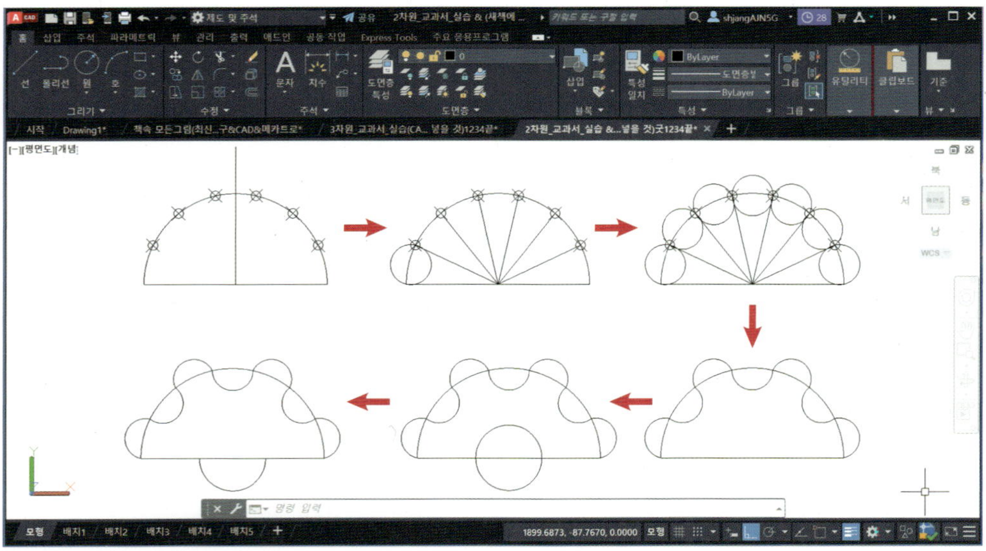

## 4.8 연장_EXTEND

선이 교차되는 도면 요소에서 선택된 선을 기준으로 하나 또는 그 이상의 도면요소를 연장시키는 명령어이다. 이 명령어는 자르기(trim) 명령과 정반대되는 개념의 편집명령어이다.

▶ 명령어 선택

| 연장 | 리본메뉴 | [홈]탭-[수정]패널- 연장 |
|---|---|---|
| | 메뉴 막대 | [수정]- 연장 |
| | 명령어 | EXTEND |

### 예 연장을 이용한 도면 편집

명령 : Extend Enter (명령어 입력)
객체 선택 : 1개를 찾음 (기준선 선택 : C1)
객체 선택 : 오른쪽 마우스 (또는 Enter)
연장할 객체 선택 : C2 (연장시킬 부분 선택)
연장할 객체 선택 : C3
연장할 객체 선택 : C4
연장할 객체 선택 : C5
연장할 객체 선택 : Enter(또는 Esc)

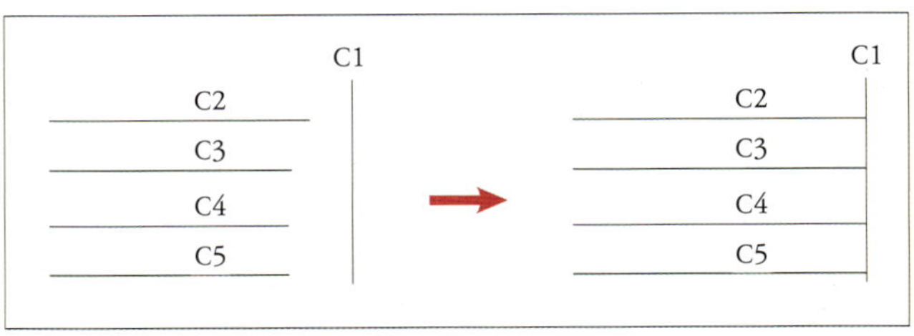

## 4.9 길이조정_LENGTHEN

도면작업 도중에 임의의 객체를 선정하여 그 길이를 변경한다. 동적(Dynamic) 기능을 사용하면, 화면상에서 동적으로 길이가 변화하므로 편리하다.

**▶ 명령어 선택**

| 길이조정 | 리본메뉴 | [홈]탭-[수정]패널- |
|---|---|---|
| | 메뉴 막대 | [수정]-길이조정( ) |
| | 명령어 | LENGTHEN |

명령 : lengthen Enter
측정할 객체 또는 [증분(DE)/퍼센트(P)〈동적(DY)〉: DY Enter
변경할 객체 선택 또는 [명령 취소(U)] :

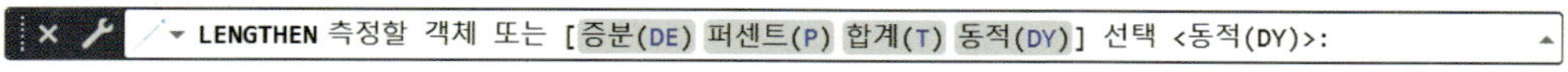


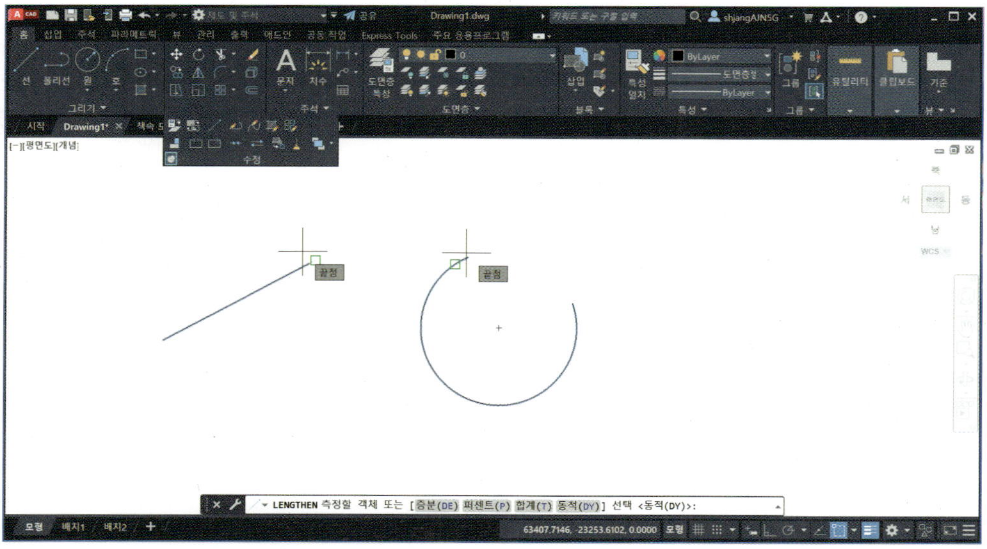

## 4.10 분해_EXPLODE

복합객체를 그 자체의 각각의 구성요소로 분해한다.

▶ 명령어 선택

| | | |
|---|---|---|
| 분해 | 리본메뉴 | [홈]탭-[수정]패널- |
| | 메뉴 막대 | [수정]-분해 |
| | 명령어 | EXPLODE |

명령 : explode Enter↵
객체 선택 : 3개를 찾음(임의의 객체 클릭)
객체 선택 : Enter↵

명령 : move Enter↵
객체 선택 : 1개를 찾음(직사각형을 이루는 직선 선택)
객체 선택 : Enter↵ (이동)

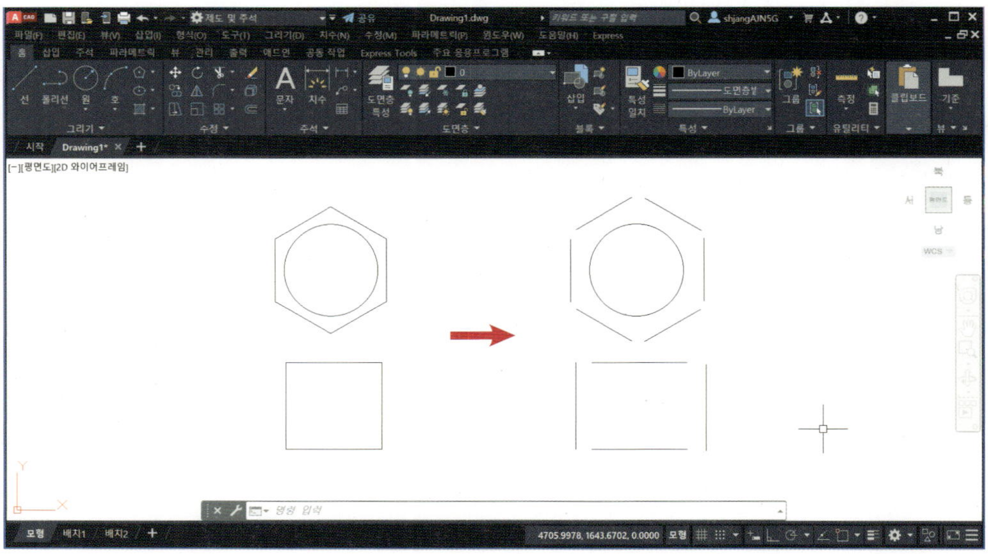

## 4.11 끊기_BREAK

끊기 명령어는 선택된 객체를 a)한 점에서 끊는 방법과 b)객체의 두 점 사이를 끊는 방법의 두 가지 방법이 있다. 한 점에서 끊기를 할 때의 유효한 객체로는 선, 열린 폴리선, 호가 있다. 이 경우에는 원과 같이 닫힌 객체는 끊을 수 없다.

### a) 1점에서 끊기

**명령어 선택**

| 끊기 | 리본메뉴 | [홈]탭-[수정]패널-끊기 |
|---|---|---|
| | 메뉴 막대 | [수정]-끊기 |
| | 명령어 | BREAK |

명령 : (리본 메뉴를 이용한 한점에서 끊기( ) 클릭)
객체 선택 : (임의의 선 선택)
첫 번째 끊기점 지정 : (마우스로 클릭하는 점이 끊기는 점이 된다.)
(객체 스냅을 근처점으로 설정하고 실행을 하면 원하는 점을 쉽게 끊을 수 있다.)

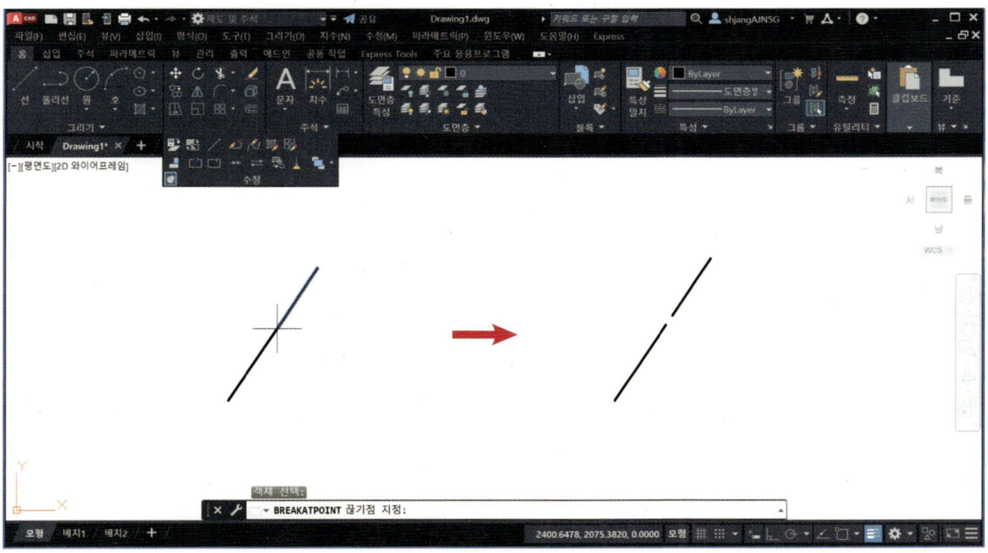

### b) 2점 사이를 끊기

▶ 명령어 선택

| 끊기 | 리본메뉴 | [홈]탭-[수정]패널-끊기 |
|---|---|---|
| | 메뉴 막대 | [수정]-끊기 |
| | 명령어 | BREAK |

명령 : circle Enter (명령어 입력)
원에 대한 중심점 지정 : 0,0 Enter (원의 중심 좌표 지정)
원의 반지름 지정 : 500 Enter (원의 반지름 길이 지정)

명령 : break Enter (명령어 입력)
객체 선택 : (원의 A점 선택)
(이때 클릭하는 점이 선택된 객체가 끊기는 첫 번째 점이 된다.)

두 번째 끊기점을 지정 : B점 선택.
(원의 경우, 첫 번째 점으로부터 두 번째 점까지 반시계방향으로 끊기게 된다.)

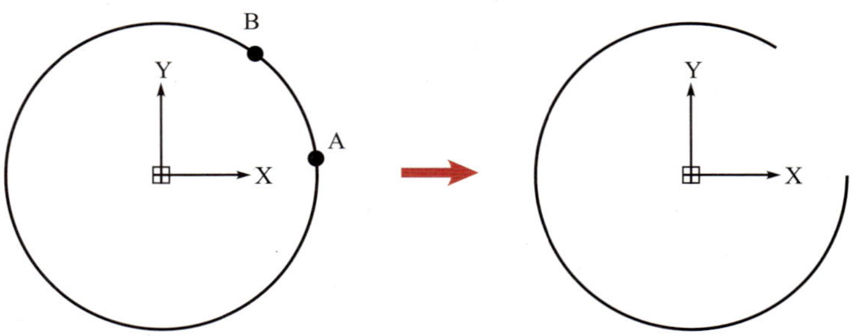

## 4.12 결합_JOIN

이 명령어는 끊기지 않은 단일 객체를 형성하도록 유사한 두 객체를 결합한다. 단, 직선인 경우는 동일 선상에 두 개의 객체가 존재하여야 하며, 일부분만 끊긴 단일 객체로 된 원은 결합할 수 없다.

▶ 명령어 선택

| | | |
|---|---|---|
| 결합 | 리본메뉴 | [홈]탭-[수정]패널-결합 |
| | 메뉴 막대 | [수정]-결합 |
| | 명령어 | JOIN |

### 예 끊긴 점을 결합하기

명령 : join Enter (명령어 입력)
한 번에 결합할 원본 객체 : (결합하고자 하는 2개의 선, 또는 호를 각각 지정)
결합할 객체 선택 : (오른쪽 마우스 클릭)

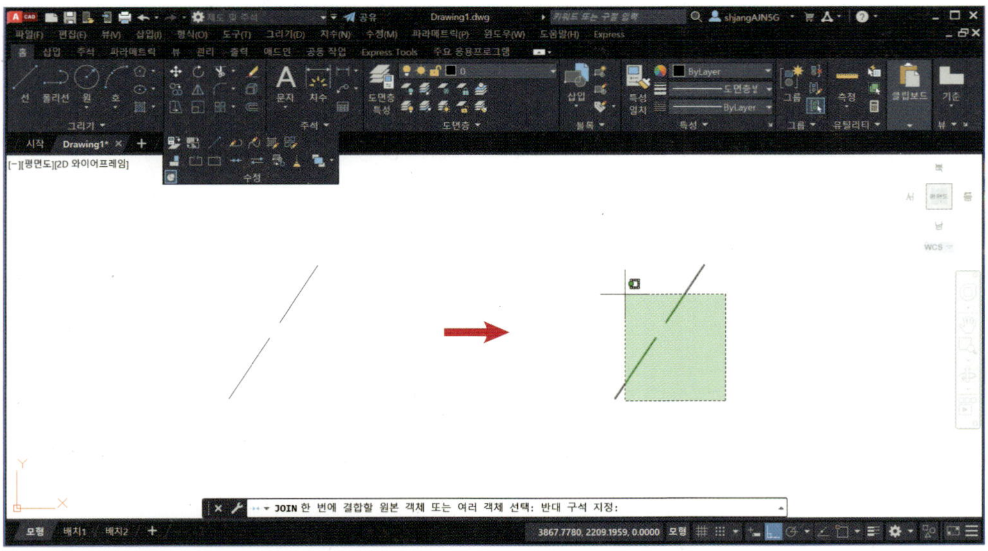

## 4.13 대칭_MIRROR

그려진 도면을 지정된 축을 기준으로 대칭복사하거나 대칭이동 시키는 명령어이다.

**명령어 선택**

| | | |
|---|---|---|
| 대칭 | 리본메뉴 | [홈]탭-[수정]패널- |
| | 메뉴 막대 | [수정]-대칭 |
| | 명령어 | MIRROR |

### 예 대칭을 이용한 헬리컬기어 그리기

명령 : mirror Enter (명령어 입력)
객체 선택 : 반대 구석 지정 : 3개를 찾음 (대칭 복사할 요소(원호 및 선) 선택)
객체 선택 : Enter
대칭선의 첫 번째 점 지정 : (C1)
대칭선의 두 번째 점 지정 : (C2)
원본 객체를 지우시겠습니까? 〈아니오〉 : N Enter (기존 요소의 삭제여부 결정)

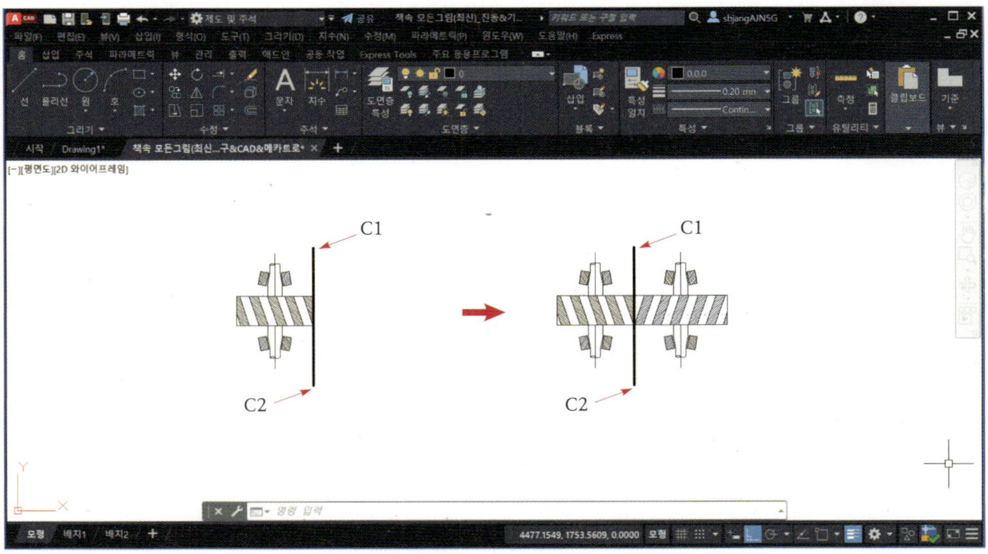


[대칭을 이용한 헬리컬기어 그리기]

## 4.14 축척_SCALE

그려진 도면 요소의 크기를 변경시키는 명령어이다.

▶ 명령어 선택

| | | |
|---|---|---|
| 축척 | 리본메뉴 | [홈]탭-[수정]패널- |
| | 메뉴 막대 | [수정]-축척 |
| | 명령어 | SCALE |

**예** 축척을 이용한 스폰지밥, 상어 및 기어의 확대/축소

명령 : scale Enter (명령어 입력)
객체 선택 : 반대 구석 지정 : 8개를 찾음 (확대, 축소 할 요소선택)
객체 선택 : Enter
기준점 지정 : (확대, 축소할 도면의 기준점지정 : C1)
축척 비율 지정 : 2 Enter (확대, 축소 비율 지정)

단, 전술한 바와 같이 축척(Scale), 지우기(Erase), 이동(Move), 회전(Rotate), 복사(Copy), 대칭(Mirror) 등은, 리본메뉴 → 유틸리티 패널 → 모두선택( )을 클릭하면 모든 요소를 한꺼번에 선택(Select)하여 해당작업을 할 수 있다.

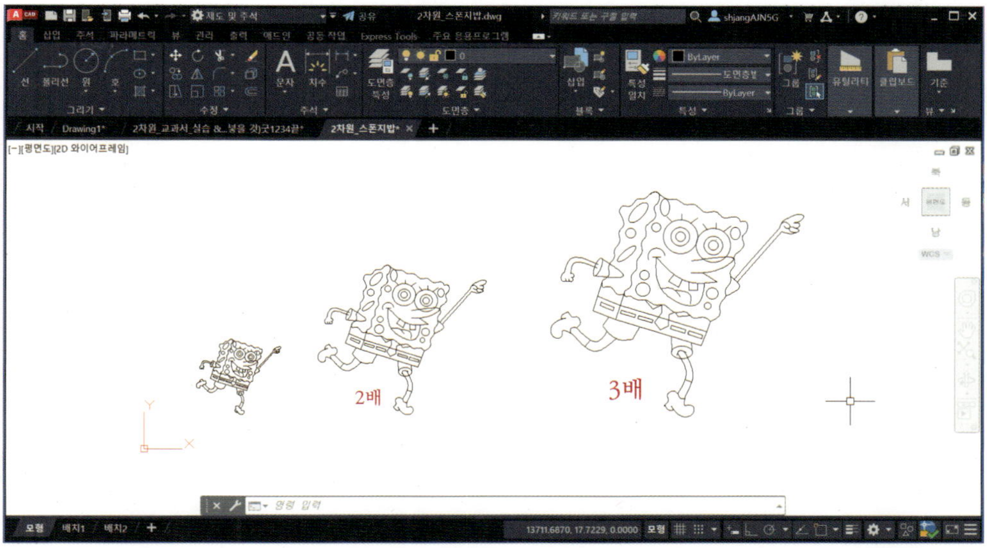
2배
3배

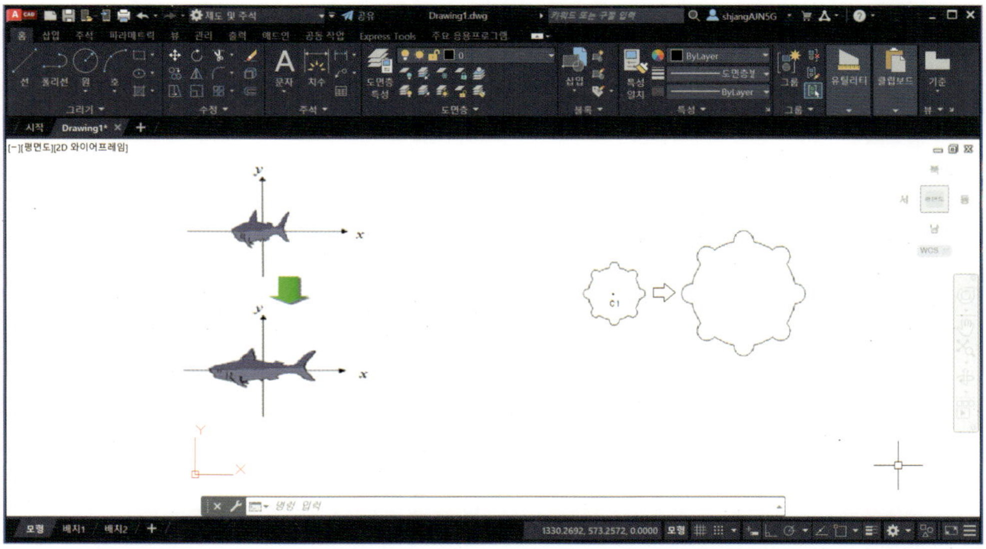

## 4.15 간격띄우기_OFFSET

그려진 도면 요소를 평행하게 간격을 띄어 복사하는 명령어이다.

**명령어 선택**

| | | |
|---|---|---|
| 간격띄우기 | 리본메뉴 | [홈]탭-[수정]패널-간격띄우기 |
| | 메뉴 막대 | [수정]-간격띄우기 |
| | 명령어 | OFFSET |

### a) 간격띄우기을 이용한 원, 사각형 및 오각형을 그리기

명령 : offset Enter (명령어 입력)

간격띄우기 거리 지정〈통과점〉 : 25 Enter(Offset 거리지정)

간격띄우기할 객체 선택〈종료〉 : (Offset할 도면요소 선택 : C1)

간격띄우기할 면의 점 지정〈종료〉 : (Offset 시킬 방향을 마우스로 클릭 : C2생성)

간격띄우기할 객체 선택〈종료〉 : (Offset할 도면요소 선택 : C2)

간격띄우기할 면의 점 지정〈종료〉 : (Offset 시킬 방향을 마우스로 클릭 : C3생성)

간격띄우기할 객체 선택〈종료〉 : Enter

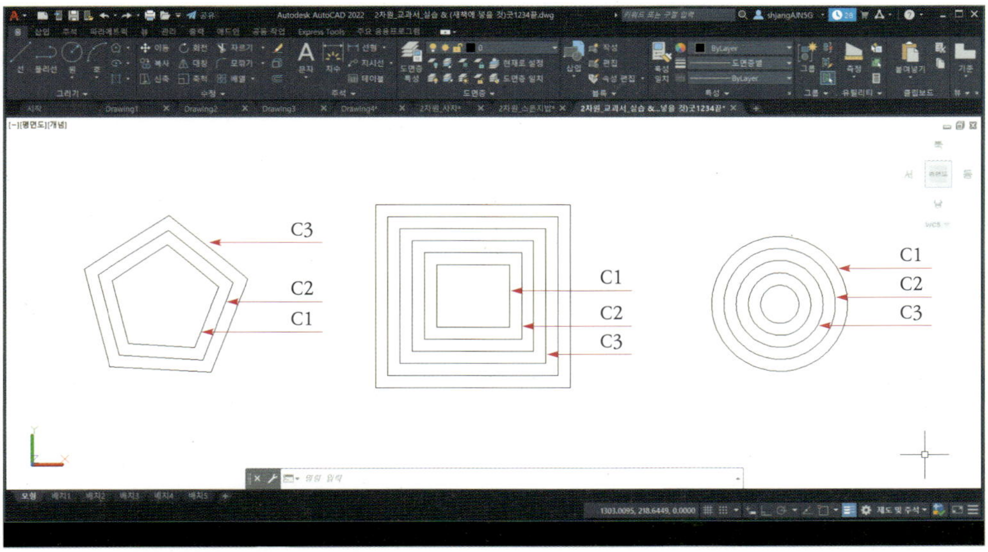

### b) 통과점/다중으로 연속해서 간격띄우기를 하기

간격띄우기에 있어서는 옵션으로서 통과점(Through)를 선택하면, 거리지정을 위한 수치입력을 할 필요 없이, 커서를 화면에 찍는 지점이 바로 "지정한 거리"가 되어 매우 편리한 경우가 있다. 다중(Multi)을 선택하면 연속해서 간격띄우기 작업을 다중으로 할 수 있으므로 숙지해 두면 좋다.

명령 : offset Enter
간격띄우기 거리 지정 또는 [통과점(T)/지우기(E)/도면층(L)] : 통과점(T) Enter
통과점 지정 또는 [종료(E)/다중(M)/명령 취소(U)] 〈종료〉 : 다중(M) Enter
통과점 지정 또는 [종료(E)/명령 취소(U)] 〈다음 객체〉 :
통과점 지정 또는 [종료(E)/명령 취소(U)] 〈다음 객체〉 :

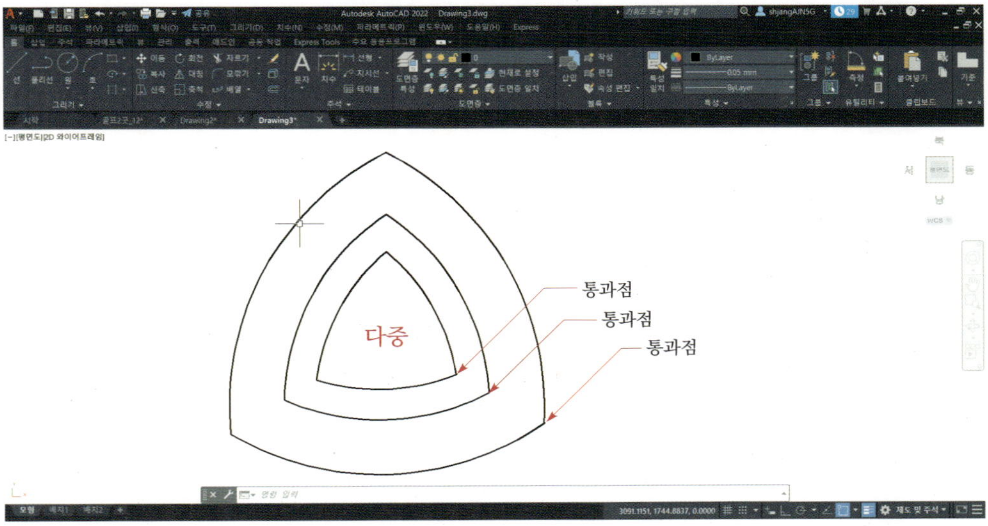

## 4.16 배열_ARRAY

그려진 도면 요소를 사각형, 원형, 경로 등을 따라 배열하는 명령어이다.

### a) 사각형배열

**명령어 선택**

| 직사각형 배열 | 리본메뉴 | [홈]탭-[수정]패널- |
| --- | --- | --- |
| | 메뉴 막대 | [수정]-배열-직사각형 배열 |
| | 명령어 | ARRAYRECT |

명령 : arrayrect Enter

객체 선택 : (배열하고자하는 객체인 원 및 직사각형 클릭 & 오른쪽 마우스)

행 수 입력 : 4 Enter

행 사이의 거리 지정 : 300

열 수 입력 : 4

열 사이의 거리 지정 : 300

[연관(AS)/열(COL)/행(R)/레벨(L)/종료(X)] 〈종료〉 : Enter

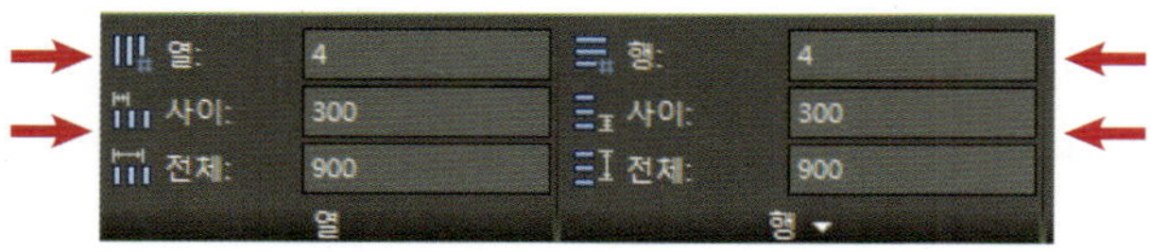

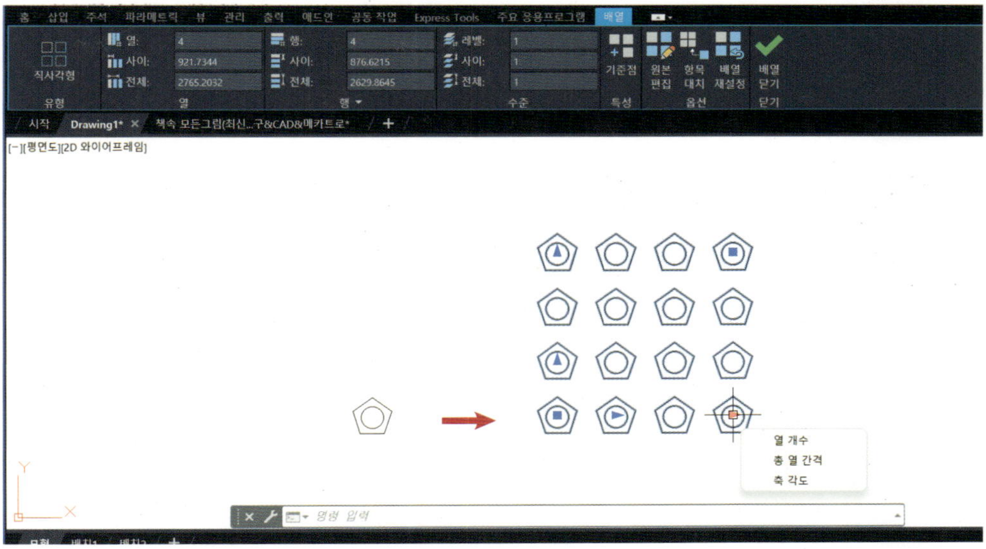


## b) 원형배열

▶ 명령어 선택

| 원형배열 | 리본메뉴 | [홈]탭-[수정]패널- |
|---|---|---|
| | 메뉴 막대 | [수정]-배열-원형배열 |
| | 명령어 | ARRAYPOLAR |

명령 : arraypolar Enter

객체 선택 : (배열하고자하는 객체인 원 및 직사각형(C1) 클릭 & 오른쪽 마우스)

배열의 중심점 지정 : (화면상에 원하는 중심점(C2) 지정)

배열의 항목 수 입력 : 14

채울 각도 지정 : 360

[연관(AS)/기준점(B)/항목(I)/종료(X)]〈종료〉 : Enter

단, 채울 각도 지정에 양의 값을 입력하면, 반시계방향으로 배열이 이루어지며, 음의 값을 입력하면, 시계방향으로 배열이 이루어진다.

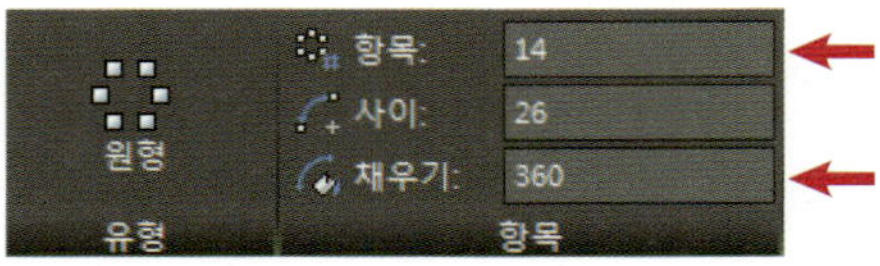


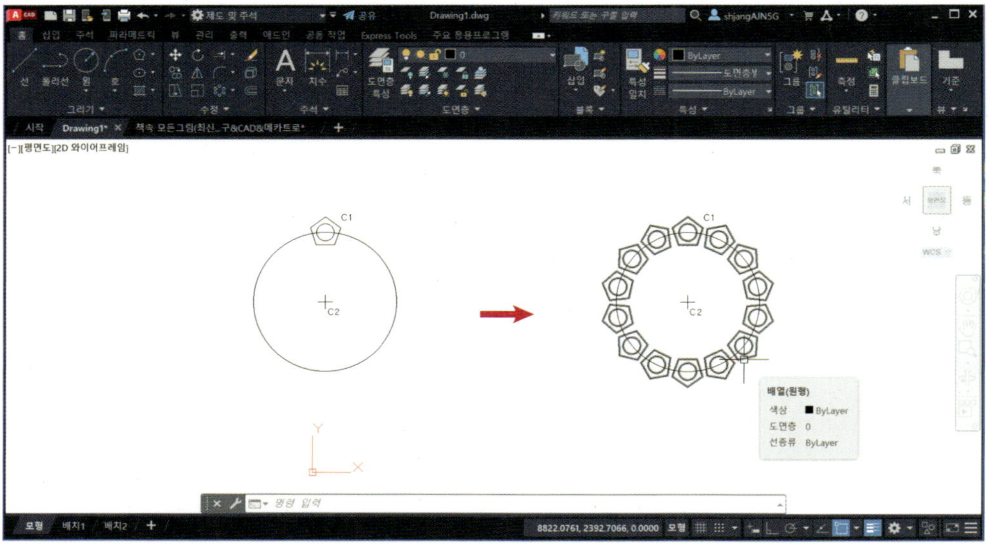

## c) 경로배열

한 경로를 따라 객체 사본을 경로를 따라 균일하게 분산한다.

### ▶ 명령어 선택

| | | |
|---|---|---|
| 경로배열 | 리본메뉴 | [홈]탭-[수정]패널- |
| | 메뉴 막대 | [수정]-배열-경로배열 |
| | 명령어 | ARRAYPATH |

명령 : SPL Enter (스프라인 곡선(C2) 그리기)

첫 번째 점 지정 또는 [메서드(M)/매듭(K)/객체(O)] : 0,0 Enter

다음 점 입력 또는 [시작 접촉부(T)/공차(L)] : @3,3 Enter

다음 점 입력 또는 [끝 접촉부(T)/공차(L)/명령 취소(U)] : @3,-3 Enter

다음 점 입력 또는 [끝 접촉부(T)/공차(L)/명령 취소(U)/닫기(C)] : @3,3 Enter

명령 : ARRAYPATH Enter (명령어 입력)
객체 선택 : (배열하고자하는 객체인 원 및 직사각형(C1) 클릭 & 오른쪽 마우스)
경로 곡선 선택 : (SPL곡선(C2) 선택)
항목 수 지정 : 17 Enter (개수 지정)
그립을 선택하여 배열을 편집하거나 : Enter (종료)

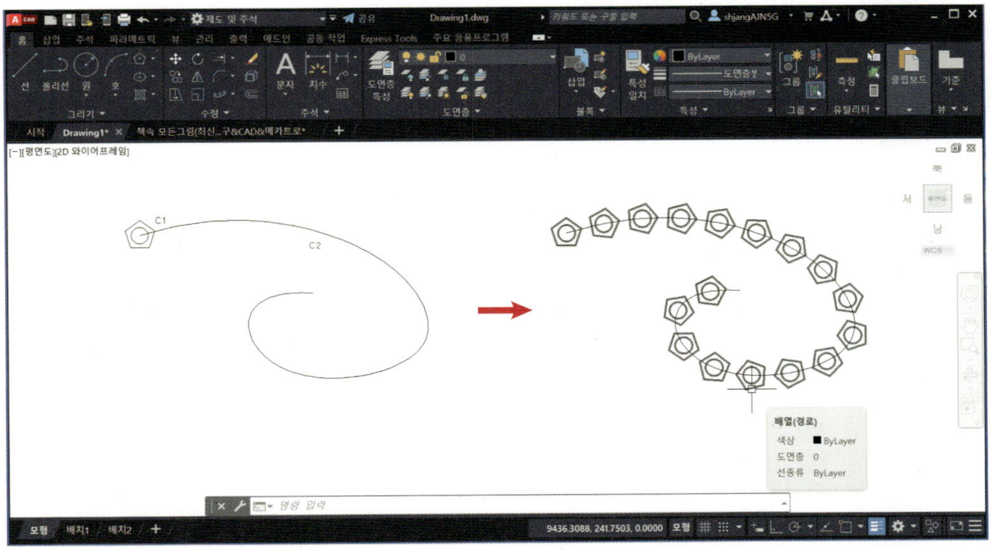

## 4.17 모깎기_FILLET

모서리를 지정된 반지름 값을 이용 둥글게 만드는 명령어이다.

▶ 명령어 선택

| 모깎기 | 리본메뉴 | [홈]탭-[수정]패널- |
|---|---|---|
| | 메뉴 막대 | [수정]-모깎기 |
| | 명령어 | FILLET |

**예** 다각형의 모깎기

명령 : fillet Enter (명령어 입력)
첫 번째 객체 선택 : R Enter (반지름 값 입력 모드)
모깎기 반지름 지정 : 50 Enter (라운딩에 사용할 반지름값 입력)
첫 번째 객체 선택 : (라운딩할 요소 선택 : C1)
두 번째 객체 선택 : (라운딩할 요소 선택 : C2)

단, 모서리의 테두리를 남겨둔 상태로 라운딩하고자 할 때는 명령어의 옵션선택에서 "자르기(T)"를 선택하여 "자르지 않기(N)"으로 설정하면 된다. 또한, 끝부분이 서로 붙어 있지 않은 선(객체)의 경우에도 모깎기가 가능하다.

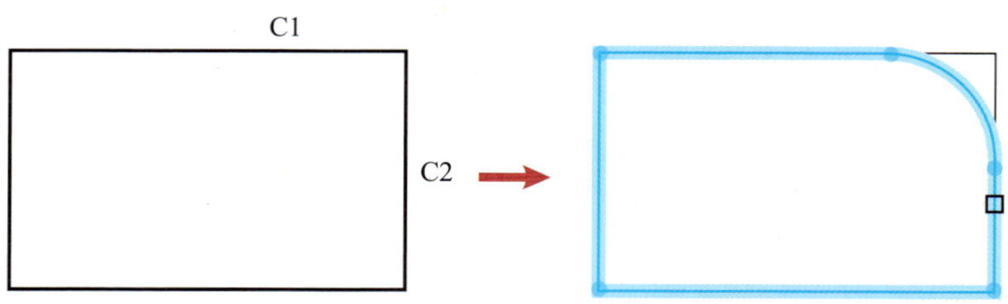

## 4.18 모따기_CHAMFER

모서리를 모따기하기 위한 명령어이다.

### ▶ 명령어 선택

| 모따기 | 리본메뉴 | [홈]탭-[수정]패널- |
|---|---|---|
| | 메뉴 막대 | [수정]-모따기 |
| | 명령어 | CHAMFER |

### a) 거리를 이용한 모따기

명령 : chamfer Enter (명령어 입력)
[명령 취소(U)/폴리선(P)/거리(D)] : D Enter (거리값 입력 모드선택)
첫 번째 모따기 거리 지정 : 200 Enter (거리값 입력)
두 번째 모따기 거리 지정 : 300 Enter (거리값 입력)
첫 번째 선 선택 : (모따기할 요소 선택 : C1)
두 번째 선 선택 : (모따기할 요소 선택 : C2)

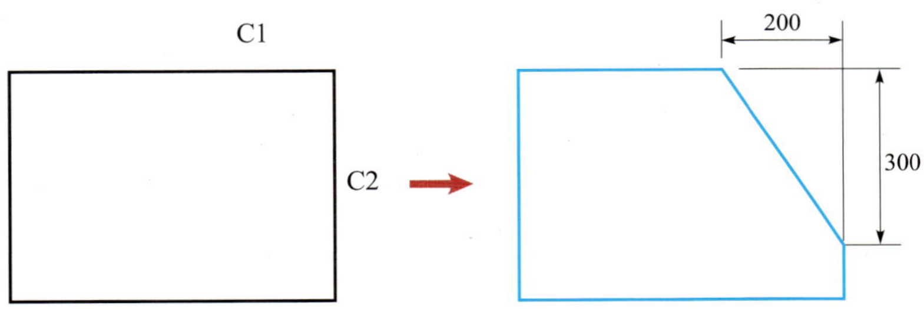

### b) 거리와 각도를 이용한 모따기

명령 : chamfer Enter (명령어 입력)

첫 번째 선 선택 또는 [각도(A)/자르기(T)] : A Enter (각도값 입력 모드선택)

첫 번째 선의 모따기 길이 지정 : 200 Enter (거리값 입력)

첫 번째 선으로부터 모따기 각도 지정 : 30 Enter (각도값 입력)

첫 번째 선 선택 : (모따을 요소 선택 : C1)

두 번째 선 선택 : (모따을 요소 선택 : C2)

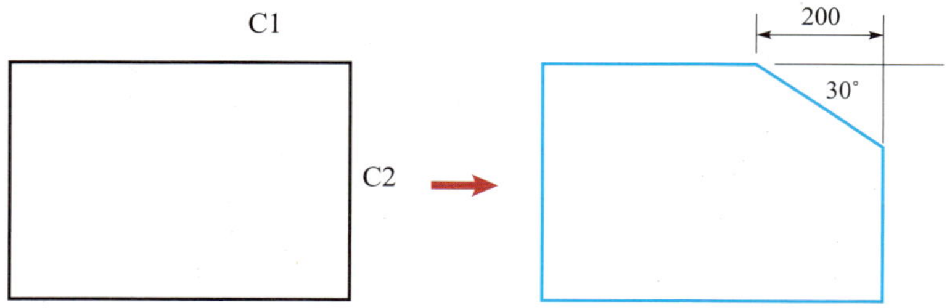

## 4.19 신축_STRETCH

신축할 객체의 일부분을 객체 선택(Crossing 선택)을 이용하여 다음 그림과 같이 지정함으로서 객체를 신축/이동한다. 개별적으로 선택된 객체는 신축되지 않고, 단지 이동된다. 원, 타원, 블록 등은 신축할 수 없다.

▶ 명령어 선택

| | | |
|---|---|---|
| 신축 | 리본메뉴 | [홈]탭-[수정]패널-신축 |
| | 메뉴 막대 | [수정]-신축 |
| | 명령어 | STRETCH |

명령 : stretch Enter (명령어 입력)
다음 그림과 같이 걸침 윈도우로 신축할 객체 선택...
객체 선택 : 반대 구석 지정 : (3개를 찾음)
객체 선택 : (오른 쪽 마우스)
기준점 지정 :
두 번째 점 지정 : Enter

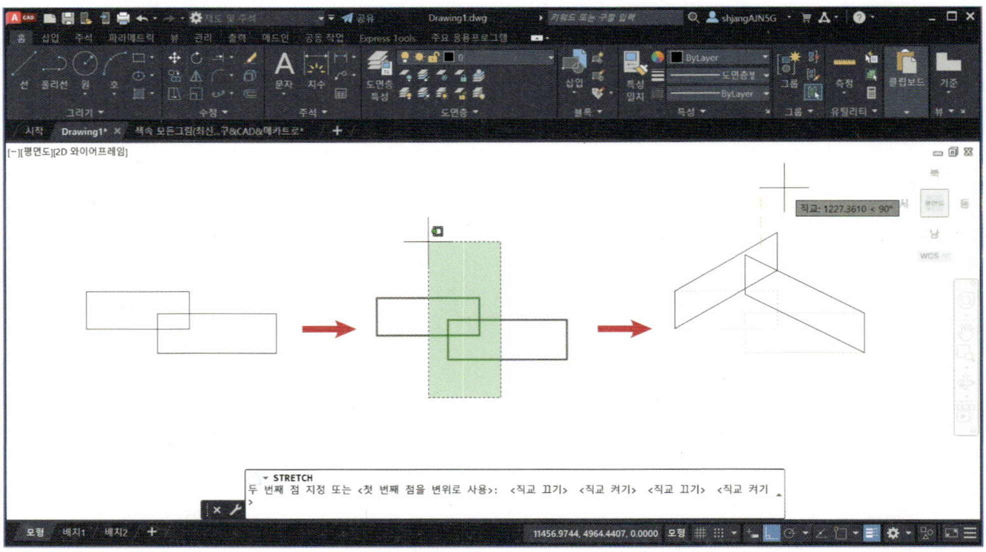

## 4.20 중복객체 삭제_OVERKILL

중복되거나 겹치는 선, 호 및 폴리선을 제거한다. 또한, 부분적으로 겹치거나 연속되는 선, 호 및 폴리곤을 결합한다.

▶ 명령어 선택

| | | |
|---|---|---|
| 회전 | 리본메뉴 | [홈]탭-[수정]패널- |
| | 메뉴 막대 | [수정]- |
| | 명령어 | OVERKILL |

**예** 중복된 객체 삭제하기

명령 : OVERKILL Enter (명령어 입력)
객체 선택 : 반대 구석 지정 : 12개를 찾음

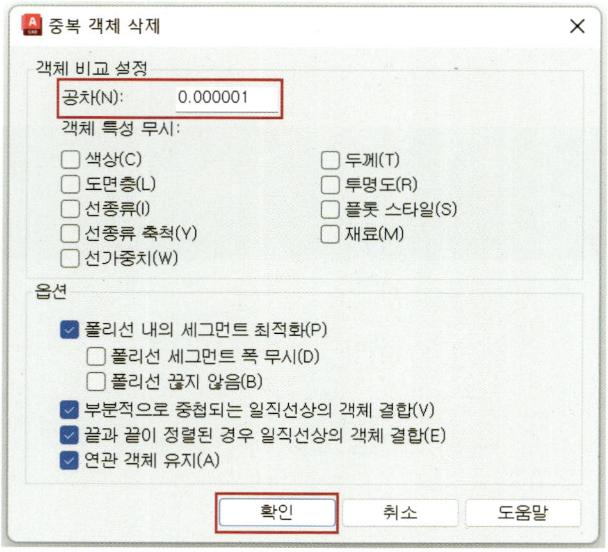

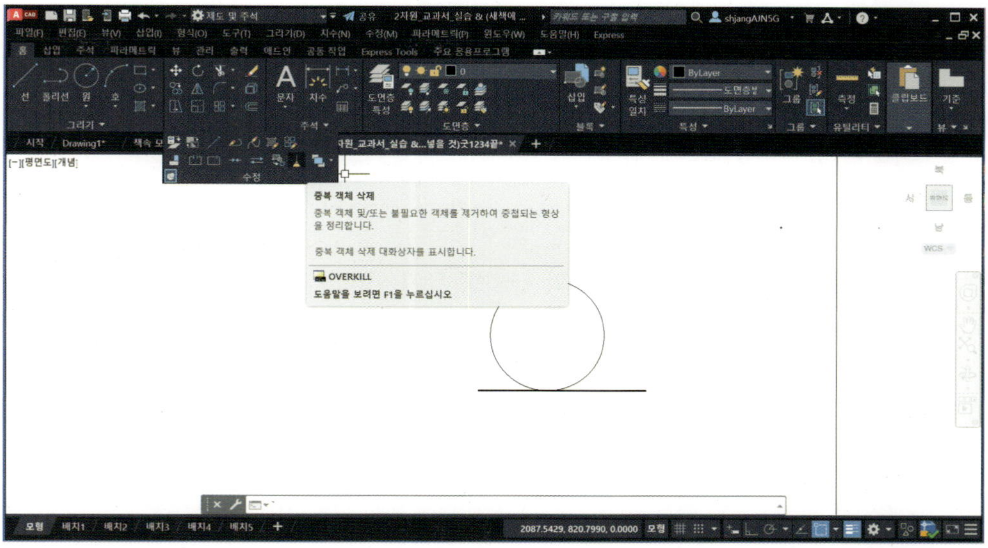
중복 객체 삭제
중복 객체 및/또는 불필요한 객체를 제거하여 중첩되는 형상을 정리합니다.
중복 객체 삭제 대화상자를 표시합니다.
OVERKILL
도움말을 보려면 F1을 누르십시오

# 5. 주석, 치수, 도면층, 블록

## 5.1 여러줄 문자_MULTILINE TEXT

도면에 여러줄로 형성된문자를 작성할 때 사용하는 명령어이다. 문자를 작성하는 방법에는 여러줄 문자(Multiline Text)와 단일행 문자(Single line Text)의 두 종류의 문자입력 방법이 있다.

▶ 명령어 선택

| 여러줄 문자입력 | 리본메뉴 | [주석]탭-[문자]패널-A |
|---|---|---|
| | 메뉴 막대 | [그리기]-문자-여러줄문자 A |
| | 명령어 | MTEXT |

**예** 여러줄 문자를 이용한 글자 입력

명령 : mtext Enter (명령어 입력)
첫 번째 구석 지정 : (문자를 입력할 첫 번째 점 클릭)
반대 구석 지정 : (문자를 입력할 두 번째 점 클릭)
( 여러줄 문자_MULTILINE TEXT Enter )

문자기입을 끝내려면, 리본메뉴의 Close Text Editor 버튼을 클릭하거나, 문자입력창 영역 밖의 화면 영역을 클릭하면 된다.

여러줄 문자(Multiline Text)로 작성 시 유의해야할 사항은 다음과 같다.

1) 문자의 크기(Text height) 등 문자의 기본스타일 조절은 리본메뉴-주석패널-Standard-문자스타일관리(또는 메뉴 막대-형식(O)-문자스타일(Text Style, ))을 클릭하면 다음 페이지의 그림과 같은 문자스타일창이 나타난다. 여기에서 높이(Height), 글꼴, 기울기 각도 등에 대한 희망하는 값을 지정하면 된다(예; 높

이 : 10으로 설정. 단, 오토캐드를 처음 실행하면 "Standard" 문자 높이가 자동으로 2.5로 설정된다).

2) 문자스타일(Text Style)에서 문자의 높이(Height) 또는 글꼴(font)을 임의의 값으로 지정하면 다음절에서 설명하는 단일행 문자의 크기 및 치수(dimension)의 숫자 글씨 크기(글꼴)도 자동으로 동일하게 지정 된다.

3) 여러줄 문자를 작성한 다음, 왼쪽 마우스 버튼을 이용 문자열을 선택한 후, 오른쪽마우스 버튼을 클릭 후, 특성(Properties)을 선택하면, 특성 창에서 문자 높이, 색상, 회전 등을 문자스타일에서 설정한 것과 달리 본인이 희망하는 것으로 변경할 수 있다.

4) 한글파일(), MS WORD, EXEL 등에서 작성한 내용들을 Ctrl+C한 후, Ctrl+V 함으로써, 쉽게 한글파일에서 작성한 내용을 오토캐드에 입력할 수 있다(단일행 문자에서도 동일한 방법으로 가능함).

5) 특수기호를 입력하고자할 때는 리본메뉴 - 삽입패널의 @ 기호에서 "기타..."를 클릭하여 기호를 선택하면 된다.

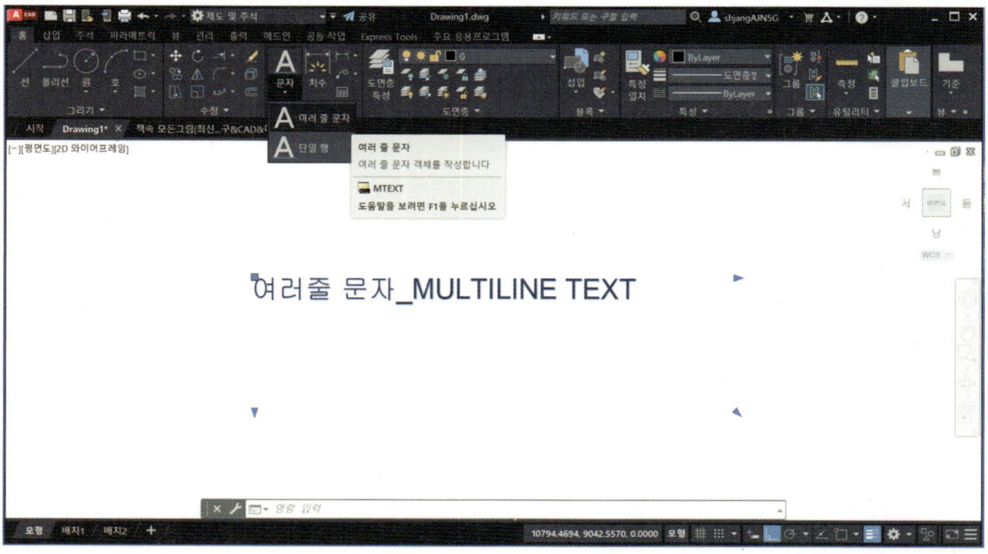

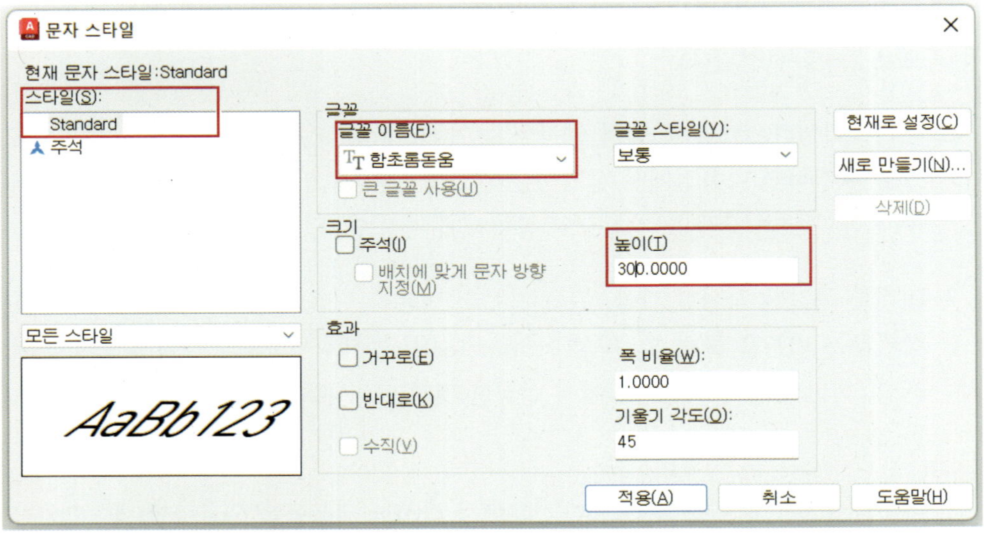
문자 스타일
현재 문자 스타일:Standard
스타일(S):
Standard
주석
모든 스타일
AaBb123
글꼴
글꼴 이름(F):
함초롬돋움
큰 글꼴 사용(U)
글꼴 스타일(Y):
보통
크기
주석(I)
배치에 맞게 문자 방향 지정(M)
높이(T)
300.0000
효과
거꾸로(E)
반대로(K)
수직(V)
폭 비율(W):
1.0000
기울기 각도(O):
45
현재로 설정(C)
새로 만들기(N)...
삭제(D)
적용(A)
취소
도움말(H)

## 5.2 단일행 문자_SINGLE LINE TEXT

도면에 단일행으로 형성된 문자를 작성할 때 사용하는 명령어이다.

▶ 명령어 선택

| 단일행 문자입력 | 리본메뉴 | [주석]탭-[문자]패널-A-단일행문자 |
|---|---|---|
| | 메뉴 막대 | [형식]-A-단일행문자 |
| | 명령어 | dtext 또는 text |

**예 단일행 문자를 이용한 글자 입력**

명령 : dtext [Enter] (명령어 입력)
Text 문자의 시작점 지정 : (도면 윈도상의 희망하는 위치 클릭)
높이 지정 〈2.5000〉 : [Enter]
문자의 회전 각도 지정 〈0〉 : [Enter]

문자입력을 끝내려면, 문자입력 영역 밖의 화면영역을 클릭한 후, Esc를 누르거나, [Enter]를 2회 누르면 된다.

단일행 문자(single line text)로 작성 시 유의해야할 사항은 다음과 같다.

1) 단일행 문자(single line text)를 입력하기위해 icon(A)을 클릭하고 입력 준비가 되면, 문자의 스타일(문자의 크기 및 회전각도)을 나타내는 커서가 바로 전에 작성한 문자와 함께 흐릿하게 화면에 나타나므로 이를 참고로 문자를 입력하면 된다.

2) 문자의 회전각도(Rotation)를 가장 최근에 (예를 들어) 90으로 지정했다면, 이를 변경하지 않는 한, 다음번에도 계속 90으로 자동설정(default setting)된다.
단, 여러줄 문자(Multiline Text)의 작성시에는 설정한 문자의 회전각도는 1회에 한해서 희망하는 각도가 된다.

3) 단일행 문자의 크기는 문자스타일(Text style)의 문자높이(height)가 0.00으로 설정(setting)되어 있을 때만 시스템으로부터 희망하는 문자높이를 물어온다. 즉, 문자스타일에서 문자높이를 임의의 값으로 지정하면 시스템은 그에 따라 문자크기를 화면에 나타낸다.

4) 단일행 문자에서 문자의 높이를 지정하면 자동으로 여러줄 문자에서도 단일행 문자에서 지정한 문자높이로 설정된다.

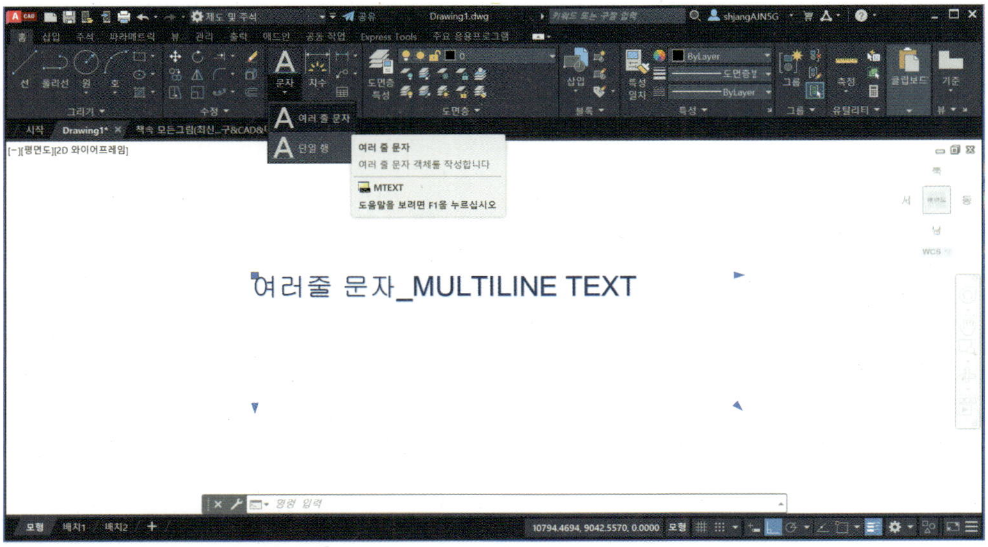

## 5.3 치수_DIMENSION

도면작성에 있어서 각각의 객체에 길이, 각도, 직경, 반경 등의 크기(size)를 표시하기 위한 치수기입 방법이다. 치수기입에 있어서는 [홈]탭-[주석]패널의 치수( )을 이용하면 원, 선, 폴리선 등의 객체들을 시스템이 자동으로 인식해주므로 다양한 도형에 대한 각종 치수들을 매우 쉽게 입력할 수 있다.

**▶ 명령어 선택**

| 치수 | 리본메뉴 | [홈]탭-[주석]패널-치수 |
|---|---|---|
| | 명령어 | DIM |

### a) 치수입력(리본메뉴의 [주석]탭 이용)

| 리본메뉴 | [주석]탭-[치수]패널 |
|---|---|

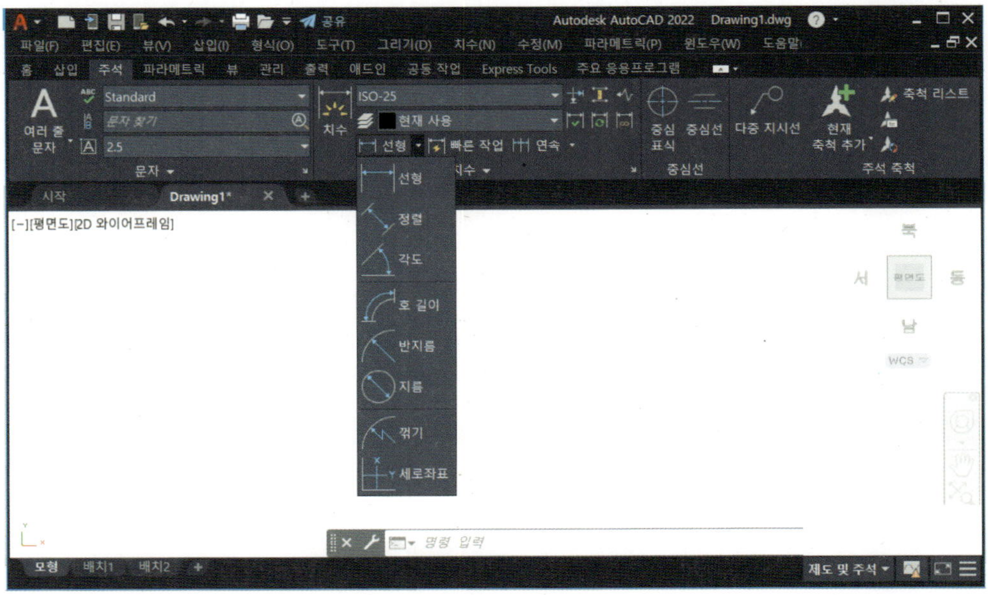

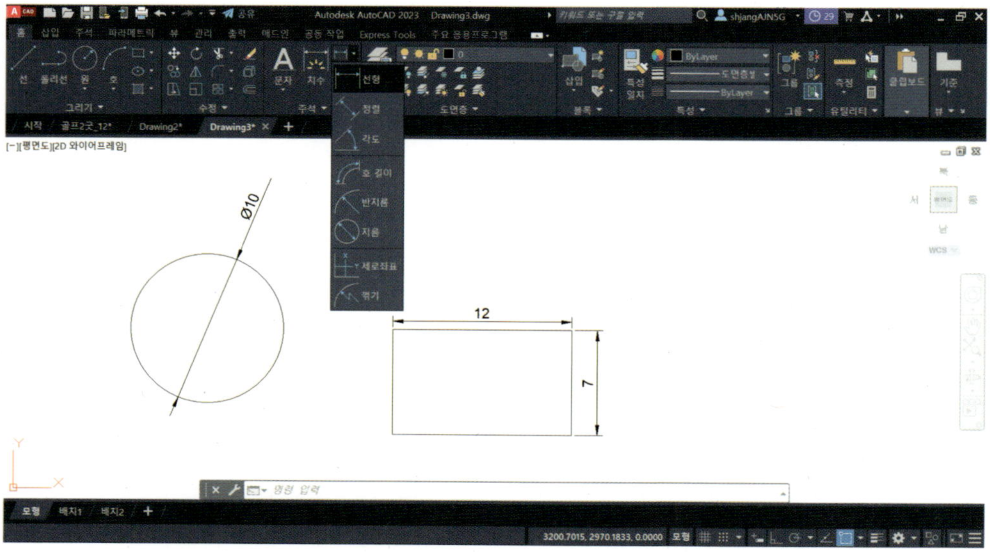

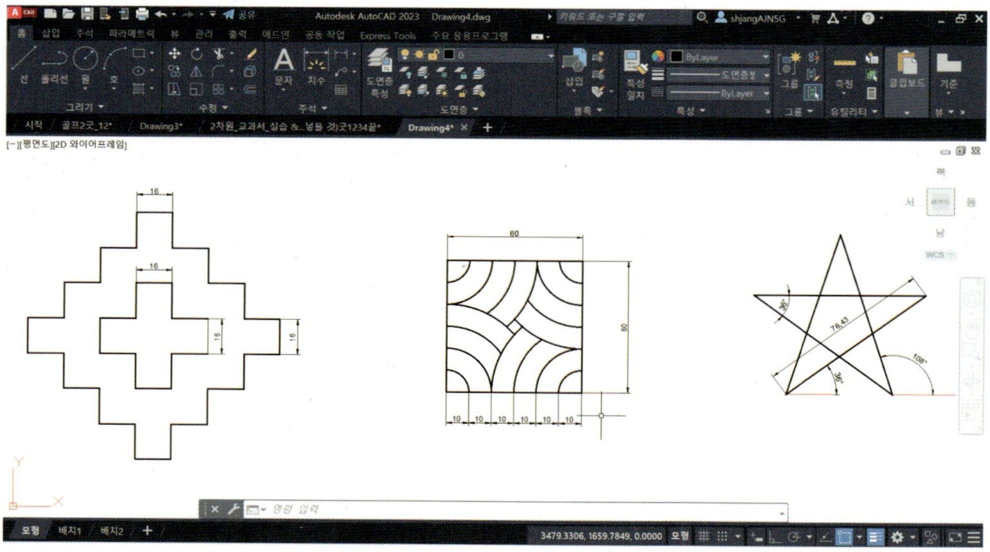

### b) 치수입력(메뉴 막대 이용)

| 메뉴 막대 | [그리기]-치수(N) |
|---|---|

### 5.3.1 치수에서 글씨 크기 변경(설정)

▶ 명령어 선택

| | | |
|---|---|---|
| 치수스타일 | 리본메뉴 | [주석]탭-[치수]패널- |
| | 메뉴 막대 | [치수]-치수스타일 |
| | 명령어 | DIMSTYLE |

치수에서 사용하는 숫자의 글씨 크기를 변경하기 위해서는 [홈]탭-[주석]패널 에서 치수스타일관리를 클릭하면, 다음 그림과 같이 치수 스타일 관리자(Dimension Style Manager)창이 뜬다. 다음으로 이 창에서 수정(Modify)을 클릭하면, 치수스타일수정(Modify Dimension Style)창이 뜬다. 여기에서 맞춤[탭]-전체축적사용(S) : 의 값을 1, 3, 5, 30 등으로 변경하면 된다.

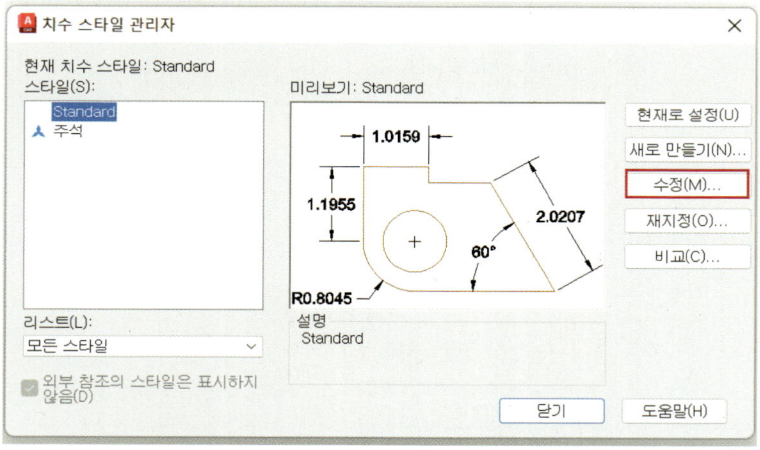

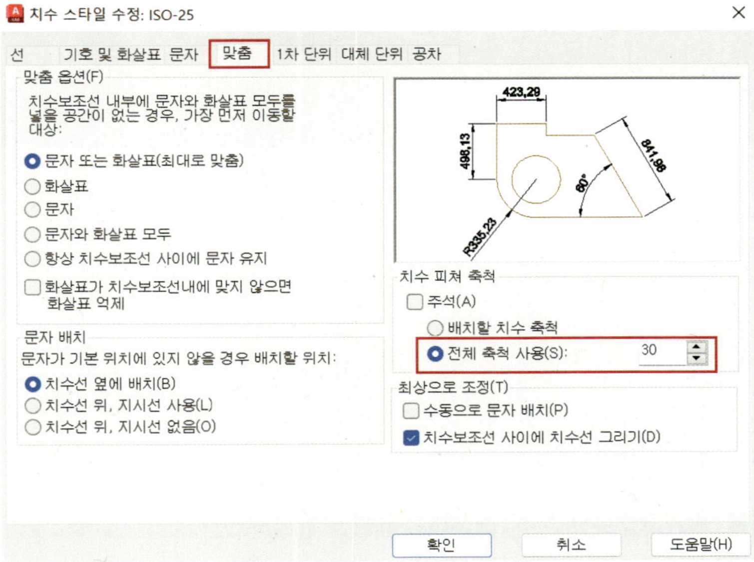


또한, 다음과 같은 사항들을 숙지해 두면 편리하다.

1) 메뉴 막대-형식(O)-문자스타일(Text Style)에서 문자의 높이(Height) 또는 글꼴(font)을 임의의 값으로 지정하면 치수(dimension)의 숫자의 글꼴도 자동으로 동일하게 지정 된다.

2) 치수를 입력한 숫자부분을 클릭하여 적당한곳으로 이동시킴으로서 숫자부분의 위치를 희망하는 곳으로 쉽게 변경할 수 있다.

3) 지름(Diameter)치수를 작성할 때 지름을 표시하는 기호(┌)가 표시되지 않을 때에는 Text style(문자스타일)에서 Font name(글꼴)을 변경(한컴바탕, 새굴림, 휴먼엑스포 등)하면 된다.

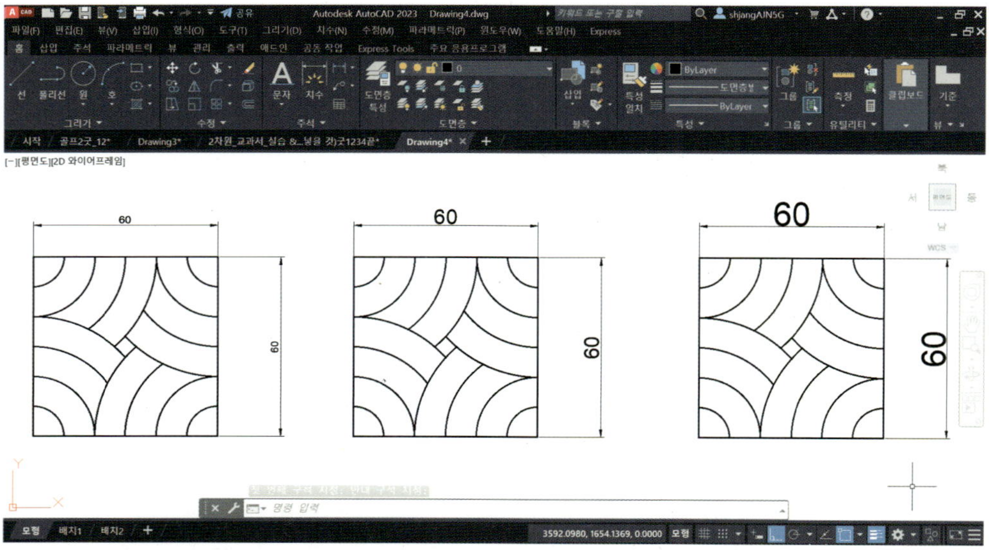

[치수의 글씨 크기를 변경하기]

## 5.3.2 화살촉 크기(모양) 및 치수선(치수보조선) 설정

**명령어 선택**

| | | |
|---|---|---|
| 치수스타일 | 리본메뉴 | [주석]탭-[치수]패널- |
| | 메뉴 막대 | [치수]-치수스타일 |
| | 명령어 | DIMSTYLE |

치수(Dimension)에서 화살촉의 크기(Arrow size)를 변경하고자할 때는 주석(Annotation)패널에서 치수스타일관리(ISO-25)를 클릭하면, 다음 그림과 같이 치수스타일관리(Dimension Style Manager)창이 뜬다. 다음으로 이창에서 수정(Modify)을 클릭하면, 치수스타일수정(Modify Dimension Style)창이 뜨며, 이때 기호 및 화살표 탭에서 화살표크기(arrow size), 화살촉의 모양 등을 변경하고, 확인 및 닫기를 누르면 된다.

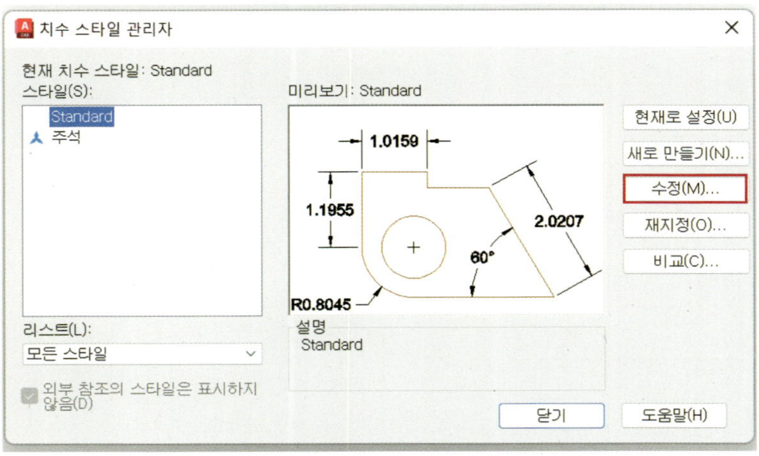

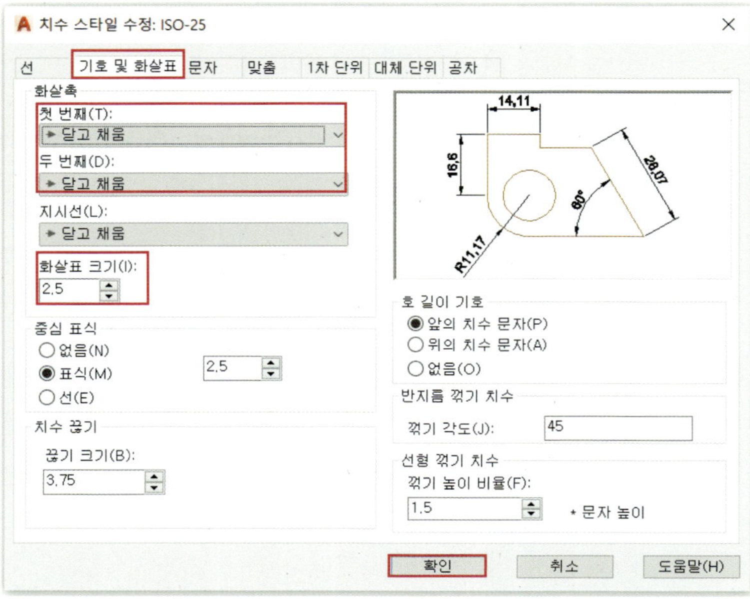
치수 스타일 수정: ISO-25
선
기호 및 화살표
문자
맞춤
1차 단위
대체 단위
공차
화살촉
첫 번째(T):
닫고 채움
두 번째(D):
닫고 채움
지시선(L):
닫고 채움
화살표 크기(I):
2.5
중심 표식
없음(N)
표식(M)
선(E)
2.5
치수 끊기
끊기 크기(B):
3.75
호 길이 기호
앞의 치수 문자(P)
위의 치수 문자(A)
없음(O)
반지름 꺾기 치수
꺾기 각도(J):
45
선형 꺾기 치수
꺾기 높이 비율(F):
1.5
* 문자 높이
확인
취소
도움말(H)

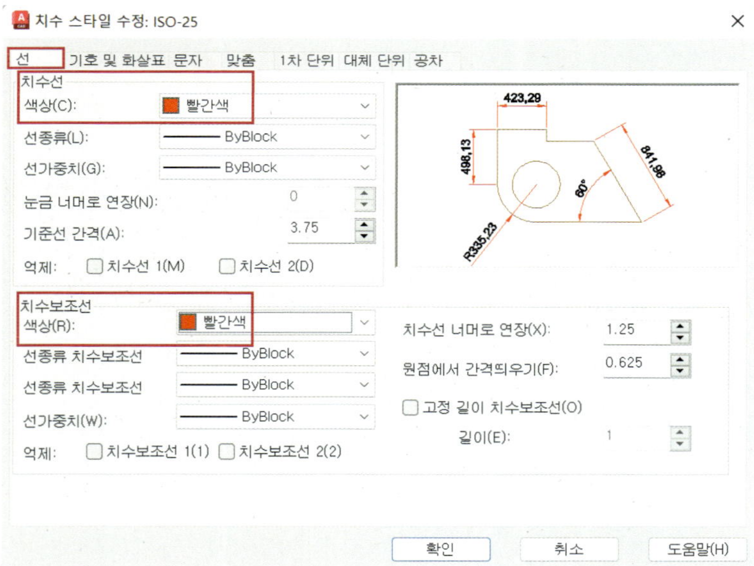
치수 스타일 수정: ISO-25
선
기호 및 화살표
문자
맞춤
1차 단위
대체 단위
공차
치수선
색상(C):
빨간색
선종류(L):
ByBlock
선가중치(G):
ByBlock
눈금 너머로 연장(N):
0
기준선 간격(A):
3.75
억제:
치수선 1(M)
치수선 2(D)
치수보조선
색상(R):
빨간색
선종류 치수보조선
ByBlock
선종류 치수보조선
ByBlock
선가중치(W):
ByBlock
억제:
치수보조선 1(1)
치수보조선 2(2)
치수선 너머로 연장(X):
1.25
원점에서 간격띄우기(F):
0.625
고정 길이 치수보조선(O)
길이(E):
1
확인
취소
도움말(H)

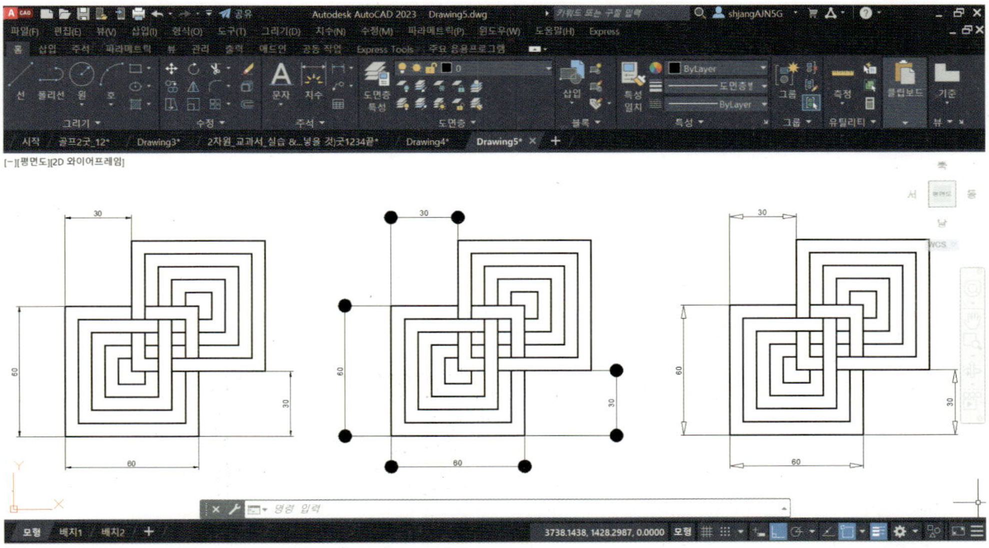
Autodesk AutoCAD 2023 Drawing5.dwg
[−][평면도][2D 와이어프레임]

## 5.3.3 중심표식 및 중심선 만들기

선택한 원이나 호의 중심에 십자 모양 연관 표식을 작성하거나, 선택한 선 및 선형 폴리선 세그먼트와 연관된 중심선을 작성한다.

### ▶ 명령어 선택

| 중심표식 | 리본메뉴 | [주석]탭-[중심선]패널- |
|---|---|---|
| | 명령어 | CENTERMARK |

| 중심선 | 리본메뉴 | [주석]탭-[중심선]패널- |
|---|---|---|
| | 명령어 | CENTERLINE |

명령 : circle Enter (원 그리기)
명령 : line Enter (선 그리기)
명령 : _centermark Enter
중심 표식을 추가할 원 또는 호 선택 :
명령 : _centerline Enter
첫 번째 선 선택 :
두 번째 선 선택 :

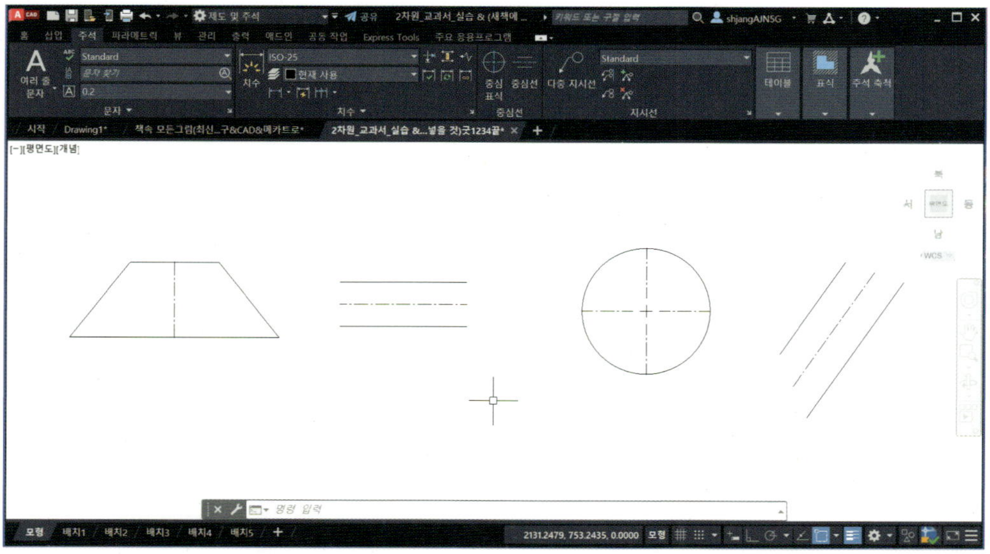

## 5.3.4 다중지시선 만들기

다중지시선(Multileader)은 화살촉, 수평 연결선, 지시선 또는 곡선 그리고 여러 줄 문자 객체 또는 블록으로 구성된다.

▶ 명령어 선택

| | | |
|---|---|---|
| 다중지시선 작성 | 리본메뉴 | [주석]탭-[지시선]패널- |
| | 풀다운 메뉴 | [형식]-다중지시선 스타일 |
| | 명령어 | MLEADER |

명령 : circle Enter (원 그리기)
명령 : rectangle Enter (직사각형 그리기)

명령 : mleader Enter
지시선 화살촉 위치 지정 : (희망하는 점 클릭)
지시선 연결선 위치 지정 : (희망하는 점 클릭) 후,'객체1(object1)' 입력
리본메뉴의 '문서 편집기 닫기' 클릭
명령 : mleader Enter
지시선 화살촉 위치 지정 : (희망하는 점 클릭)
지시선 연결선 위치 지정 : (희망하는 점 클릭) 후,'객체2(object2)' 입력
리본메뉴의 '문서 편집기 닫기( )' 클릭.

지시선추가(Add Leader ), 지시선 제거(Remove Leader ) 및 정렬(Multileader Align )도 도면 작성 시에 매우 유용하다.

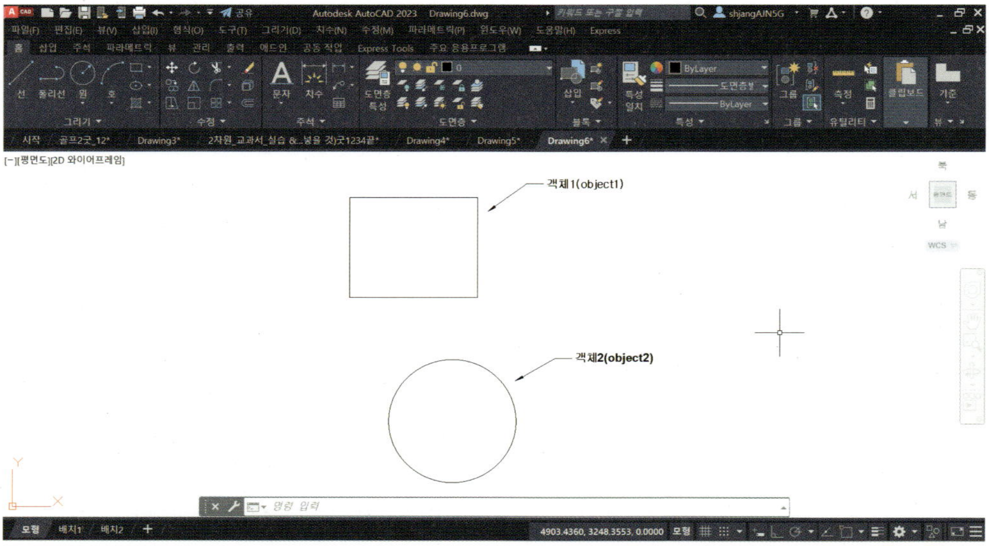
객체1(object1)
객체2(object2)

## 5.3.5 다중지시선에서 화살촉 및 문자 크기 변경(설정)

▶ 명령어 선택

| | | |
|---|---|---|
| 다중지시선 스타일 | 리본메뉴 | [주석]탭-[지시선]패널- |
| | 풀다운 메뉴 | [형식]-다중지시선 스타일 |
| | 명령어 | MLEADERSTYLE |

다중지시선(Multileader, )에서 화살표크기(arrow size)를 변경하고자할 때에는 주석(Annotation)패널에서 다중지시선 스타일에서 다중 지시선 스타일 관리를 클릭하면, 다중 지시선 스타일 관리자(Multileader Style Manage)창이 뜬다. 다음으로 이 창에서 수정(Modify)을 클릭하면, 다중 지시선 스타일 수정창이 뜨며, 여기에서 화살표크기(arrow size), 화살촉의 모양 등을 변경하고, 확인 및 닫기를 누르면 된다. 단, 글자 폰트의 크기는 문자 스타일(Text Style)에서 저장한 값으로 자동으로 변화하며, 다중 지시선 스타일 관리자에서 새로이 수정 및 확인을 클릭해야 지금까지 작성한 것이 모두 동시에 적용이 된다.

또한 문자(숫자)의 크기를 변경하고자 할때는 그림에서와 같이 내용[탭]-문자높이(T) : 의 값을 1, 3, 5, 30 등으로 변경하면 된다. 다중지시선(Multileader)에 있어서도 치수(Dimension)에서와 같이 객체를 선택하여 특성창에서 지시선의 유형, 화살촉 크기 등을 쉽게 변경할 수 있다.

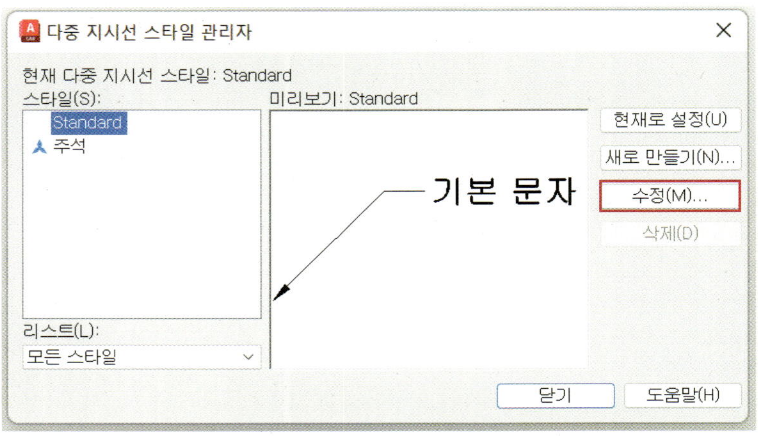

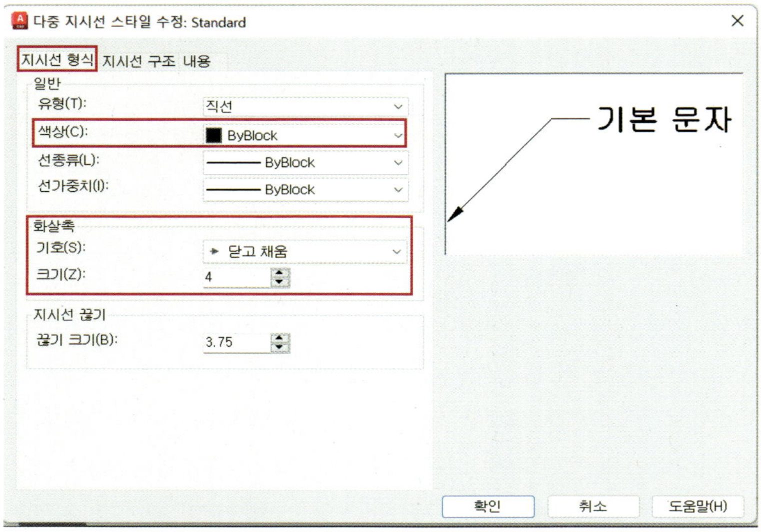
다중 지시선 스타일 수정: Standard
지시선 형식
지시선 구조
내용
일반
유형(T):
직선
색상(C):
ByBlock
선종류(L):
ByBlock
선가중치(I):
ByBlock
화살촉
기호(S):
닫고 채움
크기(Z):
4
지시선 끊기
끊기 크기(B):
3.75
기본 문자
확인
취소
도움말(H)

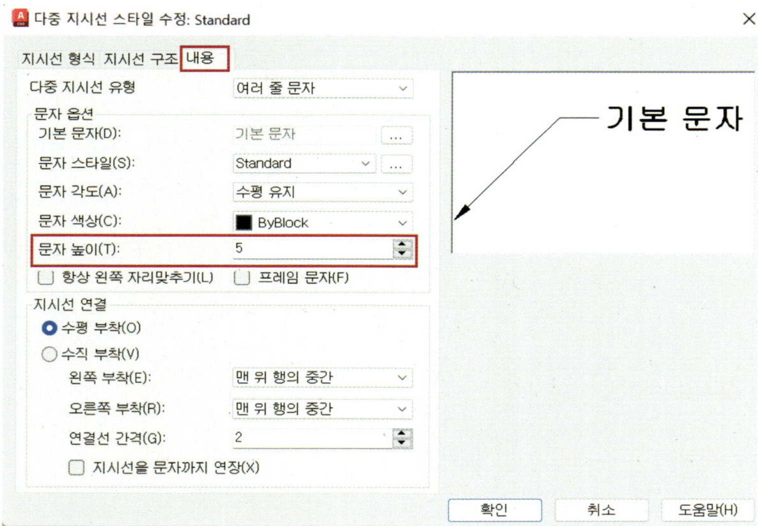
다중 지시선 스타일 수정: Standard
지시선 형식
지시선 구조
내용
다중 지시선 유형
여러 줄 문자
문자 옵션
기본 문자(D):
기본 문자
문자 스타일(S):
Standard
문자 각도(A):
수평 유지
문자 색상(C):
ByBlock
문자 높이(T):
5
항상 왼쪽 자리맞추기(L)
프레임 문자(F)
지시선 연결
수평 부착(O)
수직 부착(V)
왼쪽 부착(E):
맨 위 행의 중간
오른쪽 부착(R):
맨 위 행의 중간
연결선 간격(G):
2
지시선을 문자까지 연장(X)
기본 문자
확인
취소
도움말(H)

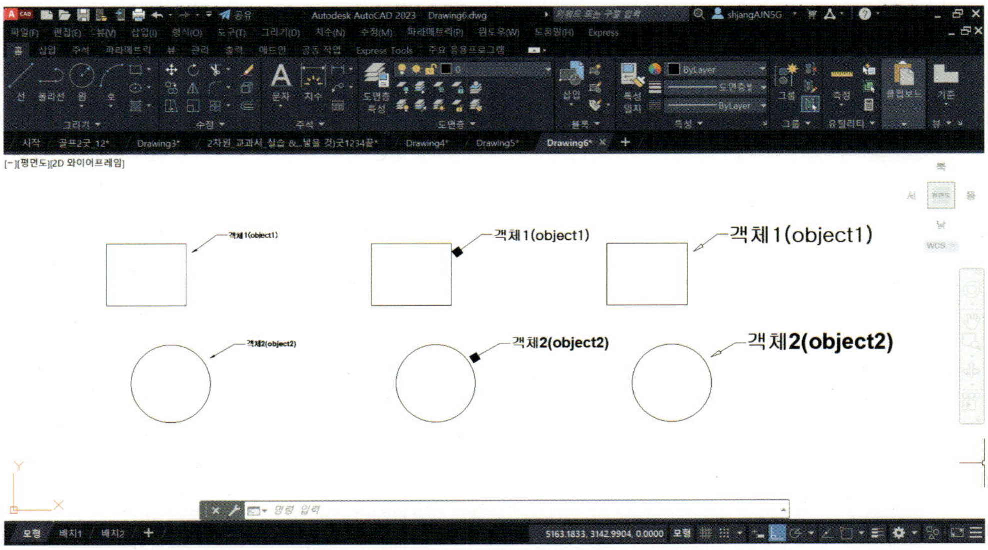


[다중지시선에서 화살촉 크기(모양) 및 문자 크기 변경]

### 5.3.6 테이블(table) 만들기

▶ 명령어 선택

| | | |
|---|---|---|
| 테이블작성 | 리본메뉴 | [주석]탭-[테이블]패널- |
| | 메뉴 막대 | [그리기]-테이블 |
| | 명령어 | TABLE |

리본메뉴에서 [주석]탭-[테이블]패널( )을 클릭하면, 테이블 삽입(inset table)창이 뜬다. 다음으로 이창에서 열(Columns), 열 폭(Columns width), 데이터 행(Data rows), 행 높이(Row height), 등을 원하는 값으로 변경하고, 확인을 클릭하면 된다. 이때 문자스타일(Text Style)에서 문자의 높이(Height)를 희망하는 임의의 값으로 지정하면 테이블의 글씨 크기(글꼴)도 이에 맞게 자동으로 변경 된다.

명령 : _table Enter

삽입점 지정 : (임의의 점 지정)

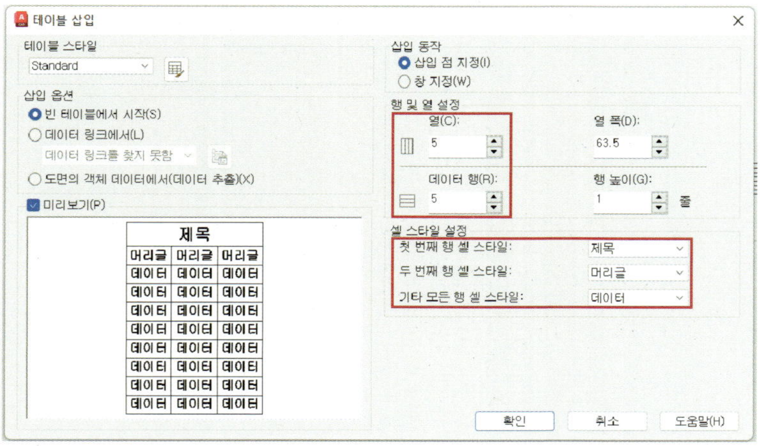

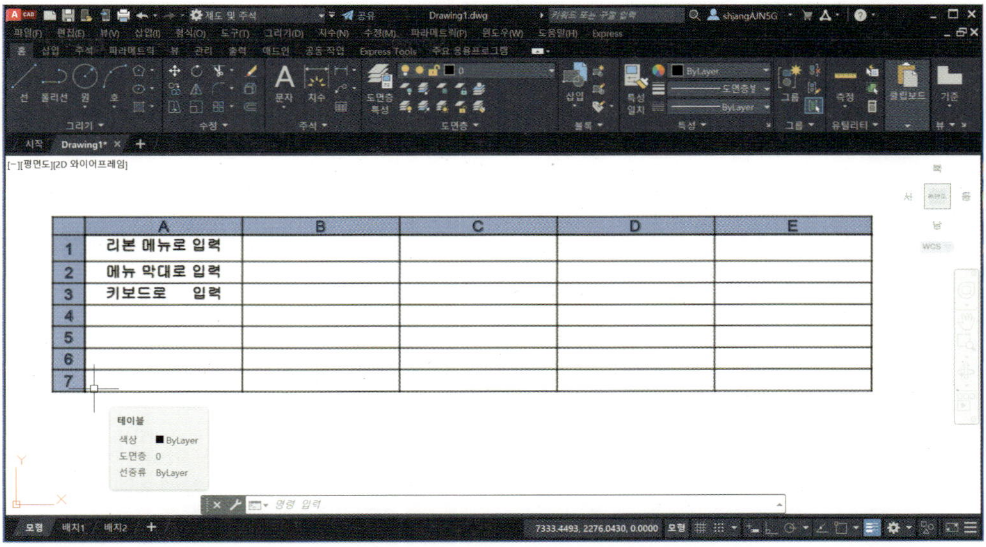
리본 메뉴로 입력
메뉴 막대로 입력
키보드로 입력

## 5.4 도면층_LAYER

도면 드로잉 시 작성하고자하는 도면이 매우 복잡하면, 유사한 부류의 객체끼리 나누어 각각의 객체의 색상, 선 스타일, 선의 두께 등을 각 레이어 별로 다르게 지정 하여 구분하면, 도면작업이 매우 효율적일 수 있다. 레이어(layer)란 다음 그림과 같이 여러 장의 도면층들을 동시에 겹쳐 놓는 효과를 주는 것이며, 도면작업 시 각 레이어를 숨기거나 나타내는 등 작업을 효율적으로 하기 위한 명령어이다.

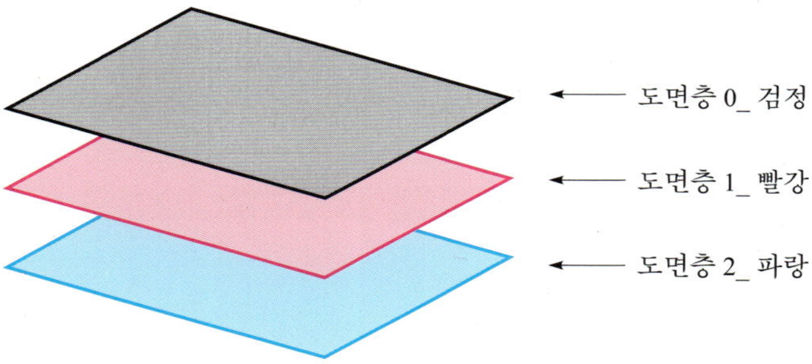


**명령어 선택**

| | | |
|---|---|---|
| 도면층 | 리본메뉴 | [홈]탭-[도면층]패널- |
| | 메뉴 막대 | [형식]-도면층 |
| | 명령어 | LAYER |

### a) 도면층 만들기_LAYER PROPERTIES

도면층을 새로이 만들기 위해서는 도면층 특성( , layer properties)을 클릭한 후, 새 도면층( , new layer)을 클릭하거나, 도면층 특성을 표시하는 가로방향의 띠에 커서를 위치시키고, 오른쪽 마우스를 클릭한 후, “새 도면층(new layer)”을 클릭하면 된다. 새로이 만든 도면층을 최 상위층으로 변경하기 위해서는 원하는 도면층으로 커서를 이동시킨 후, “현재로 설정(set current)”을 누르면 도면층 이름 옆에( )가 표시되며, 현재 사용하는 도면층으로 이동시킬 수 있다. 실제의 복잡한 도면작업에서는 아래 그림과 같이 여러 개의 도면층을 이용하는 경우가 많다.

b) 도면층에서 색상, 선종류, 선두께 등을 지정하기

도면층을 이용하면 다음 그림과 같이 도면층별로 객체들의 레이어의 색상 지정, 레이어의 선종류 지정, 레이어의 선두께 지정을 원하는 데로 설정할 수 있다. 또한 도면 윈도우 상에 레이어 표시 유무선택을 On/Off함으로서 원하는 도면층을 화면상에 표시하기도 하고 지우기도 할 수 있다. 그리고 레이어의 동결 유무를 선택하면 작성중인 도면 내에는 존재하나, 마치 없는 것과 같이 처리되어, 재생성(G), 전체재생성(A) 등에 있어서 화면표시 속도가 향상되며, 큰 도면을 다룰 때에 전체적인 작업속도가 향상되는 특징이 있다.

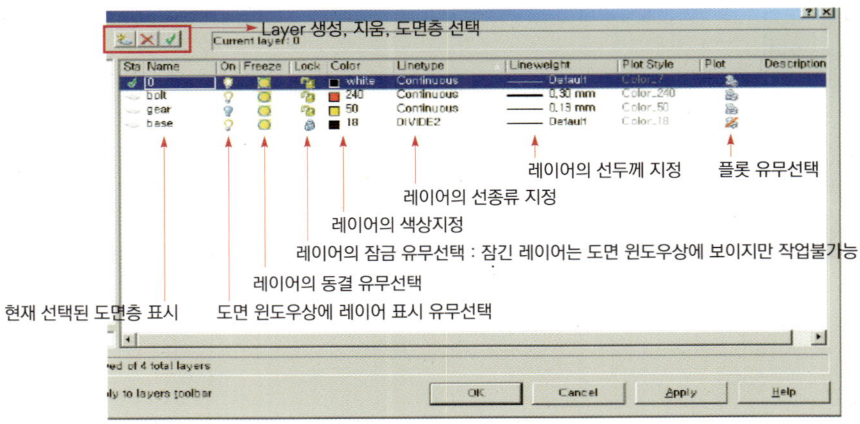

### c) 객체가 속해있는 도면층을 임의로 변경하기

도면작성 도중, 임의의 객체가 속해있는 도면층을 다른 층으로 간단히 변경할 수 있다. 이를 위해서는 원하는 객체들(사각형, 원, 삼각형 등)을 다음 그림과 같이 커서로 선택한 후, 리본메뉴에서 다른 도면층(예, 도면층2)을 선택함으로서 객체의 도면층을 원하는 도면층(도면층1 → 도면층2)으로 쉽게 이동시킬 수 있다. 단, 잠금( )을 해놓은 층은 이동이 안된다.

또한, 전술한 바와 같이 원하는 객체들(사각형, 원, 삼각형 등)만을 다음 그림과 같이 커서로 선택한 후, [특성]패널에서 색( 0,0,0 ), 선의 굵기( 0.20 mn ), 선의 종류( Contin... )만을 선택적으로 변경할 수도 있다.

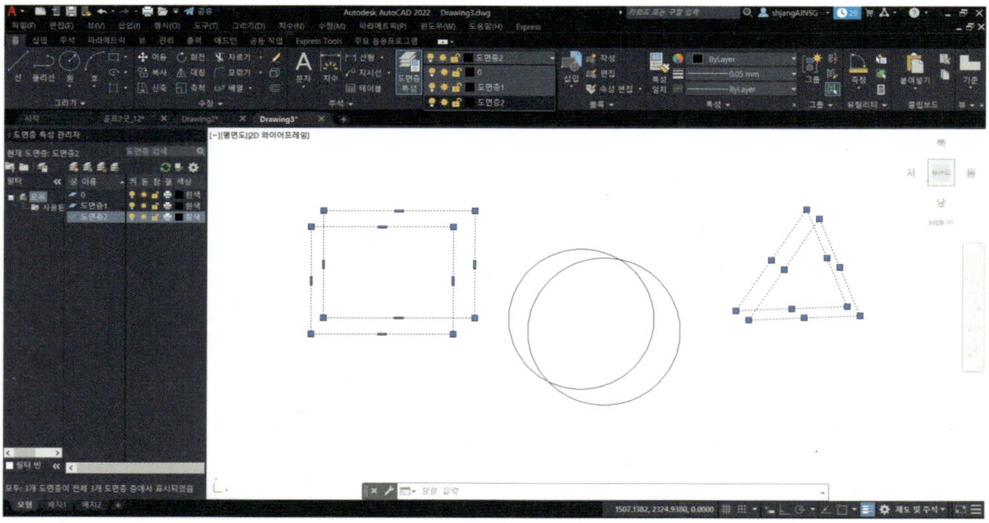

## 5.5 블록_BLOCK

### 5.5.1 블록 만들기_CREATE

도면작성 시 자주 쓰이는 객체를 블록으로 만드는 명령어이다.

**▶ 명령어 선택**

| 블록작성 | 리본메뉴 | [홈]탭-[블록]패널-만들기작성(작성) |
|---|---|---|
| | 메뉴 막대 | [그리기]-블록-만들기작성(작성) |
| | 명령어 | BLOCK |

리본메뉴의 [홈]탭 → [블록]패널 → 작성(작성)를 클릭한 후, 다음 그림과 같은 블록 정의 창이 나타나면, 아래와 같은 순서대로 진행하면 된다.

1. 이름(N)란에 원하는 블록명을 입력한다(예, 원, 사각형, 삼각형 등).
2. 기준점 : 화면상에 지정(☑화면상에 지정)을 선택하여, 블록요소 객체의 삽입 기준점을 지정한다.
3. 객체 : 화면상에 지정(☑화면상에 지정)을 선택한후, 원하는 블록요소(예, 원, 사각형, 삼각형 등)를 선택한다.
4. 확인버튼을 클릭하여 입력 종료한다.
   (이렇게 하면 "원, 사각형, 삼각형"이라고 하는 블록 메모리 안에 도형들이 저장됨.)

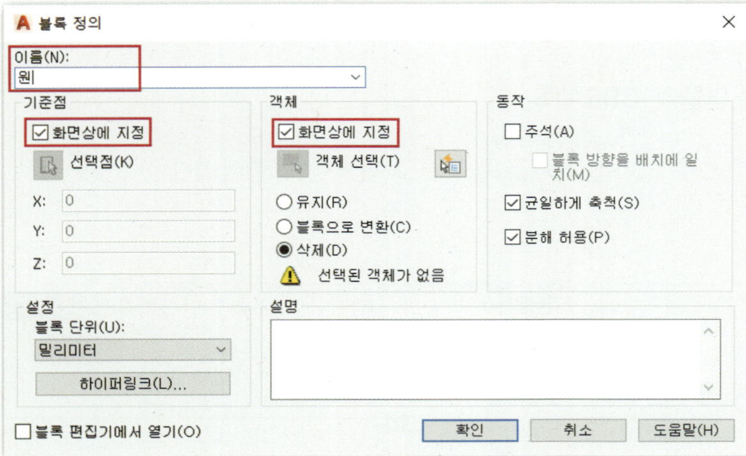
블록 정의
이름(N):
원
기준점
화면상에 지정
선택점(K)
X: 0
Y: 0
Z: 0
객체
화면상에 지정
객체 선택(T)
유지(R)
블록으로 변환(C)
삭제(D)
선택된 객체가 없음
동작
주석(A)
블록 방향을 배치에 일치(M)
균일하게 축척(S)
분해 허용(P)
설정
블록 단위(U):
밀리미터
하이퍼링크(L)...
설명
블록 편집기에서 열기(O)
확인
취소
도움말(H)

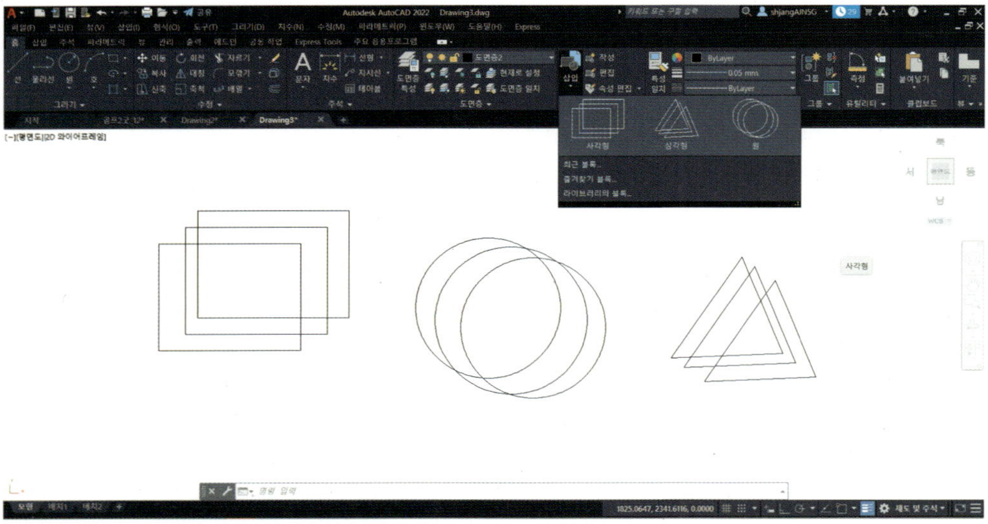

### 5.5.2 블록 삽입_INSERT

블록을 삽입시키는 명령어이다.

▶ 명령어 선택

| | | |
|---|---|---|
| 블록삽입 | 리본메뉴 | [홈]탭-[블록]패널- 삽입 |
| | 메뉴 막대 | [삽입]-블록- 삽입 |
| | 명령어 | INSERT |

리본메뉴의 [홈]탭-[블록]패널에서 삽입( )을 클릭 후, 희망하는 블록(예 : 사각형, 삼각형, 원)을 선정한다.

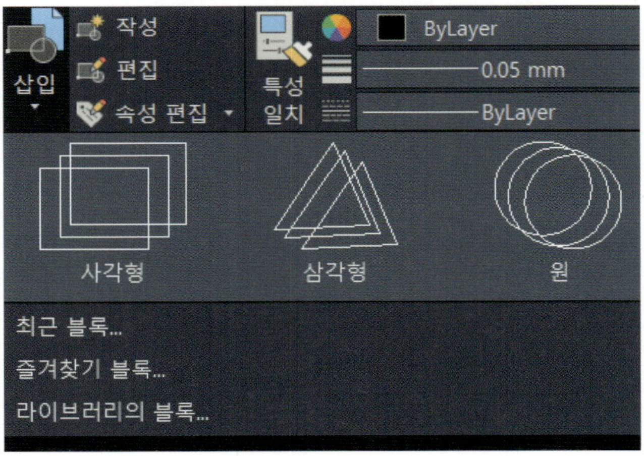


다음으로 아래 그림과 같은 명령 윈도우에서 반복(RE)를 선택한 후, 예(Y)를 선택하면, 동일 블록을 반복해서 원하는 도면의 위치에 연속해서 여러 개를 삽입할 수 있다.

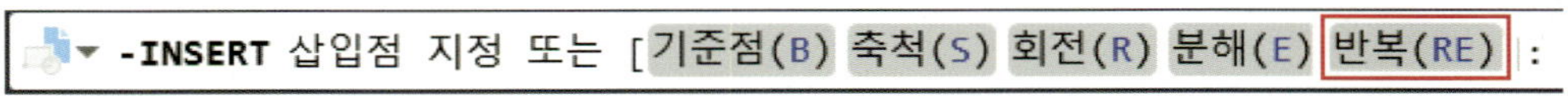

블록을 만들어서 도면상의 원하는 지점에 삽입(Insert)하는 것은, 수정(Modify) → 복사(Copy )를 이용하여 클립보드(Clip board)에 도형들을 복사해 놓았다가 사용하는 것과 진행절차는 거의 유사하지만, 블록을 사용하면 도면 작성시에 자주 사용하는 다수의 블록을 만들어 놓을 수 있다는 특징이 있다. 단, 복사 명령어로서 Ctrl+C 와 Ctrl+V를 사용하는 경우는 클립보드에 원하는 도형 하나를 단순히 복사해 놓았다가 사용하는 것이기 때문에 기준점(base point) 등을 입력할 필요가 없어서 보다 간편할 수 있다.

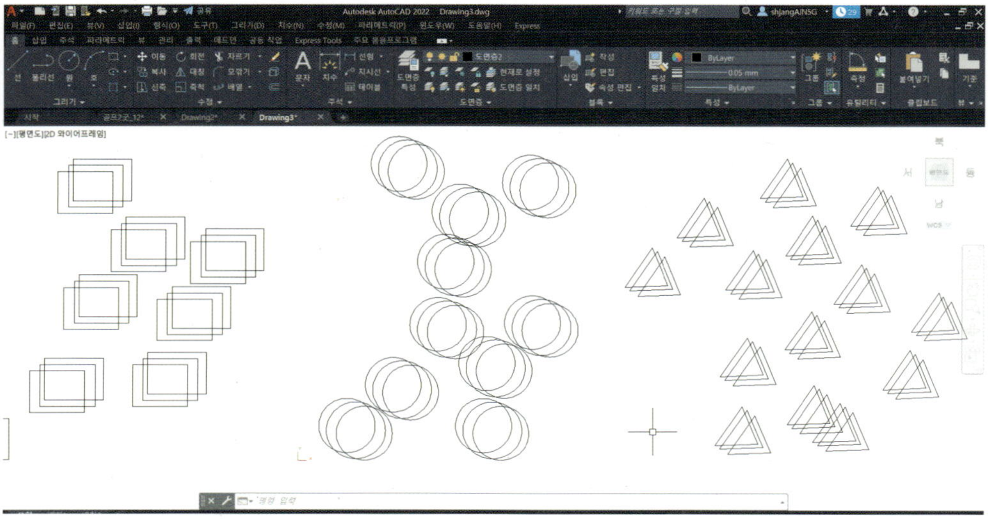

## 5.5.3 블록 편집_BEDIT

이미 만들어 놓은 블록을 편집하는 명령어이다.

▶ 명령어 선택

| 블록편집 | 리본메뉴 | [홈]탭-[블록]패널- 편집 편집 |
|---|---|---|
| | 메뉴 막대 | [삽입]-블록- 편집 편집 |
| | 명령어 | BEDIT |

리본메뉴의 [홈]탭-[블록]패널에서 편집(편집)을 클릭 후, 다음 그림과 같이 "블록 정의 편집"에서 편집하고자하는 블록(예 : 원)을 선정하면, 선정한 블록의 편집화면으로 들어간다.

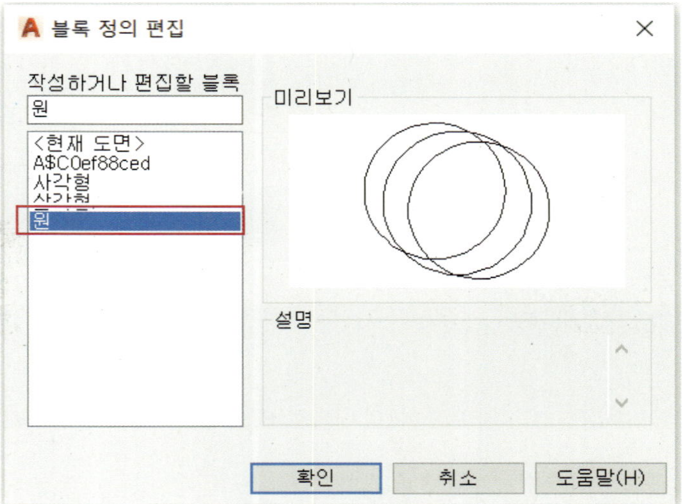


그리고 다음 그림과 같이 편집(예 : 원속에 새로이 "별"을 그려 넣기)을 한 후, 블록편집기 닫기(X)를 한 다음, → "변경 사항을 "원"에 저장(S)"을 클릭하면, 이미 만들어 놓은 "원"블록들이 동시에 모두 변경된다.

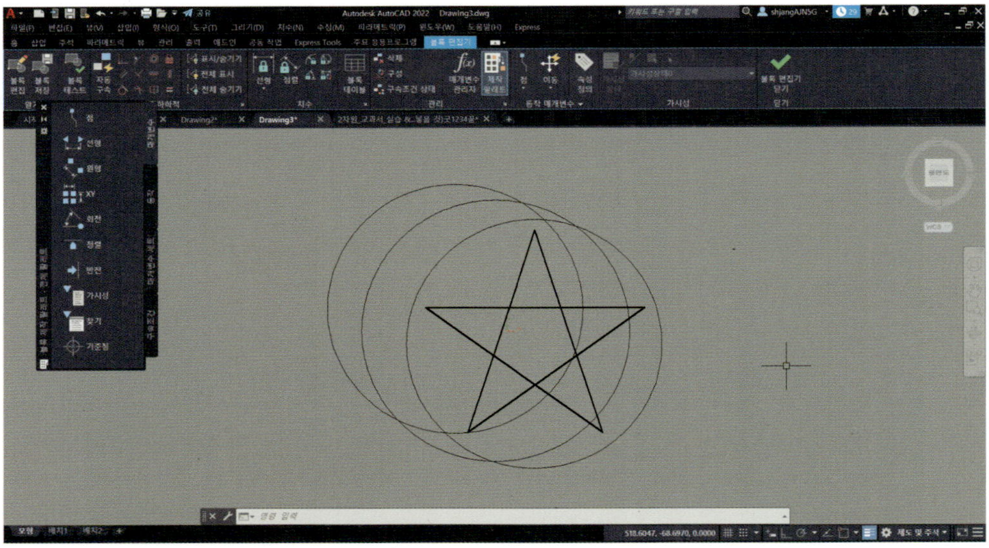

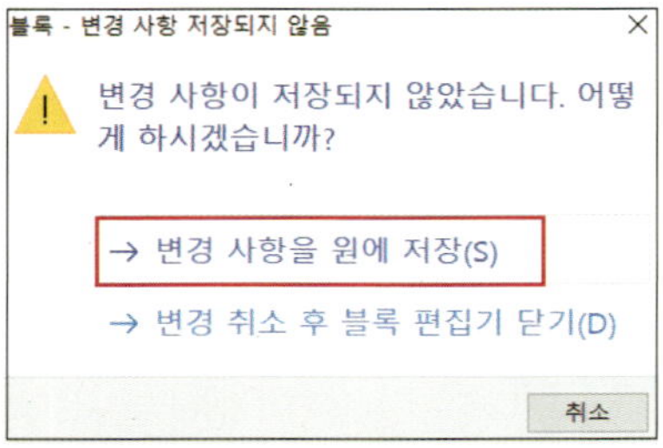
블록 - 변경 사항 저장되지 않음
변경 사항이 저장되지 않았습니다. 어떻게 하시겠습니까?
→ 변경 사항을 원에 저장(S)
→ 변경 취소 후 블록 편집기 닫기(D)
취소

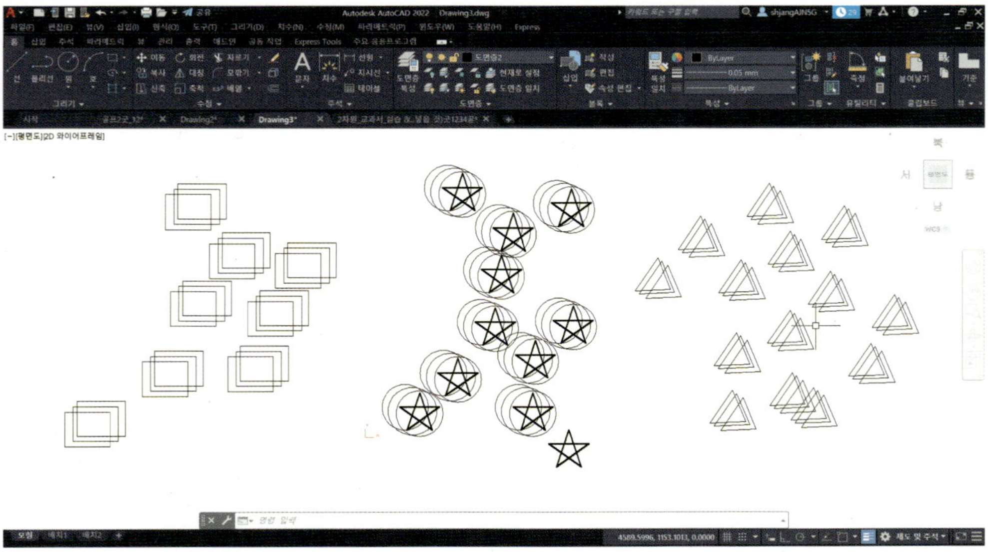

PART

# 2

# 3차원 형상모델링 (3D geometric modeling)


1. 와이어프레임 모델(Wire frame model) | 2. 서피스 모델(Surface Model) | 3. 솔리드 모델(Solid Model)

# 1. 와이어프레임 모델(Wire frame model)

와이어 프레임 모델이란 3차원 형상을 면과 면이 만나는 에지(edge)로 표현하는 것으로 점과 선으로 구성된다. 와이어 프레임 모델은 점과 선으로 구성되기 때문에 다음 절에서 설명하는 서피스 모델, 솔리드 모델 등에 비하여 실체감이 나지 않으며, 디스플레이 된 형상을 보는 각도에 따라 다른 해석이 나올 수 있다는 단점이 있다. 그러나 이 모델은 데이터 구조가 매우 단순하며, 처리속도가 매우 빠르다는 장점도 있다.

## 1.1 3차원 좌표계

2차원 도면작성에 있어서의 좌표계에서는 X축과 Y축 방향으로의 두 개의 좌표를 입력함으로써 도형들을 그렸다. 3차원 좌표계에서는 X축 ,Y축 좌표에 Z축 좌표를 추가한다. 단, 3차원 모델링에서의 세 축의 양의 방향은 오른손 법칙(양의 X축에서 양의 Y축 방향으로 감아쥘 때, 엄지손가락이 향하는 방향이 양의 Z축임)을 따른다. 3차원 모델링에서 사용하는 좌표계들은 다음과 같은 것들이 있다.

### a) 표준 좌표계(WCS, World Coordinate System)

표준좌표계란 2차원 도면작성에서 사용한 절대좌표계와 유사한 개념으로 좌표의 원점과 각축의 방향이 시스템에 의하여 항상 고정되어 있어, 사용자가 임의로 변경할 수 없는 데카르트 좌표계이다. 표준좌표계에서의 Z축의 방향은 지면 위로 향하는 방향으로 설정된다.

### b) 사용자 좌표계(UCS, User Coordinate System)

3차원 형상모델링 작업을 보다 편리하게 하기 위하여, 사용자가 임의로 좌표계를 설정하거나 변경할 수 있는 좌표계이다.

## 1.2 뷰 포인트_VPOINT

뷰 포인트란 3차원 객체를 바라보는 관측점을 정의하는 것이다.

**▶ 명령어 선택**

| 관측점 | 리본메뉴 | [홈]탭-[뷰]패널- ▢, ◈, ◈ 등 |
|---|---|---|
| | 상태 막대 | [뷰]-3D뷰- ◈ 남동 등각투영 등 |

먼저, 아래 그림과 같이 상태막대에서 3D모델링( ⚙ 3D 모델링 ▾ )을 클릭하여, 3차원 모델링 작업을 위한 리본메뉴가 화면에 나오도록 한 다음, 3차원 뷰포인트의 개념을 알아보기로 한다.

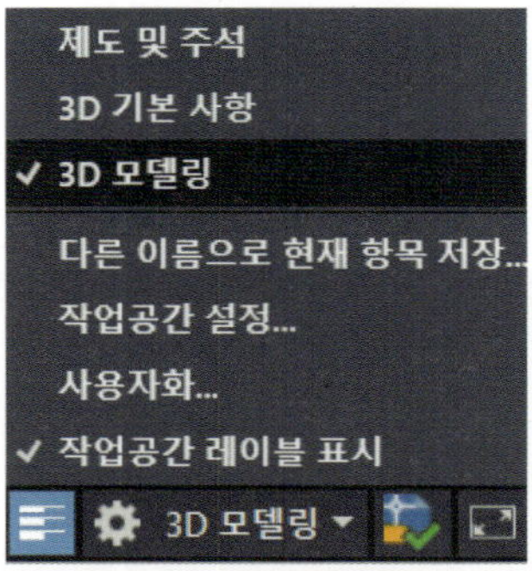

[3차원 모델링 작업을 위한 리본메뉴]

다음으로 신속접근 도구막대 - QNew(▢) 클릭 후, acadiso3D를 클릭하고, 임의의 크기를 갖는 상자를 화면에 나타내기 위하여, [홈]탭-[모델링]패널-상자(▢)를 클릭하고, 희망하는 각변의 길이를 입력한다. 그리고 [홈]탭-[뷰]패널에서 저장되지 않은▾을 클릭하면 다음과 같은 창이 나온다. 여기에서 ◈ 남동 등각투영 을 선택하면 다음과 같은 상자가 도면 윈도우에 나타난다.

개념
저장되지 않은
단일 뷰포트
뷰

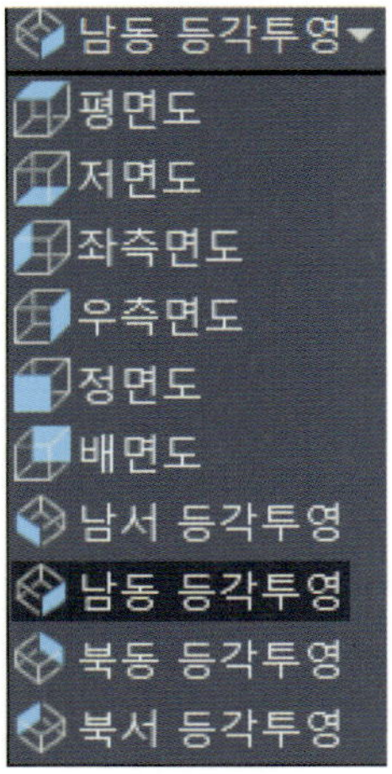
남동 등각투영
평면도
저면도
좌측면도
우측면도
정면도
배면도
남서 등각투영
남동 등각투영
북동 등각투영
북서 등각투영

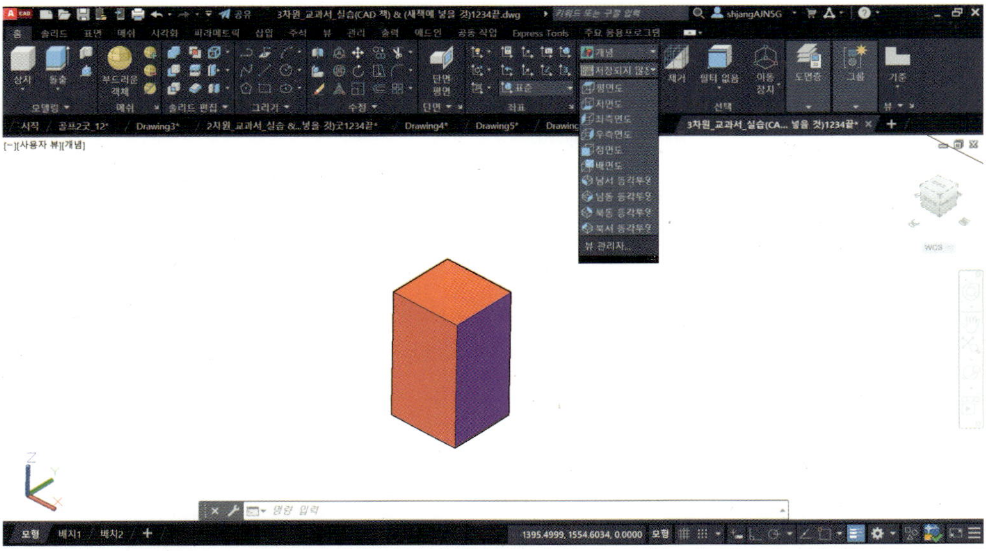

## 1.3 탐색막대, 뷰 큐브, 궤도

3D 작업을 용이하게 하기 위하여, 3D 공간의 뷰를 수평이동, 수직이동 및 원하는 궤도로 자유롭게 회전시킬 수 있도록 한다.

▶ 명령어 선택

| 탐색막대<br>뷰 큐브 | 리본메뉴 | [뷰]탭-[뷰포트 도구]패널-탐색막대( )<br>[뷰]탭-[뷰포트 도구]패널-View Cube( ) |
|---|---|---|

탐색막대(navbar) 및 뷰 큐브(View Cube)는 [뷰]탭의 [뷰포트 도구]패널-탐색막대( )-View Cube( )를 클릭함으로써 도면 윈도우의 화면의 오른쪽에 이들을 나타나게 할 수도 있고, 없앨 수도 있다. 탐색막대에 있는 아이콘 ( )을 클릭하여, 궤도( 궤도), 자유궤도( 자유 궤도), 연속궤도( 연속 궤도)를 선택하여 사용하면, 3D 작업이 매우 편리하다.

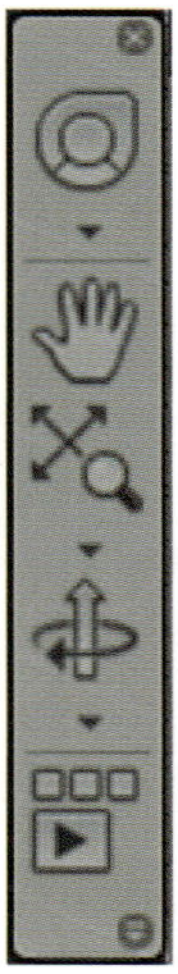

[탐색막대]

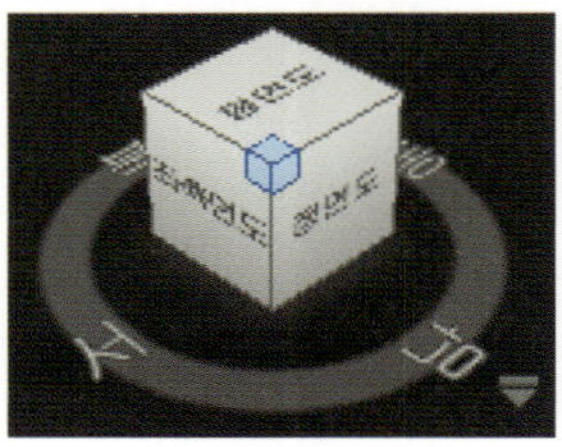

[View Cube ]

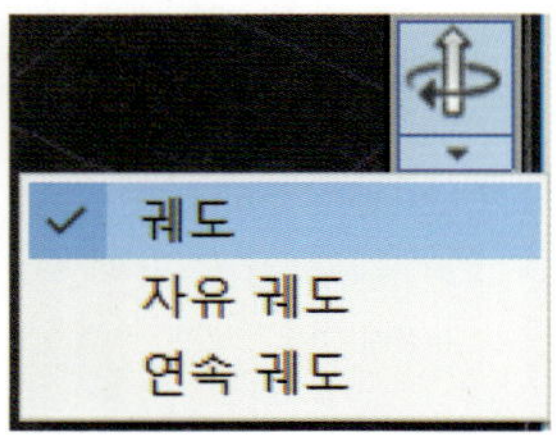


[궤도]

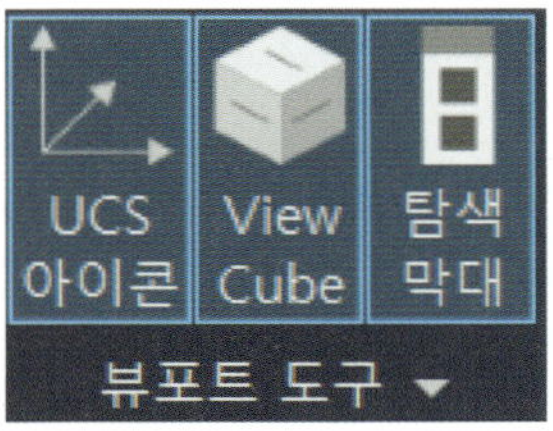
UCS 아이콘
View Cube
탐색 막대
뷰포트 도구

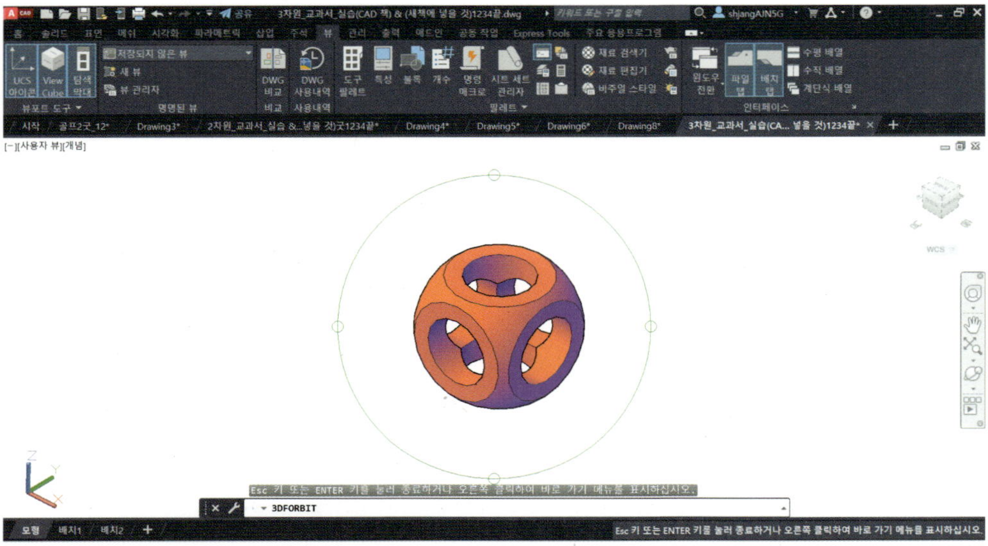
[-][사용자 뷰][개념]
Esc 키 또는 ENTER 키를 눌러 종료하거나 오른쪽 클릭하여 바로 가기 메뉴를 표시하십시오.
3DFORBIT
모형
배치1
배치2

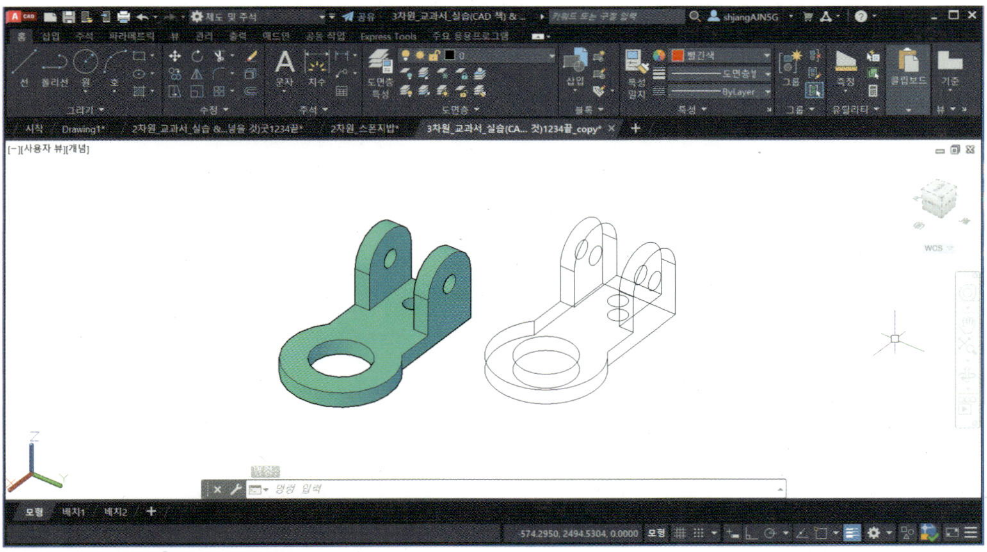
[-][사용자 뷰][개념]
명령 입력
모형
배치1
배치2

## 1.4 스티어링 휠_NAVSWHEEL

스티어링 휠은 여러 표시방법들을 하나의 인터페이스로 결합하여, 사용자가 편리하게 뷰를 지정할 수 있게 만든 도구이다.

▶ 명령어 선택

| 스티어링 휠 | 리본메뉴 | 화면 우측-네브바(navbar)-◎ |
|---|---|---|
| | 메뉴막대 | [뷰]-SteeringWheel-◎ |
| | 명령어 | NAVSWHEEL |

스티어링 휠을 사용하기 위해서는 줌, 궤도, 초점이동, 보행시선 중에서 원하는 것을 커서로 선택한 채, 도면 윈도우 상으로 커서를 이동시키면 된다. 즉, 뷰 큐브(view cube)와 유사한 방법으로 사용하면 된다.

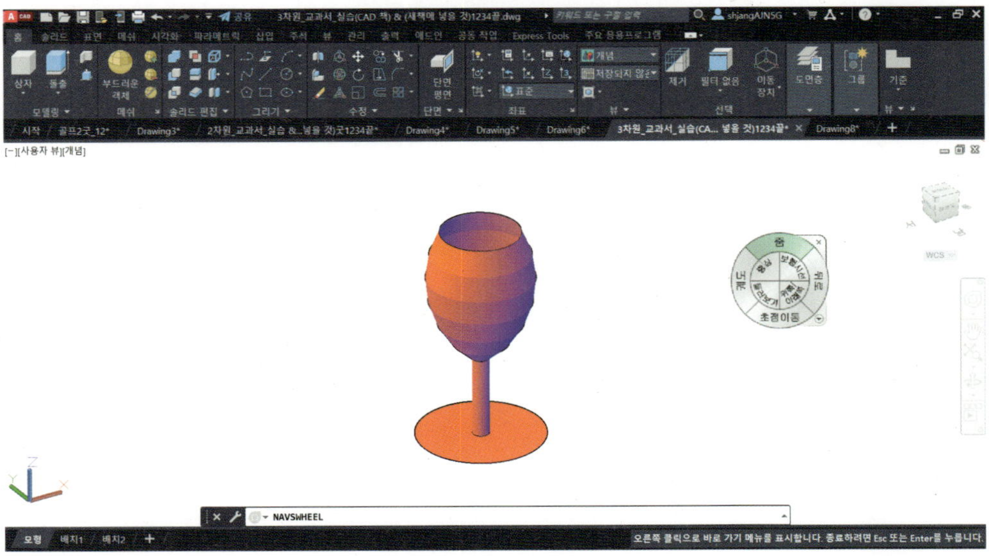

## 1.5 3차원 뷰 표시방법

리본메뉴-[홈]탭-[뷰]패널에 있는 2D와이어, 개념, 숨김, 실제, 음영처리, 모서리로 음영처리, 회색음영처리, 스케치, 와이어프레임, X 레이 등을 사용하면 3차원 물체작성이 매우 편리하다.

▶ 명령어 선택

| 3차원 표시 | 리본메뉴 | [홈]탭-[뷰]패널- , , 등 |
|---|---|---|
| | 명령어 | VSCURRENT 등 |

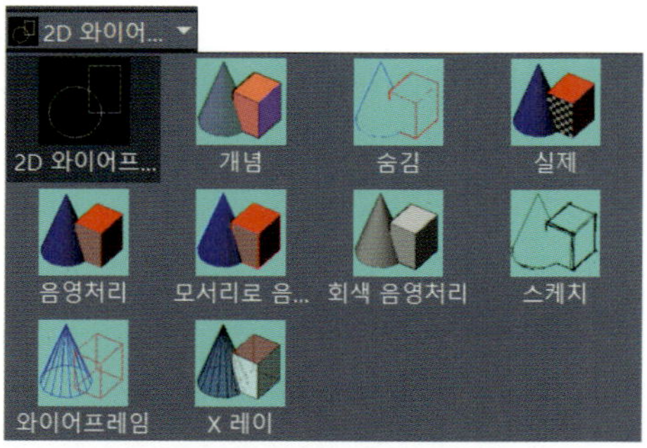


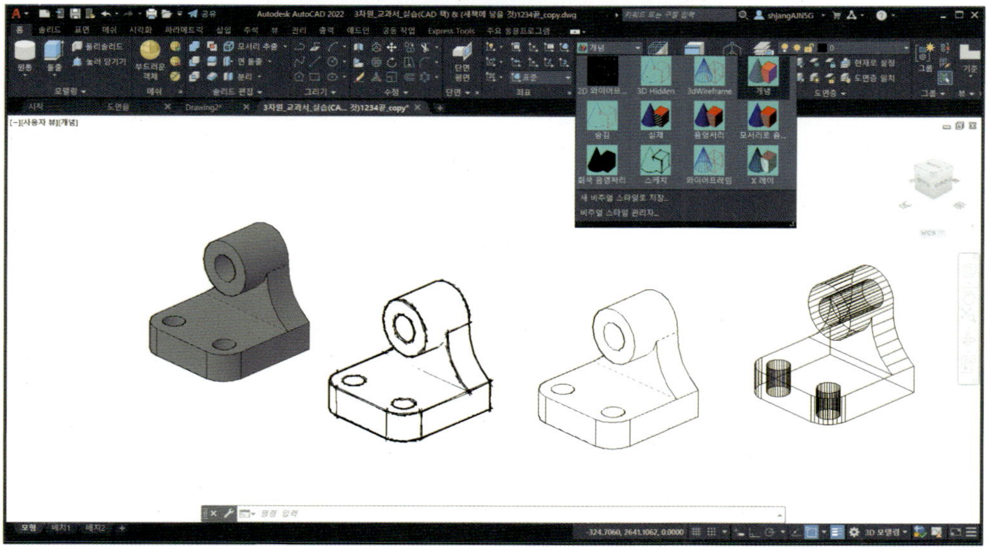

## 1.6 프리즘 형상 입력(와이어 프레임 모델)

명령 : line [Enter]
LINE 첫 번째 점 지정 : 0,0,0 [Enter]
다음 점 지정 또는 [명령 취소(U)] : @100,0,0 [Enter]
다음 점 지정 또는 [명령 취소(U)] : @-50,0,50 [Enter]
다음 점 지정 또는 [닫기(C)/명령 취소(U)] : c [Enter]

명령 : copy [Enter]
객체 선택 : 1개를 찾음
객체 선택 : 1개를 찾음, 총 2
객체 선택 : 1개를 찾음, 총 3
객체 선택 : [Enter]
기본점 지정 또는 [변위(D)] 〈변위〉 : 0,0,0
두 번째 점 지정 또는 〈첫 번째 점을 변위로 사용〉 : @0,200,0 [Enter]

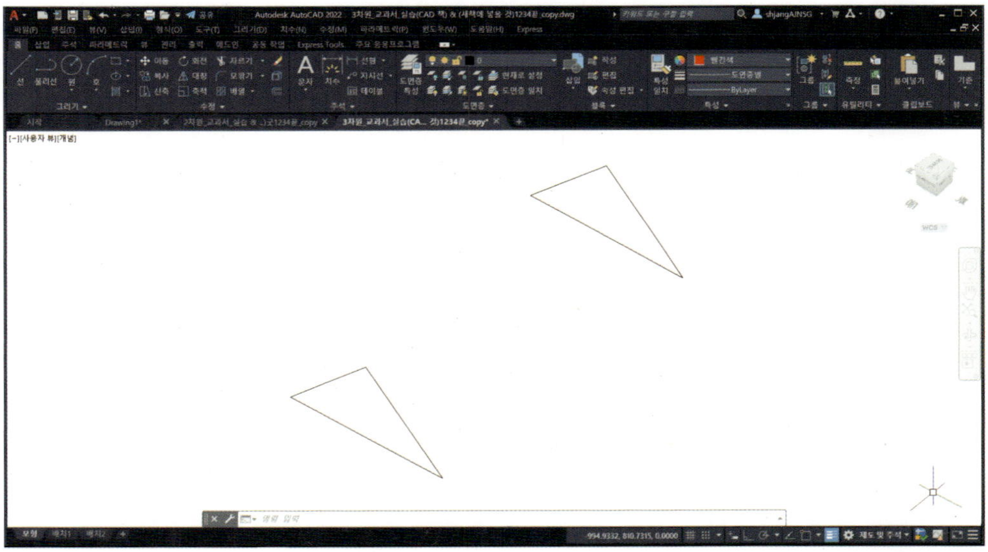

명령 : line Enter (삼각형의 세 개의 꼭짓점들을 서로 연결)

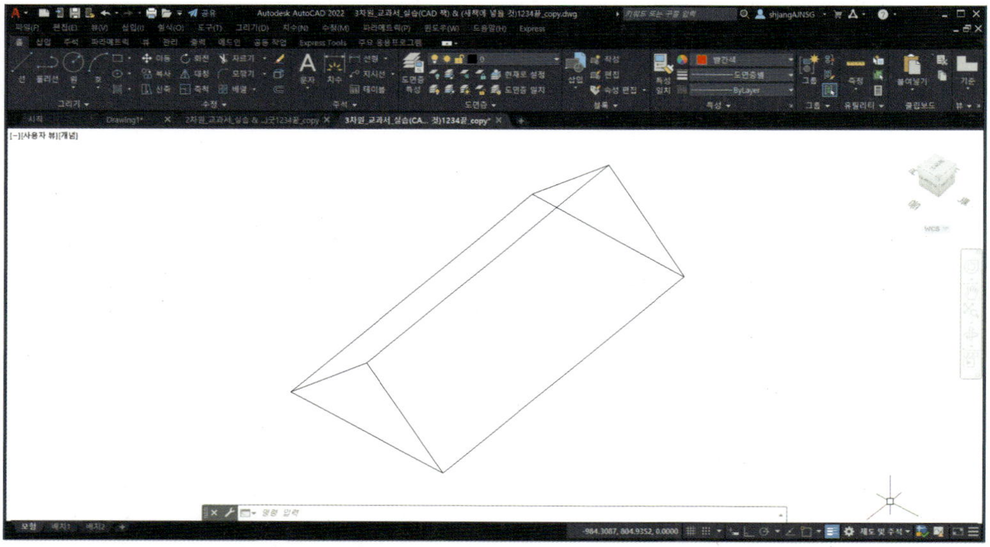

## 1.7 사용자 좌표계_UCS

3차원 모델링 작업 시, 도면 윈도우에 “그리드 표시(grid display)”를 하면 그리드가 자동으로 xy평면 상에만 표시된다. 또한, 리본메뉴의 직사각형, 원, 선, 폴리선 등을 선택하여, 도면 윈도우상에서 좌표치를 화면상에 점의 위치를 클릭함으로써 입력하면, 시스템이 자동으로 XY 평면상에만 객체들을 그려준다. 즉, xz평면 및 yz평면에는 객체를 쉽게 그릴 수가 없다. 이와 같은 문제점을 해결하고, 3차원 객체작업을 편리하게 하기 위하여, 사용자가 임의로 좌표계를 설정(변경)할 수 있도록 한 좌표계가 UCS(User Coordinate System)좌표계 이다.

▶ 명령어 선택

| | | |
|---|---|---|
| UCS | 리본메뉴 | [홈]탭-[좌표]패널- , , 등 |
| | 메뉴막대 | 도구-새UCS- , , 등 |
| | 명령어 | UCS |

UCS UCS의 원점 지정 또는 [면(F) 이름(NA) 객체(OB) 이전(P) 뷰(V) 표준(W) X(X) Y(Y) Z(Z) Z축(ZA)] <표준>:

### a) 프리즘의 경사면에 직사각형 그리기(UCS좌표계 이용)

명령 : ucs Enter (리본메뉴의 [좌표]패널-UCS( )클릭해도 됨.)

UCS의 원점 지정 : 3 Enter (3축(x,y,z)의 방향을 설정)

새로운 원점 지정 : (1번 점 클릭)

X-축 양의 구간에 있는 점 지정 : (2번 점 클릭)

UCS XY 평면의 양의 Y 부분에 있는 점 지정 : (3번 점 클릭)

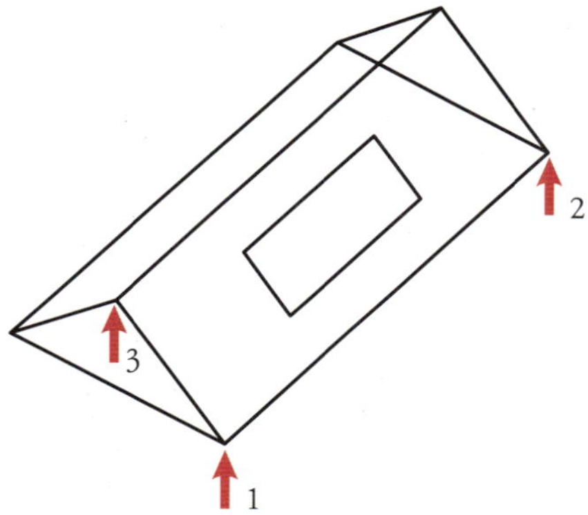


명령 : line Enter

LINE 첫 번째 점 지정 : 60,20 Enter

다음 점 지정 또는 [명령 취소(U)] : @80,0 Enter

다음 점 지정 또는 [명령 취소(U)] : @0,30 Enter

다음 점 지정 또는 [닫기(C)/명령 취소(U)] : @80〈180 Enter

다음 점 지정 또는 [닫기(C)/명령 취소(U)] : c Enter

(즉, 이렇게 하면 z축방향의 좌표는 입력하지 않아도 된다.)

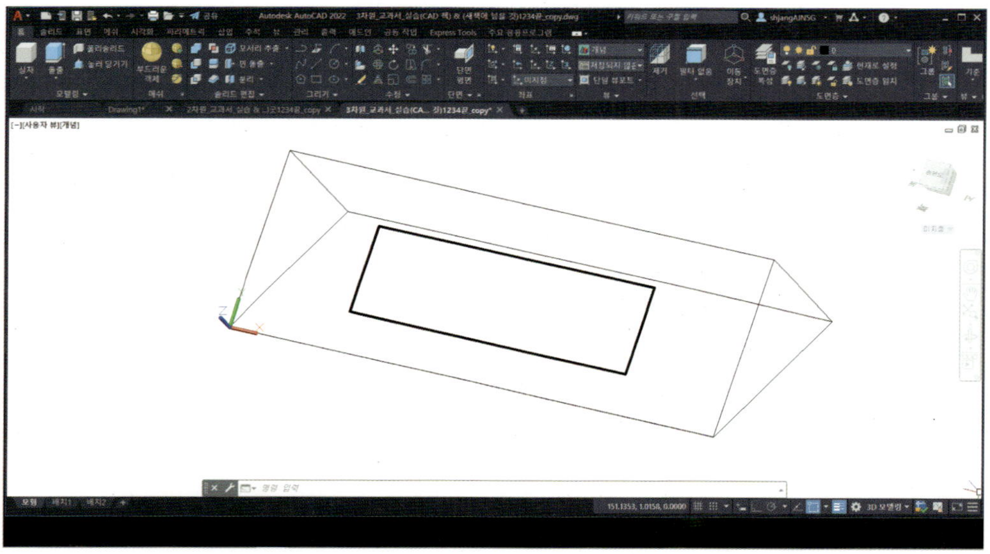

### b) UCS좌표계에 이름 명명하기("이동좌표1")

명령 : ucs Enter (리본메뉴의 [좌표]패널-UCS( )클릭해도 됨. )
UCS의 원점 지정 또는 [이름(NA)/객체(OB)] 〈표준〉 : NA Enter
옵션 입력 [저장(S)/삭제(D)] : S Enter
현재 UCS를 저장하려면 이름 입력 또는 [?] : 이동좌표1 Enter

```
UCS UCS의 원점 지정 또는 [면(F) 이름(NA) 객체(OB) 이전(P) 뷰(V) 표준(W) X(X)
Y(Y) Z(Z) Z축(ZA)] <표준>:
```

[홈]탭-[좌표]패널에서 명명된 UCS( )를 클릭하면 다음과 같은 창이 나타나며, "이동좌표1"이 잘 만들어 졌음을 확인할 수 있다.

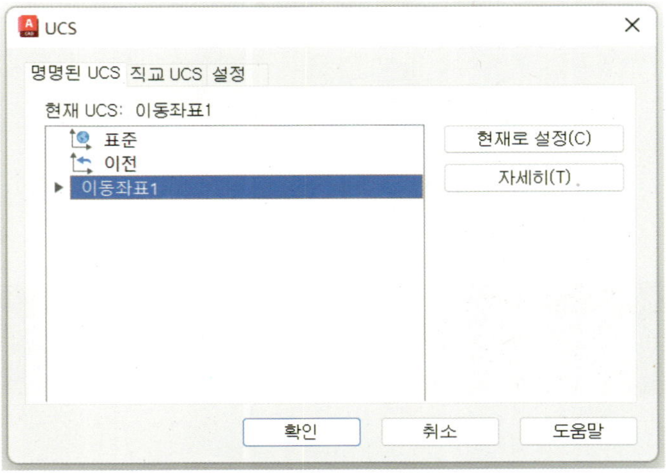


### c) 프리즘의 바닥면에 원 3개 그리기(직사각형은 지우기)

좌표계를 사용자 좌표계(UCS : 이동좌표1)에서 표준좌표(WCS)로 다시 되돌리고 작업을 하면 된다.

명령 : ucs Enter
UCS의 원점 지정 : w Enter (표준좌표로 되돌림)
명령 : _circle (원의 중심점과 원의 반지름 지정하기)
명령 : _copy (객체 선택으로 원을 찾은 후, 원을 복사)

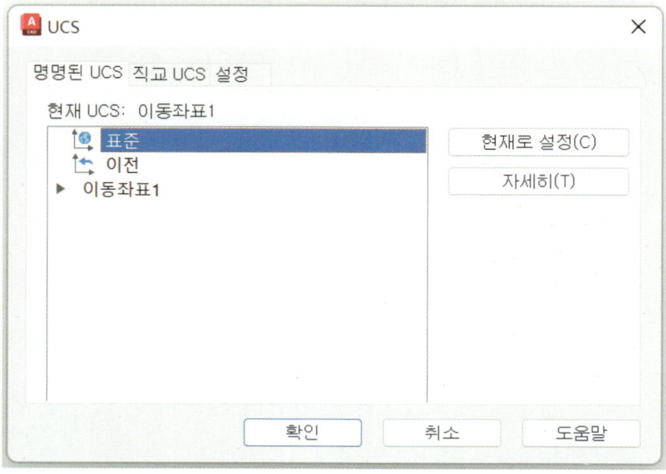


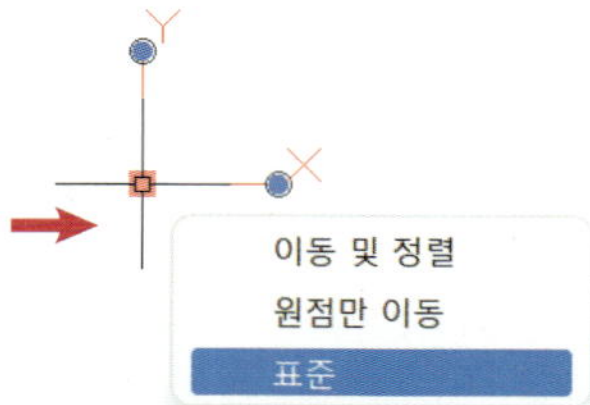


[2D 작업시 사용되는 사용자 좌표계(UCS)]

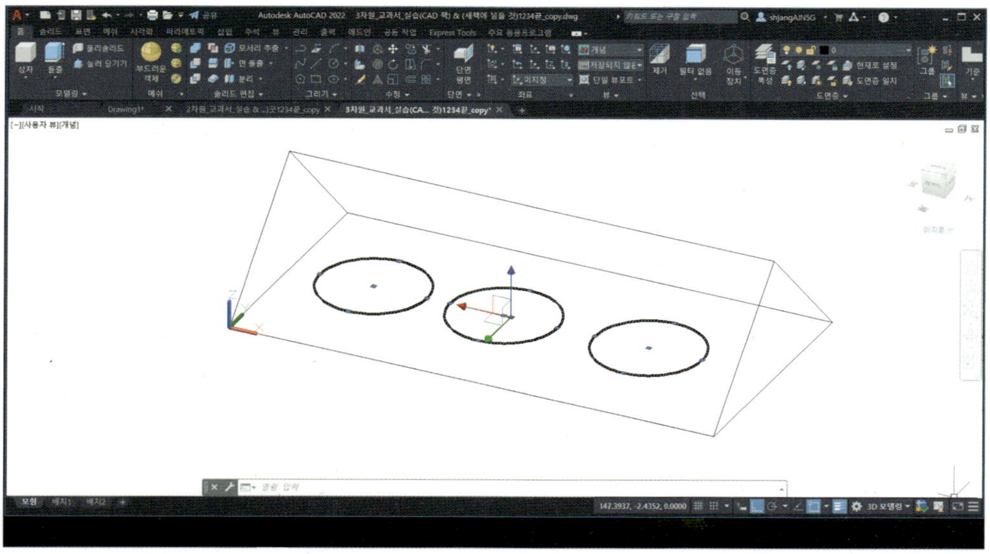

### d) 프리즘의 경사면에 "프리즘"이라고 글쓰기

좌표계를 "이동좌표1"(UCS)로 다시 되돌리고 작업을 하면 된다. [홈]탭-[좌표]패널에서 명명된 UCS()를 클릭하면 다음과 같은 창이 나타난다. "이동좌표1"을 선택한 후, "현재로 설정(C)"을 클릭하고, 확인을 누르면, 이동좌표1"로 다시 되돌아간다.

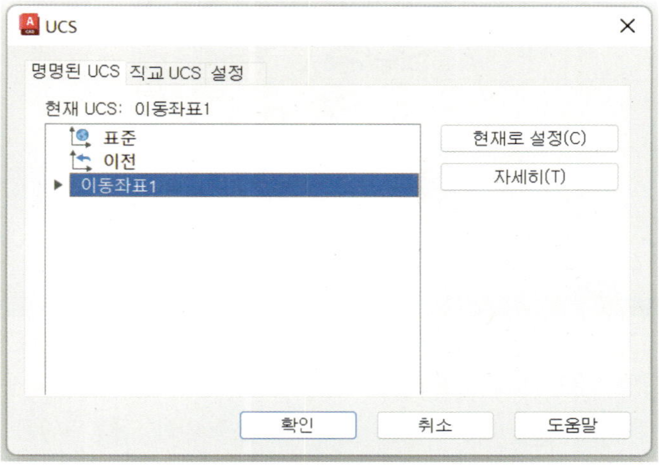


다음 그림과 같이 화면 우측에 있는 "이동좌표1"을 클릭하여도 쉽게 동일한 결과를 얻는다.

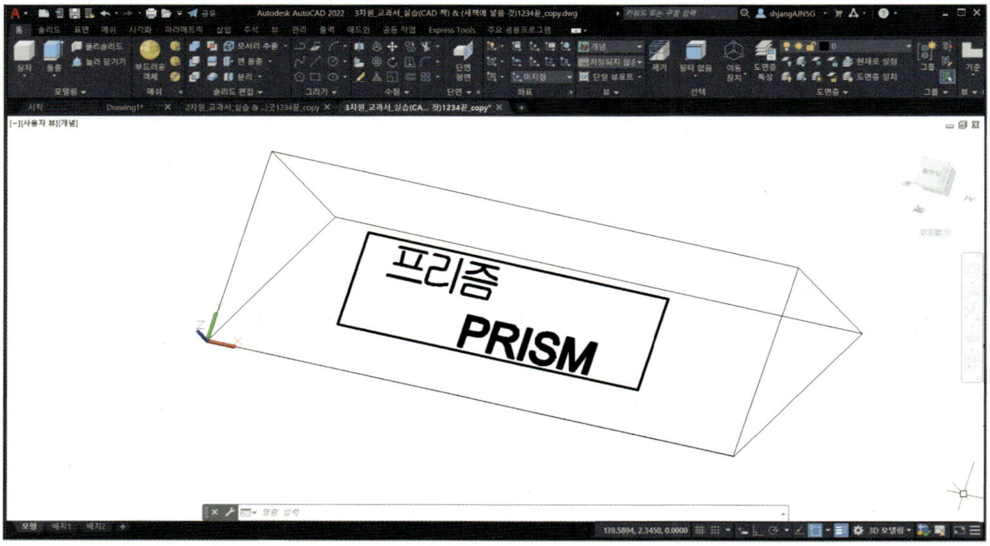


리본메뉴의 [홈]탭-[좌표]패널의 (ucs아이콘 원점에 표시), (현재 사용자 좌표계를 표준좌표계로 설정함), (이전의 사용자 좌표계를 복원함), (원점을 이동하여 새로운 사용자 좌표계를 만듦)의 사용법도 익혀 두면, 3차원 도형그리기에 매우 유용하다.

## 1.8 뷰 포트_VPORTS

뷰 포트란 화면의 영역을 모니터 상에 여러 개로 나누어, 각 각의 뷰 포트에서 여러방향에서 설계대상물을 보면서 편리하게 3차원 작업을 할 수 있도록 하는 기능이다.

▶ 명령어 선택

| | | |
|---|---|---|
| 뷰 포트 | 리본메뉴 | [홈]탭-[뷰]패널(단일 뷰포트, 여러 뷰포트)<br>[시각화]탭-[모형뷰포트]패널-뷰포트 구성 |
| | 메뉴막대 | [뷰]-뷰포트(V)-1개, 2개, 3개, 4개의 뷰포트 등 |
| | 명령어 | VPORTS |

리본메뉴의 [시각화]탭-[모형뷰포트]패널에서 "뷰포트 구성"을 클릭하면, 다음과 같은 선택사항들이 나오며, 이들 중 희망하는 항목(뷰포트 수)을 선정하면 된다.

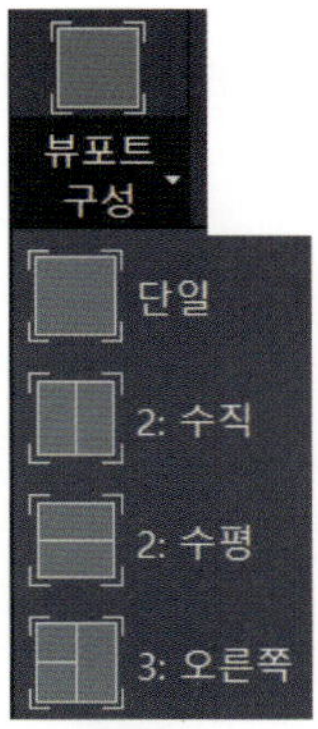


명령 : vports Enter ((넷 : 동일) 선택 후 확인)
(여기에서 커서로 선택된 창은 좌표계가 나타나고 두꺼운 선으로 테두리가 하이라이트 됨.)

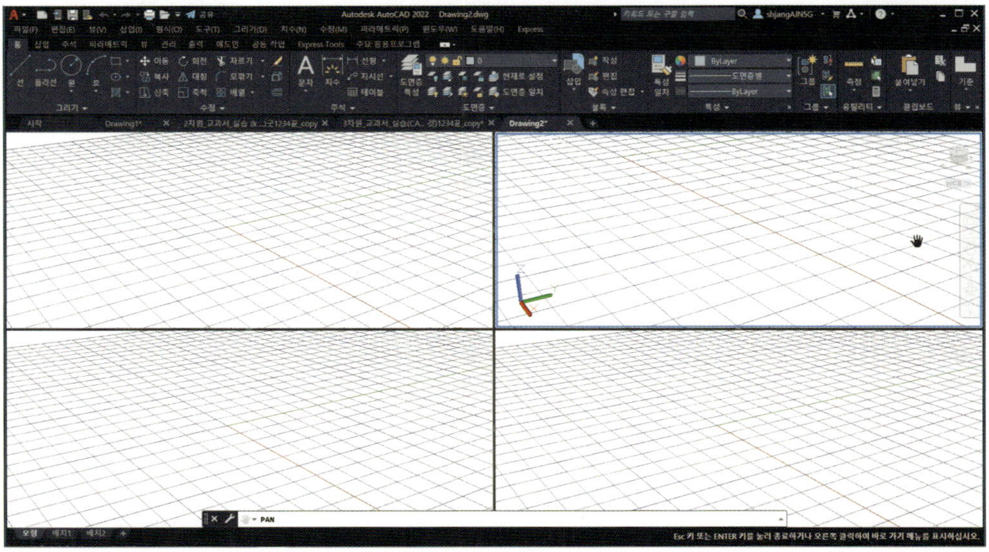

a) 바닥, 벽 및 천장을 지나가는 파이프 라인 그리기

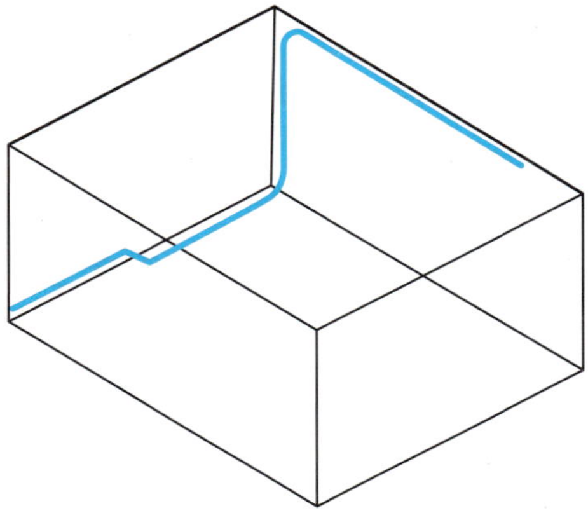

명령 : line Enter

LINE 첫 번째 점 지정 : 0,0,0 Enter

다음 점 지정 또는 [명령 취소(U)] : @0,50 Enter

다음 점 지정 또는 [명령 취소(U)] : @10,0 Enter

다음 점 지정 또는 [닫기(C)/명령 취소(U)] : @0,50 Enter

다음 점 지정 또는 [닫기(C)/명령 취소(U)] : Enter

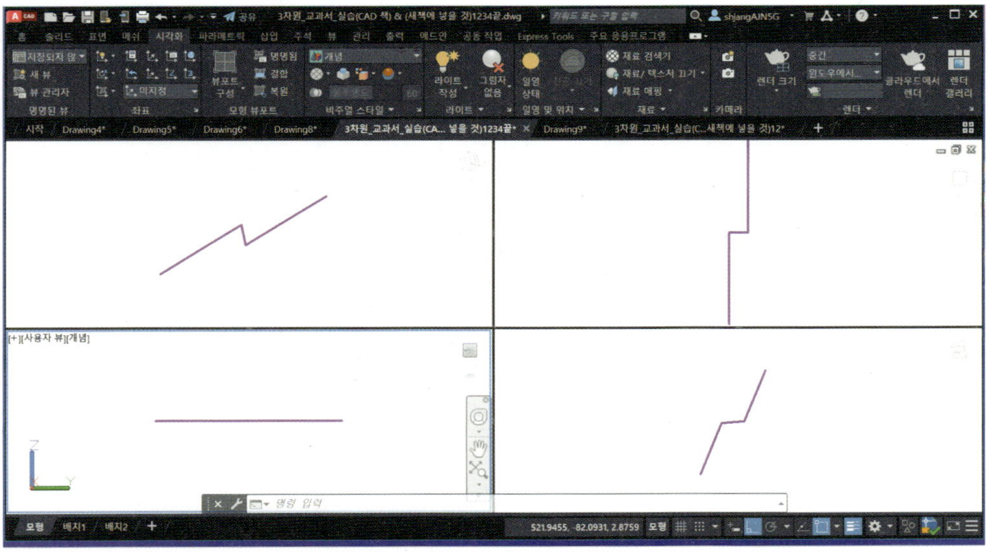

명령 : ucs Enter

ucs의 원점지정 : y Enter (리본메뉴의 [좌표]패널- 클릭해도 됨.)

Y축에 관한 회전각도 지정 〈90〉 : 90 Enter

명령 : arc Enter

ARC 호의 시작점 또는 [중심(C)] 지정 : (a점 클릭)

호의 두 번째 점 또는 [중심(C)/끝(E)] 지정 : e Enter

호의 끝점 지정 : @-10,10 Enter

호의 중심점 지정 또는 [각도(A)/방향(D)/반지름(R)] : r Enter

호의 반지름 지정 : 10 Enter

명령 : line Enter

LINE 첫 번째 점 지정 : (b점 클릭)

다음 점 지정 또는 [명령 취소(U)] : @-50,0 Enter

다음 점 지정 또는 [명령 취소(U)] : Enter

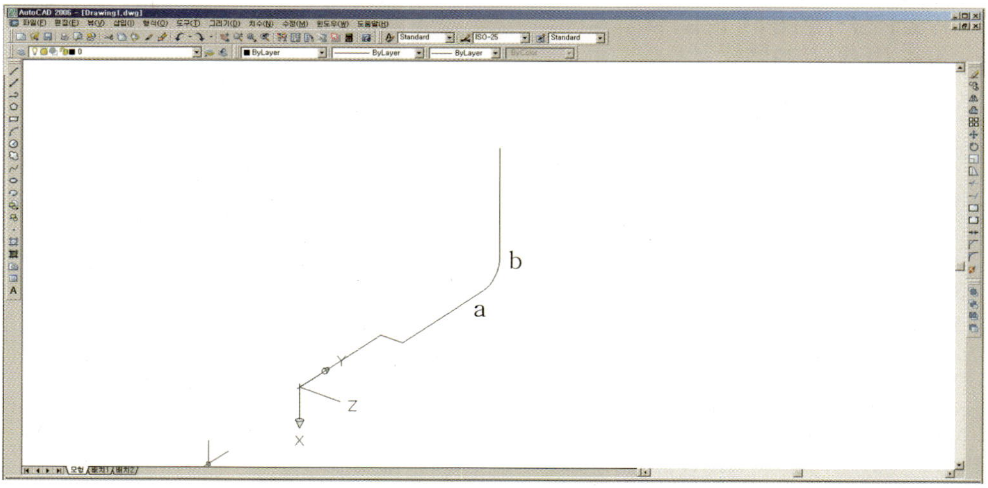


명령 : ucs Enter

ucs의 원점지정 또는 [면(F)/이름(NA)........]〈표준〉 : x Enter

X축에 관한 회전각도 지정 〈90〉 : 90 Enter

명령 : ucs Enter

ucs의 원점지정 또는 [면(F)/이름(NA)........]〈표준〉 : z Enter

Z축에 관한 회전각도 지정 〈90〉 : 90 Enter

명령 : ucs Enter

ucs의 원점지정 : m Enter

(새로운 원점 지정 모드 선택임, 리본메뉴의 [좌표]패널- 을 클릭해도 됨)

새로운 원점 지정 : (a점 클릭)

명령 : arc Enter

ARC 호의 시작점 또는 [중심(C)] 지정 : (b점 클릭)

호의 두 번째 점 또는 [중심(C)/끝(E)] 지정 : e Enter

호의 끝점 지정 : @10,10 Enter (시작점 b점으로 부터의 상대좌표임)

호의 중심점 지정 또는 [각도(A)/방향(D)/반지름(R)] : a Enter

사이각 지정 : -90 Enter

(반경 사이의 각이 -90도임을 의미하며, 시계방향으로의 각도 증분임)

명령 : line Enter

LINE 첫 번째 점 지정 : (c점 클릭)

다음 점 지정 또는 [명령 취소(U)] : @100,0 Enter

다음 점 지정 또는 [명령 취소(U)] : Enter

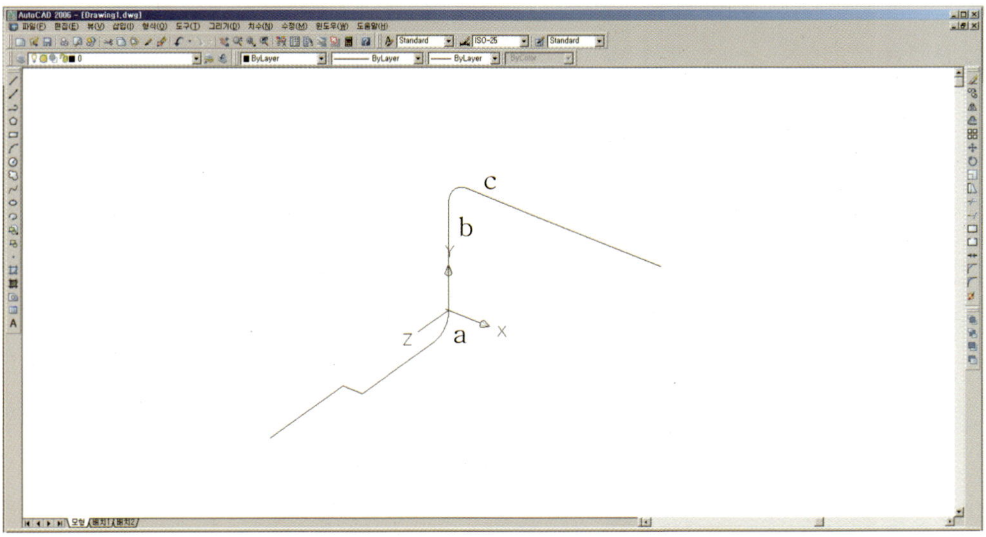

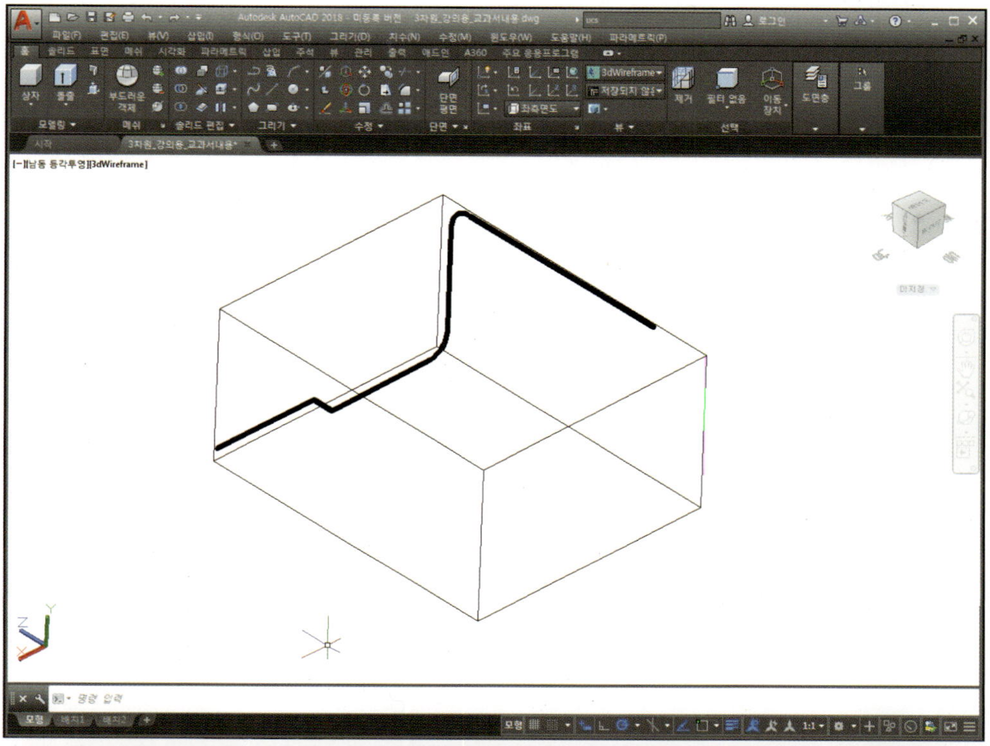

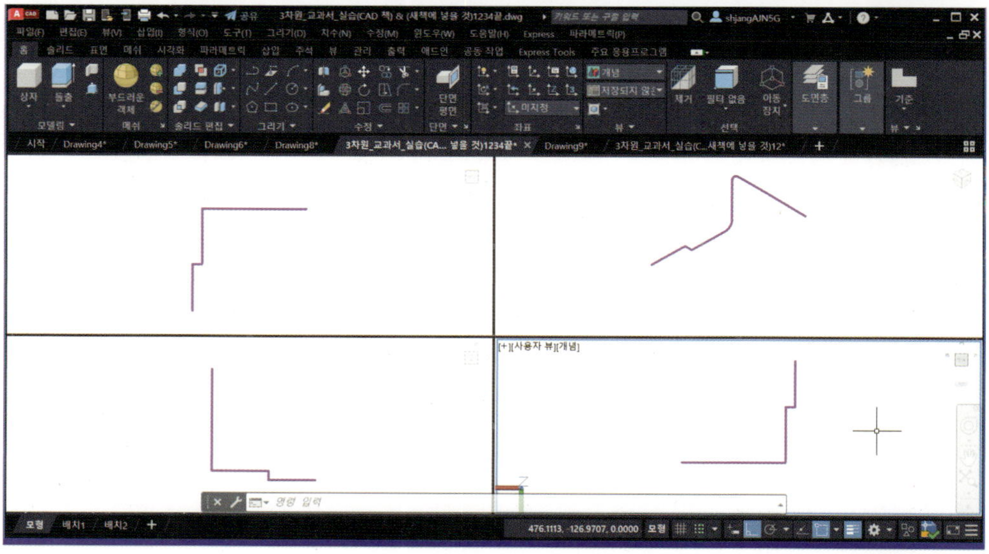

### b) 뷰 포트를 이용한 3차원 와이어 프레임 그리기

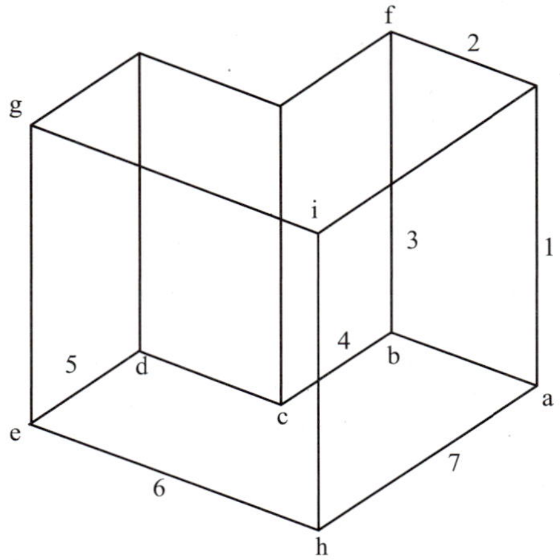


명령 : line Enter↵

LINE 첫 번째 점 지정 : 0,0 Enter↵ (a점, 입력 시 z좌표는 빼도 됨)

다음 점 지정 또는 : @-50,0 Enter↵ (b점)

다음 점 지정 또는 : @0,-50 Enter↵ (c점)

다음 점 지정 또는 : @-50,0 Enter↵ (d점)

다음 점 지정 또는 : @0,-50Enter↵ (e점)

다음 점 지정 또는 : Enter↵

명령 : line Enter↵

LINE 첫 번째 점 지정 : 0,0 Enter↵ (a점)

다음 점 지정 또는 : @0,0,100 Enter↵

다음 점 지정 또는 : @-50,0 Enter↵ (f점)

다음 점 지정 또는 : @0,0,-100 Enter↵ (b점)

다음 점 지정 또는 : Enter↵

명령 : copy Enter↵

객체 선택 : 1번선, 2번선, 3번선 선택

객체 선택 : 1개를 찾음, 총 3개

객체 선택 : Enter↵

기본점 지정 또는 : a점 (클릭)

두 번째 점 지정 또는 : c점 (클릭)

명령 : Esc

명령 : copy Enter

객체 선택 : 1개를 찾음 (4번선, 5번선 선택)

객체 선택 : Enter

기본점 지정 또는 [변위(D)] 〈변위〉 : (b점 클릭)

두 번째 점 지정 또는 [종료(E)/명령취소(U)] 〈나가기〉 : (f점 클릭)

명령 : Esc

명령 : line Enter

LINE 첫 번째 점 지정 : (g점 클릭)

다음 점 지정 또는 [닫기(C)/명령 취소(U)] : (e점 클릭)

명령 : Esc

명령 : line Enter

LINE 첫 번째 점 지정 : (a점 클릭)

다음 점 지정 또는 [닫기(C)/명령 취소(U)] : @0,-100 Enter

다음 점 지정 또는 [닫기(C)/명령 취소(U)] : (e점 클릭)

명령 : Esc

명령 : copy Enter

객체 선택 : 1개를 찾음 (6번 선 선택)

객체 선택 : 1개를 찾음, 총 2 (7번선 선택)

객체 선택 : Enter

기준점 지정 또는 [변위(D)] 〈변위〉 : (e점 클릭)

두 번째 점 지정 또는 [종료(E)/명령취소(U)] 〈나가기〉 : (g점 클릭)

명령 : Esc

명령 : line Enter

LINE 첫 번째 점 지정 : (h점 클릭)

다음 점 지정 또는 [명령 취소(U)] : (i점 클릭)

다음 점 지정 또는 [명령 취소(U)] : Enter

단, 1.3절에서 다룬 사용자 좌표계(UCS)를 사용하면 보다 쉽게 3차원 와이어 프레임 모델을 그릴 수 있다.

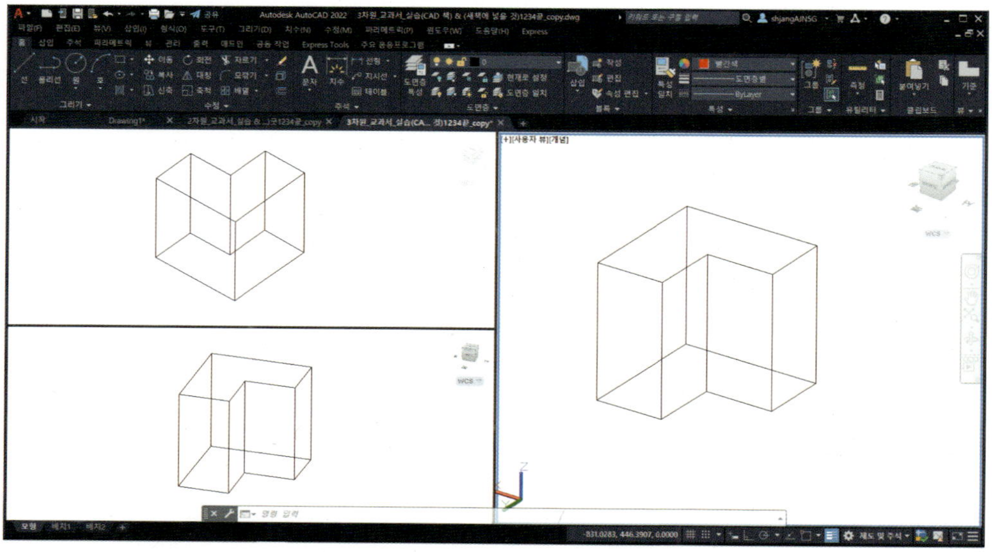

## 2. 서피스 모델(Surface Model)

서피스 모델이란 와이어 프레임 모델의 선으로 둘러싸인 영역을 면으로 정의한 모델을 말한다. 오토캐드에서는 서피스 모델을 “표면(surface)객체”와 “메쉬(mesh)객체”로서 표현한다. 서피스 모델은 면에 관한 정보를 가지고 있으므로 전술한 와이어 프레임 모델에서 나타나는 시각적인 장애는 어느 정도 극복되며, 에지대신에 면을 사용하므로 은선 제거가 가능하게 된다.

### 2.1 평면형_PLANESURF

평면형이란 평면표면을 작성하는 것이다. 임의의 형태를 갖는 닫힌 객체를 선택하거나, 직사각형 표면의 한쪽 구석과 반대 구석을 선택하여 평면 표면을 쉽게 작성할 수 있다.

▶ 명령어 선택

| | | |
|---|---|---|
| 평면표면 | 리본메뉴 | [표면]탭-작성- 평면형 |
| | 메뉴막대 | [그리기]-모델링-표면-평면 평면형 |
| | 명령어 | PLANESURF |

명령 : PLANESURF Enter↵
첫 번째 구석 지정 :
반대 구석 지정 :

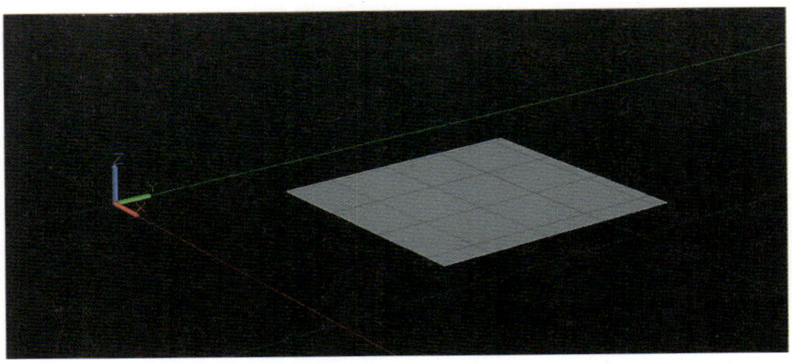

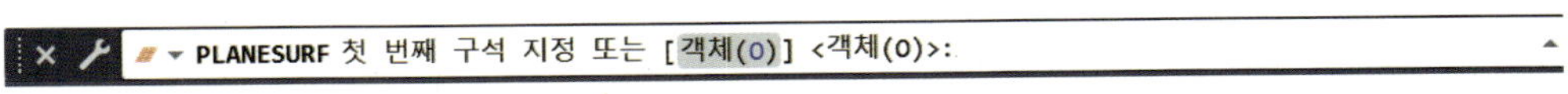

## 2.2 3D 면_3DFACE (3차원 면 생성하기)

3D 면이란 와이어프레임에 삼각형 또는 사각형의 형태로 면을 붙여주는 명령어이다. 3D 면을 이용하면, 3개의 점으로 된 3면 또는 4개의 점으로 된 4면을 작성할 수 있다. 단, 면을 지정할 때에는 반드시 한 방향으로 회전하듯이 지정해야 한다. 그렇지 않으면 면이 제대로 작성되지 아니하고, 꼬이게 된다.

▶ 명령어 선택

| 3D 면 | 메뉴막대 | [그리기]-모델링(M)-메쉬-3D 면 |
|---|---|---|
| | 명령어 | 3DFACE |

### a) 4개 이하의 변을 가지는 면 만들기

와이어프레임 모델에서 작성한 면을 이용하여 3차원 면을 생성해 보기로 한다.

명령 : 3dface Enter↵
첫 번째 점 지정 또는 [숨김(I)] : (a점 클릭)
두 번째 점 지정 또는 [숨김(I)] : (b점 클릭)
세 번째 점 지정 또는 [숨김(I)] 〈나가기〉 : (c점 클릭)
네 번째 점 지정 또는 [숨김(I)] 〈3면 작성〉 : (d점 클릭)
세 번째 점 지정 또는 [숨김(I)] 〈나가기〉 : Enter↵

명령 : hide Enter↵ (리본메뉴-[홈]탭-[뷰]패널-숨김)

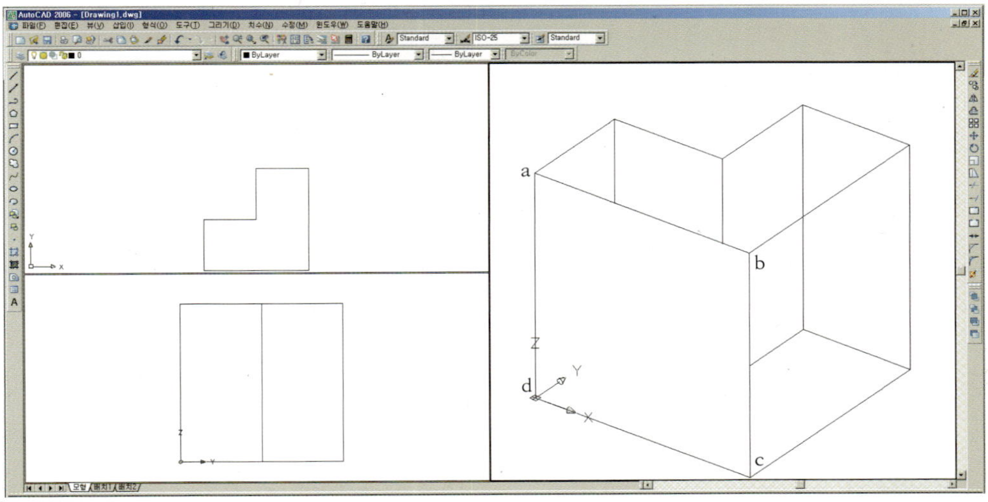


## b) 4개 이상의 변을 가지는 면 만들기

명령 : 3dface Enter
첫 번째 점 지정 또는 [숨김(I)] : (a점 클릭)
두 번째 점 지정 또는 [숨김(I)] : (f점 클릭)
세 번째 점 지정 또는 [숨김(I)] 〈나가기〉 : I Enter
세 번째 점 지정 또는 [숨김(I)] 〈나가기〉 : (e점 클릭)
네 번째 점 지정 또는 [숨김(I)] 〈3면 작성〉 : (b점 클릭)
세 번째 점 지정 또는 [숨김(I)] 〈나가기〉 : Enter

명령 : 3dface Enter
첫 번째 점 지정 또는 [숨김(I)] : I Enter
첫 번째 점 지정 또는 [숨김(I)] : (b점 클릭)
두 번째 점 지정 또는 [숨김(I)] : (e점 클릭)
세 번째 점 지정 또는 [숨김(I)] 〈나가기〉 : (d점 클릭)
네 번째 점 지정 또는 [숨김(I)] 〈3면 작성〉 : (c점 클릭)
세 번째 점 지정 또는 [숨김(I)] 〈나가기〉 : Enter

명령 : hide Enter

여기에서 알 수 있듯이, 모서리를 표현하는 선분을 숨기려면, 모서리의 첫 번째 점을 입력하기 직전에 매번 (숨김(I))을 먼저 클릭해야 한다. 즉, 직사각형 b e d c의 모든 모서리를 숨기고자 한다면, 점을 클릭하기 전에 매번 숨김(I)을 클릭하여야 한다.

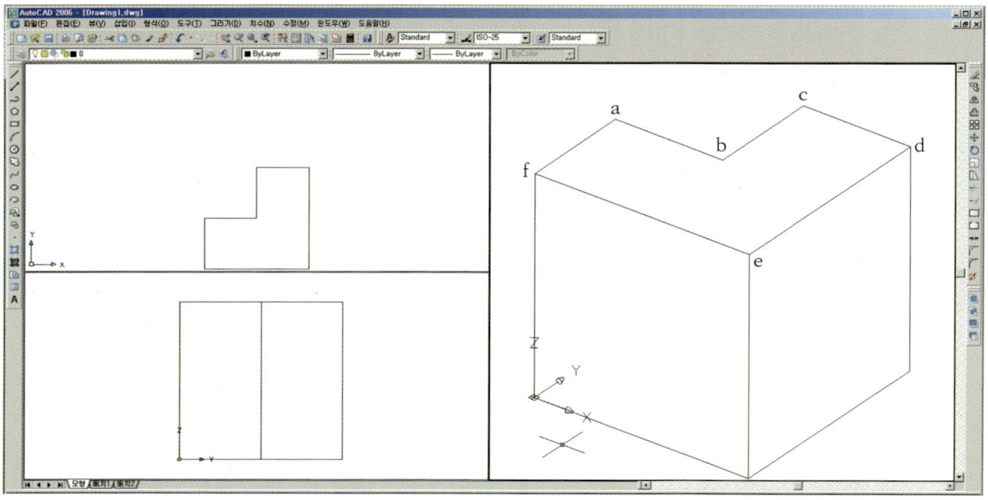

## 2.3 모서리_EDGE

모서리 명령은 숨겨진 가장자리를 다시 나타내기 위한 명령어이다.

**명령어 선택**

| 모서리 | 명령어 | EDGE |
|---|---|---|

명령 : edge Enter↵
가시성을 전환하려면 3dface의 모서리 지정 또는 표시(D) : d Enter↵
가려진 모서리를 표시[선택(S)/전체(A)] 〈전체〉 : a Enter↵

단, 선택(S)을 클릭하고 원하는 객체를 선택해도 된다.

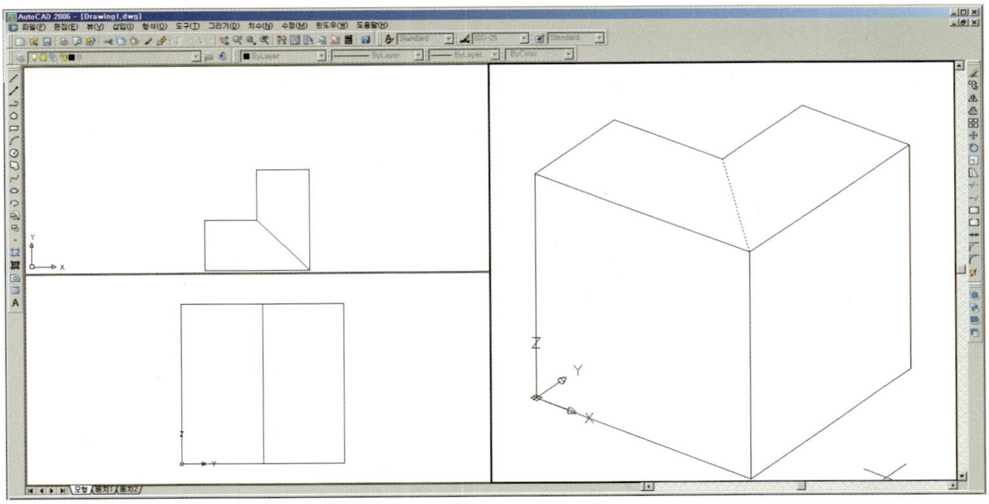

## 2.4 3차원 메쉬_3DMESH

메쉬객체의 밀도는 행을 의미하는 M과 열을 의미하는 N의 개수로서 정의된다. 즉, 3차원 메쉬는 행과 열로 정의된 그리드형식으로 구성되며, 정점의 수가 M과 N인 행렬식으로 표현된다. 여기에서 M 방향의 메쉬 크기와 N 방향의 메쉬 크기는 2에서 256 사이의 값을 입력할 수 있다. 따라서 지정해야 할 정점의 수는 M┌N 개가 된다.

▶ 명령어 선택

| 3D 메쉬 | 명령어 | 3dmesh |
|---|---|---|

**예** 3D 메쉬를 이용하여 중앙에서 두 번 접은 A4용지 만들기

명령 : 3dmesh [Enter↵]
M 방향에서 메쉬 크기 입력 : 3 [Enter↵]
N 방향에서 메쉬 크기 입력 : 3 [Enter↵]

다음 정점에 대한 위치 지정 (0, 0) : 100,10,30 [Enter↵]
다음 정점에 대한 위치 지정 (0, 1) : 100,50,50 [Enter↵]
다음 정점에 대한 위치 지정 (0, 2) : 100,100,30 [Enter↵]

다음 정점에 대한 위치 지정 (1, 0) : 150,10,0 [Enter↵]
다음 정점에 대한 위치 지정 (1, 1) : 150,50,0 [Enter↵]
다음 정점에 대한 위치 지정 (1, 2) : 150,100,0 [Enter↵]

다음 정점에 대한 위치 지정 (2, 0) : 200,10,0 [Enter↵]
다음 정점에 대한 위치 지정 (2, 1) : 200,50,-10 [Enter↵]
다음 정점에 대한 위치 지정 (2, 2) : 200,100,0 [Enter↵]

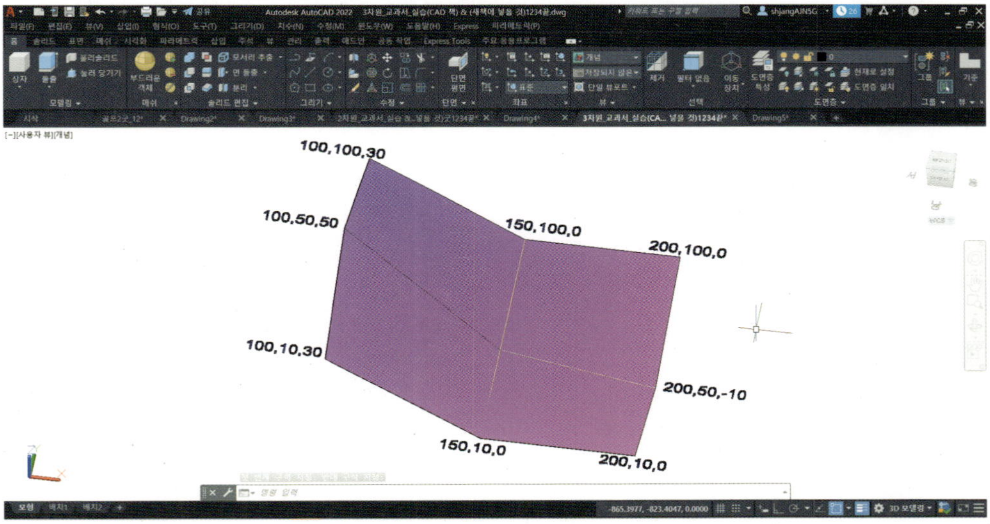

100,100,30
100,50,50
150,100,0
200,100,0
100,10,30
200,50,-10
150,10,0
200,10,0

## 2.5 돌출객체_EXTRUDE

돌출객체란 한 영역을 둘러싸는 객체(2D 곡선 또는 3D 곡선)를 이용하여 3D “표면”을 작성하는 것이다.

**명령어 선택**

| 돌출 | 리본메뉴 | [표면]탭-[작성]패널-돌출 돌출 |
|---|---|---|
| | 명령어 | EXTRUDE |

명령 : circle Enter (원 그리기)
명령 : rectang Enter (직사각형 그리기)

명령 : extrude Enter
객체 선택 : 2개를 찾음 (원 & 직사각형 선택)
객체 선택 : Enter
돌출 높이 지정 또는 [경로(P)] : 20 Enter

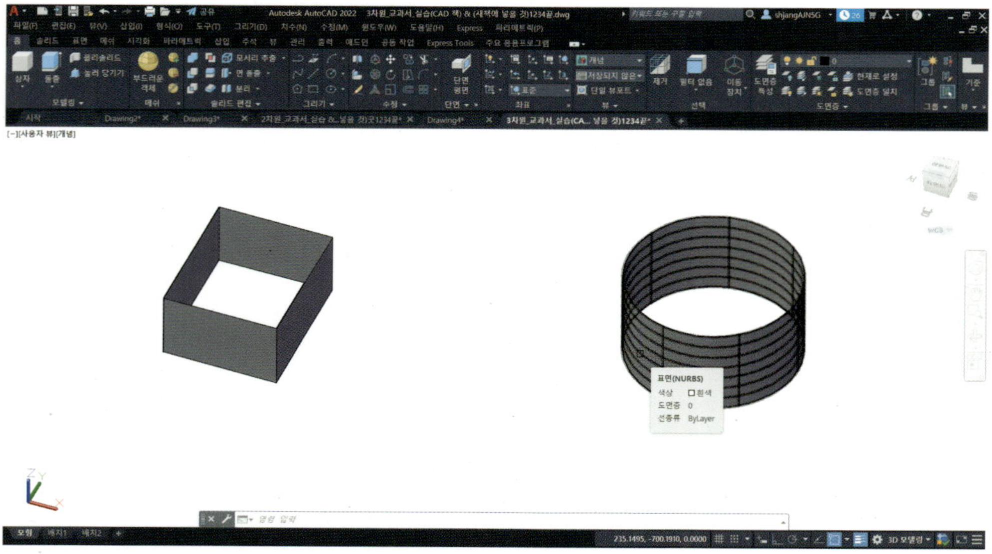

## 2.6 직선보간 표면_RULESURF

두 선 또는 곡선 사이의 표면을 나타내는 메쉬를 작성한다. 직선보간 메쉬에서는 메쉬를 정의하는 두 모서리를 선택해야하며, 모서리는 선, 호, 스플라인, 원 또는 폴리선일 수 있다.

▶ 명령어 선택

| 직선보간 표면 | 리본메뉴 | [메쉬]탭-[기본체]패널- |
| --- | --- | --- |
| | 메뉴막대 | [그리기]-모델링-메쉬-직선보간메쉬 |
| | 명령어 | RULESURF |

**예** 직선보간 표면를 이용하여 두 개의 원호로 구성된 곡면 만들기

명령 : a Enter

ARC 호의 시작점 지정 : 0,0,0 Enter (또는 임의의 시작점 a 클릭)

호의 두 번째 점 또는 [중심(C)/끝(E)] 지정 : e Enter

호의 끝점 지정 : @30,30 Enter

호의 중심점 지정 또는 [각도(A)/방향(D)/반지름(R)] : r Enter

호의 반지름 지정 : 30 Enter

명령 : a Enter

ARC 호의 시작점 또는 [중심(C)] 지정 : (b점 클릭)

호의 두 번째 점 또는 [중심(C)/끝(E)] 지정 : e Enter

호의 끝점 지정 : @30,30 Enter

호의 중심점 지정 또는 [각도(A)/방향(D)/반지름(R)] : a Enter

사이각 지정 : -90 Enter

명령 : copy Enter

객체 선택 : 반대 구석 지정 : 2개를 찾음 (1, 2번 선 선택)

객체 선택 : Enter

기준점 지정 또는 [변위(D)] 〈변위〉 : (b점 클릭)

두 번째 점 지정 또는 〈첫 번째 점을 변위로 사용〉 : @0,0,100 Enter

두 번째 점 지정 또는 〈첫 번째 점을 변위로 사용〉 : Enter

명령 : RULESURF Enter

현재 와이어프레임 밀도 : SURFTAB1=6

첫 번째 정의 곡선 선택 : (1번 선 선택)

두 번째 정의 곡선 선택 : (3번 선 선택)

명령 : RULESURF Enter

현재 와이어프레임 밀도 : SURFTAB1=6

첫 번째 정의 곡선 선택 : (2번 선 선택)

두 번째 정의 곡선 선택 : (4번 선 선택)

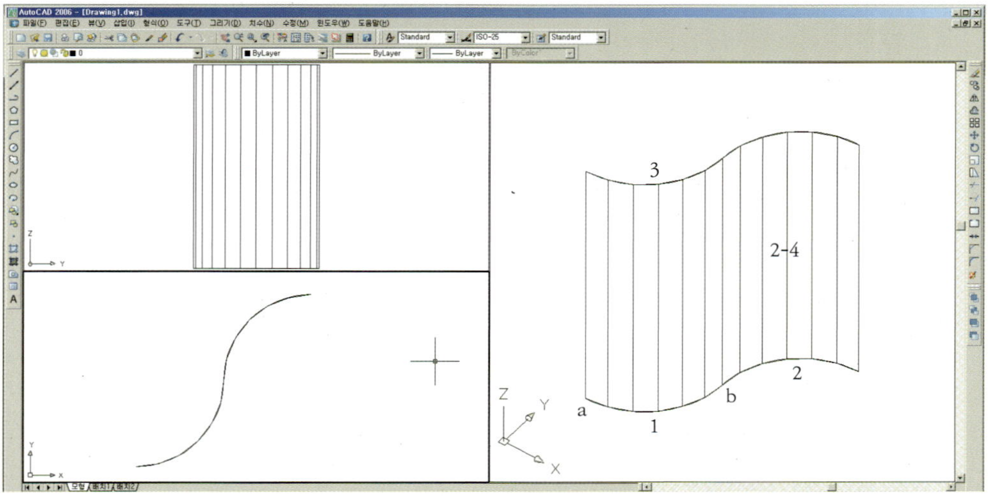

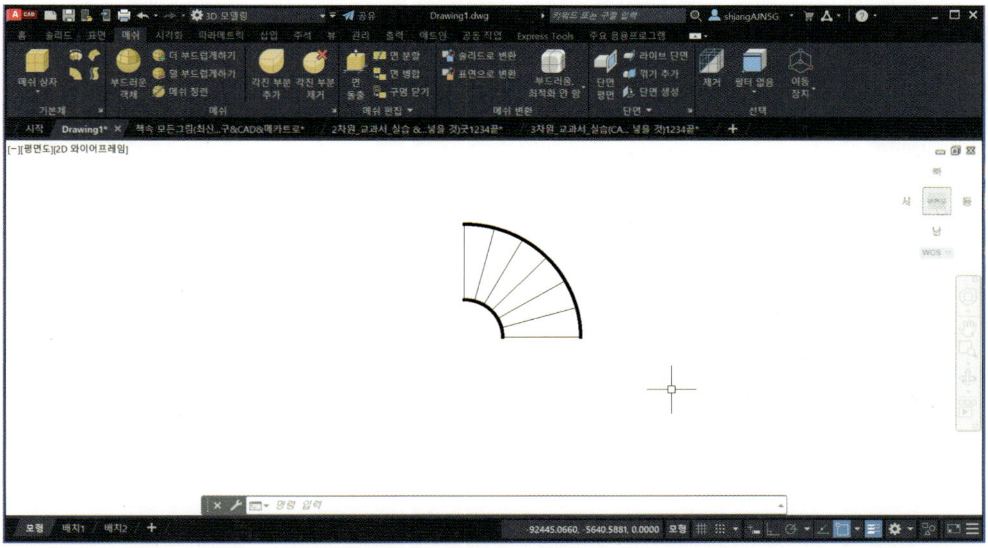

[원호 2개를 이용하여 직선보간 표면을 나타내는 아이콘( ) 만들기]

## 2.7 선의 수 변경_SURFTAB1 & SURFTAB2

SURFTAB1 명령은 각종 서피스를 나타내는 선의 수를 변경하는 것이다. 선의 수를 많이 하면, 보다 실제적인 3차원 표면 표현이 되지만, 계산 시간이 오래 걸리는 단점이 있다. 단, SURFTAB1은 자유곡면을 나타내는 수식에서 u방향의 선의 수를 의미하며, SURFTAB2는 v방향의 선의 수를 의미한다. 또한, 다음 장에서 다루는 솔리드 명령어 ISOLINES(각종 솔리드를 나타내는 선의 수 변경)과 비교해 보면 좋다.

**명령어 선택**

| 선의 수 변경 | 명령어 | SURFTAB1, SURFTAB2 |
|---|---|---|

### a) 서피스를 나타내는 선의 수 변경하기

명령 : ERASE Enter↵
객체 선택 : 1개를 찾음 (2-4면 선택) Enter↵

명령 : SURFTAB1 Enter↵
SURFTAB1에 대한 새 값 입력 〈6〉 : 20 Enter↵

명령 : RULESURF Enter↵
현재 와이어프레임 밀도 : SURFTAB1=20
첫 번째 정의 곡선 선택 : (2번 선 선택)
두 번째 정의 곡선 선택 : (4번 선 선택)

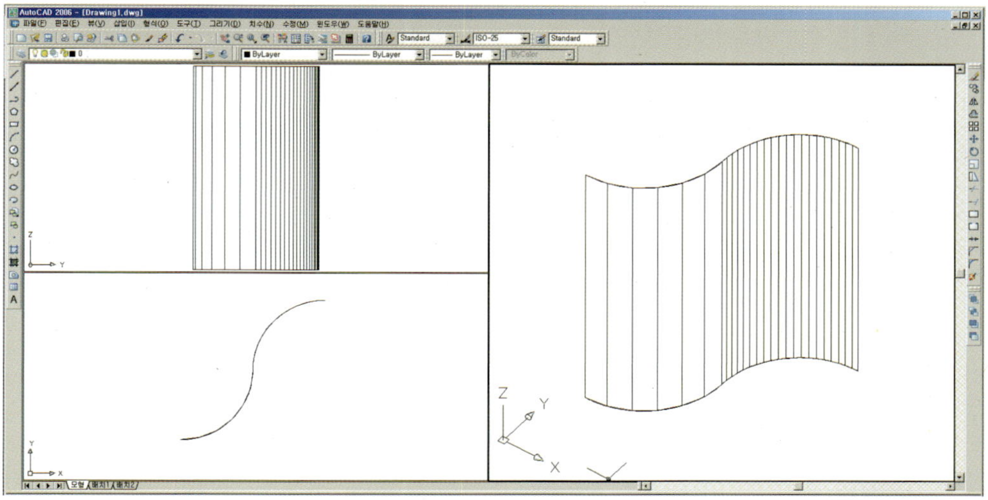

명령 : RULESURF Enter↵
현재 와이어프레임 밀도 : SURFTAB1=20
첫 번째 정의 곡선 선택 : (2번 선 선택)
두 번째 정의 곡선 선택 : (4번 선 선택)

다음 그림으로부터 알 수 있듯이, 선택되는 객체의 가운데를 기준으로 어느 쪽을 선택하느냐에 따라, 다른 곡면이 만들어진다.

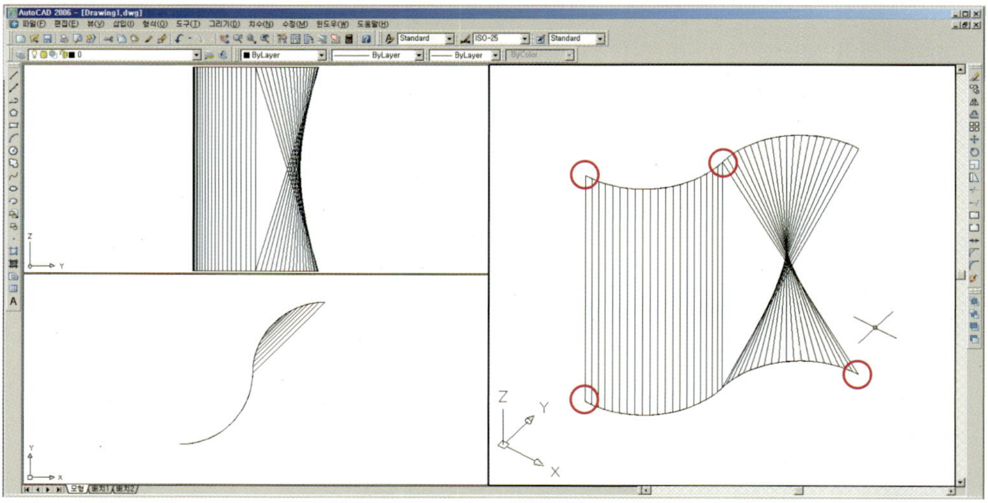

## 2.8 방향벡터 표면_TABSURF

직선 경로를 따라 스윕된 선 또는 곡선으로부터 메쉬를 작성한다. 직선 경로로 스윕할 스프라인, 선, 호, 원, 타원 또는 폴리선을 선택한 다음, 선 또는 폴리선을 선택하여 메쉬의 방향을 나타내면 된다.

▶ 명령어 선택

| | | |
|---|---|---|
| 방향벡터 표면 | 리본메뉴 | [메쉬]탭-[기본체]패널- |
| | 메뉴막대 | [그리기]-모델링-메쉬-방향벡터메쉬 |
| | 명령어 | TABSURF |

**예** 방향벡터 표면를 이용하여 슬레이트(slate) 만들기

명령 : _spline (임의의 스프라인 곡선 작성)
첫 번째 점 지정 :
다음 점 입력 :
다음 점 입력 :
다음 점 입력 : Enter

명령 : _ucs Enter
UCS의 원점 지정 또는 [X(X)/Y(Y)/Z(Z)] 〈표준〉 : X
X축에 관한 회전 각도 지정 〈90〉 : 90

명령 : _line (변경된 UCS상에 임의의 선 작성)
첫 번째 점 지정 :
다음 점 지정 :
다음 점 지정 : Enter

명령 : tabsurf Enter
경로 곡선에 대한 객체 선택 : (스프라인 선택)
방향 벡터에 대한 객체 선택 : (선 선택)

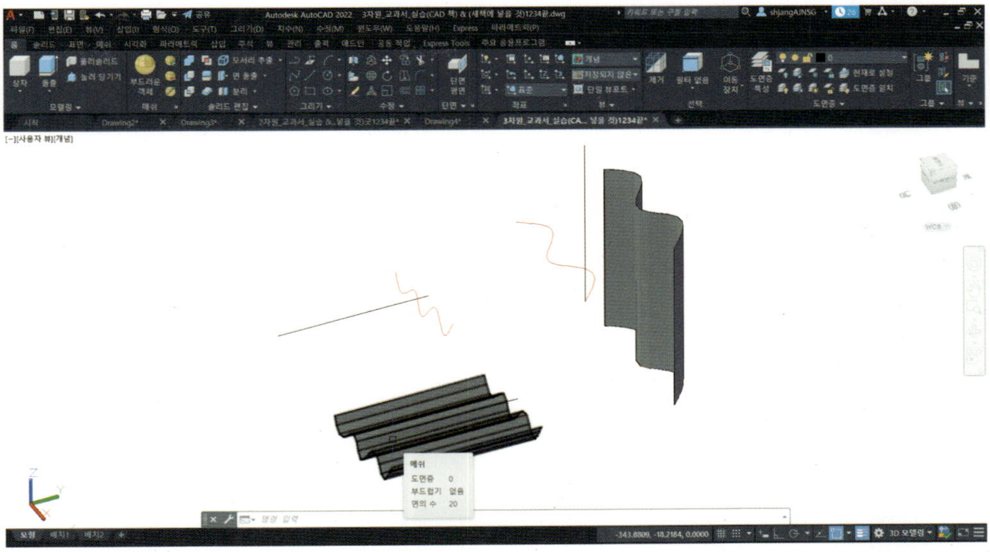
메쉬
도면층 0
부드럽기 없음
면의 수 20

## 2.9 회전 표면_REVSURF

회전 표면이란 임의의 축을 기준으로 객체(프로파일)을 회전시켜 만든 표면/메쉬를 말한다.

▶ 명령어 선택

| 회전 표면 | 리본메뉴 | [메쉬]탭-기본체- |
|---|---|---|
| | 메뉴막대 | [그리기]-모델링-메쉬-회전메쉬 |
| | 명령어 | REVSURF |

**예** 회전 표면을 이용하여 와인잔 만들기

명령 : pl Enter (PLINE을 작성)
시작점 지정 : 20,20 Enter
다음 점 지정 또는 [호(A)/반폭(H) : @20,0 Enter
다음 점 지정 또는 [호(A)/닫기(C)] : @0,30 Enter

다음 점 지정 또는 [호(A)/닫기(C)/반폭(H)//폭(W)] : a Enter
호의 끝점 지정 또는 [각도(A)/두 번째 점(S)] : s Enter
호 위의 두 번째 점 지정 : (a점 클릭)
호의 끝점 지정 : (b점 클릭)

명령 : line Enter
LINE 첫 번째 점 지정 : 43,20 Enter
다음 점 지정 또는 [명령 취소(U)] : @0,30 Enter
다음 점 지정 또는 [명령 취소(U)] : Enter

명령 : revsurf Enter (임의의 축을 기준으로 객체를 회전시켜 메쉬를 그림)
회전할 객체 선택 : (1번 선 선택)
회전축을 정의하는 객체 선택 : (2번 선 선택)
시작 각도 지정 : 0 Enter
사이각 지정 (+=시계반대방향, -=시계방향) : 360 Enter

명령 : rotate3d Enter (x축 주위로 90도 회전)
객체 선택 : 반대 구석 지정 : 2개를 찾음 (1번선 및 2번선 선택)
객체 선택 : Enter
축 위에 첫 번째 점을 지정[X축(X)] : x Enter
다음 위의 점을 지정 : X 축 : (c점 클릭)
회전 각도 지정 : 90 Enter

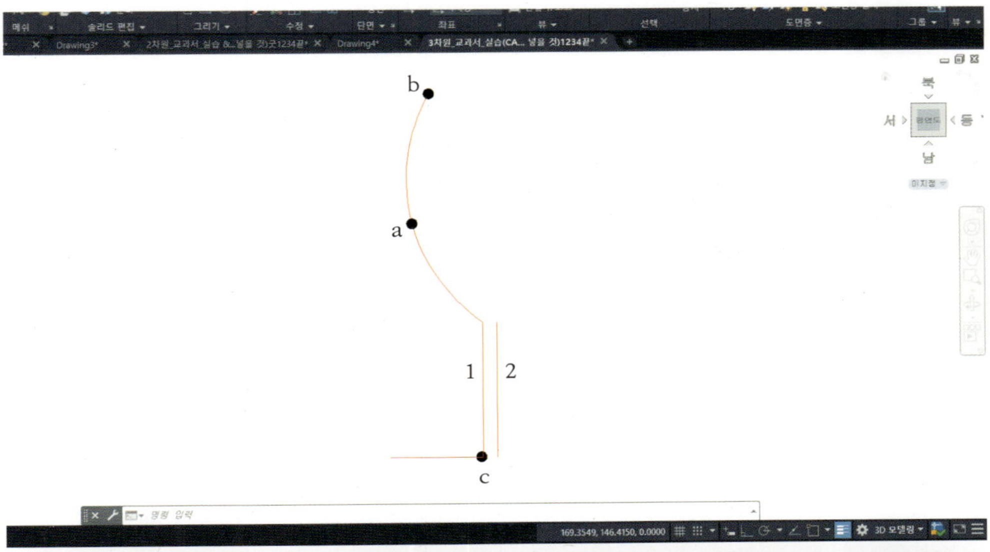


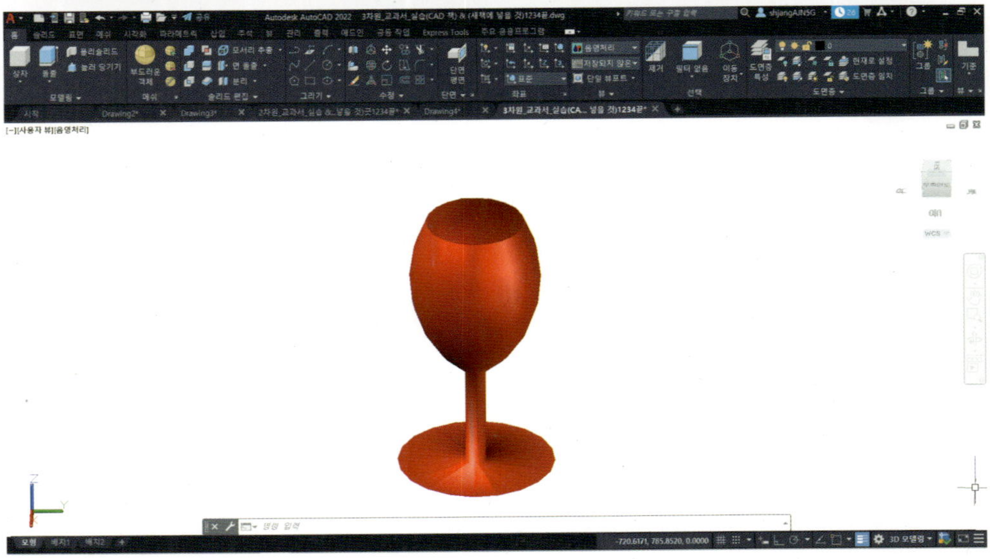

## 2.10 모서리 표면_EDGESURF

이어지는 4개의 모서리 또는 곡선 사이에 메쉬를 작성한다. 모서리는 선, 호, 스플라인 또는 열린 폴리선일 수 있다. 이때 각각의 개체는 모서리가 끝점에서 서로 만나 닫힌 루프 하나를 형성하여야 한다.

▶ 명령어 선택

| 모서리 표면 | 리본메뉴 | [메쉬]탭-[기본체]패널- |
|---|---|---|
| | 메뉴막대 | [그리기]-모델링-메쉬-모서리메쉬 |
| | 명령어 | EDGESURF |

**예** 모서리 표면을 이용하여 천막 만들기

명령 : arc Enter
ARC 호의 시작점 또는 [중심(C)] 지정 : 20,20 Enter (c점 클릭)
호의 두 번째 점 또는 [중심(C)/끝(E)] 지정 : (임의의 a점 클릭)
호의 끝점 지정 : (임의의 b점 클릭)

명령 : ucs Enter
[신규(N)/이동(M)/직교(G)/표준(W)] 〈표준〉 : y Enter
Y축에 관한 회전 각도 지정 〈90〉 : -90 Enter

명령 : l Enter
LINE 첫 번째 점 지정 : c점 클릭
다음 점 지정 또는 [명령 취소(U)] : @40,0 Enter
다음 점 지정 또는 [명령 취소(U)] : @0,20 Enter
다음 점 지정 또는 [닫기(C)/명령 취소(U)] : (b점 클릭)
다음 점 지정 또는 [닫기(C)/명령 취소(U)] : Enter

명령 : edgesurf Enter
(연결된 네 개의 모서리 또는 곡선을 이용해 메쉬를 만듦.)

곡면 모서리에 대한 1 객체 선택 : (1번 원호 선택)
곡면 모서리에 대한 2 객체 선택 : (2번 선 선택)
곡면 모서리에 대한 3 객체 선택 : (3번 선 선택)
곡면 모서리에 대한 4 객체 선택 : (4번 선 선택)

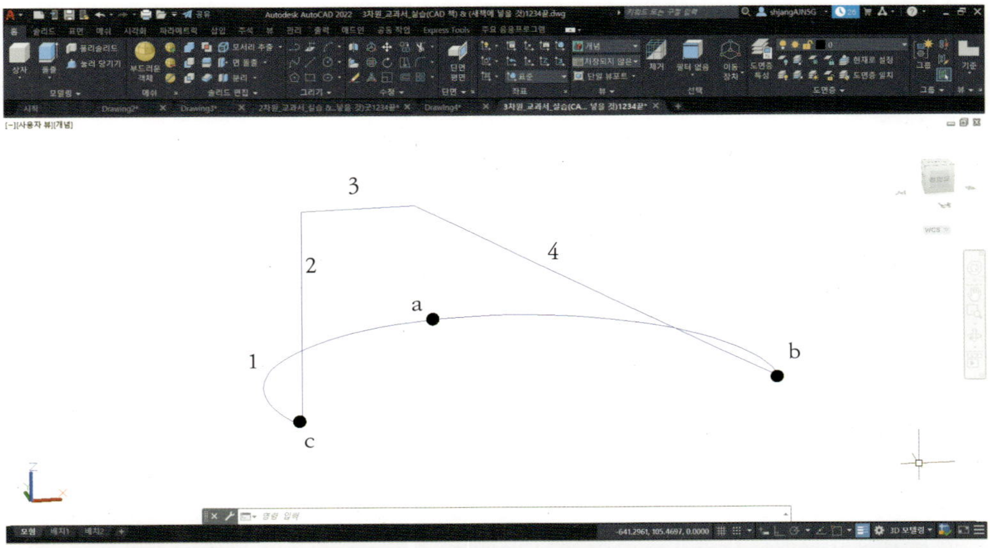


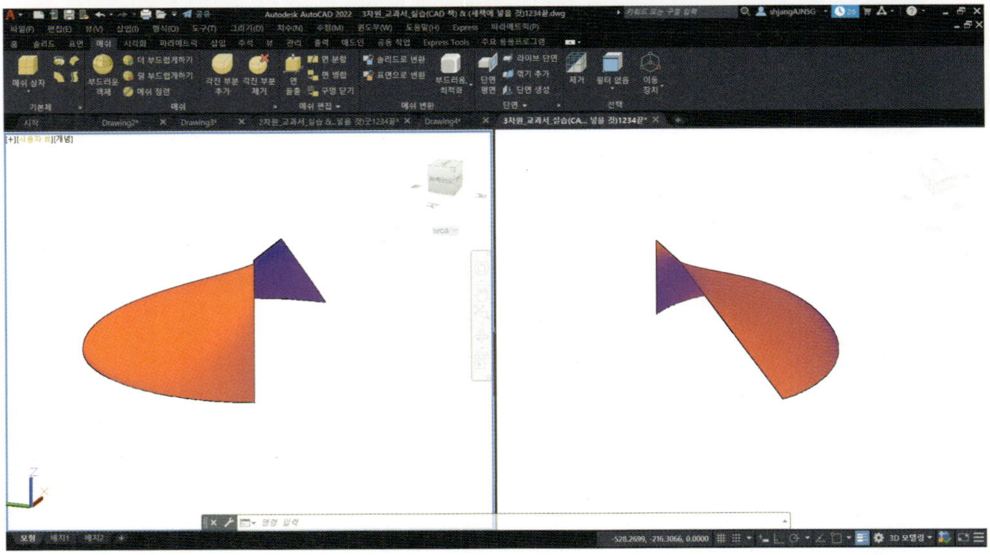

## 2.11 네트워크 표면_SURFNETWORK

U 및 V 방향의 여러개의 곡선들 사이에 표면(표면 및 솔리드 모서리 하위 객체 포함)을 작성한다. 네트워크 표면은 곡선의 네트워크 사이 또는 기타 3D 표면이나 솔리드의 모서리 사이에 작성할 수 있다.

▶ 명령어 선택

| 네트워크 표면 | 리본메뉴 | [표면]탭-[작성]패널-네트워크 |
|---|---|---|
| | 명령어 | SURFNETWORK |

**예** 네트워크 표면을 이용하여 천막 만들기(모서리 표면으로 만든 천막과 비교)

1. 첫 번째 방향에서 곡선 또는 표면 모서리 선택
   U 또는 V 방향에 대해 열린 곡선, 열린 표면 모서리 또는 영역 모서리(표면이나 영역이 아님)의 네트워크를 선택함.

2. 두 번째 방향에서 곡선 또는 표면 모서리 선택
   U 또는 V 방향에 대해 열린 곡선, 열린 표면 모서리 또는 영역 모서리(표면이나 영역이 아님)의 네트워크를 선택함.

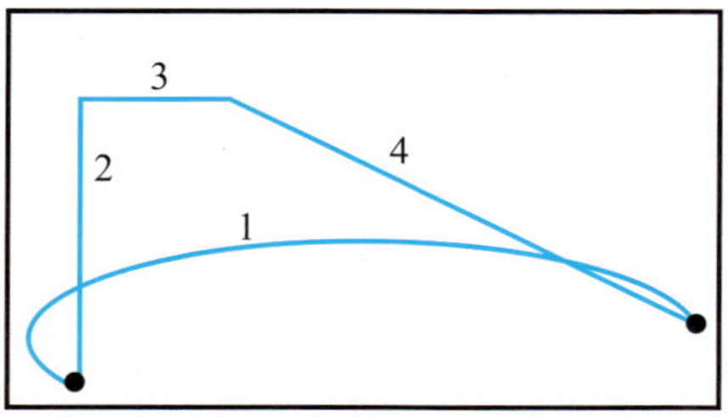


명령 : SURFNETWORK Enter

첫 번째 방향에서 곡선 또는 표면 모서리 선택 : 1번 원호 선택

첫 번째 방향에서 곡선 또는 표면 모서리 선택 : 3번 선 선택 후, 마우스 우클릭

두 번째 방향에서 곡선 또는 표면 모서리 선택 : 2번 선 선택
두 번째 방향에서 곡선 또는 표면 모서리 선택 : 4번 선 선택 후, 마우스 우클릭

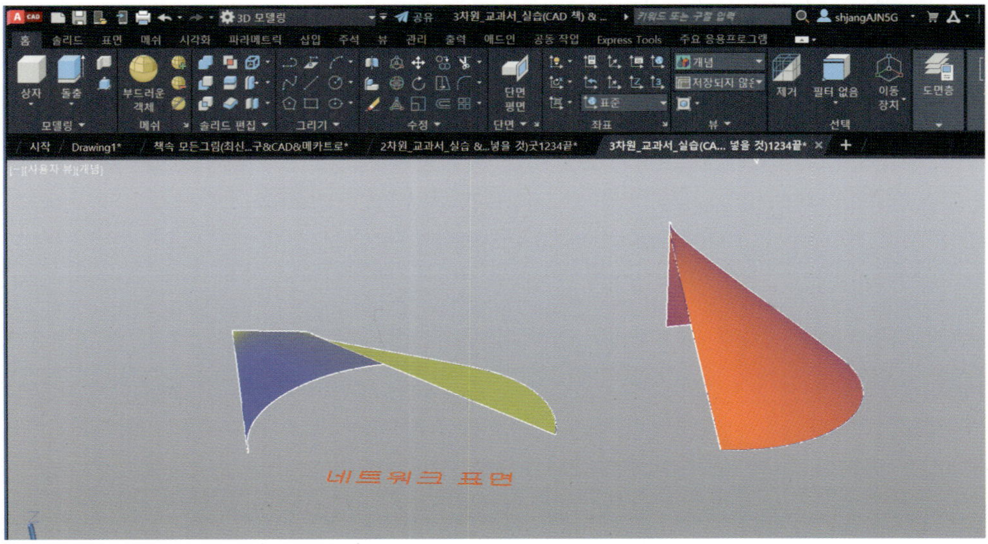

## 2.12 스윕_SWEEP

열린 경로 또는 닫힌 경로를 따라 2D 객체 또는 하위 객체를 스윕하여 3D 솔리드나 3D 표면을 작성한다.

▶ 명령어 선택

| | | |
|---|---|---|
| 스윕 | 리본메뉴 | [표면]탭-[작성]패널-스윕 |
| | 메뉴막대 | [그리기]-모델링-스윕 |
| | 명령어 | SWEEP |

**예** 스윕을 이용하여 곡관 만들기

명령 : circle Enter (임의의 원 그리기)
명령 : _spline Enter (임의의 "완만한 곡률을 갖는"스프라인 그리기)
첫 번째 점 지정 : (임의의 점 클릭)
다음 점 입력 : (임의의 점 클릭)
다음 점 입력 : (임의의 점 클릭)
다음 점 입력 : (임의의 점 클릭)
다음 점 입력 : (임의의 점 클릭)

명령 : _sweep Enter
스윕할 객체 선택 또는 [모드(MO)] : (원 선택)
스윕할 객체 선택 또는 [모드(MO)] : Enter
스윕 경로 선택 : (SPLINE 선택)

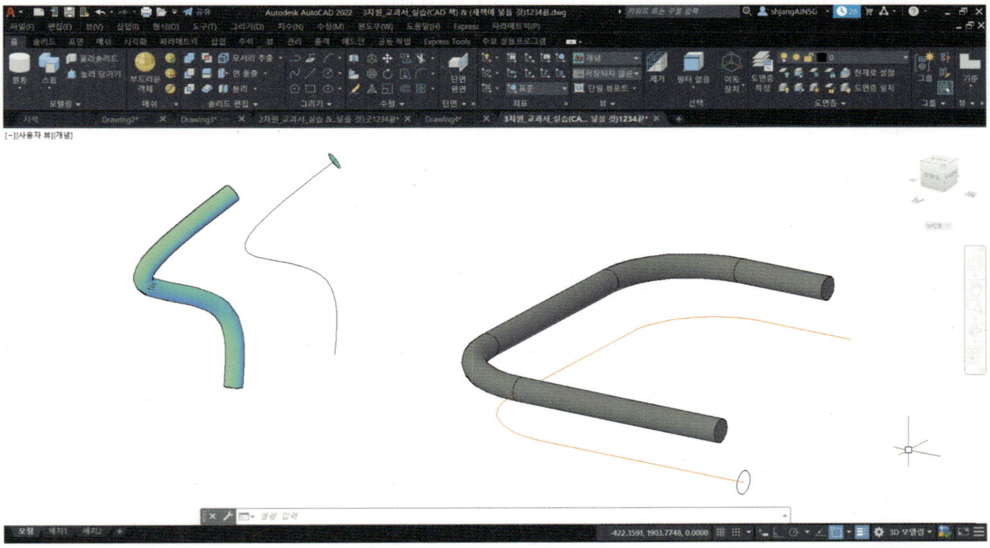

## 2.13 로프트_LOFT

로프트란 주어진 단면 사이의 공간에 3D 솔리드 또는 표면을 작성한다.

▶ 명령어 선택

| | | |
|---|---|---|
| 로프트 | 리본메뉴 | [표면]탭-[작성]패널-로프트 |
| | 풀다운메뉴 | [그리기]-모델링-로프트 |
| | 명령어 | LOFT |

### a) 직사각형과 원을 이용한 로프트 그리기

명령 : _rectang Enter (xy평면 바닥에 직사각형 그리기)
첫 번째 구석점 : (임의의 점 클릭)
다른 구석점 지정 : (임의의 점 클릭)

명령 : _circle Enter (바닥에서 z축 방향으로 300인 지점에 원 그리기)
원에 대한 중심점 지정 : 0,0,300
원의 반지름 지정 : (임의의 점 클릭)

명령 : _loft Enter
올림 순서로 횡단 선택 : (직사각형 클릭)
올림 순서로 횡단 선택 : (원 클릭)

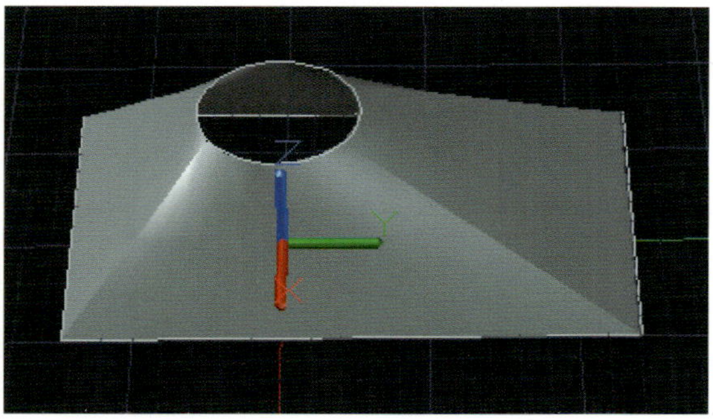

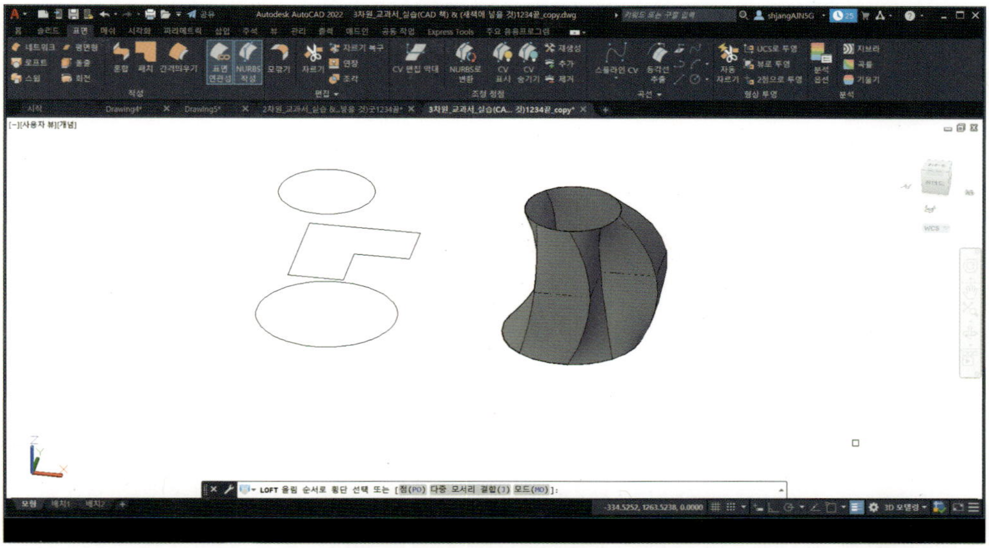

[두 개의 원과 다각형을 이용한 로프트]

# 3. 솔리드 모델(Solid Model)

솔리드 모델이란 전술한 와이어 프레임 모델이나 서피스 모델과 비교했을 때, 보다 실제의 3차원 물체에 가까운 모델을 말한다. 즉, 와이어 프레임 모델이나 서피스 모델와 비교했을 때 "속이 꽉 찬 찰흙 덩어리"를 연상하면 좋다.

## 3.1 프리미티브(Primitive)

오토캐드 시스템에서 제공하는 프리미티브에는 상자, 원통, 원추, 구, 피라미드, 쐐기, 토러스 등이 있으며, 이들 각각을 컴퓨터 내부에 표현하는 방법에 대하여 알아보기로 한다.

### 3.1.1 상자_BOX

▶ 명령어 선택

| 상자 | 리본메뉴 | [솔리드]탭-[기본체]패널- |
|---|---|---|
| | 메뉴막대 | [그리기]-모델링-상자 |
| | 명령어 | BOX |

#### a) 대각 코너점 이용한 상자

명령 : box [Enter]

상자의 구석 지정 또는 [중심(CE)] : 20,20 [Enter]

구석 지정 또는 [정육면체(C)/길이(L)] : @150,100 [Enter]

높이 지정 : 50 [Enter]

## b) 각변의 길이 이용한 상자

명령 : box [Enter↵]

상자의 구석 지정 또는 [중심(CE)] : 20,20 [Enter↵]

구석 지정 또는 [정육면체(C)/길이(L)] : l [Enter↵]

길이 지정 : 150 [Enter↵]

폭 지정 : 100 [Enter↵]

높이 지정 : 50 [Enter↵]

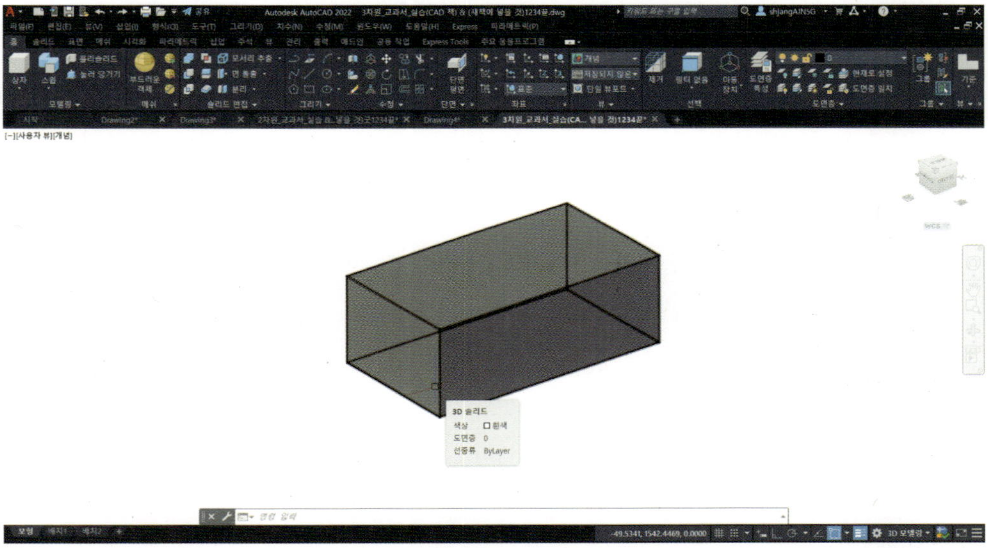

### 3.1.2 원추_CONE

● 명령어 선택

| | | |
|---|---|---|
| 원추 | 리본메뉴 | [솔리드]탭-[기본체]패널-△ |
| | 메뉴막대 | [그리기]-모델링-원추 △ |
| | 명령어 | CONE |

#### a) 밑면이 원형인 경우

명령 : cone Enter

원추의 밑면에 대한 중심점 지정 : (임의의 점 지정)

원추의 밑면에 대한 반지름 지정 : 40 Enter

원추의 높이 지정 : 100 Enter

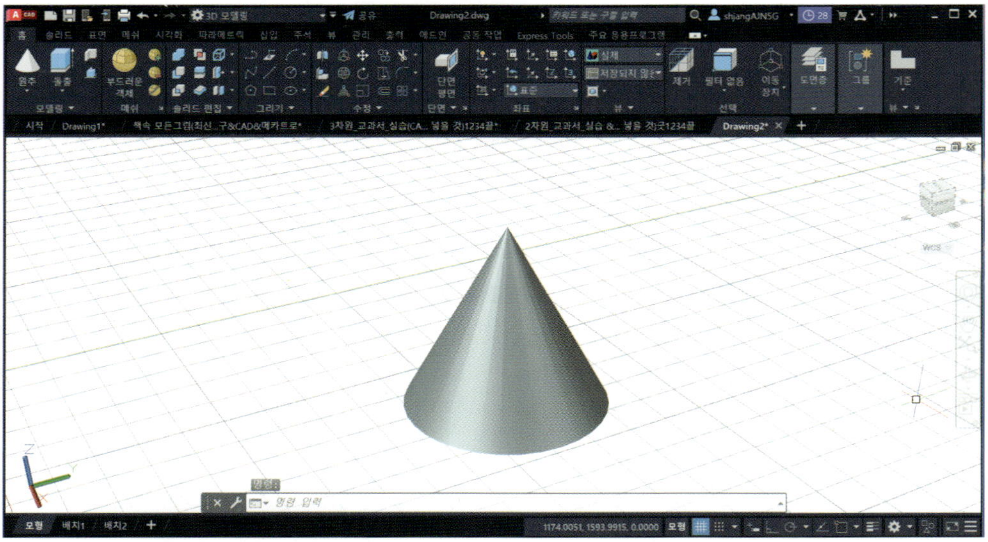

### b) 밑면이 타원형인 경우

명령 : cone Enter

원추의 밑면에 대한 중심점 지정 또는 [타원형(E)] : e Enter

원추의 밑면에 대한 타원의 축 끝점 지정 또는 [중심(C)] : 20,20 Enter

원추의 밑면에 대한 타원의 두 번째 축 끝점 지정 : @150,0 Enter

원추의 밑면에 대한 다른 축의 길이 지정 : 40 Enter

원추의 높이 지정 또는 [꼭대기점(A)] : 100 Enter

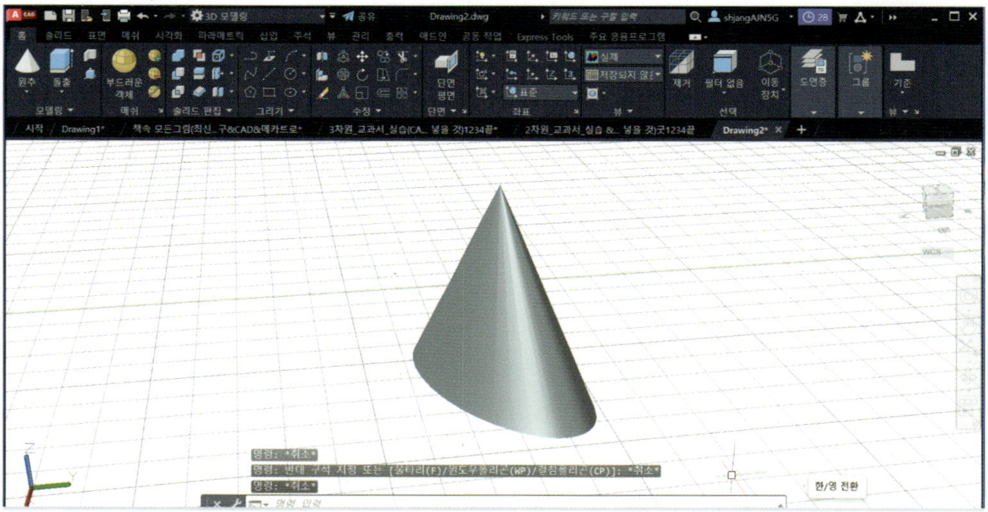

### 3.1.2.1 선의 수 변경_ISOLINES

ISOLINES 명령은 각종 솔리드를 나타내는 선의 수를 변경하는 것이다. 선의 수를 많이 하면, 보다 실제적인 3차원 물체표현이 되지만, 계산 시간이 오래 걸리는 단점이 있다. ISOLINES 명령을 실행한 다음, 메뉴막대 → 뷰(V) → 재생성(REGEN) 명령을 클릭하면, 새로이 설정한 선의 수로 다시 모든 객체를 시스템이 그려 준다. 단, 서피스 모델에서 사용한 SURFTAB1 및 SURFTAB2 명령은 표면(surface)을 나타내는 선의 수를 변경하기 위한 것이다.

▶ 명령어 선택

| 선의 수 변경 | 명령어 | ISOLINES |
|---|---|---|

명령 : ISOLINES Enter↵
ISOLINES에 대한 새 값 입력 〈4〉 : 30 Enter↵
(원추를 표현하는 선의 개수를 4개에서 30개로 변경)

명령 : cone Enter↵
현재 와이어프레임 밀도 : ISOLINES=30
원추의 밑면에 대한 중심점 지정 또는 [타원형(E)] : (임의의 점 지정)
원추의 밑면에 대한 반지름 지정 또는 [지름(D)] : 40 Enter↵
원추의 높이 지정 또는 [꼭대기점(A)] : 100 Enter↵ (3.1.2절의 원추와 비교해 보기)

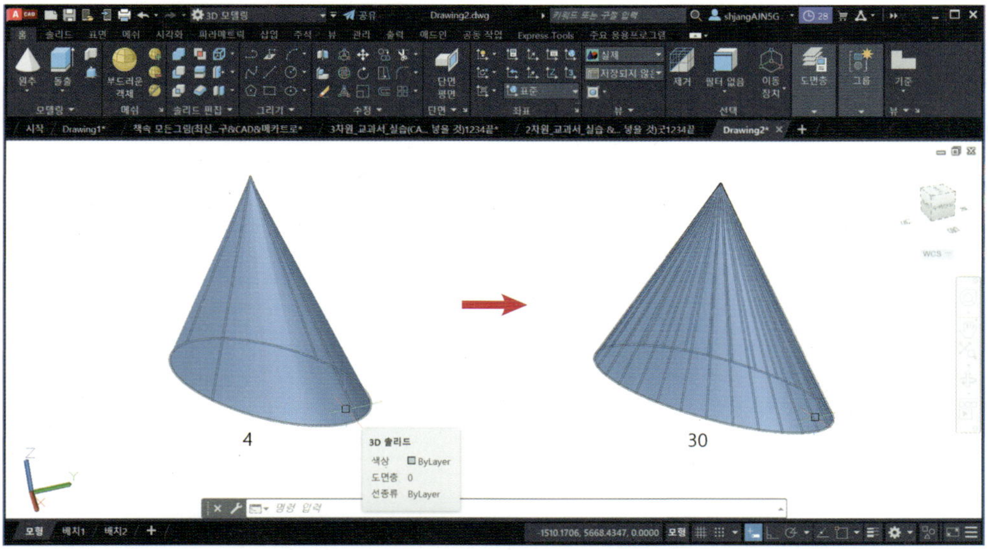

### 3.1.3 원통_CYLINDER

● 명령어 선택

| | | |
|---|---|---|
| 원통 | 리본메뉴 | [솔리드]탭-[기본체]패널- |
| | 메뉴막대 | [그리기]-모델링-원통 |
| | 명령어 | CYLINDER |

명령 : cylinder Enter

원통의 밑면에 대한 중심점 지정 : (임의의 점 지정)

원통의 밑면에 대한 반지름 지정 : 40 Enter

원통의 높이 지정 : 100 Enter

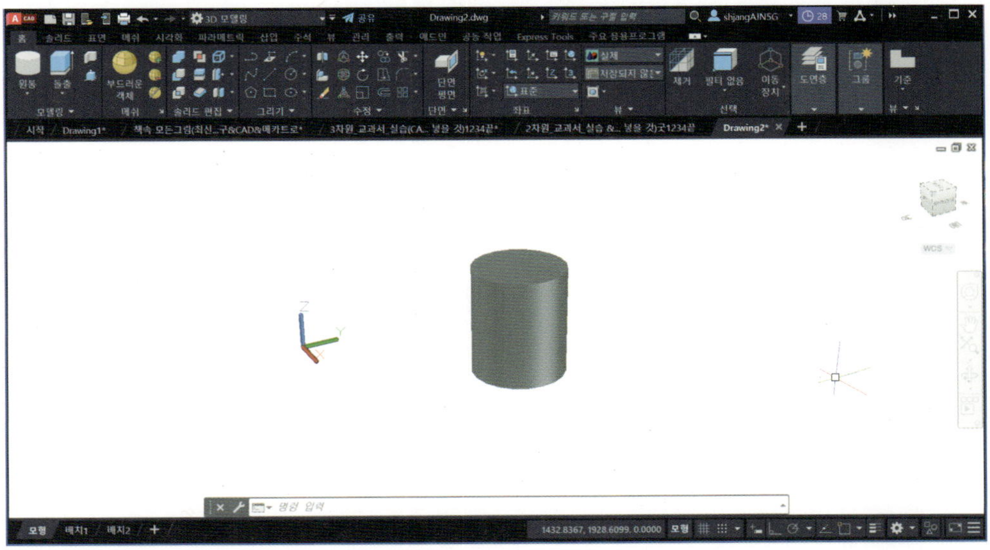

### 3.1.4 구_SPHERE

▶ 명령어 선택

| 구 | 리본메뉴 | [솔리드]탭-[기본체]패널- |
|---|---|---|
| | 메뉴막대 | [그리기]-모델링-구 |
| | 명령어 | SPHERE |

명령 : sphere Enter↵

구의 중심 지정 〈0,0,0〉 : (임의의 점 지정)

구의 반지름 지정 또는 [지름(D)] : 40 Enter↵

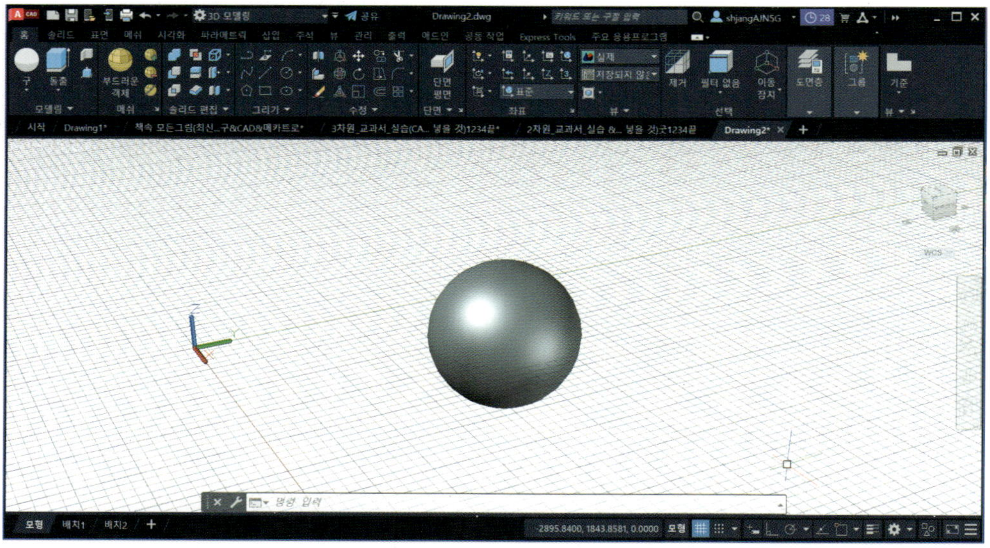

### 3.1.5 토러스(원환)_TORUS

▶ 명령어 선택

| | | |
|---|---|---|
| 토러스 | 리본메뉴 | [솔리드]탭-[기본체]패널-◎ |
| | 메뉴막대 | [그리기]-모델링-◎ |
| | 명령어 | TORUS |

명령 : torus Enter↵
토러스의 중심 지정 〈0,0,0〉 : (임의의 점 지정)
토러스의 반지름 지정 또는 [지름(D)] : 40 Enter↵
튜브의 반지름 지정 또는 [지름(D)] : 10 Enter↵

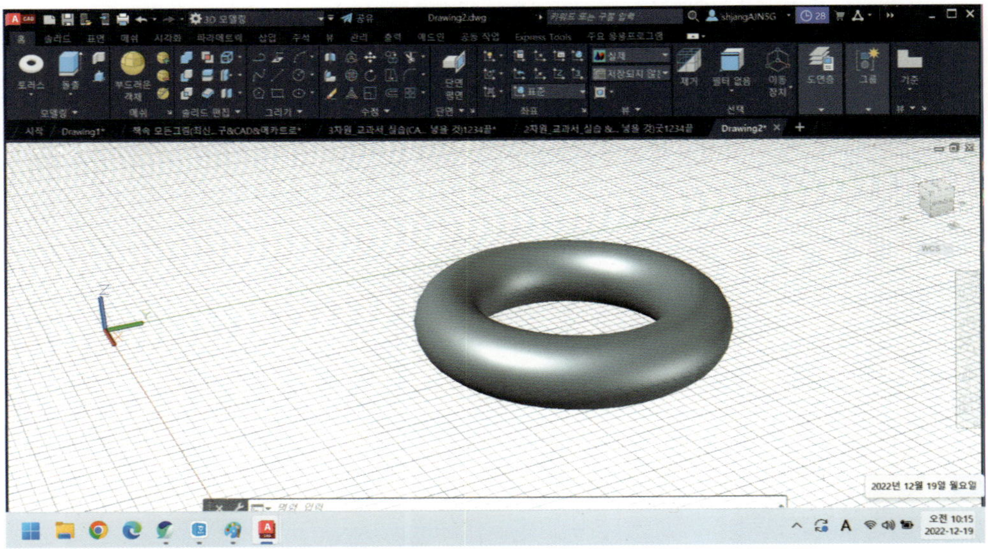

### 3.1.6 쐐기_WEDGE

● 명령어 선택

| 삼각기둥 | 리본메뉴 | [솔리드]탭-[기본체]패널- |
|---|---|---|
| | 메뉴막대 | [그리기]-모델링-쐐기 |
| | 명령어 | WEDGE |

명령 : wedge Enter↵

쐐기의 첫 번째 구석 지정 또는 [중심(CE)] 〈0,0,0〉 : (임의의 점 지정)

구석 지정 또는 [정육면체(C)/길이(L)] : @100,50 Enter↵

높이 지정 : 70 Enter↵

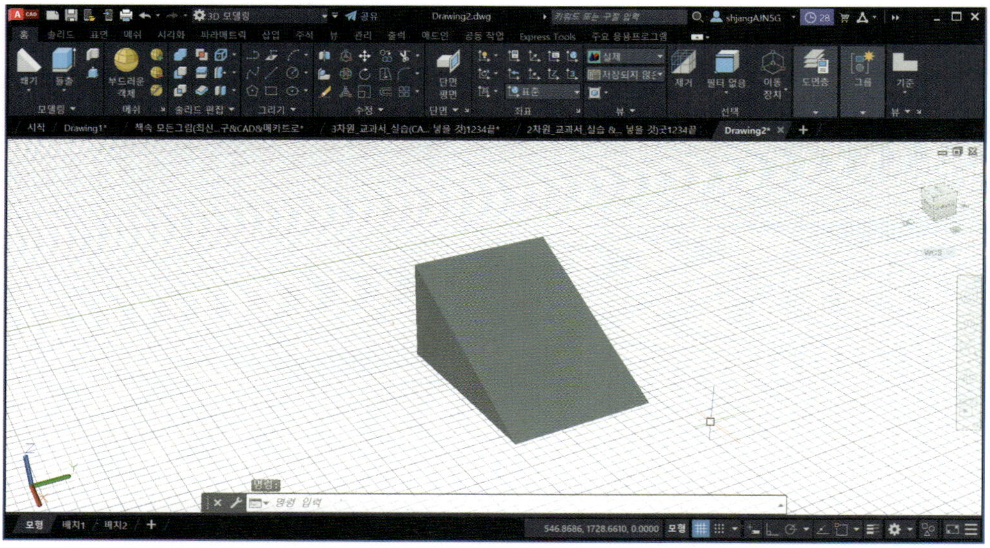

### 3.1.7 피라미드_PYRAMID

▶ 명령어 선택

| | | |
|---|---|---|
| 피라미드 | 리본메뉴 | [솔리드]탭-[기본체]패널- |
| | 메뉴막대 | [그리기]-모델링-피라미드 |
| | 명령어 | PYRAMID |

명령 : pyramid Enter

기준 중심점 지정 또는 [모서리(E)/변(S)] : (임의의 점 지정)

밑면 반지름 지정 또는 [내접(I)] : 100 Enter

높이 지정 또는 [2점(2P)/축 끝점(A)/상단 반지름(T)] : 70 Enter

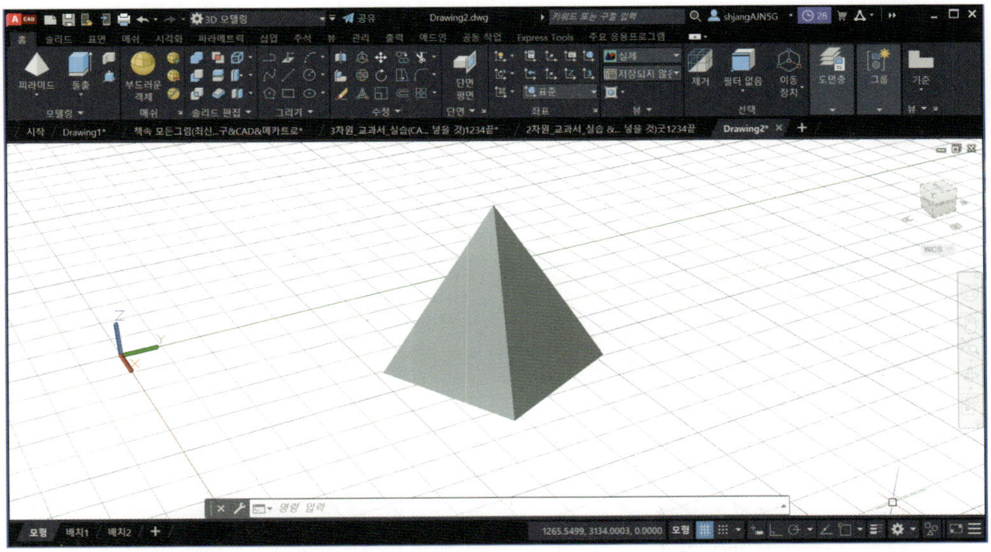

## 3.2 돌출객체_EXTRUDE

돌출 객체란 한 영역을 둘러싸는 객체(2D 곡선 또는 3D 곡선)를 이용하여 3D "솔리드"를 작성하는 것이다.

**명령어 선택**

| | | |
|---|---|---|
| 돌출 | 리본메뉴 | [홈]탭-[모델링]패널-돌출 |
| | 메뉴막대 | [그리기]-모델링-돌출 |
| | 명령어 | EXTRUDE |

단, 리본메뉴-[표면]탭-[작성]패널-돌출( 돌출)로 만든 돌출객체는 한 영역을 둘러싸는 객체(2D 곡선 또는 3D 곡선)를 이용하여 3D "표면"을 작성하는 것임.

명령 : extrude Enter

객체 선택 : 2개를 찾음 (원, 직사각형 선택)

객체 선택 : Enter

돌출 높이 지정 또는 [경로(P)] : 20 Enter

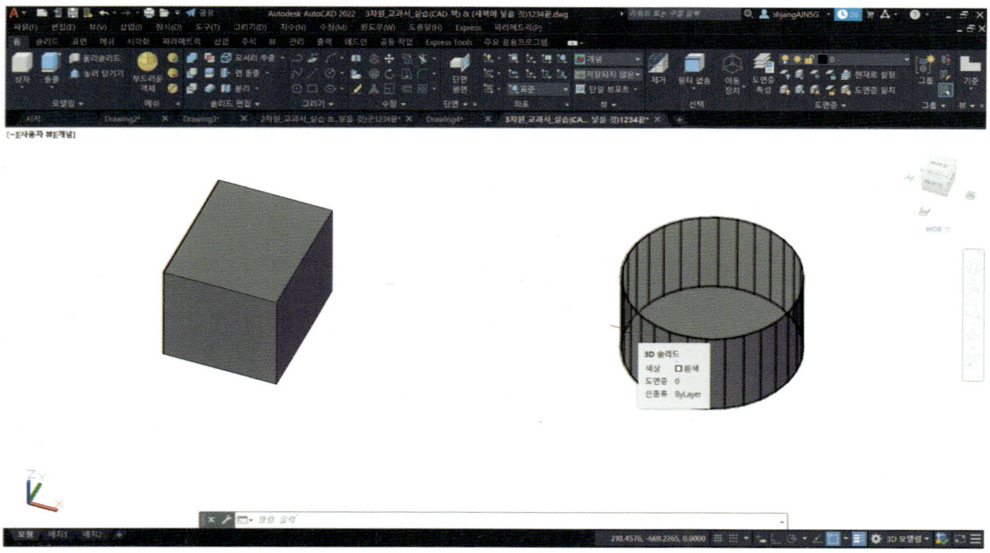

## 3.3 눌러당기기_PRESSPULL

닫힌 경계로 형성된 영역, 2D 객체 또는 3D 솔리드 면을 선택한 후, 커서를 이동시킴으로서 객체를 동적으로 수정할 수 있다.

▶ 명령어 선택

| 눌러당기기 | 리본메뉴 | [홈]탭-[모델링]패널-눌러 당기기<br>[솔리드]탭-[솔리드]패널-눌러 당기기 |
|---|---|---|
| | 메뉴막대 | [그리기]-모델링-눌러 당기기 |
| | 명령어 | PRESSPULL |

**예** 정사각형을 둘레로 하는 벽 세우기

명령 : rectang Enter (직사각형 그리기)
첫 번째 구석점 : 0,0
다른 구석점 지정 : 40,40

명령 : rectang Enter (직사각형 그리기)
첫 번째 구석점 지정 : 10,10
다른 구석점 지정 : @30,30

명령 : presspull Enter
객체 또는 경계 영역 선택 : (두개의 직사각형으로 만들어진 경계 영역 내부를 클릭)
돌출 높이 지정 또는 [다중(M)] : 10

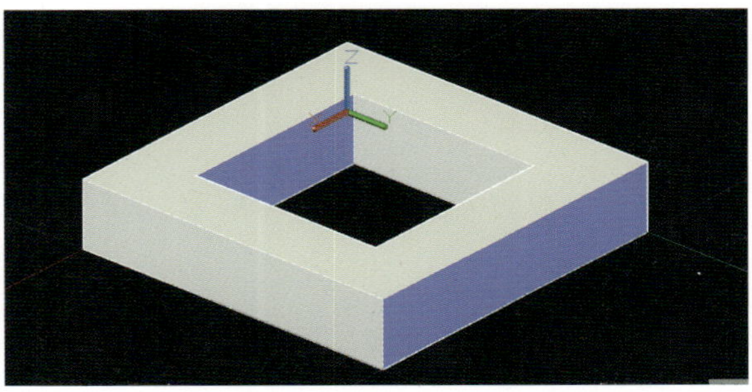

PART 1 2차원 도면작성
PART 2 3차원 형상모델링
PART 3 도면 실습
부록

## 3.4 폴리솔리드_POLYSOLID

폴리솔리드란 3D 벽 형태의 솔리드를 작성하는 것이다.

▶ 명령어 선택

| | | |
|---|---|---|
| 폴리솔리드 | 리본메뉴 | [솔리드]탭-[기본체]패널- |
| | 메뉴막대 | 피라미드-폴리솔리드 |
| | 명령어 | POLYSOLID |

### 예 폴리솔리드를 이용하여 U자형 지남철 그리기

명령 : POLYSOLID Enter (명령어 입력)

시작점 지정[폭(W)] : W

폭 지정 : 5

시작점 지정 또는 [높이(H)] : H

높이 지정 : 150 (직교모드(F8) → 켜기를 하면 그리기 쉬움)

시작점 지정 : (임의의 점 지정)

다음 점 지정 : (임의의 점 지정)

다음 점 지정 또는 [호(A)/명령 취소(U)] : A

다음 점 지정 : (임의의 점 지정)

호의 끝점 지정 또는 [선(L)] : L

다음 점 지정 : (임의의 점 지정)

다음 점 지정 : Enter

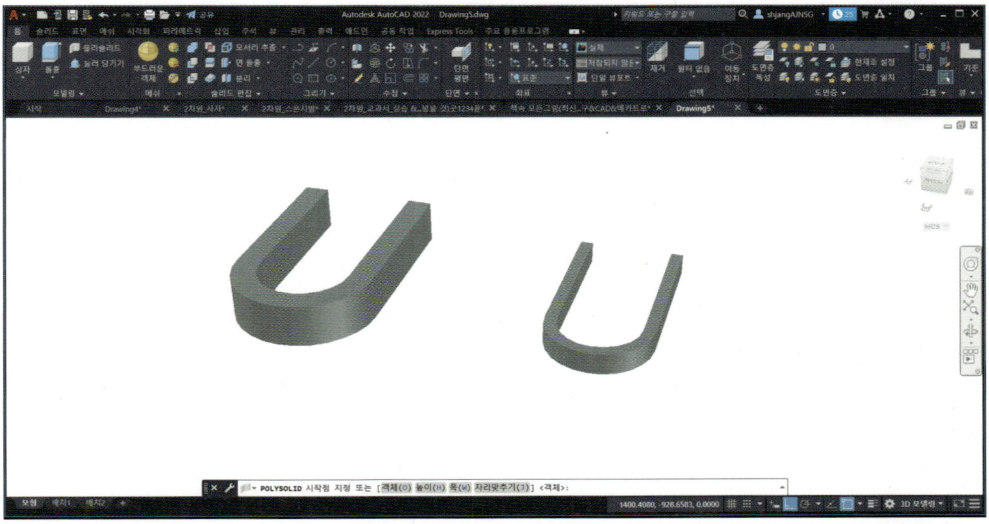
Autodesk AutoCAD 2022 Drawing5.dwg
POLYSOLID 시작점 지정 또는 [객체(O) 높이(H) 폭(W) 자리맞추기(J)] <객체>:

## 3.5 회전 솔리드_REVOLVE

회전 솔리드란 객체를 축 둘레로 회전시켜 3D 솔리드 또는 표면을 작성하는 것을 말한다. 열린 객체(프로파일)인 경우에는 표면을 작성하고, 닫힌 객체는 솔리드 또는 표면을 작성한다.

▶ 명령어 선택

| | | |
|---|---|---|
| 회전솔리드 | 리본메뉴 | [솔리드]탭-[솔리드]패널- 회전 |
| | 메뉴막대 | [그리기]-모델링- 회전 |
| | 명령어 | REVOLVE |

**예** 회전솔리드를 이용하여 2중 링 그리기

명령 : line Enter↵
LINE 첫 번째 점 지정 : 50,50 Enter↵
다음 점 지정 또는 [명령 취소(U)] : @20,0 Enter↵
다음 점 지정 또는 [명령 취소(U)] : Enter↵

명령 : line Enter↵
LINE 첫 번째 점 지정 :50,55 Enter↵
다음 점 지정 또는 [명령 취소(U)] : @20,0 Enter↵
다음 점 지정 또는 [명령 취소(U)] : @0,10 Enter↵
다음 점 지정 또는 [닫기(C)/명령 취소(U)] : @-5,0 Enter↵
다음 점 지정 또는 [닫기(C)/명령 취소(U)] : @0,5 Enter↵
다음 점 지정 또는 [닫기(C)/명령 취소(U)] : @-10,0 Enter↵
다음 점 지정 또는 [닫기(C)/명령 취소(U)] : @0,-5 Enter↵
다음 점 지정 또는 [닫기(C)/명령 취소(U)] : @-5,0 Enter↵
다음 점 지정 또는 [닫기(C)/명령 취소(U)] : c Enter↵

다음으로 선으로 도형을 작성할 때에 "폴리선"을 이용하여 작업하지 않았으므로, 작성한 외각선 들을 모아, "영역(region)" 명령을 사용하여, 하나로 영역을 만들어 준다.

명령 : region Enter (리본메뉴-[홈]탭-[그리기]패널-영역( )을 클릭해도 됨)
객체 선택 : 반대 구석 지정 : 7개를 찾음 (회전시킬 객체인 돌기모양 선택)
객체 선택 : Enter
1 루프이(가) 추출됨.
1 영역이(가) 작성됨. (회전시킬 객체가 하나의 영역이 됐음을 의미함.)

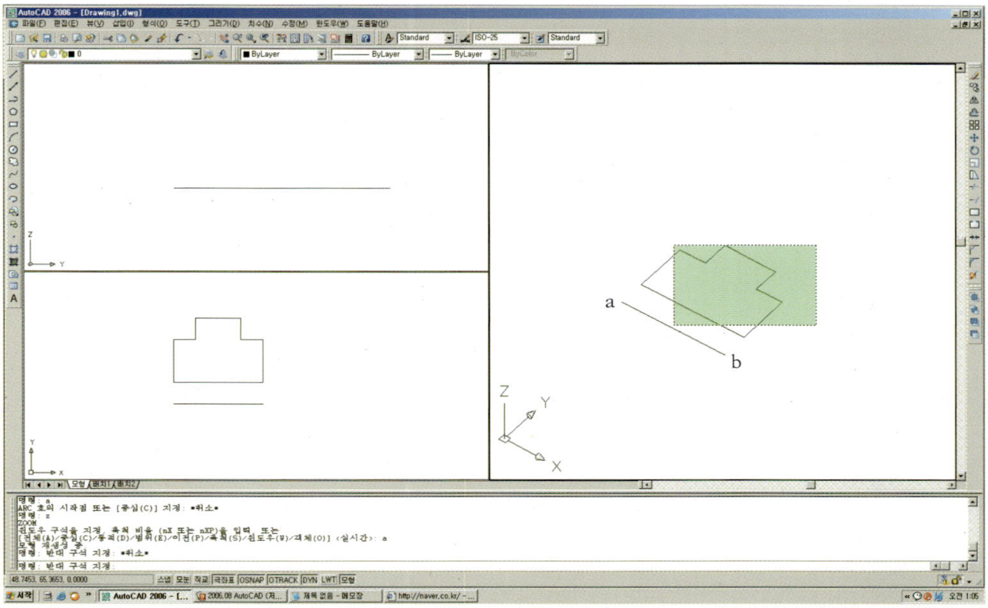

명령 : revolve Enter↵

객체 선택 : 1개를 찾음 (회전시킬 객체 선택)

객체 선택 : Enter↵

회전 축에 대한 시작점 지정 또는

다음에 의해 축 지정 [객체(O)/X 축(X)/Y 축(Y)] : (a점 클릭)

축의 끝점 지정 : (b점 클릭)

회전 각도 지정 〈360〉 : 360 Enter↵

명령 : hide Enter↵ (도형 생성 후에 hide 명령어를 실행하여 결과를 확인)

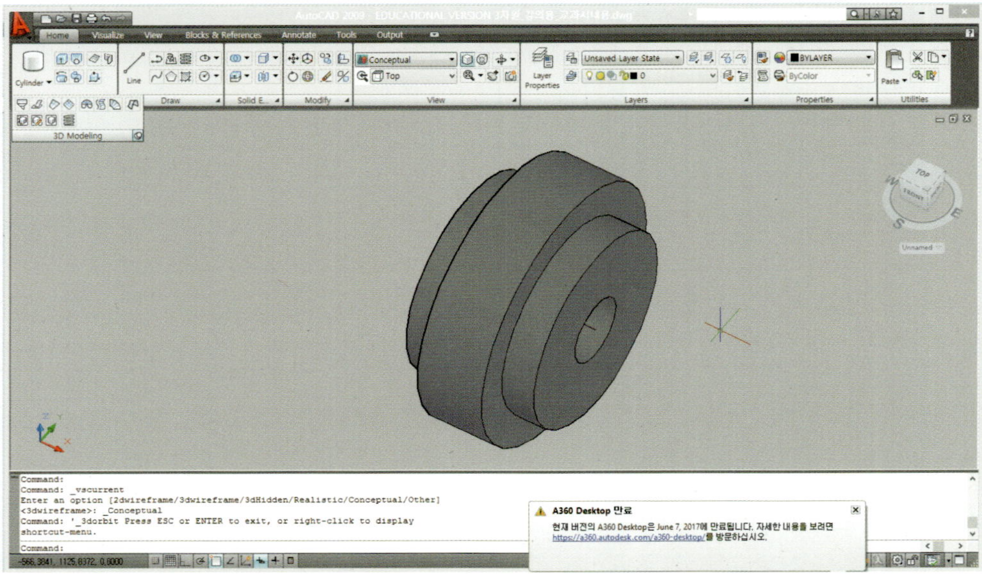

## 3.6 솔리드 편집 및 수정

각종 프리미티브들을 편집하고 수정하는 방법에 대하여 알아 보기로 한다.

### 3.6.1 차집합_SUBTRACT

| 차집합 | 리본메뉴 | [솔리드]탭-솔리드 편집-차집합 |
|---|---|---|
| | 명령어 | SUBTRACT |

**예** 상자와 원통의 차집합 만들기(상자에서 원통을 빼내기)

명령 : _box Enter↵
첫 번째 구석 지정 또는 [중심(C)] : 0,0
반대 구석 지정 : @100,50
높이 지정 : 70

명령 : _ucs Enter↵
UCS의 원점 지정 : Y
Y축에 관한 회전 각도 지정 : -90

명령 : _cylinder Enter↵
기준 중심점 지정 : 70,50,0
밑면 반지름 지정 : 15
높이 지정 : -100

명령 : subtract Enter↵
기본 솔리드와 영역을 선택 (상자 객체 선택)
객체 선택 : 1개를 찾음

객체 선택 : Enter↵
제거할 솔리드와 영역을 선택 (원통 객체 선택)

객체 선택 : 1개를 찾음

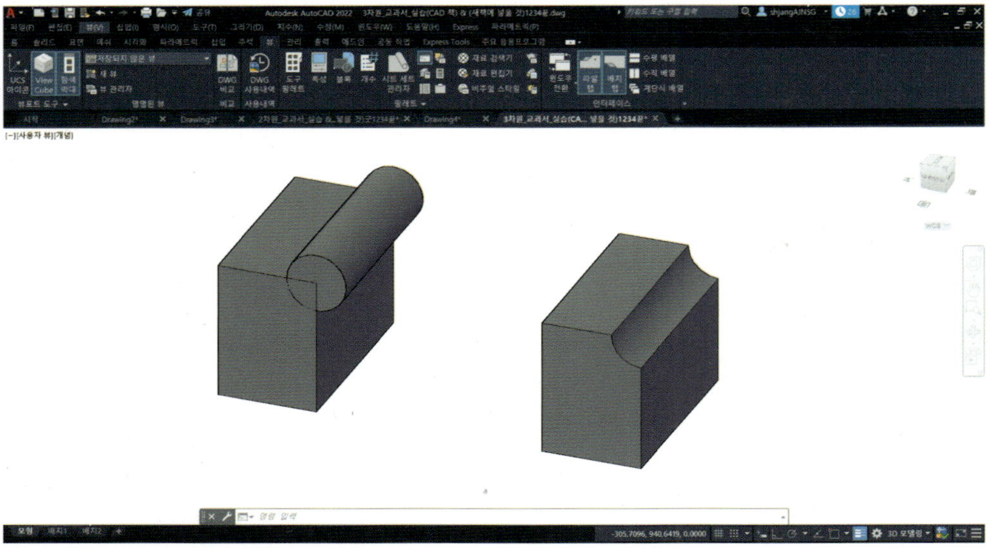

## 3.6.2 교집합_INTERSECT

| 교집합 | 리본메뉴 | [솔리드]탭-솔리드 편집-교집합 |
|---|---|---|
| | 명령어 | INTERSECT |

**예** 상자와 원통의 교집합 만들기(상자와 원통의 공통부분 만들기)

명령 : intersect Enter↵
객체 선택 : (상자 객체 선택)
객체 선택 : (원통 객체 선택)

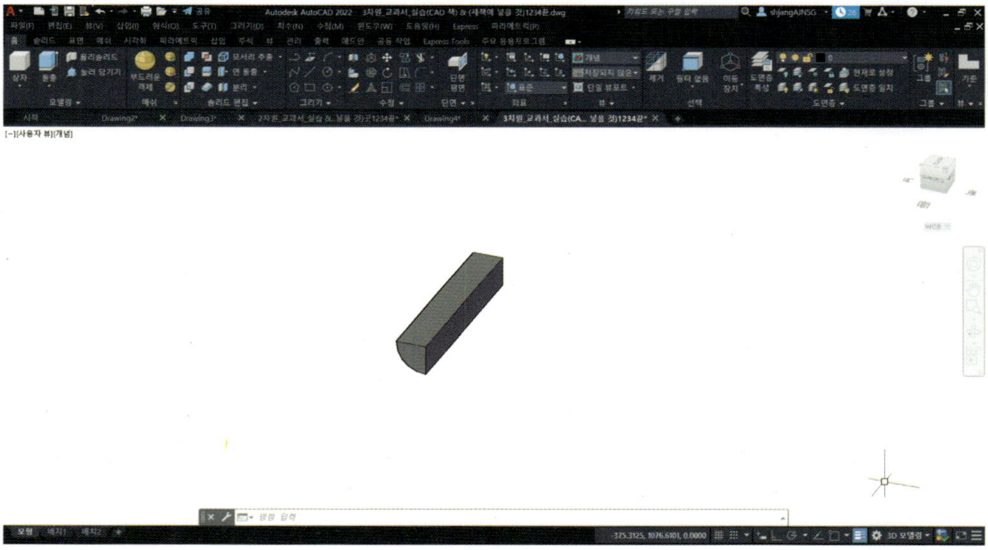

### 3.6.3 간섭_INTERFERENCE

선택한 두 3D 솔리드 세트 사이에서 서로 간섭하고 있는 부분에 대한 3D 솔리드를 작성한다. 이는 교차 체적을 나타내는 임시 3D 솔리드로서 간섭이 강조 표시된다.

▶ 명령어 선택

| 간섭확인 | 리본메뉴 | [솔리드]탭-솔리드 편집- |
|---|---|---|
| | 메뉴막대 | [수정]-3D 작업-간섭검사 |
| | 명령어 | INTERFERE |

**예** 상자와 원통의 간섭 상황을 체크하기

명령 : _interfere Enter↵
첫 번째 객체 집합 선택 : (상자 객체 선택)
두 번째 객체 집합 선택 : (원통 객체 선택)
두 번째 객체 집합 선택 또는 〈검사〉 : Enter↵

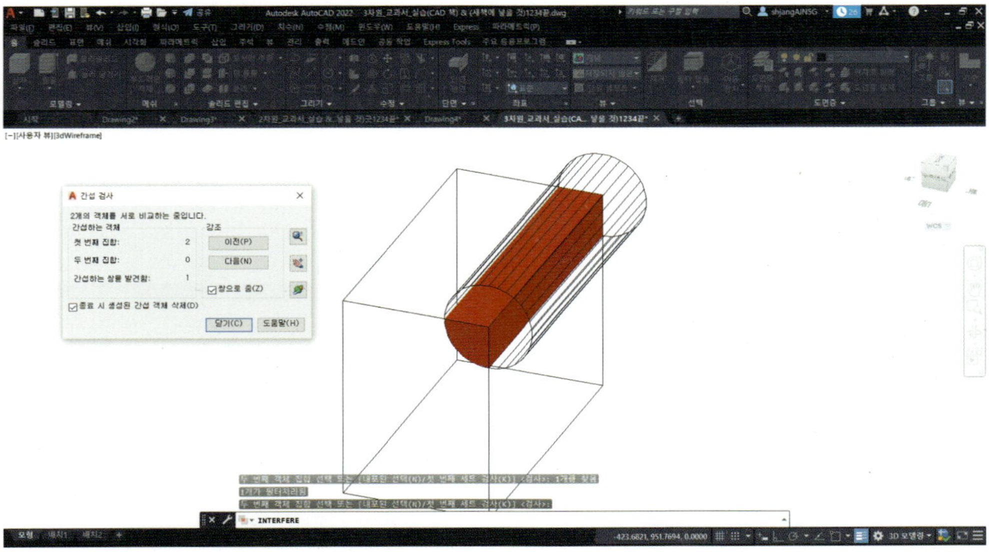

### 3.6.4 합집합_UNION

| 합집합 | 리본메뉴 | [솔리드]탭-솔리드 편집-합집합 |
|---|---|---|
| | 명령어 | UNION |

**예** 상자와 원통의 합집합 만들기(상자와 원통이 완전히 한 덩어리(일체)가 됨)

명령 : union Enter

객체 선택 : 반대 구석 지정 : 2개를 찾음 (상자와 원통 선택)

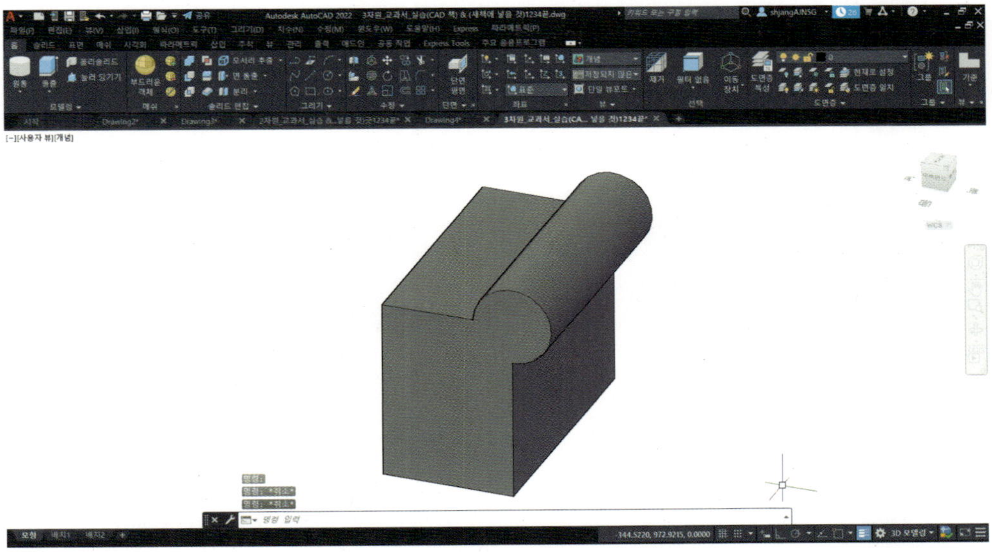

### 3.6.5 모서리 추출_XEDGES

모서리 추출이란 3D 솔리드, 표면 등으로부터 와이어프레임 형상을 작성하는 것을 말한다.

| 모서리 추출 | 리본메뉴 | [솔리드]탭-솔리드 편집-모서리 추출 |
|---|---|---|
| | 메뉴막대 | [수정]-3D 작업-모서리 추출 |
| | 명령어 | XEDGES |

a) 상자와 원통의 합집합으로부터 모서리 추출하기

b) 속이 십자형으로 뚫린 구에서 모서리 추출하기

명령 : _xedges Enter

객체 선택 : 1개를 찾음

객체 선택 : Enter (또는 오른 쪽 마우스, 모서리들이 하이라이트로 나타남.)

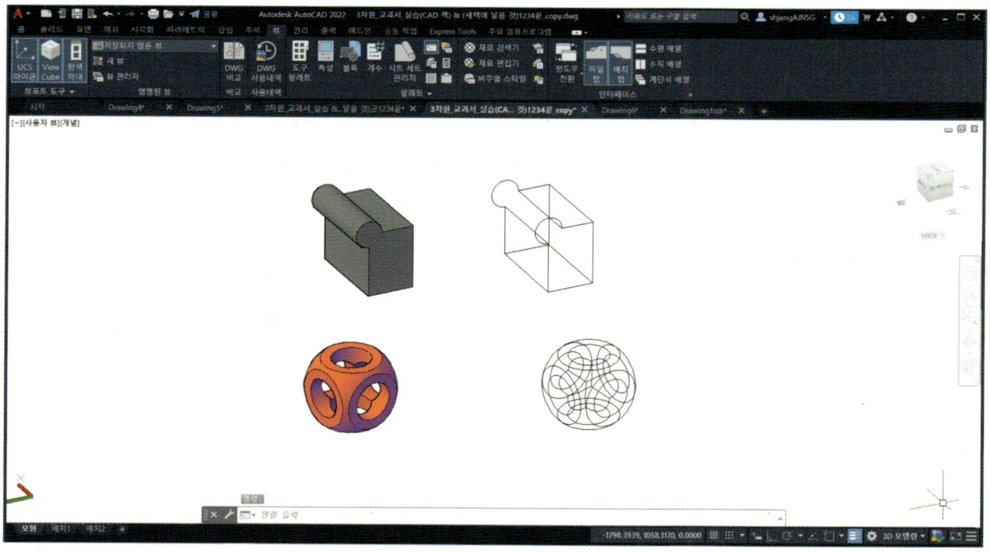

### 3.6.6 슬라이스_SLICE

슬라이스란 기존 객체를 슬라이스하거나, 분할하여 새로운 3D 솔리드 또는 표면을 작성하는 것을 말한다.

| 슬라이스 | 리본메뉴 | [솔리드]탭-솔리드 편집- |
|---|---|---|
| | 메뉴막대 | [수정]-3D작업-슬라이스 |
| | 명령어 | SLICE |

명령 : _slice Enter

슬라이스할 객체 선택 : (상자 선택)

슬라이싱 평면의 시작점 지정〈3점〉 : (상자 위의 임의의 첫 번째 꼭짓점을 지정)

(3점을 지정하여 3점이 이루는 면을 절단 평면으로 사용함)

평면 위의 두 번째 점 지정 : (상자 위의 임의의 두 번째 꼭짓점을 지정)

평면 위의 두 번째 점 지정 : (상자 위의 임의의 세 번째 꼭짓점을 지정)

원하는 면 위의 점 지정 또는 [양쪽 면 유지(B)] 〈양쪽(B)〉 : Enter

단, 남기고자 하는 면 위의 임의의 점을 지정하면, 양쪽 면이 모두 유지되지 아니하고, 지정한 면만 남겨두고 나머지 면은 삭제된다.

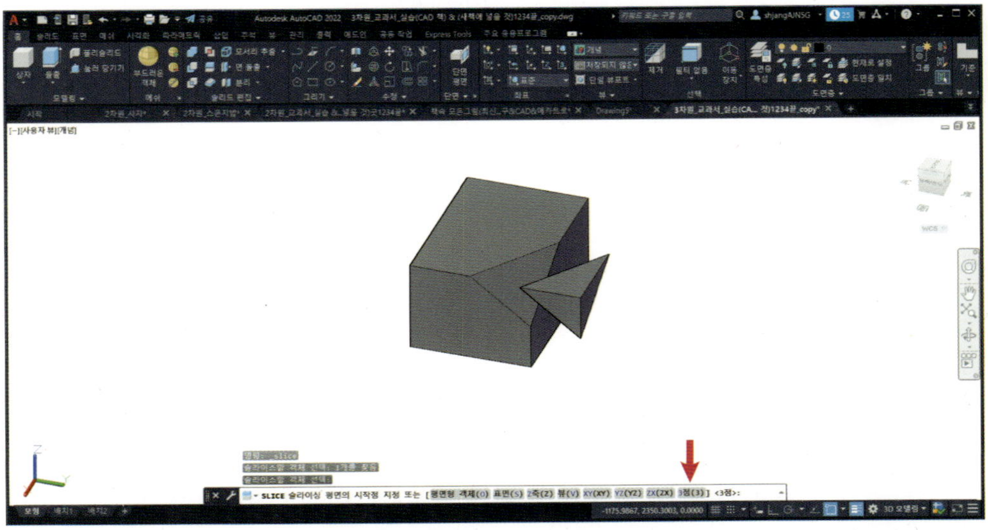

[3점이 이루는 면을 절단 평면으로 사용하기]

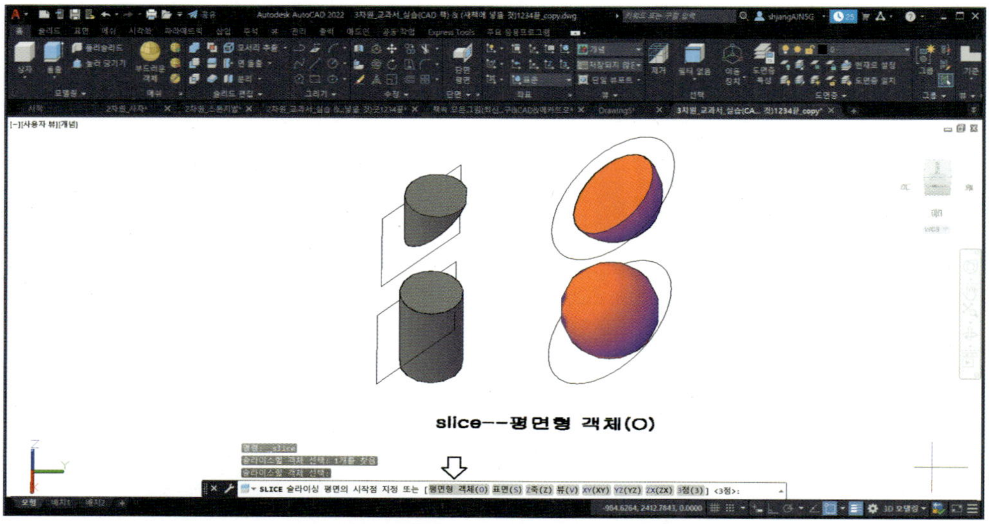


[평면형 객체를 절단 평면으로 사용하기]

### 3.6.7 3D 이동_3DMOVE

3D 뷰에서, 3D 객체를 지정된 거리와 방향에 따라 이동하는 데 사용하는 3D 이동 명령어이다.

**▶ 명령어 선택**

| | | |
|---|---|---|
| 3D 이동 | 리본메뉴 | [홈]탭-[수정]패널- |
| | 메뉴막대 | [수정]-3D작업-3D이동 |
| | 명령어 | 3DMOVE |

**예 이동 명령을 이용하여 상자(객체) 옮기기**

명령 : _3dmove Enter↵
객체 선택 : 1개를 찾음
객체 선택 : Enter↵
기준점 지정 : (커서를 이용하여 이동시키고자하는 방향(예, y축)을 클릭지정)
이동점 지정 : (희망하는 이동 지점 클릭)

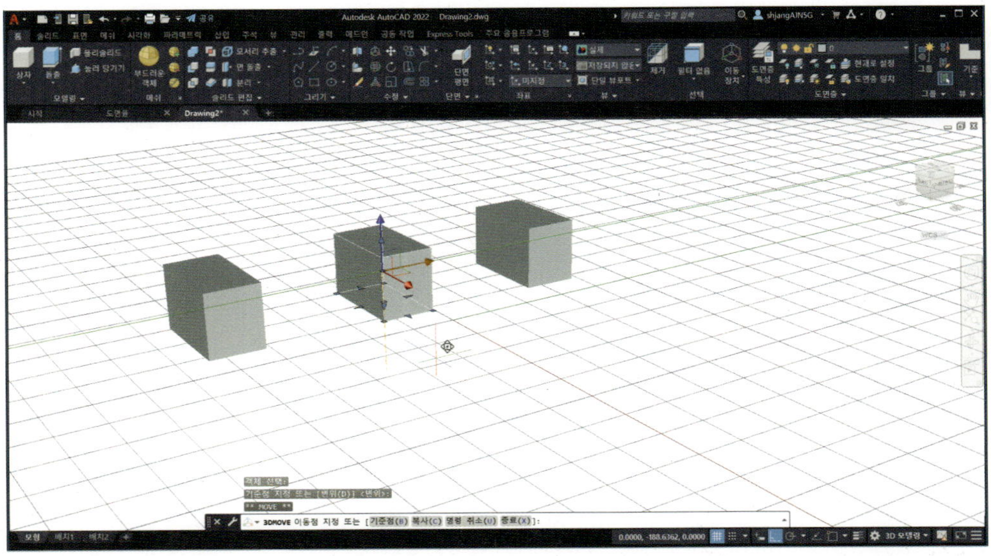

### 3.6.8 3D 회전_3DROTATE

3D 뷰에서, 3D 객체를 기준점에 따라 회전하는 데 유용한 3D 회전 명령어이다.

**명령어 선택**

| | | |
|---|---|---|
| 3D 회전 | 리본메뉴 | [홈]탭-[수정]패널- |
| | 메뉴막대 | [수정]-3D작업-3D회전 |
| | 명령어 | 3DROTATE |

**예** 회전 명령을 이용하여 피라미드(객체) 돌리기

명령 : _3drotate Enter

객체 선택 : 1개를 찾음

객체 선택 : Enter

기준점 지정 : (기준점으로 원추의 꼭짓점 지정)

회전축 선택 : (커서를 이용하여 회전축(예, x축)을 클릭 지정)

각도 시작점 지정 또는 각도 입력 : 90 Enter (90도 회전)

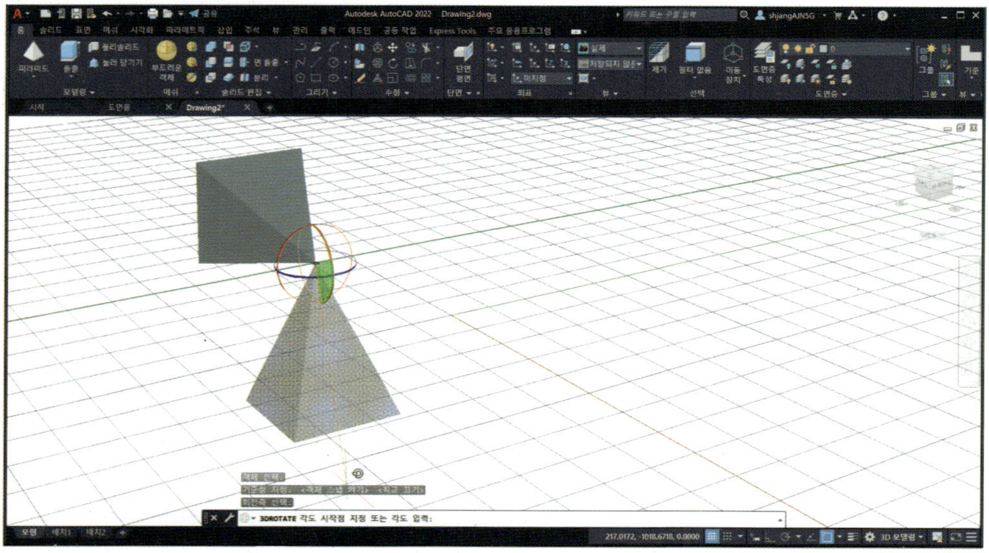

### 3.6.9 3D 모깍기_FILLETEDGE 및 3D 모따기_CHAMFEREDGE

솔리드의 모서리를 지정된 반지름 값을 이용 둥글게 만들거나, 지정된 거리 만큼 모따기 하기 위한 명령어이다.

▶ 명령어 선택

| 3D 모깍기 | 리본메뉴 | [솔리드]탭-[솔리드 편집]패널- |
|---|---|---|
| | 명령어 | FILLETEDGE |

| 3D 모따기 | 리본메뉴 | [솔리드]탭-[솔리드 편집]패널- |
|---|---|---|
| | 명령어 | CHAMFEREDGE |

**예** 상자의 3D 모깍기 및 모따기

명령 : _FILLETEDGE Enter
반지름 = 100.0

명령 : _CHAMFEREDGE Enter
거리1 = 100.0, 거리2 = 100.0

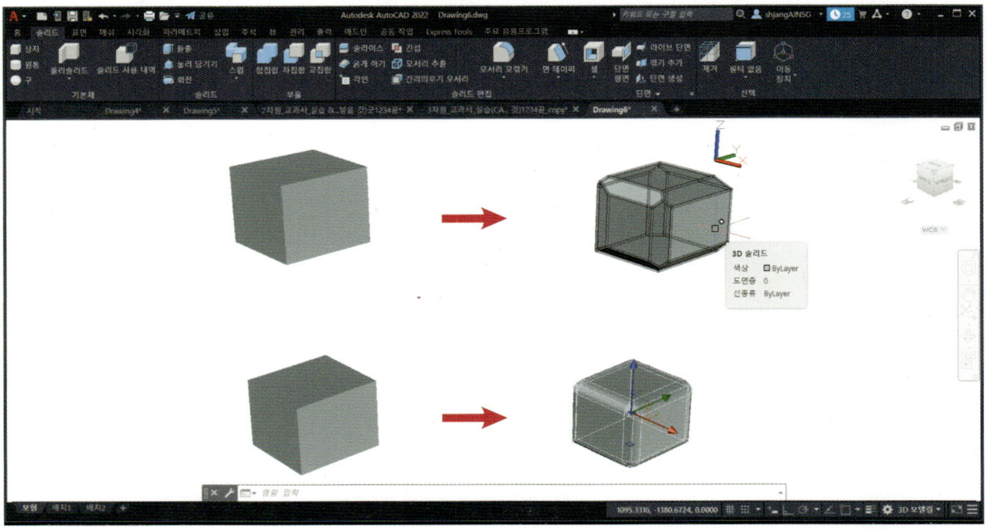

## 3.7 부드러운 객체_MESHSMOOTH

솔리드, 폴리곤 메쉬, 표면 등의 3D 객체를 메쉬 객체로 변환하고, 부드럽게 하기 위한 명령어이다.

▶ 명령어 선택

| 원형배열 | 리본메뉴 | [홈]탭-[메쉬]패널-부드러운 객체( ) |
|---|---|---|
| | 명령어 | MESHSMOOTH |

예 더 부드럽게하기( )

메쉬 객체의 부드럽기 정도를 한 레벨 높임.

명령 : MESHSMOOTHMORE Enter

예 덜 부드럽게하기( )

메쉬 객체의 부드럽기 정도를 한 레벨 낮춤.

명령 : MESHSMOOTHLESS Enter

## 예 메쉬 정련( )

선택한 메쉬 객체 또는 메쉬의 면 수를 늘림.

명령 : MESHREFINE Enter↵

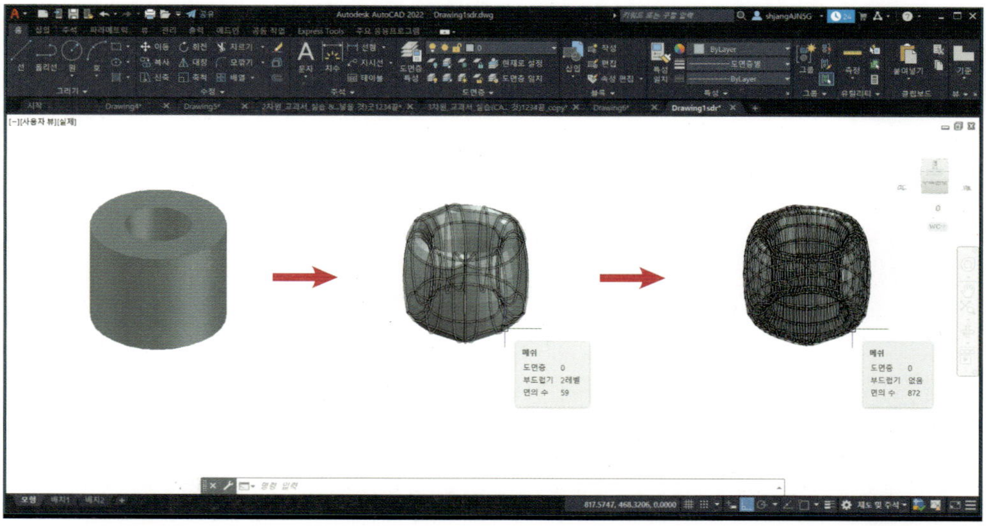

## 3.8 3D 대칭_MIRROR3D

대칭 평면에서 선택한 3D 객체의 대칭 사본을 작성한다.

**명령어 선택**

| | | |
|---|---|---|
| 대칭 | 리본메뉴 | [홈]탭-[수정]패널- |
| | 메뉴막대 | [수정]-대칭 |
| | 명령어 | MIRROR |

**예** 상자, 구, 토러스를 대칭시키기

명령 : _box Enter (상자 그리기)
명령 : _sphere Enter (구 그리기)
명령 : _torus Enter (토러스 그리기)

명령 : _ucs (y축 주변으로 90도 회전)
UCS의 원점 지정 : _y
Y축에 관한 회전 각도 지정 : 90

명령 : _Planesurf Enter (xy평면에 평면형 표면 그리기)

명령 : _mirror3d Enter
객체 선택 : (원통, 원추, 피라미드 선택)
객체 선택 : 총 3개
객체 선택 : Enter
대칭 평면 (3점)의 첫 번째 점 지정〈3점〉 : (평면위의 3점을 차례로 지정)
원본 객체를 삭제합니까? [예(Y)/아니오(N)] 〈N〉 : Enter

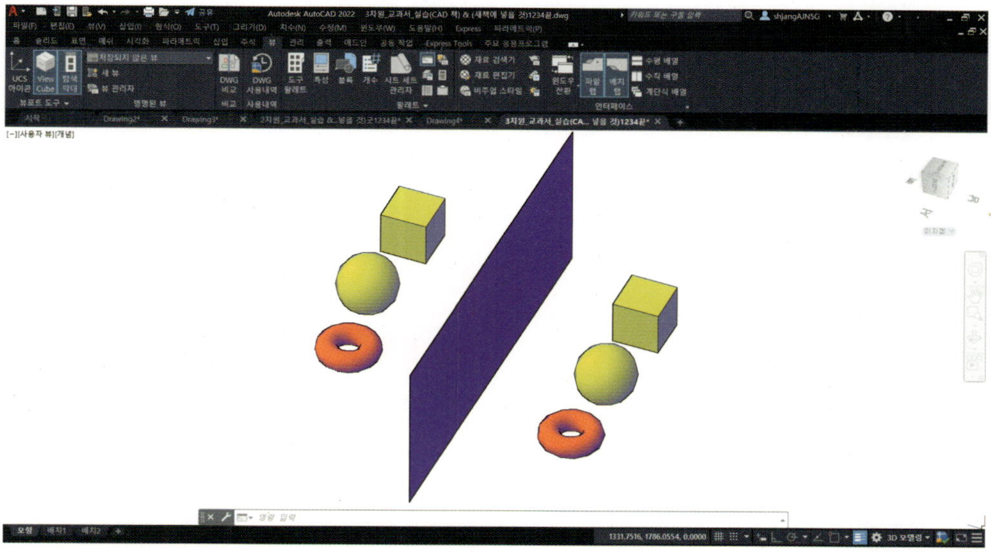

## 3.9 3D 배열_ARRAY

### a) 사각형 배열_ARRAYRECT

객체 사본을 임의의 행, 열 및 레벨 조합으로 균일하게 분산 배열한다(4.13절의 2D 배열 참조).

**명령어 선택**

| | | |
|---|---|---|
| 직사각형 배열 | 리본메뉴 | [홈]탭-[수정]패널-▦ |
| | 메뉴막대 | [수정]-배열-직사각형 배열 ▦ |
| | 명령어 | ARRAYRECT |

명령 : arrayrect Enter

객체 선택 : 1개를 찾음(상자 선택)

열 수 입력 : 4

행 수 입력 : 3

레벨 수 입력 : 10

그립을 선택하여 배열을 편집하거나〈종료〉: Enter

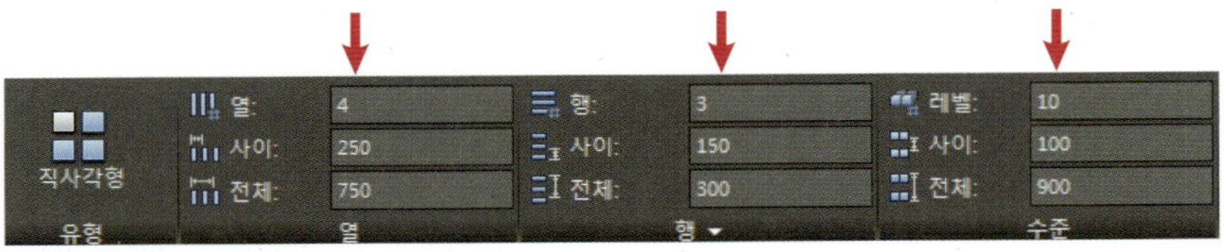

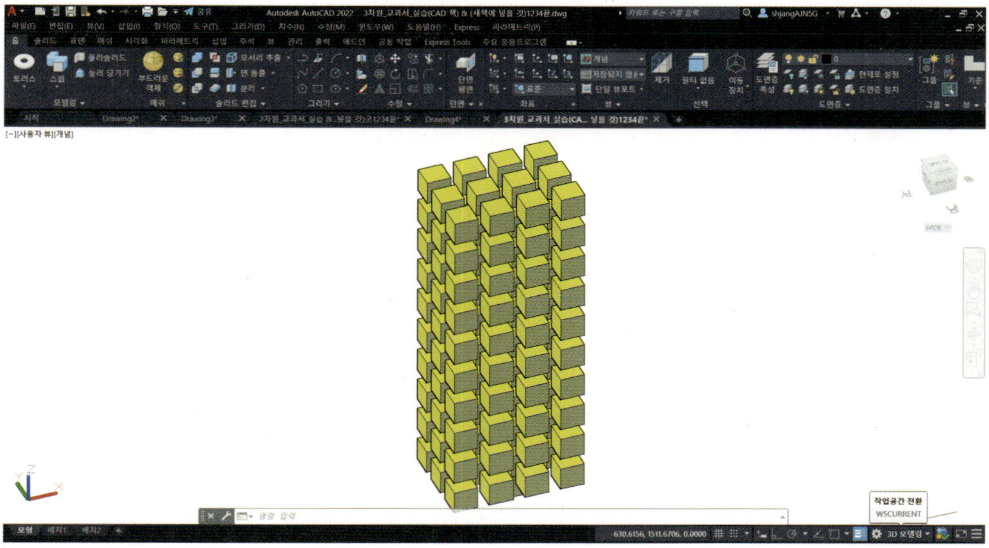

## b) 원형 배열_ARRAYPOLAR

객체 사본을 중심점 또는 회전축을 기준 삼아 원형 패턴으로 균일하게 분산 배열한다.

### ▶ 명령어 선택

| 원형배열 | 리본메뉴 | [홈]탭-[수정]패널- |
|---|---|---|
| | 메뉴막대 | [수정]-배열-원형배열 |
| | 명령어 | ARRAYPOLAR |

명령 : arraypolar Enter

객체 선택 : 1개를 찾음(상자 선택)

배열의 중심점 지정 : (희망하는 임의의 점 지정)

배열의 항목 수 입력 : 16

레벨 수 입력 : 10

그립을 선택하여 배열을 편집하거나〈종료〉: Enter

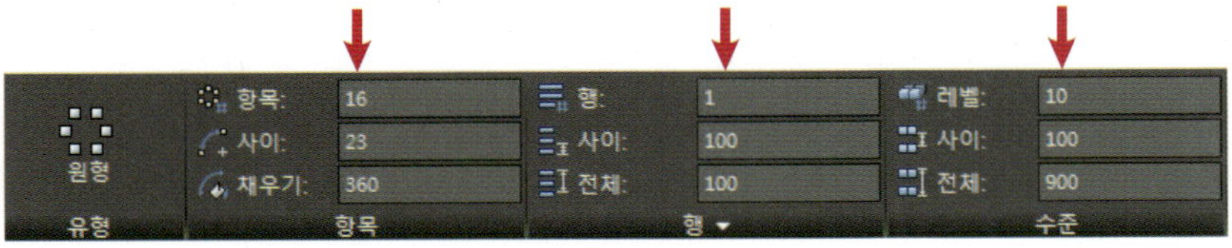
원형
유형
항목: 16
사이: 23
채우기: 360
항목
행: 1
사이: 100
전체: 100
행
레벨: 10
사이: 100
전체: 900
수준

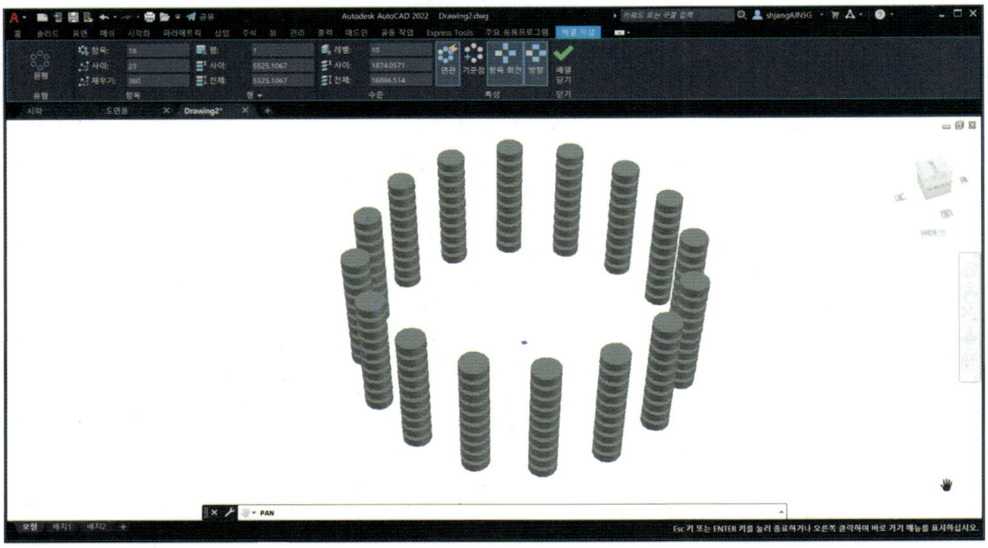
Autodesk AutoCAD 2022 Drawing2.dwg
Express Tools
Drawing2*
PAN

# PART 3

# 도면실습 (AutoCAD Drawing Practice)

## 실습 01 원 그리기

필요 명령어

- LINE (절대좌표, 상대좌표, 극좌표)
- 좌표개념
- UNDO
- ERASE
- CIRCLE (2 POINT, 3POINT, TTR)

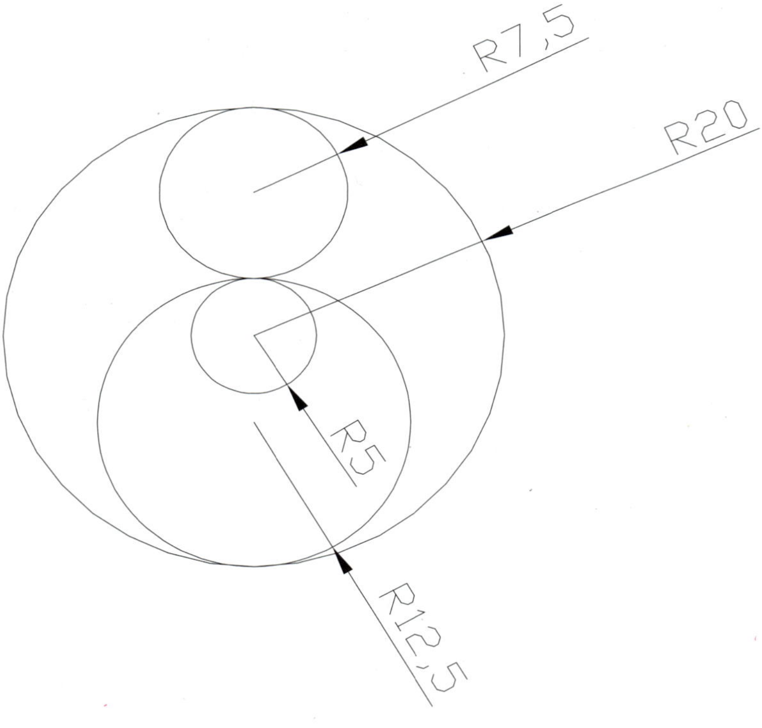

## 실습02 원 그리기

필요 명령어

- LINE (절대좌표, 상대좌표, 극좌표)
- 좌표개념
- UNDO
- ERASE
- CIRCLE (2 POINT, 3POINT, TTR)

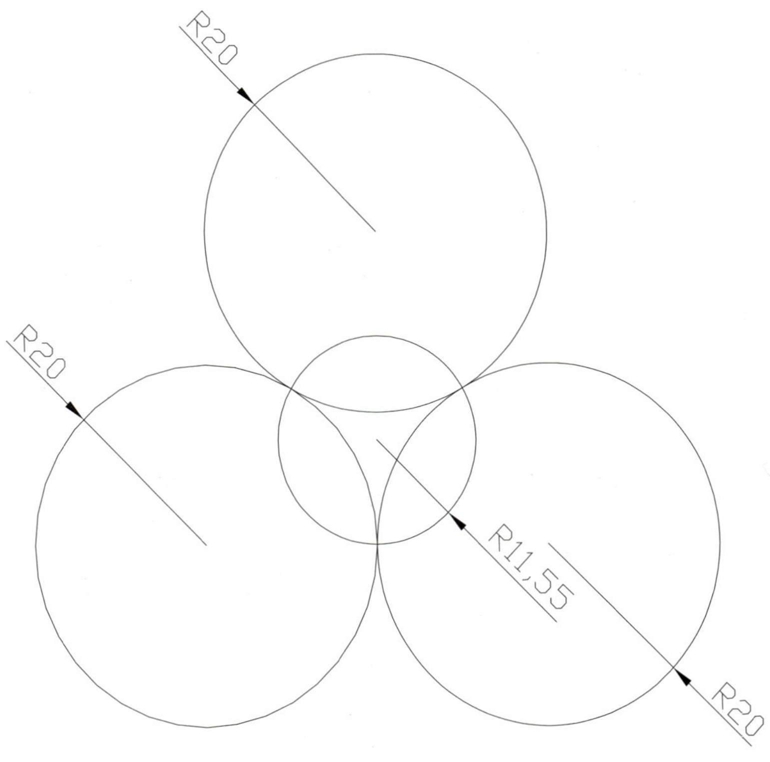

## 실습 03 자르기

필요 명령어

- LINE (절대좌표, 상대좌표, 극좌표)
- 좌표개념
- UNDO
- ERASE
- TRIM
- OFFSET

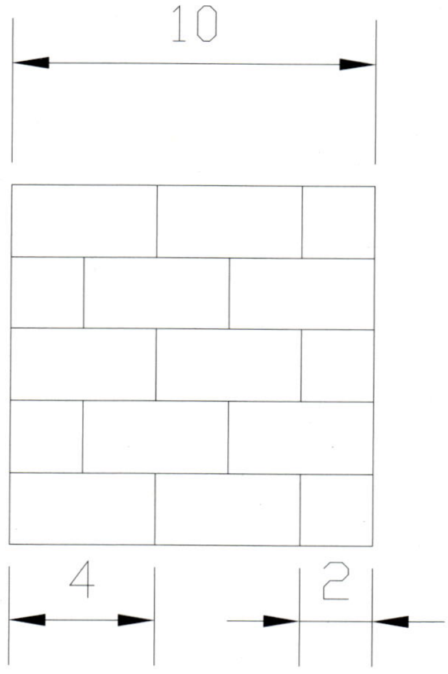

## 실습 04 자르기

**필요 명령어**

- LINE (절대좌표, 상대좌표, 극좌표)
- 좌표개념
- UNDO
- ERASE
- CIRCLE (2 POINT, 3POINT, TTR)
- TRIM

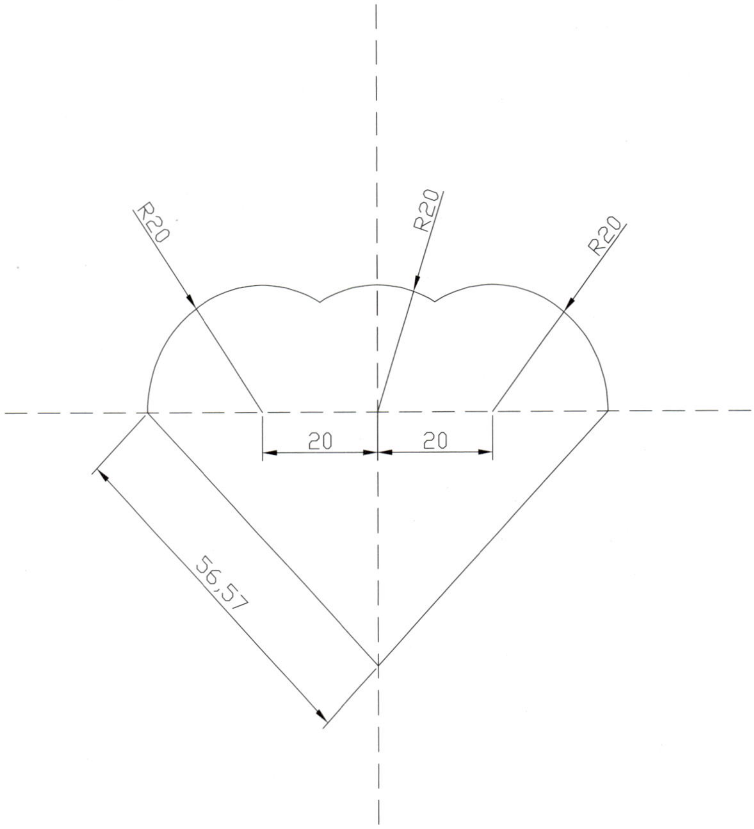

## 실습 05 모깎기

필요 명령어

- LINE (절대좌표, 상대좌표, 극좌표)
- 좌표개념
- UNDO
- ERASE
- FILLET

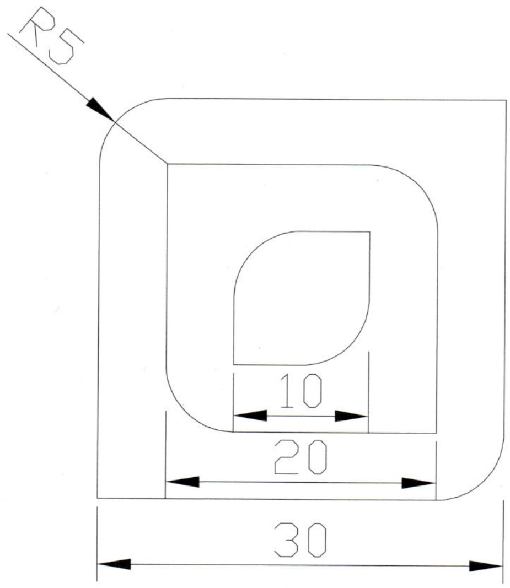

## 실습 06 모따기

**필요 명령어**

- LINE (절대좌표, 상대좌표, 극좌표)
- 좌표개념
- UNDO
- ERASE
- CHAMFER

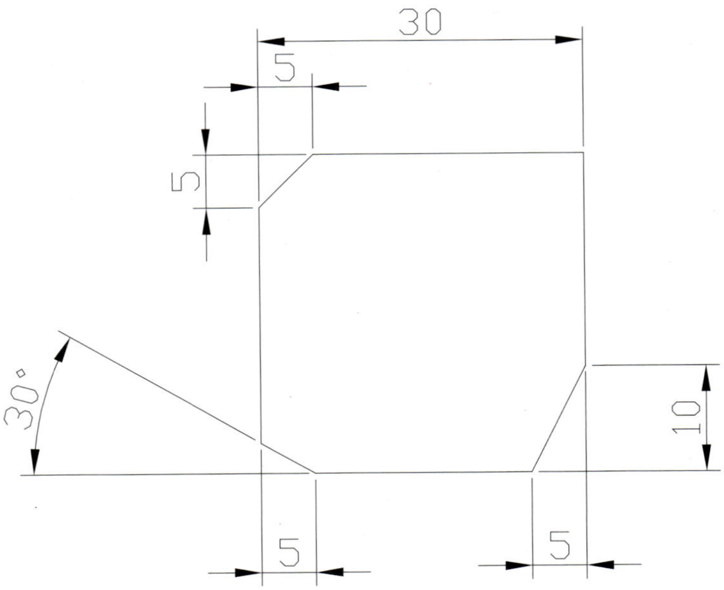

## 실습 07 대칭

필요 명령어

- LINE (절대좌표, 상대좌표, 극좌표)
- 좌표개념
- UNDO
- ERASE
- FILLET
- MIRROR

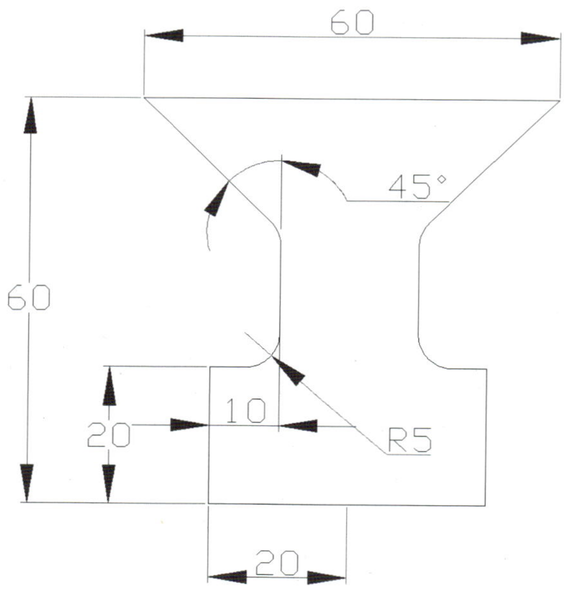

## 실습 08 타원

필요 명령어

- LINE (절대좌표, 상대좌표, 극좌표)
- 좌표개념
- UNDO
- ERASE
- CIRCLE (2 POINT, 3POINT, TTR)
- TRIM
- FILLET
- ELIPSE

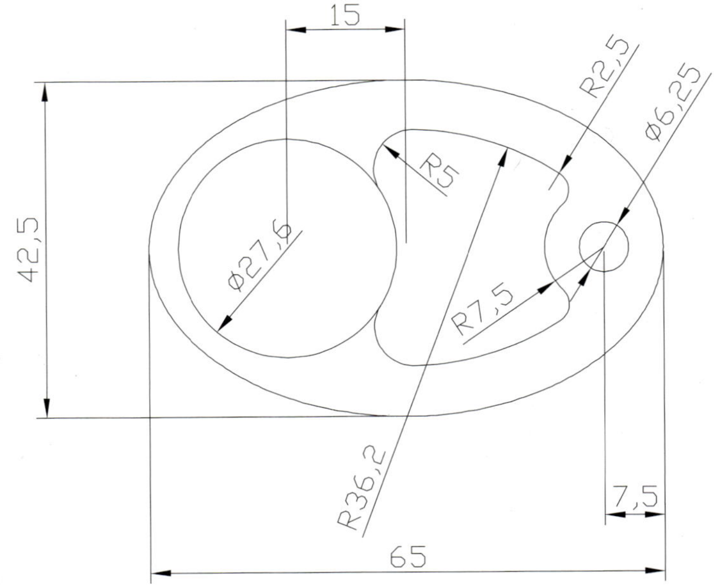

## 실습 09 배열

필요 명령어

- LINE (절대좌표, 상대좌표, 극좌표)
- 좌표개념
- UNDO
- ERASE
- CIRCLE (2 POINT, 3POINT, TTR)
- TRIM
- FILLET
- ARRAY

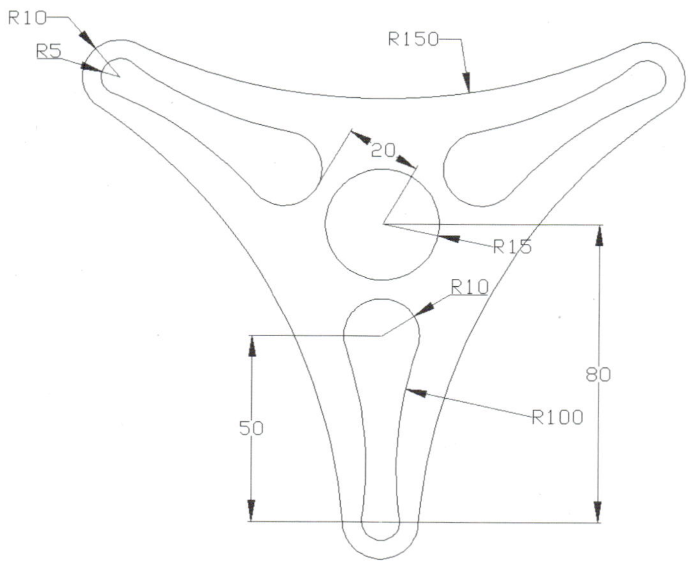

## 실습 10 기본 명령어 연습

**필요 명령어**

- LINE (절대좌표, 상대좌표, 극좌표)
- 좌표개념
- UNDO
- ERASE
- CIRCLE (2 POINT, 3POINT, TTR)
- TRIM
- FILLET
- OSNAP

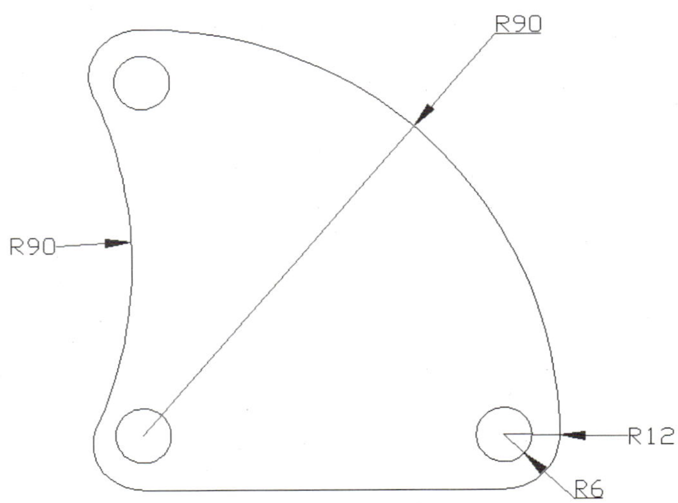

## 실습 11 기본 명령어 연습

필요 명령어

- LINE (절대좌표, 상대좌표, 극좌표)
- 좌표개념
- UNDO
- ERASE
- CIRCLE (2 POINT, 3POINT, TTR)
- TRIM
- FILLET
- OSNAP
- MIRROR
- ARRAY

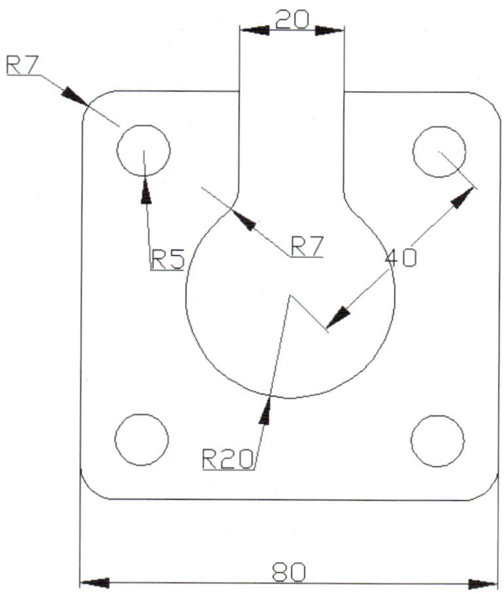

## 실습 12 기본 명령어 연습

필요 명령어

- LINE (절대좌표, 상대좌표, 극좌표)
- 좌표개념
- UNDO
- ERASE
- CIRCLE (2 POINT, 3POINT, TTR)
- TRIM
- OSNAP
- MIRROR
- ARRAY

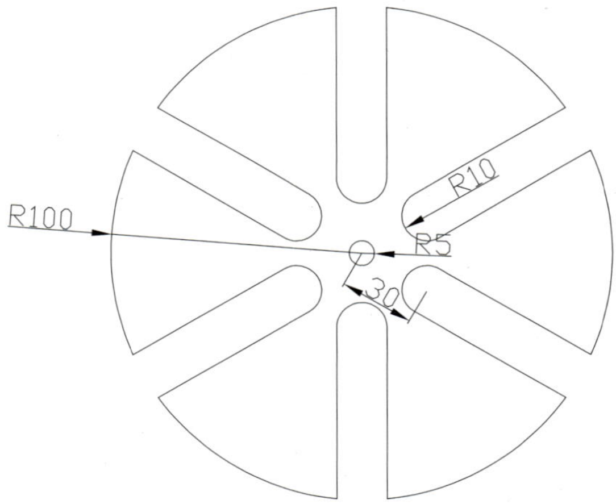

## 실습 13 기본 명령어 연습

필요 명령어

- LINE (절대좌표, 상대좌표, 극좌표)
- 좌표개념
- UNDO
- ERASE
- CIRCLE (2 POINT, 3POINT, TTR)
- TRIM
- FILLET
- ARRAY
- HATCH
- 치수기입

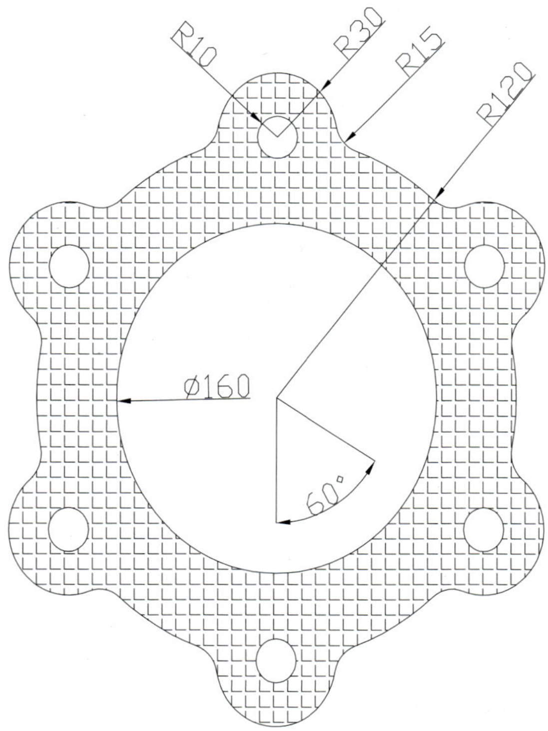

## 실습 14 기본 명령어 연습

필요 명령어

- LINE (절대좌표, 상대좌표, 극좌표)
- 좌표개념
- UNDO
- ERASE
- CIRCLE (2 POINT, 3POINT, TTR)
- TRIM
- FILLET
- OSNAP
- MIRROR

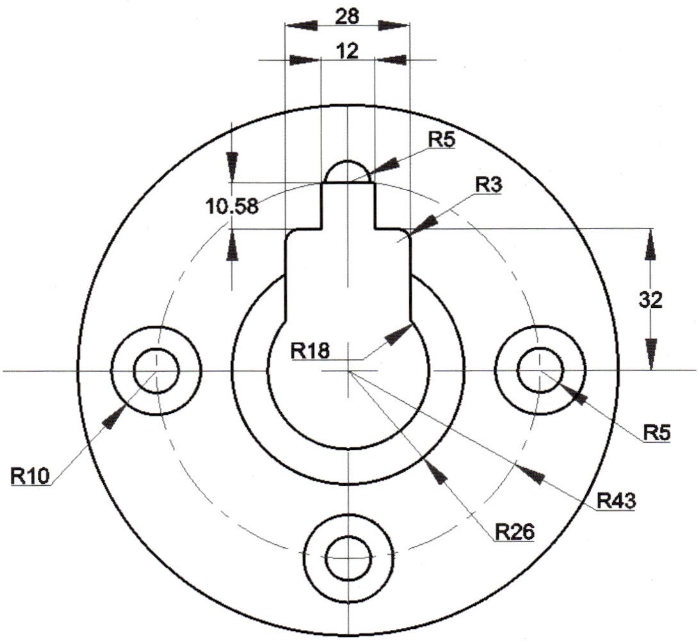

## 실습 15 기본 명령어 연습

필요 명령어

- LINE (절대좌표, 상대좌표, 극좌표)
- 좌표개념
- UNDO
- ERASE
- CIRCLE (2 POINT, 3POINT, TTR)
- TRIM
- FILLET
- ARRAY

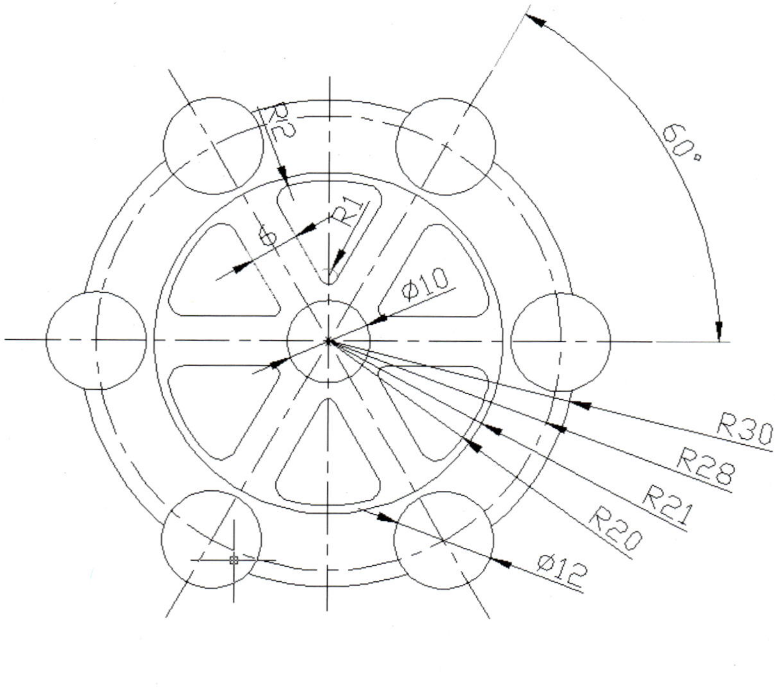

## 실습 16 기본 명령어 연습

필요 명령어

- LINE (절대좌표, 상대좌표, 극좌표)
- 좌표개념
- UNDO
- ERASE
- CIRCLE (2 POINT, 3POINT, TTR)
- TRIM
- OSNAP

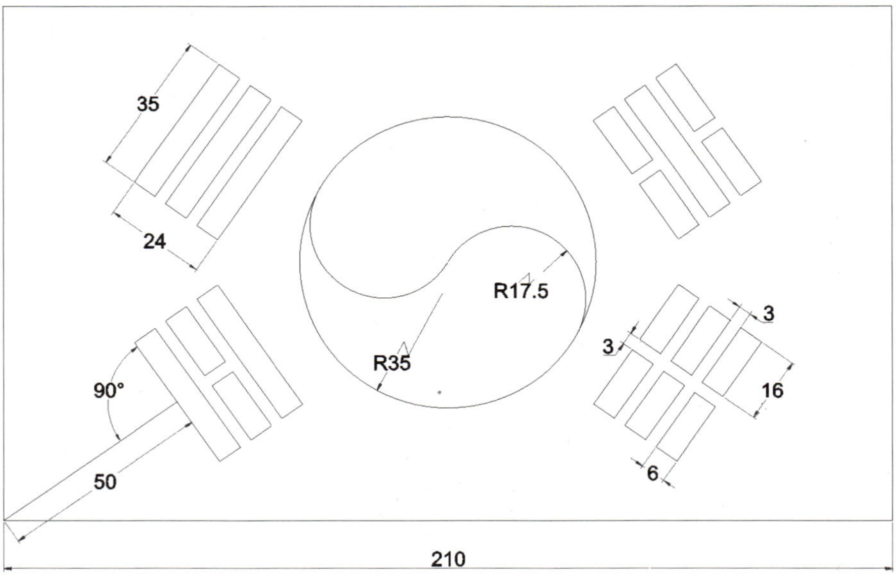

## 실습 17 명령어 연습

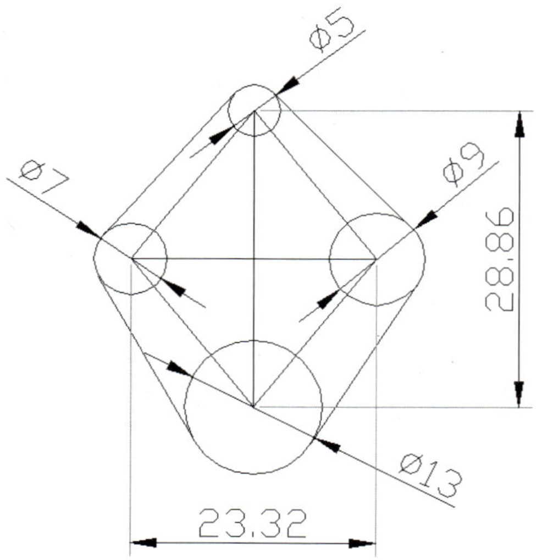


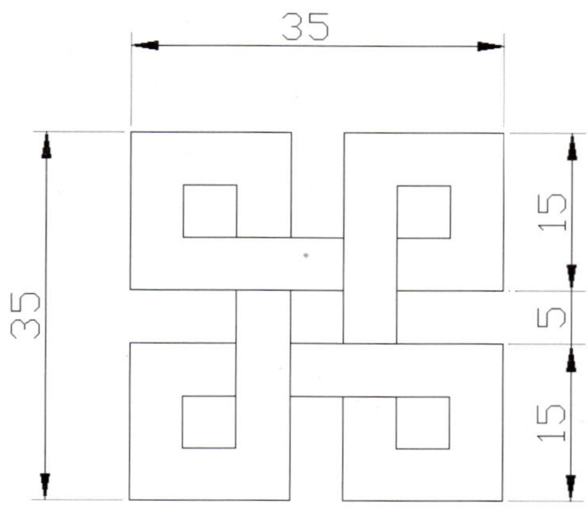

## 실습 18 명령어 연습

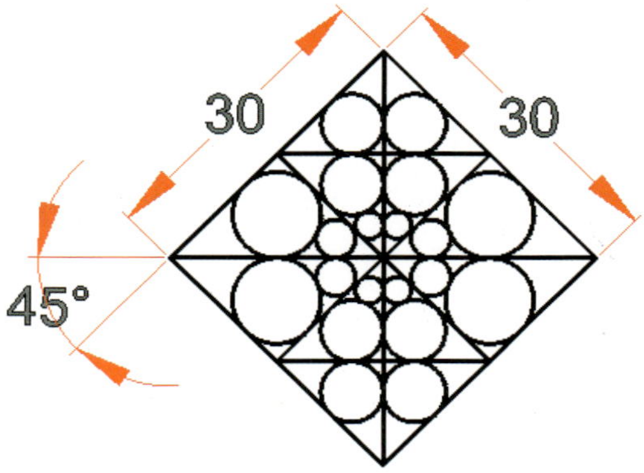


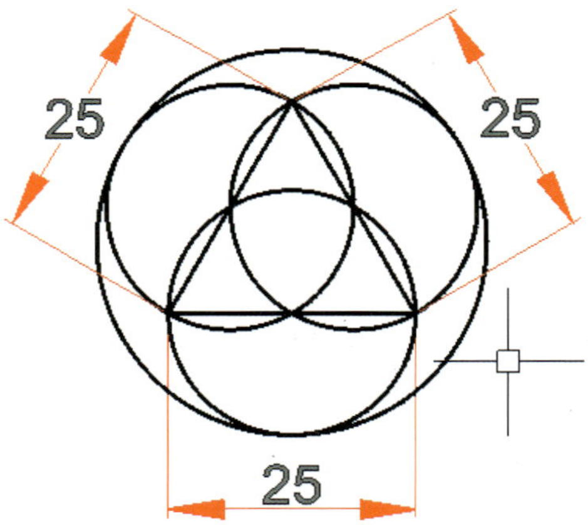

## 실습 19 명령어 연습

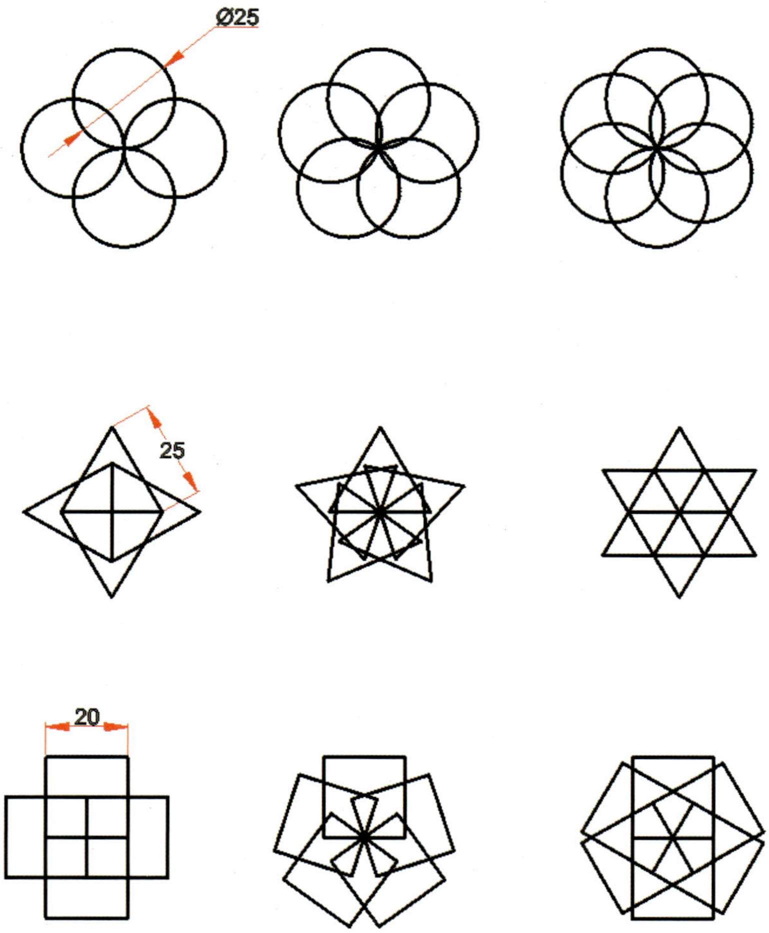

## 실습 20 명령어 연습

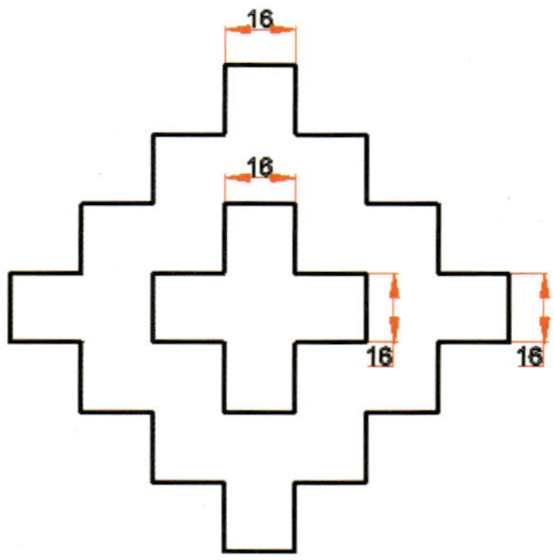


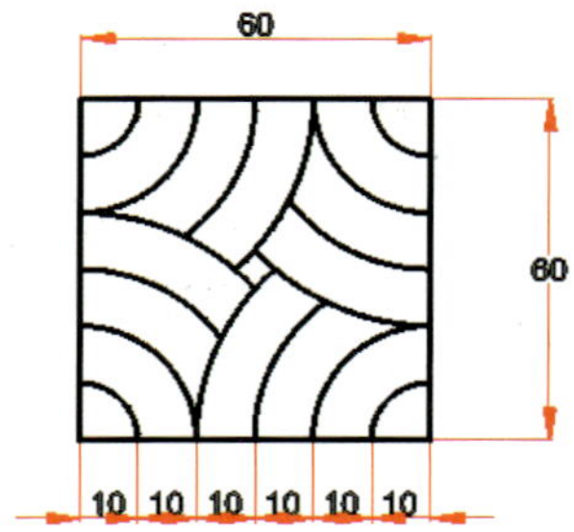


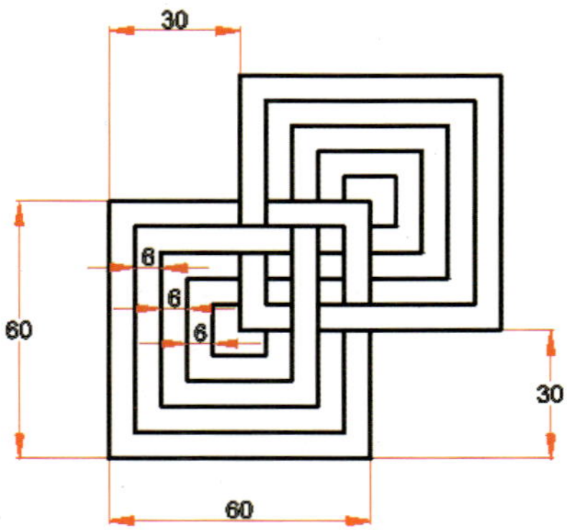


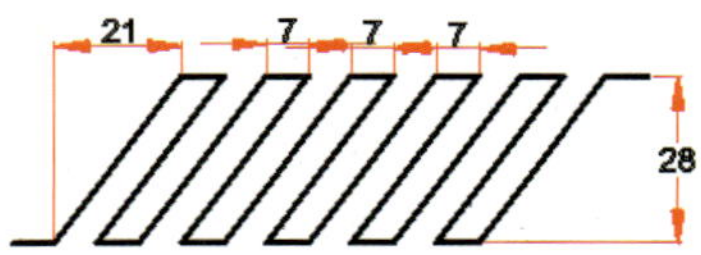

## 실습 21 명령어 연습

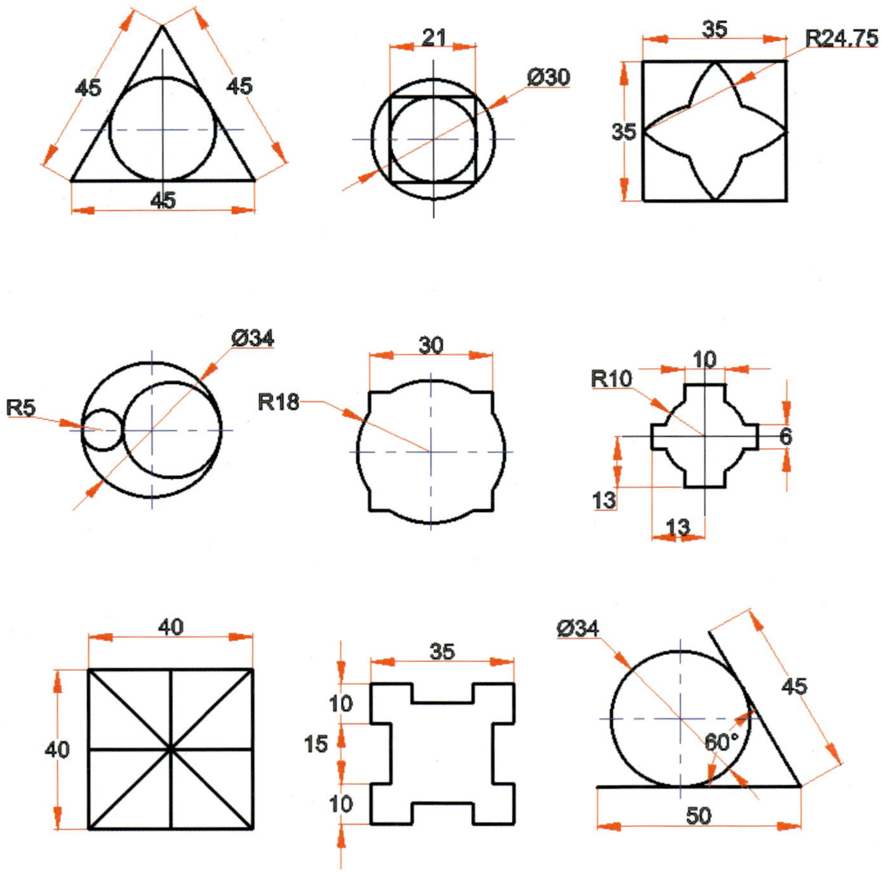
45
45
45
21
Ø30
35
R24.75
35
Ø34
R5
30
R18
10
R10
6
13
13
40
40
35
10
15
10
Ø34
45
60°
50

## 실습 22 명령어 연습

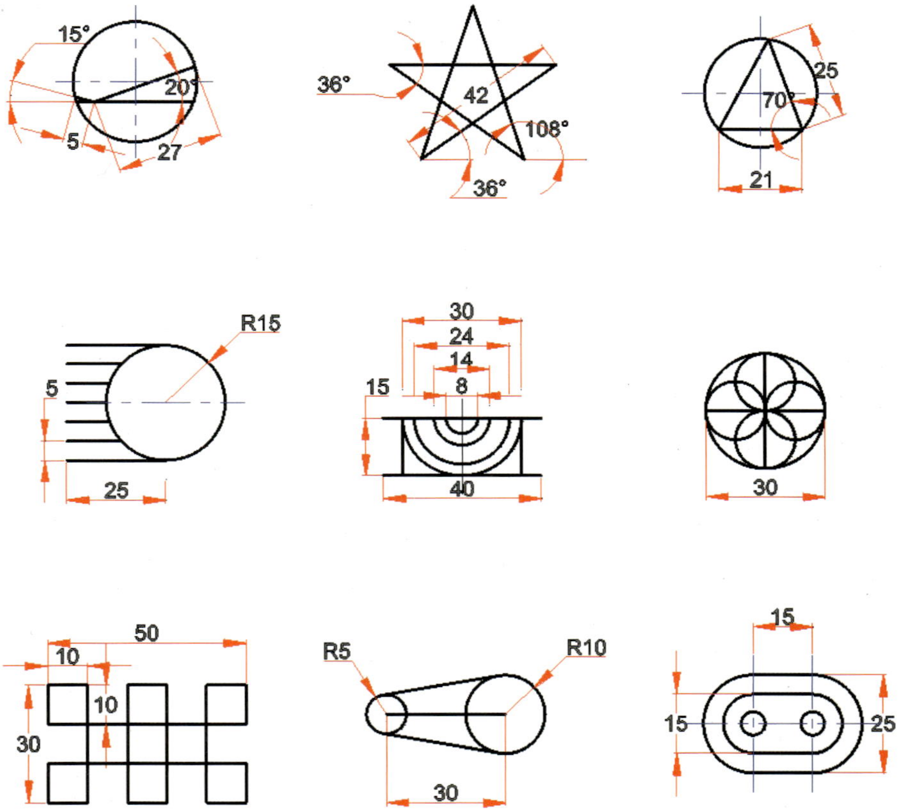
15°
20°
5
27
36°
42
108°
36°
25
70°
21
R15
5
25
30
24
14
8
15
40
30
50
10
10
30
R5
R10
30
15
15
25

## 실습 23 명령어 연습

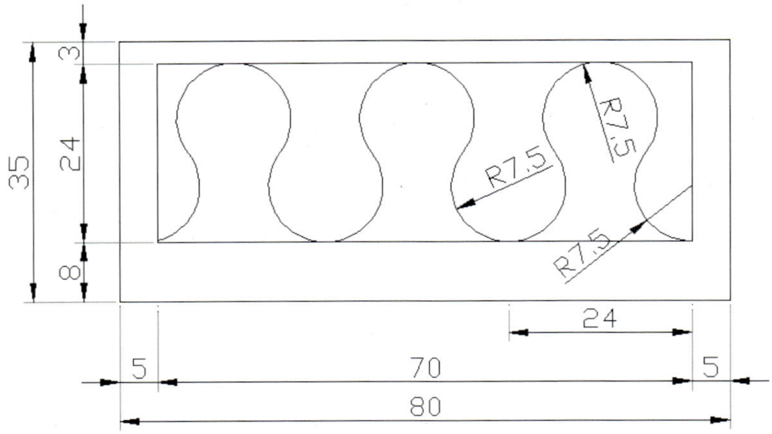

3
24
8
35
R7.5
R7.5
R7.5
24
5
70
5
80


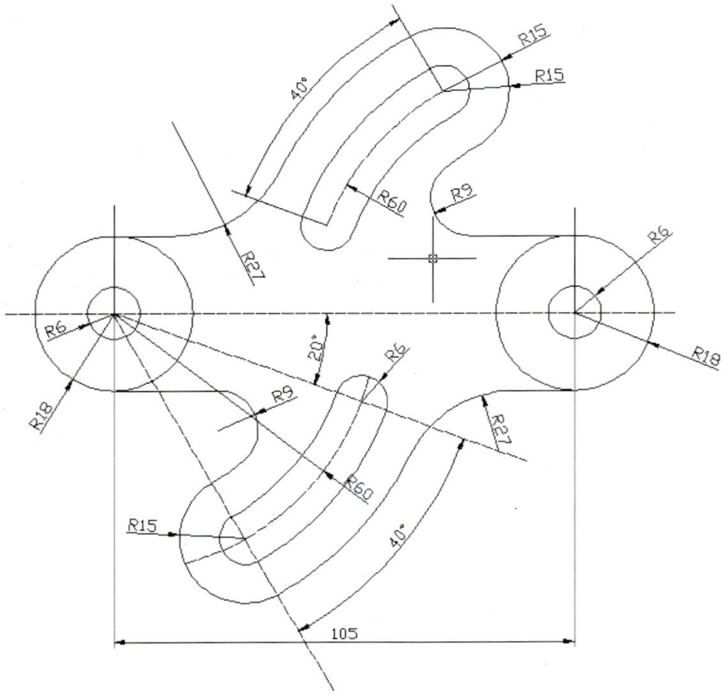

40°
R15
R15
R60
R9
R27
R6
R6
R18
20°
R6
R9
R27
R18
R60
R15
40°
105

# 실습 24 명령어 연습

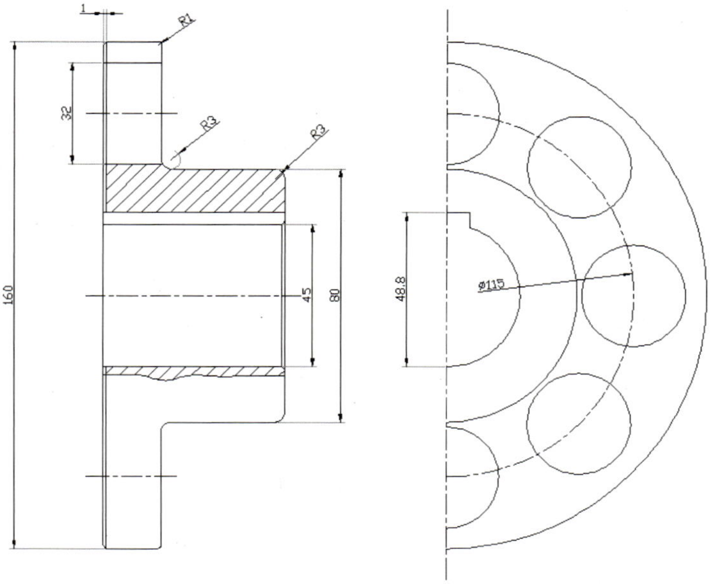


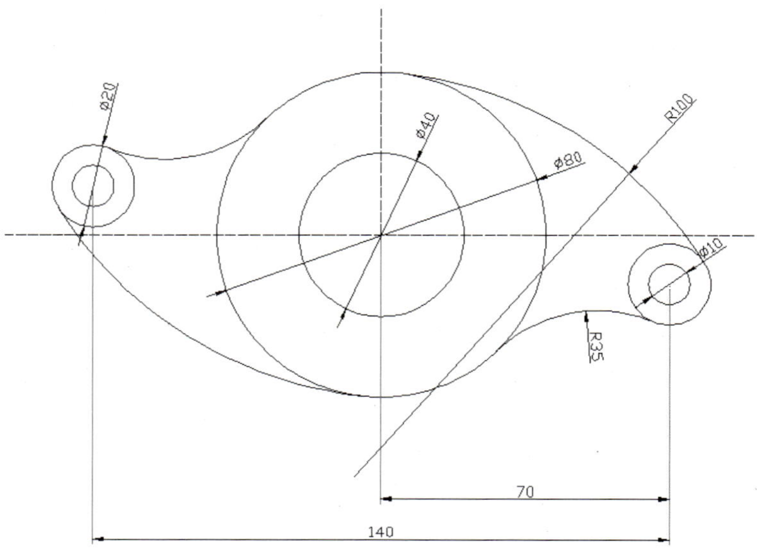

## 실습 25 명령어 연습

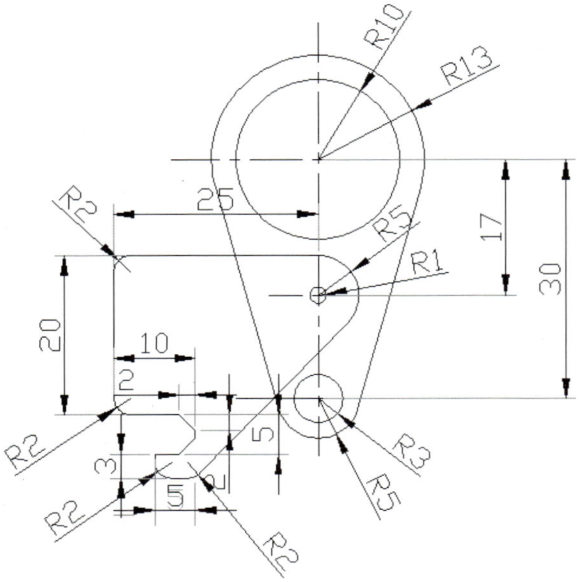
R10
R13
25
R2
R5
R1
17
30
20
10
2
R2
5
3
R3
R2
5
2
R5
R2

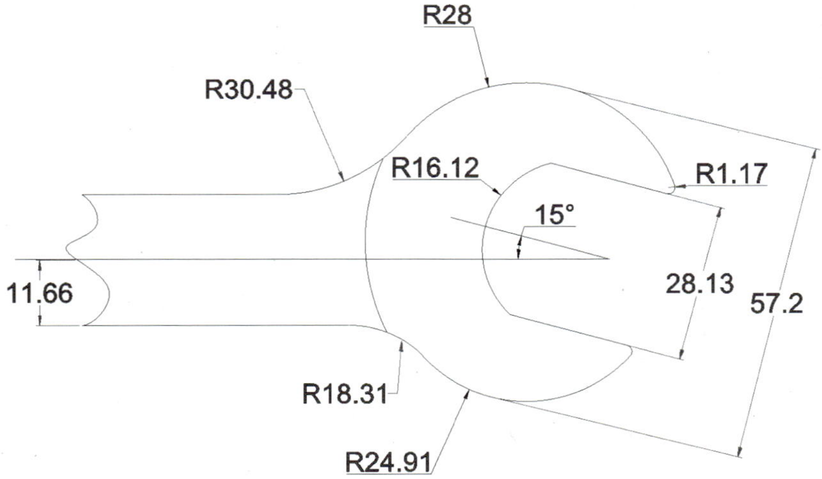
R28
R30.48
R16.12
R1.17
15°
11.66
28.13
57.2
R18.31
R24.91

## 실습 26 명령어 연습(객체들의 크기(치수)는 자유입력)

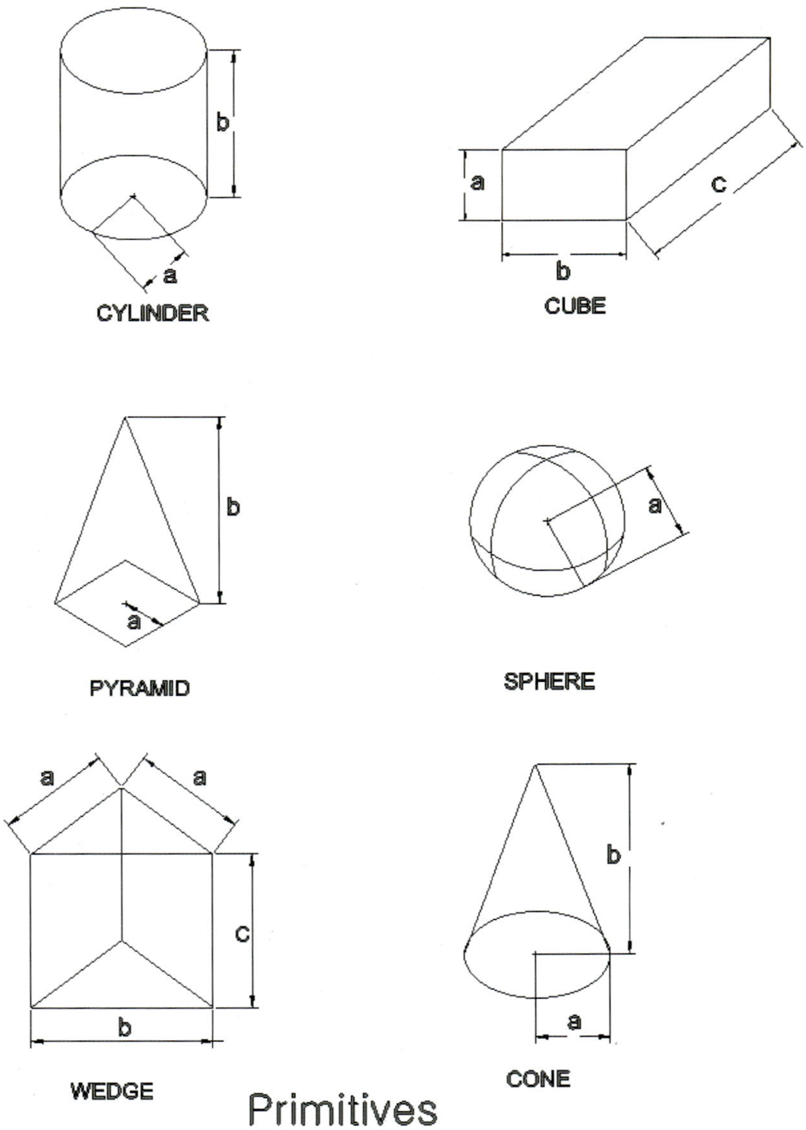

## 실습 27 명령어 연습(객체들의 크기(치수)는 자유입력)

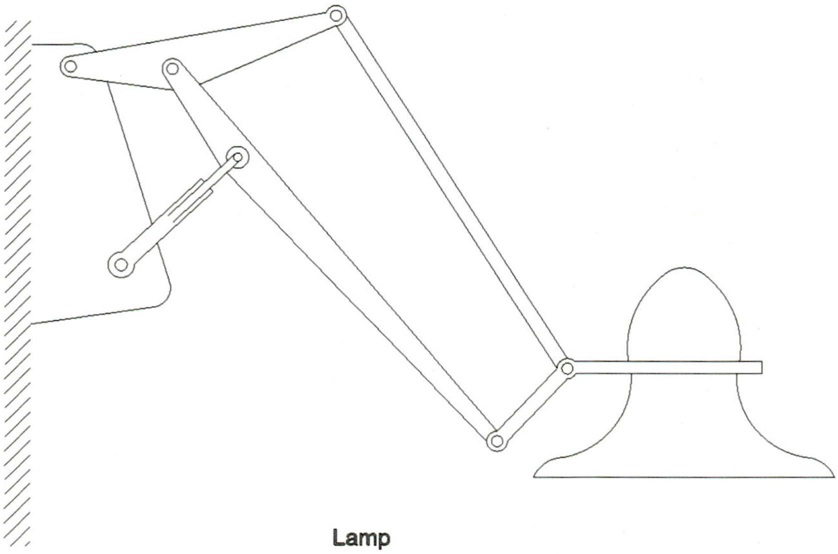

Lamp

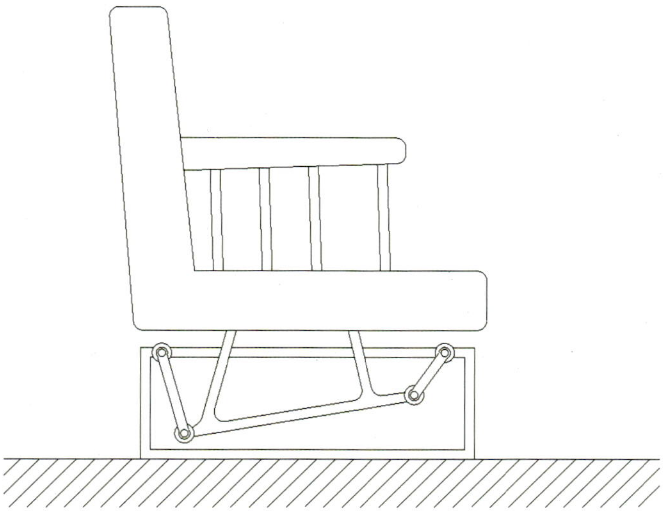

Rocking chair

## 실습 28 명령어 연습(객체들의 크기(치수)는 자유입력)

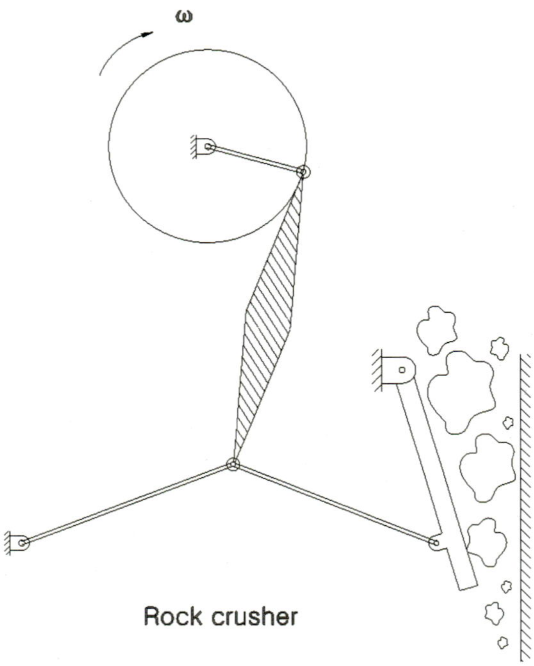


Rock crusher

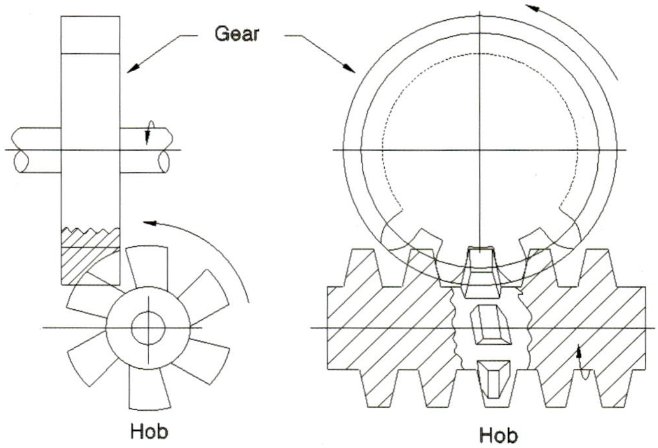


Hobbing machine

## 실습 29 명령어 연습(객체들의 크기(치수)는 자유입력)

Watch mechanism

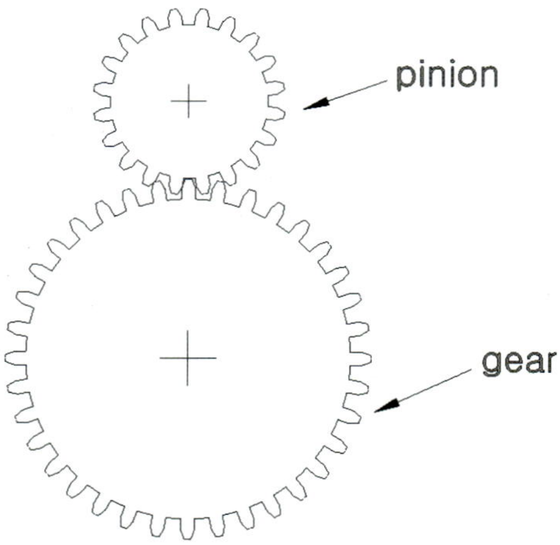


Gear mechanism

## 실습 30 명령어 연습(객체들의 크기(치수)는 자유입력)

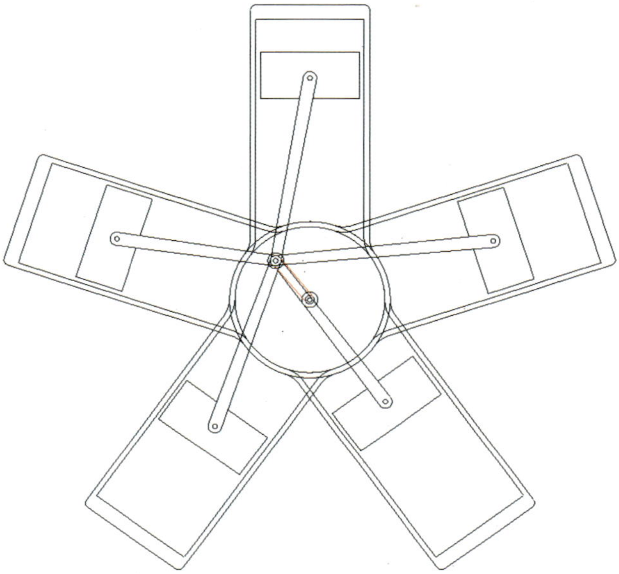

Radial Engine

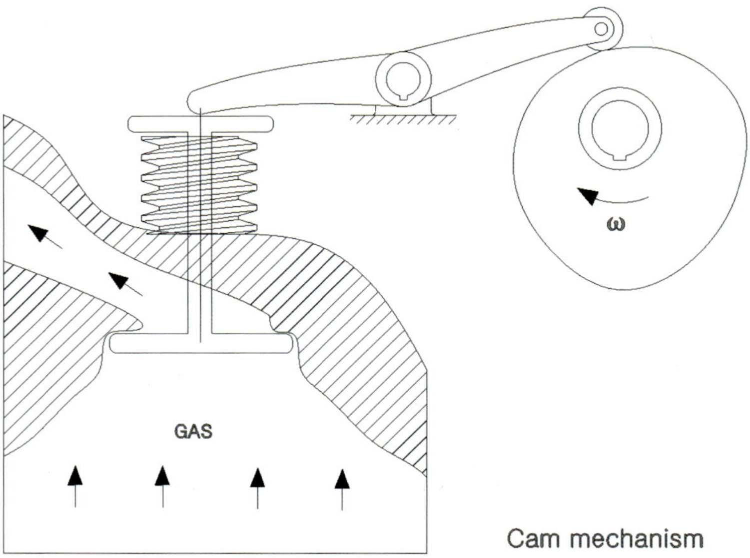


Cam mechanism

## 실습 31 명령어 연습(객체들의 크기(치수)는 자유입력)

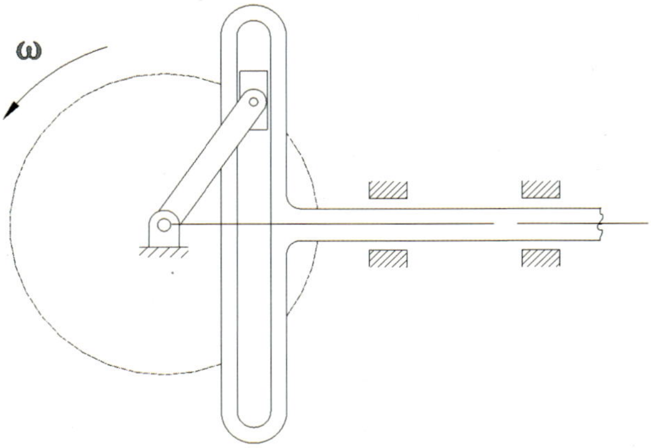


Scotch-Yoke mechanism

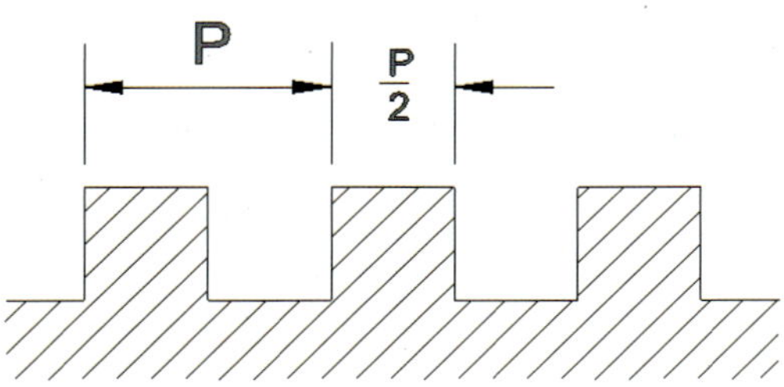


사각나사

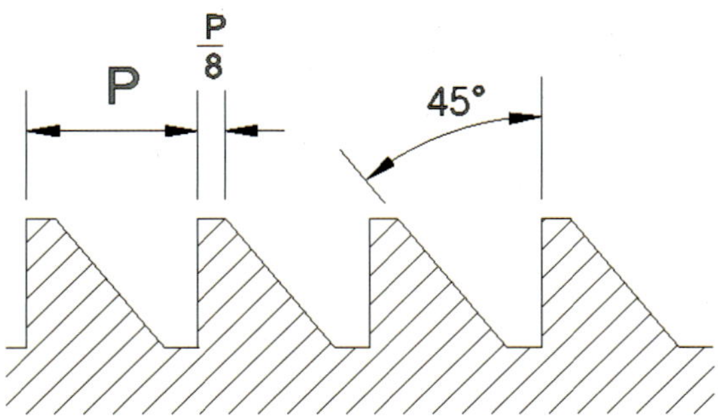


톱니나사

## 실습 32 명령어 연습(객체들의 크기(치수)는 자유입력)

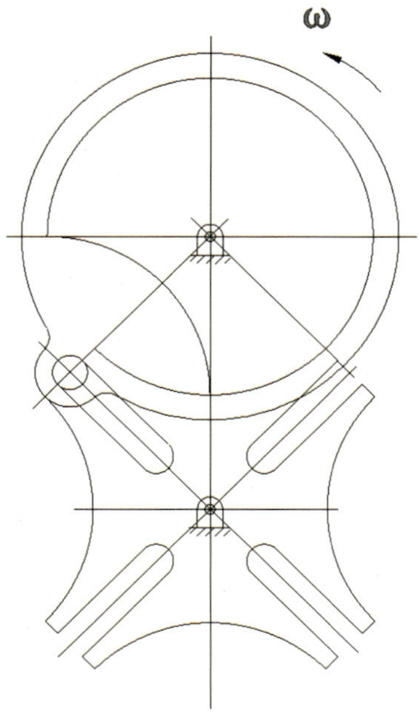


Geneva wheel

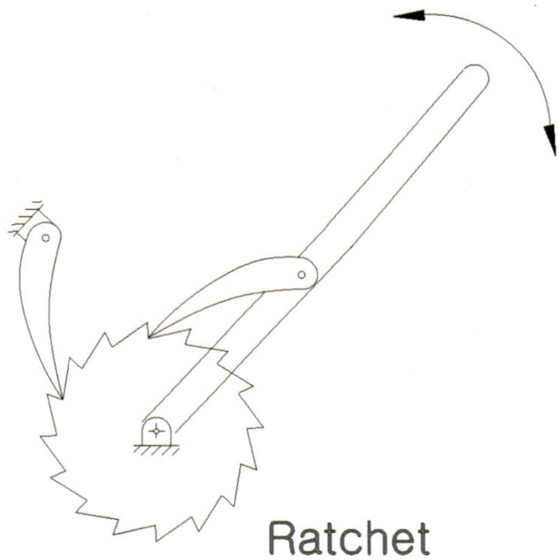

Ratchet

## 실습 33 명령어 연습(객체들의 크기(치수)는 자유입력)

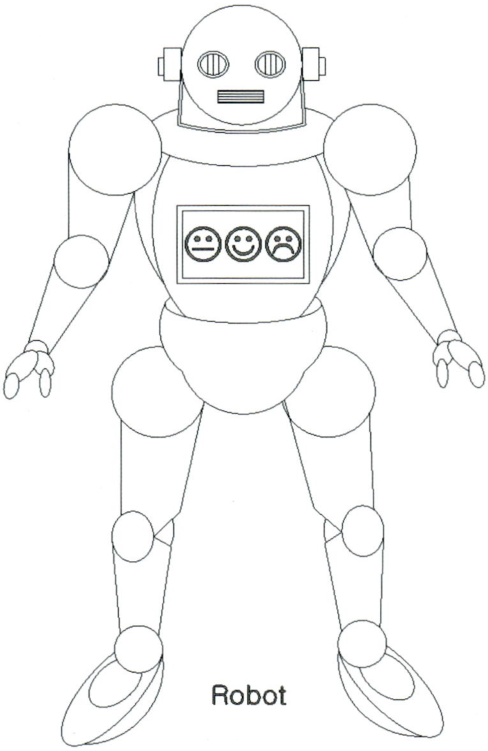


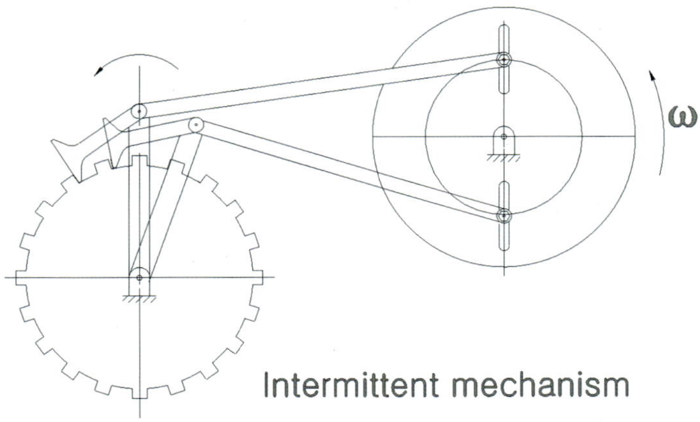

## 실습 34 명령어 연습(객체들의 크기(치수)는 자유입력)

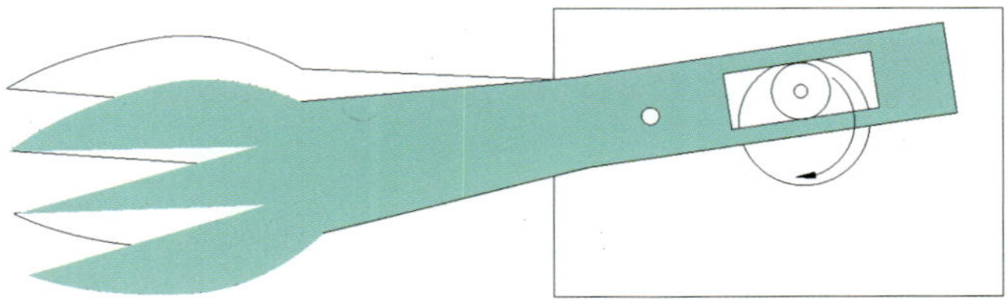

Grass cutter

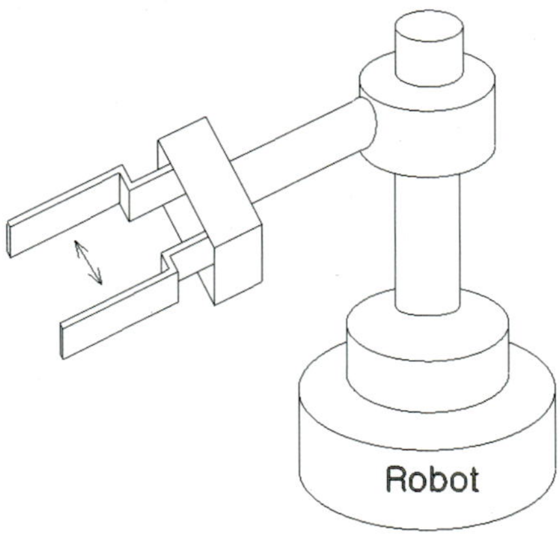

실습 35 **명령어 연습**(객체들의 크기(치수)는 자유입력)

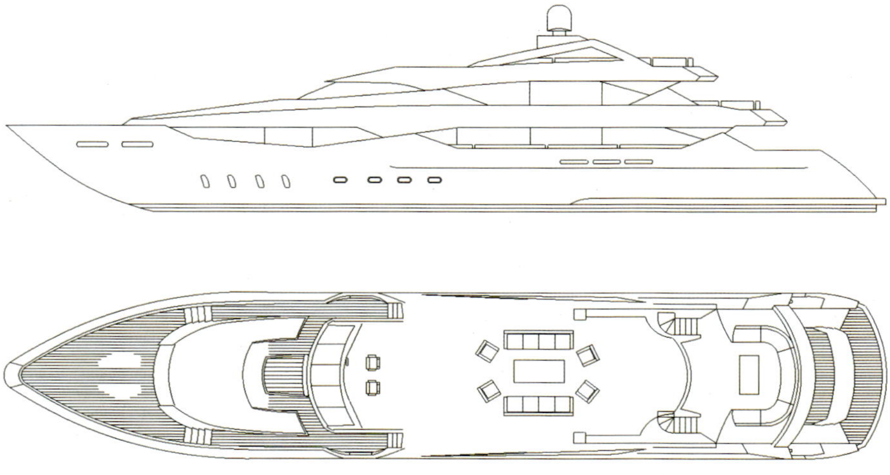

Yacht

## 실습 36 도면연습

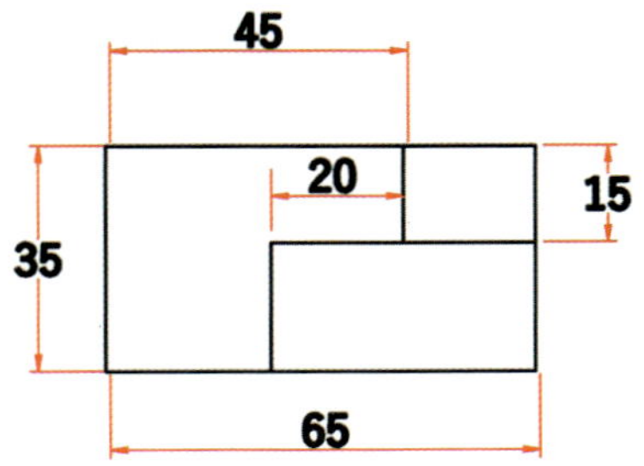


TOP
SCALE 1/2

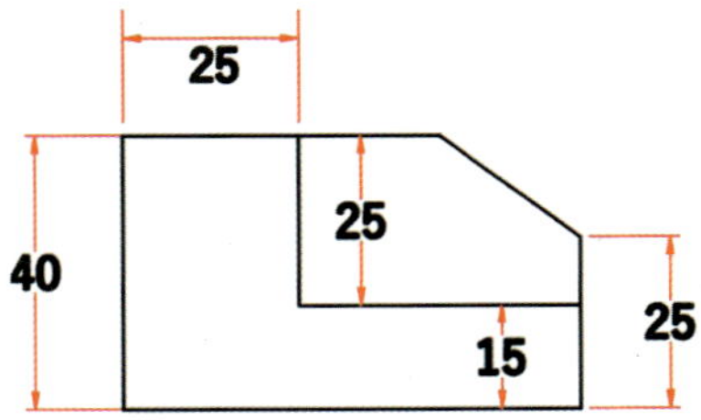


FRONT
SCALE 1/2

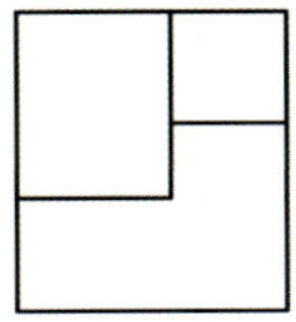

RIGHT
SCALE 1/2

## 실습 37 도면연습

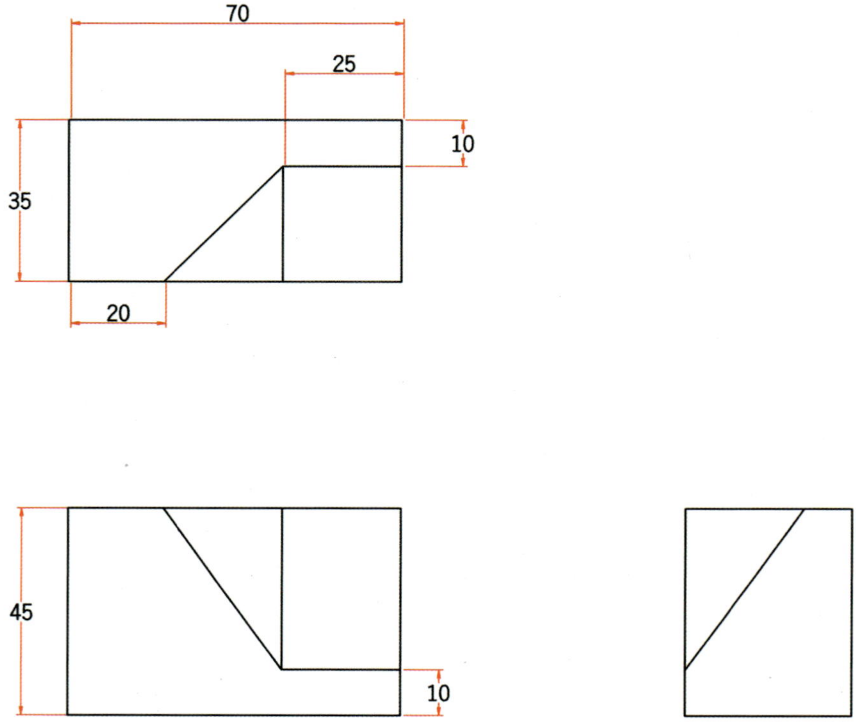

## 실습 38 도면연습

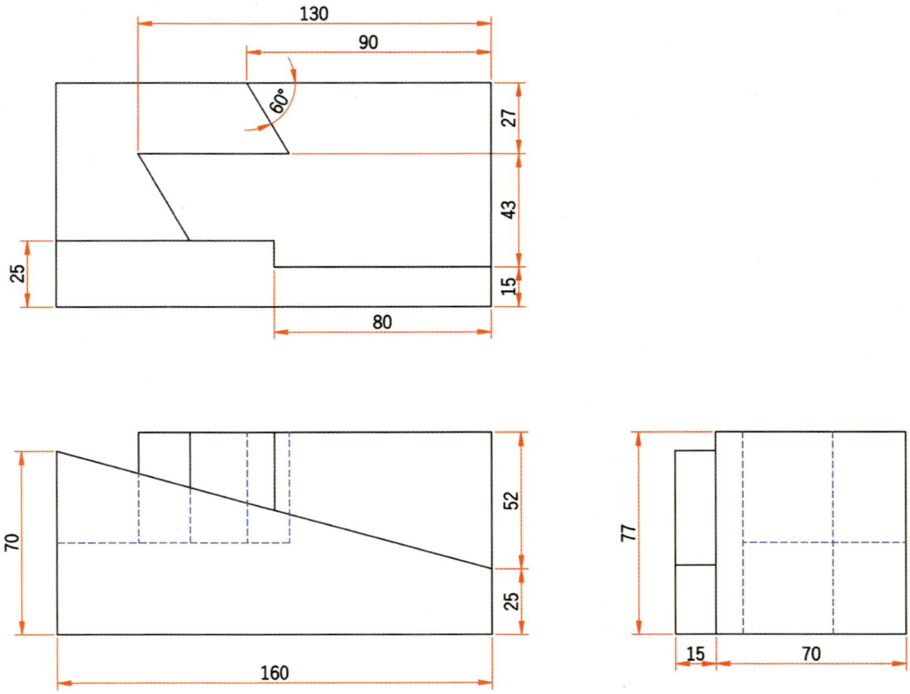

## 실습 39 도면연습

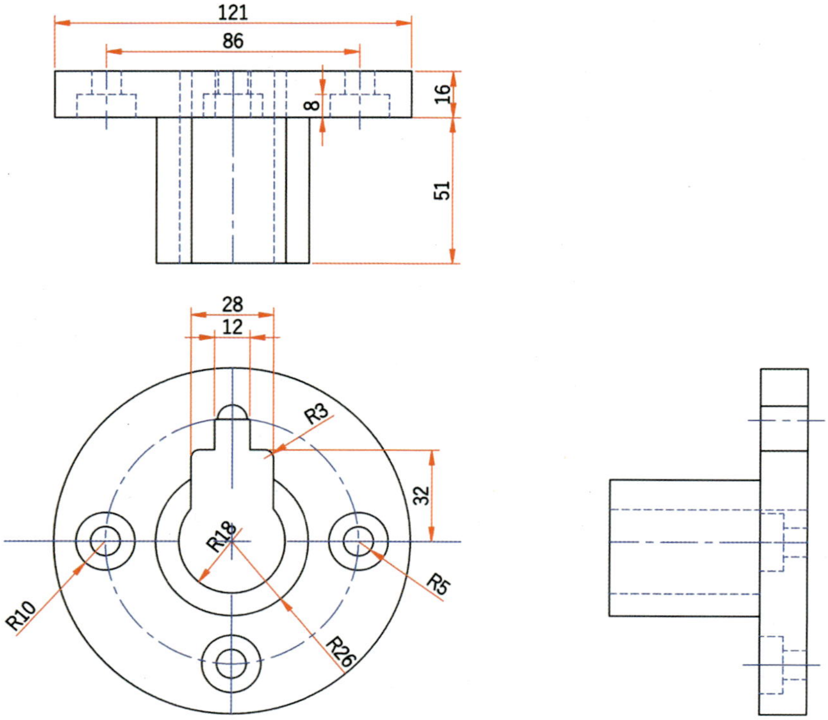

# 실습 40 도면연습

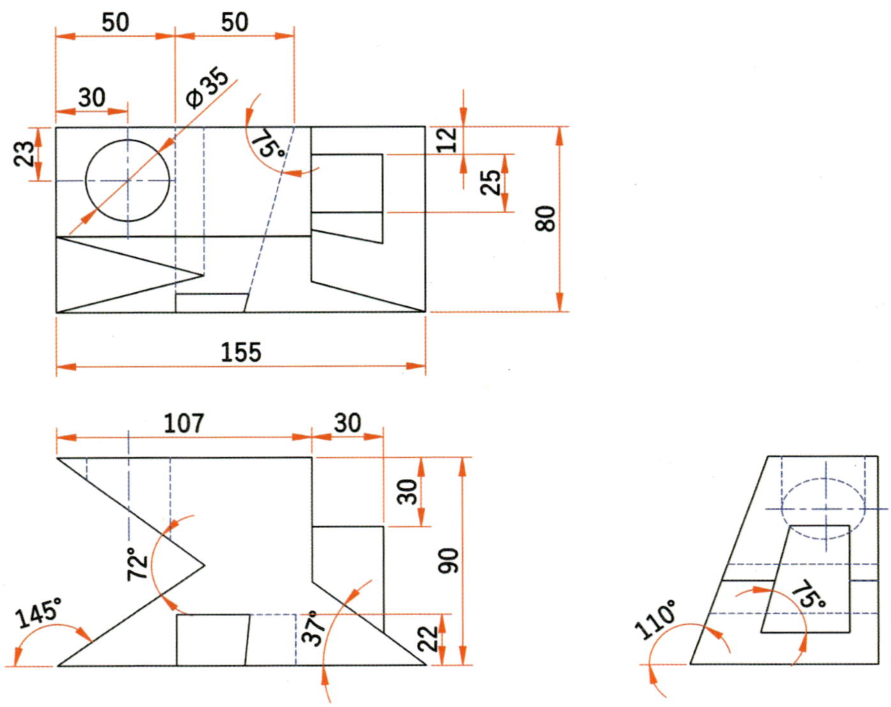

## 실습 41 도면연습

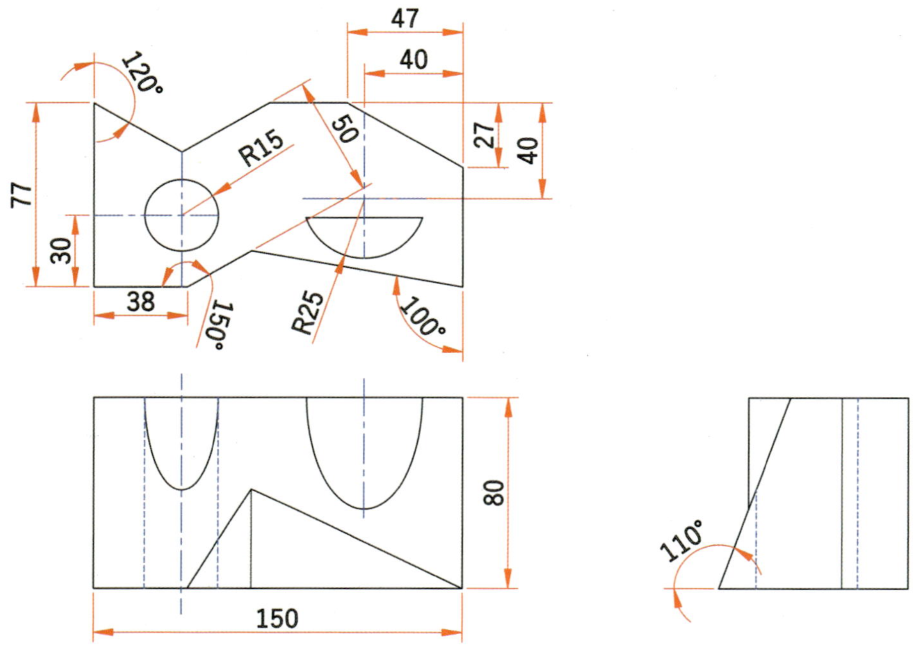

## 실습 42 도면연습

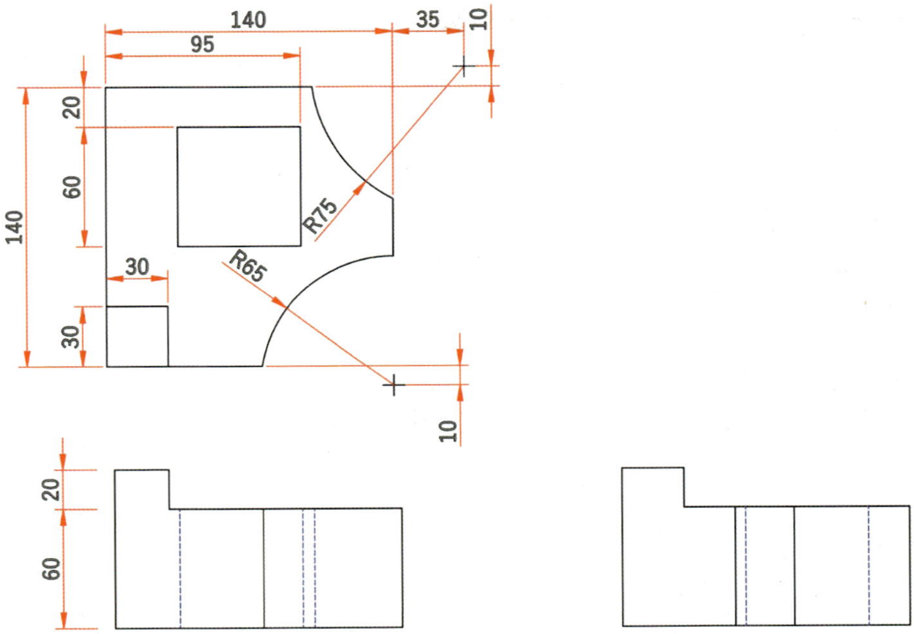

## 실습 43 도면연습

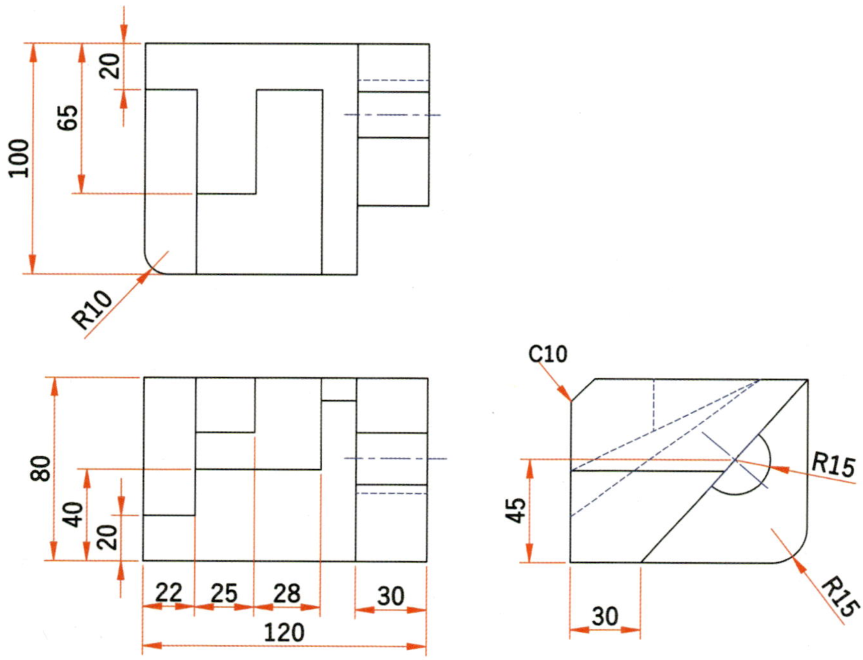

## 실습 44 도면연습

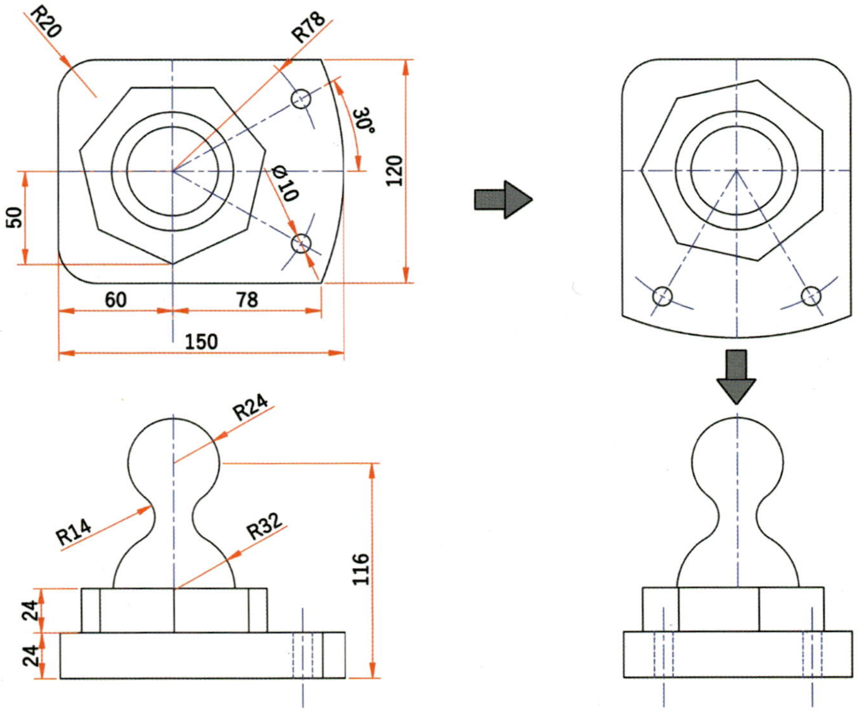

## 실습 45 3차원 연습(부울 연산: 속이 뚫린 구 만들기)

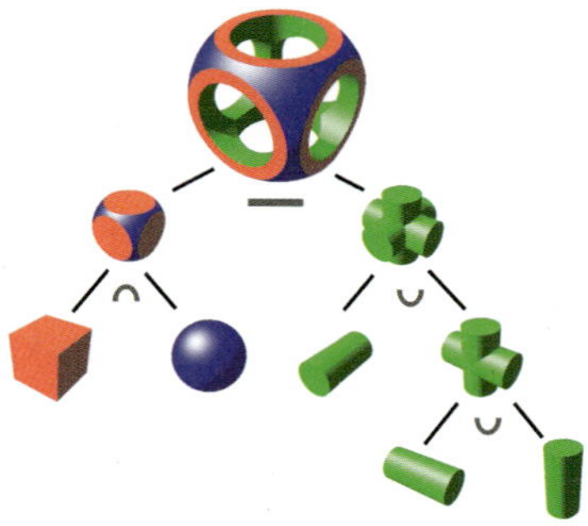

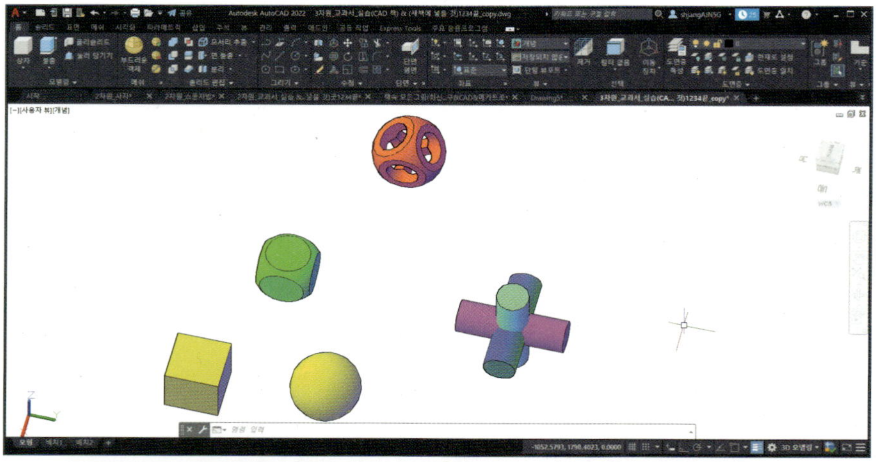

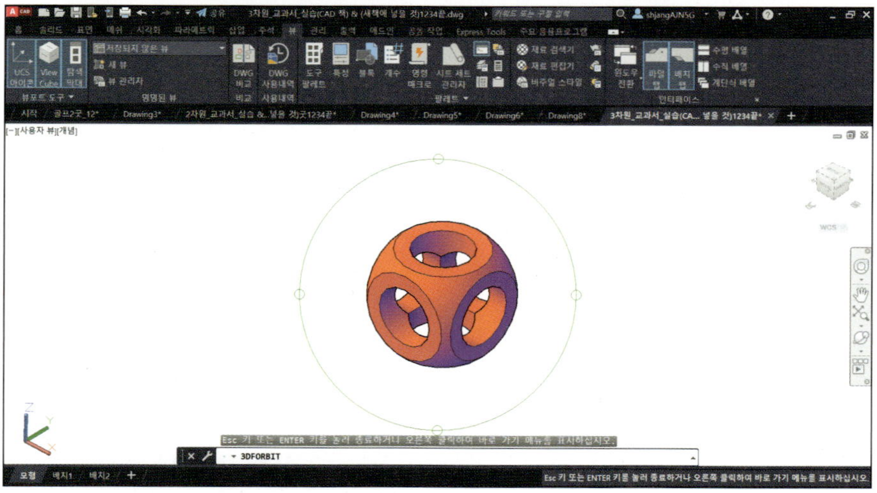

## 실습 46 3차원 연습(직선보간 표면: 간이 의자 만들기)

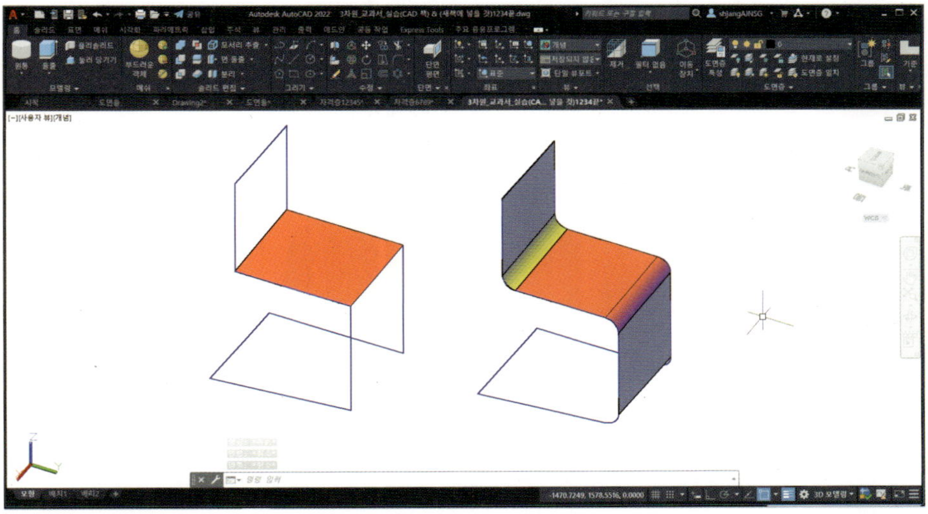

## 실습 47 3차원 연습(모서리 표면: 간이 천막 만들기)

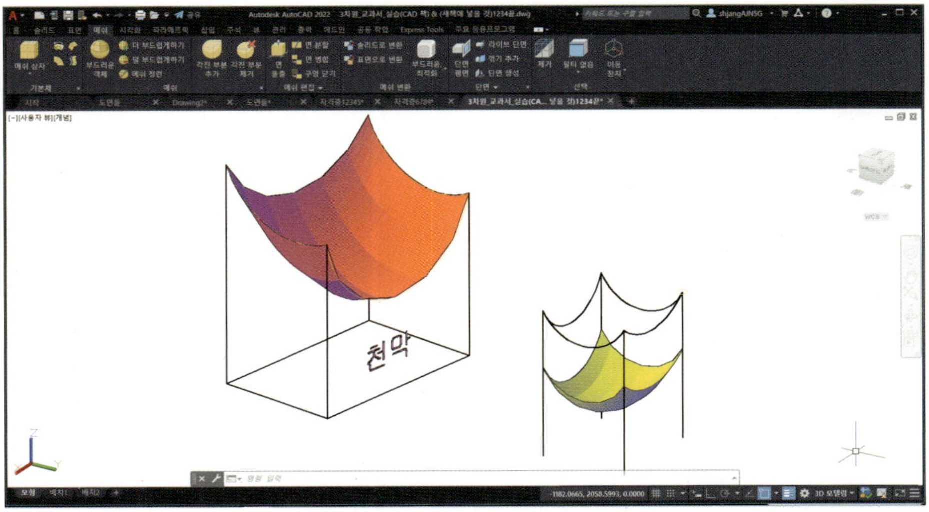

## 실습 48 3차원 연습(회전된 표면)

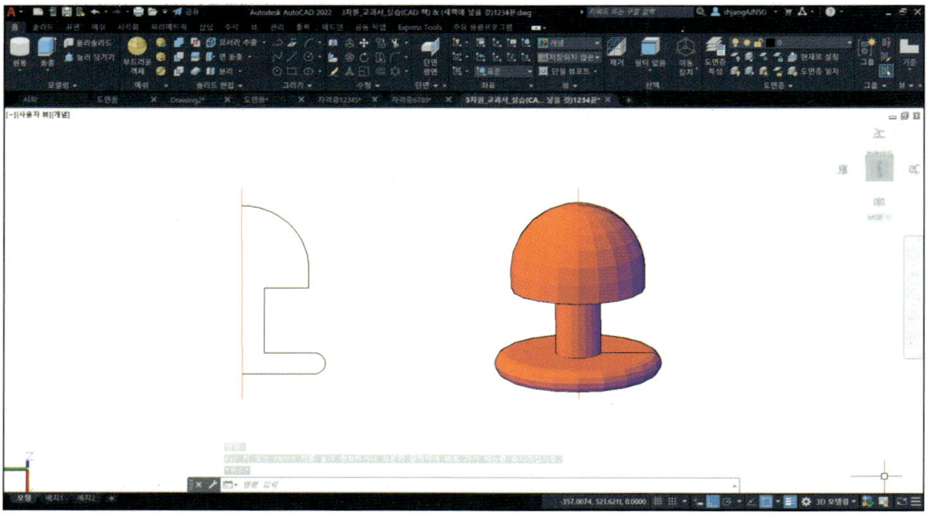

## 실습 49 3차원 연습(회전 솔리드)

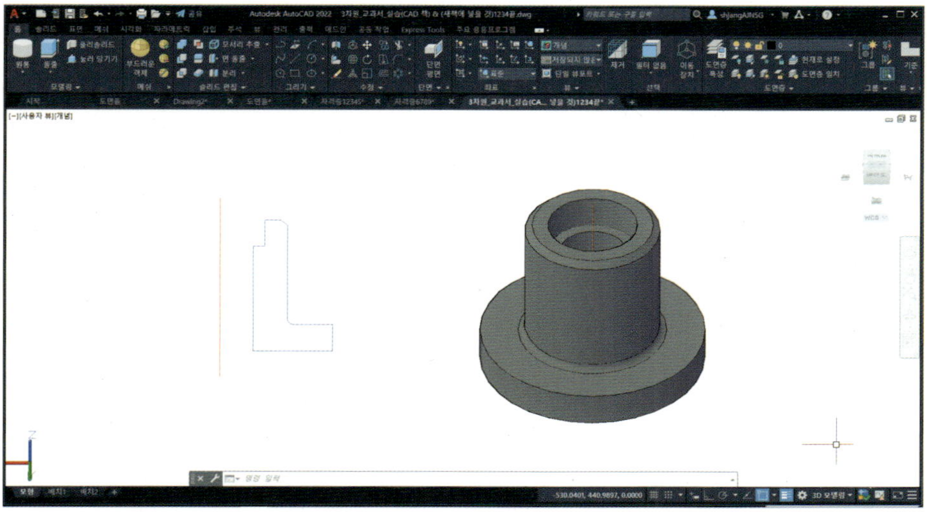

## 실습 50 3차원 연습(슬라이스 – 표면(S))

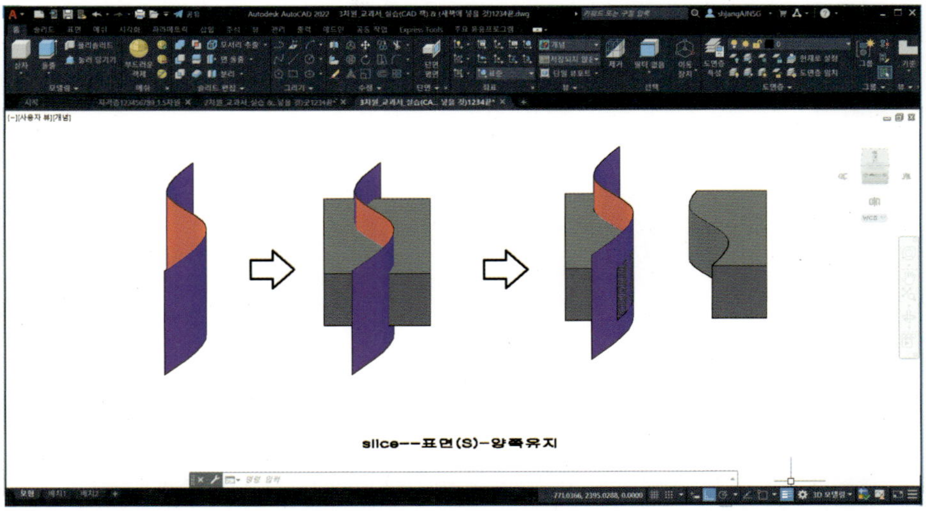


## 실습 51 연습(3차원: 복합기어 트레인(compound gear train))

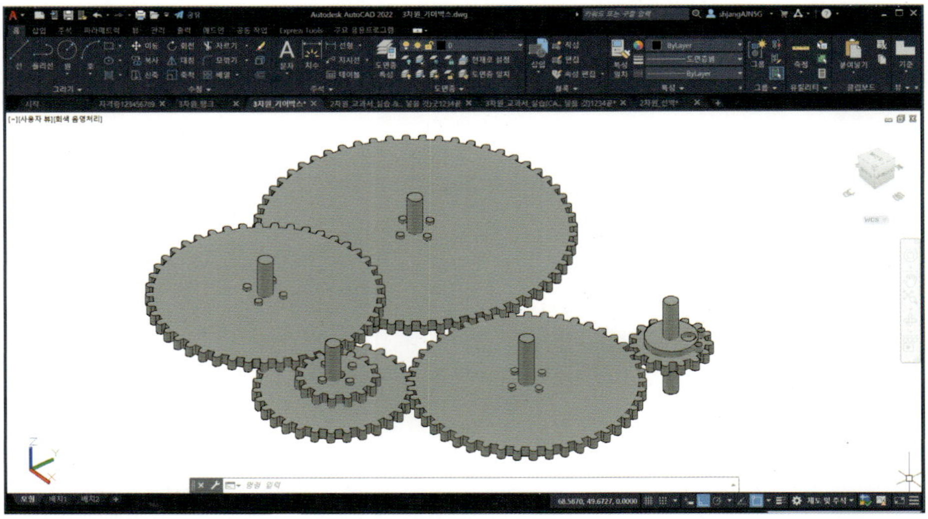

## 실습 52 도면(실습 36)으로부터 3차원 형상 만들기

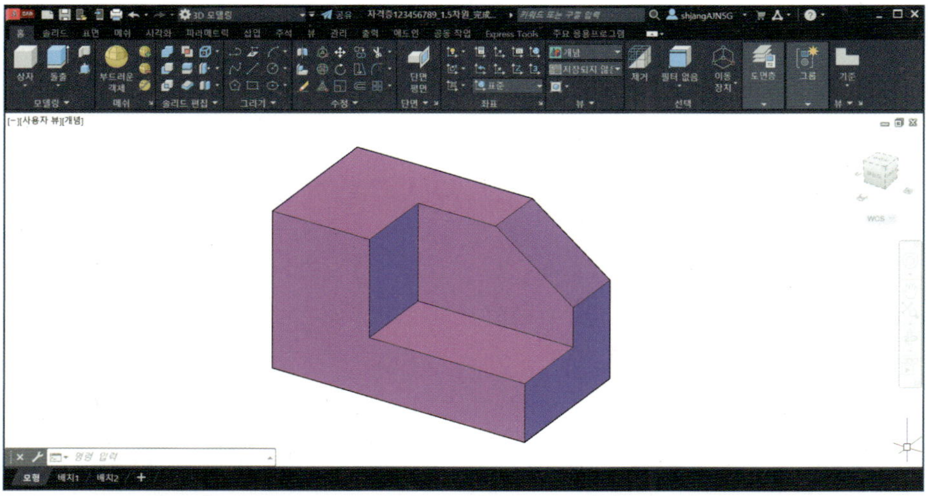

## 실습 53 도면(실습 37)으로부터 3차원 형상 만들기

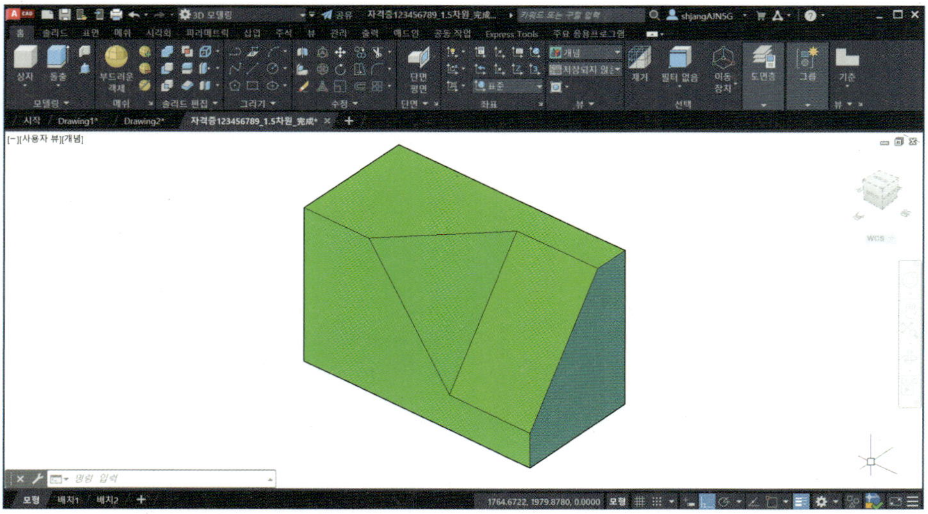

## 실습 54 도면(실습 38)으로부터 3차원 형상 만들기

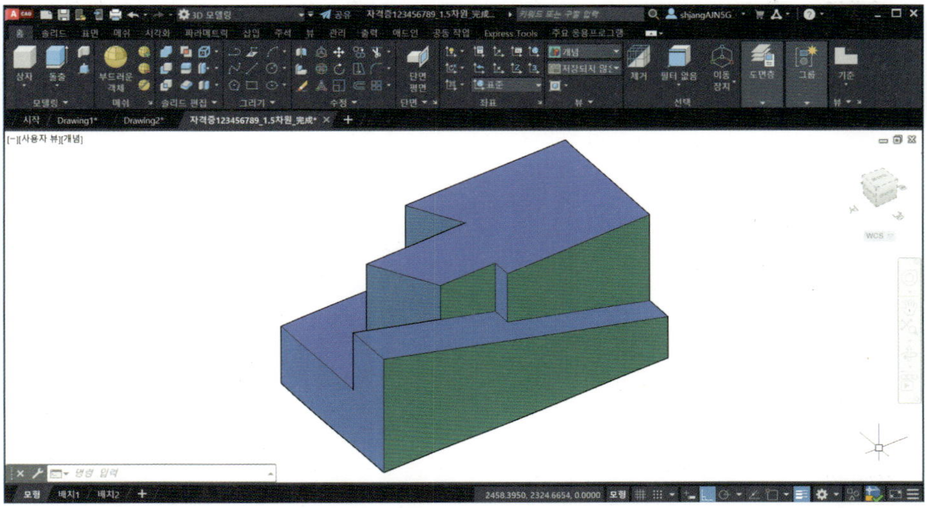

## 실습 55 도면(실습 39)으로부터 3차원 형상 만들기

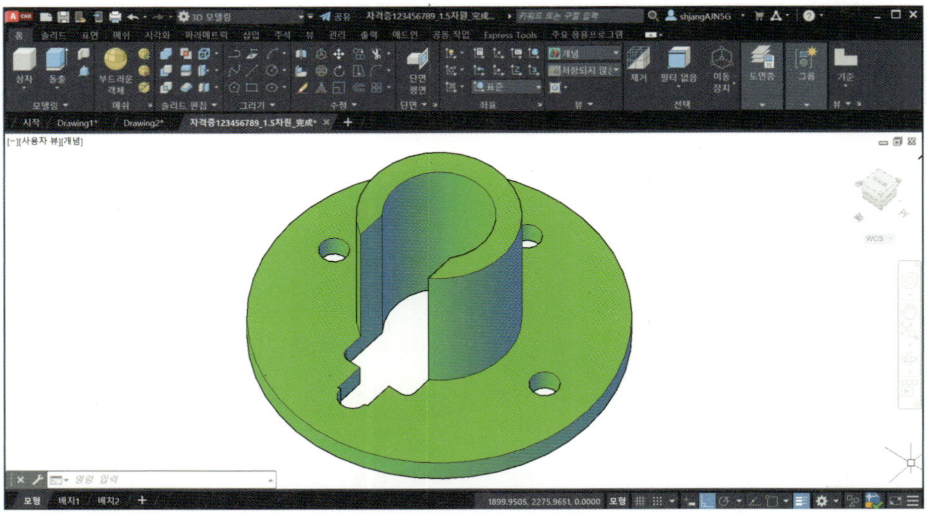

## 실습 56 도면(실습 40)으로부터 3차원 형상 만들기

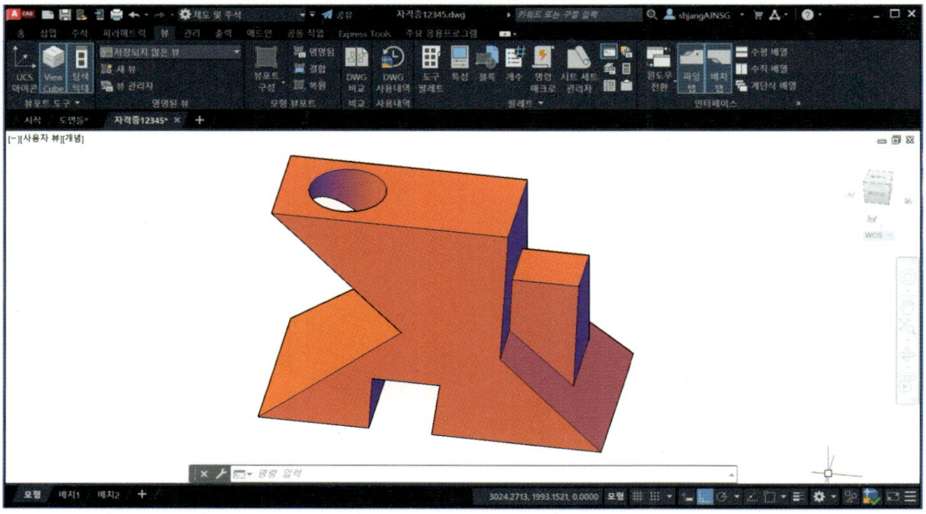

## 실습 57 도면(실습 41)으로부터 3차원 형상 만들기

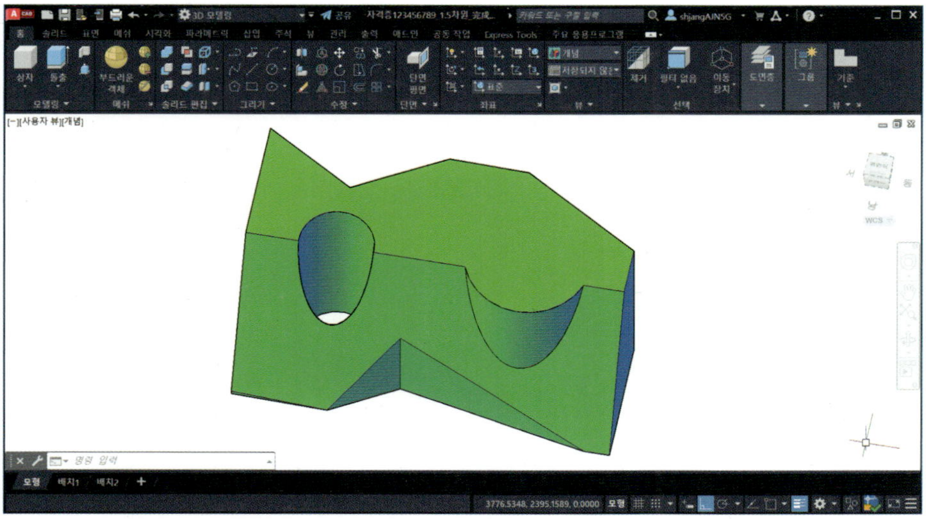

## 실습 58 도면(실습 42)으로부터 3차원 형상 만들기

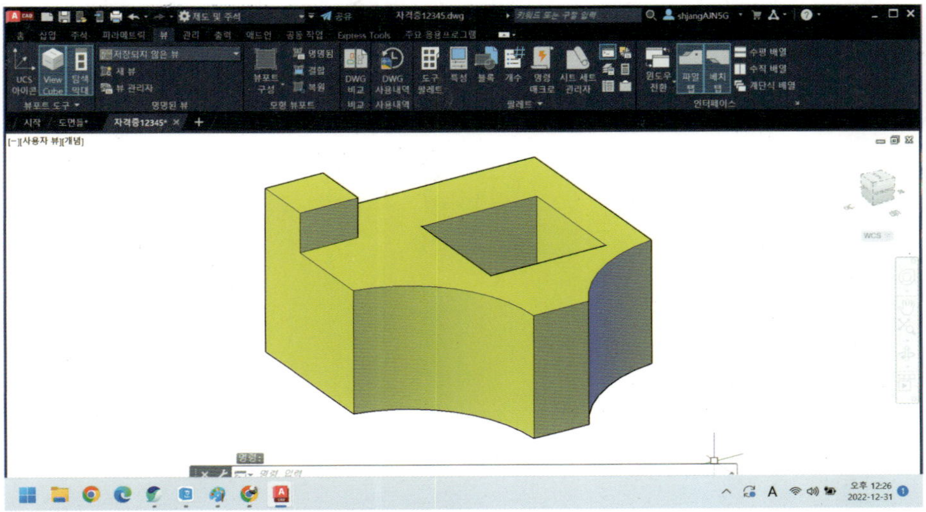

## 실습 59 도면(실습 43)으로부터 3차원 형상 만들기

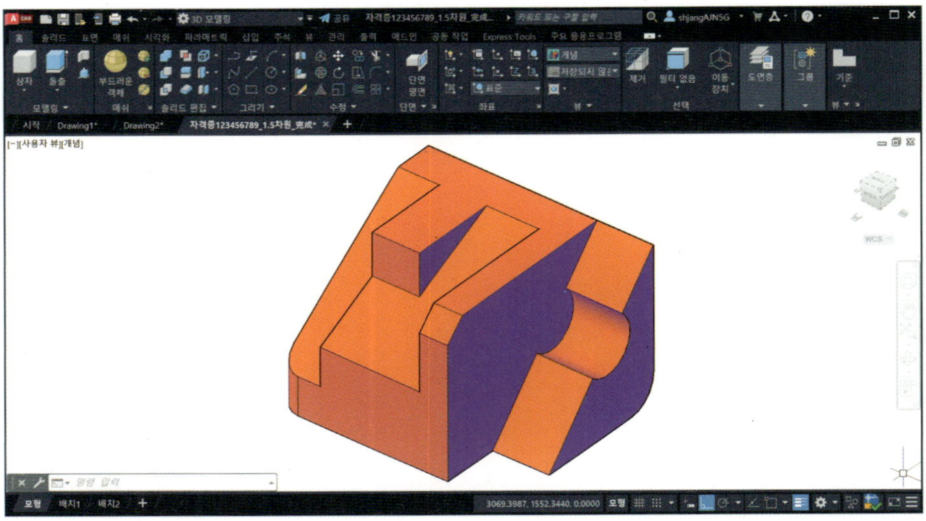

## 실습 60 도면(실습 44)으로부터 3차원 형상 만들기

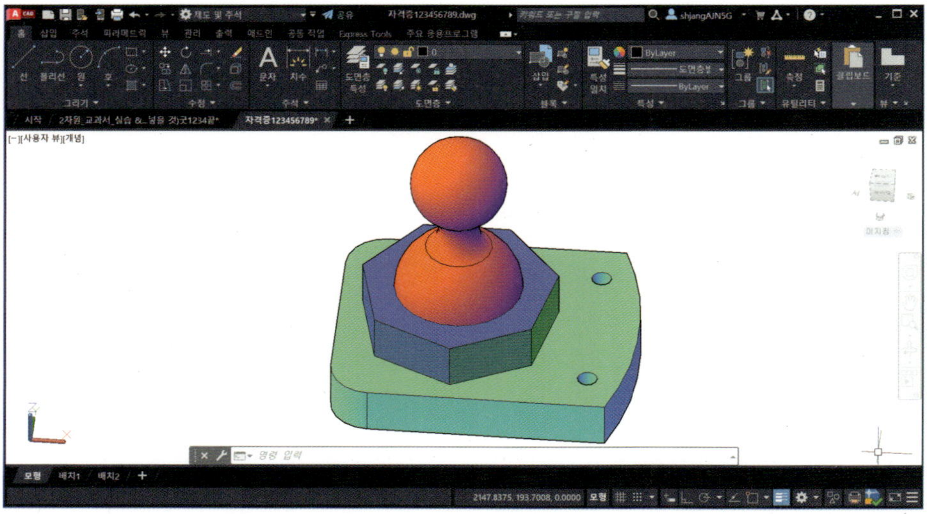

# 부록

부록 A 배치(layout) 인쇄법 | 부록 B 제도법 | 부록 C 오토캐드에서 사용되는 명령어 및 단축키 | 부록 D CAD 관련용어 해설

# 부록 A. 배치(layout) 인쇄법

**1** 도면작성 완료 후, 도면층을 "Layer 0"으로 변경하고 → 배치로 이동.

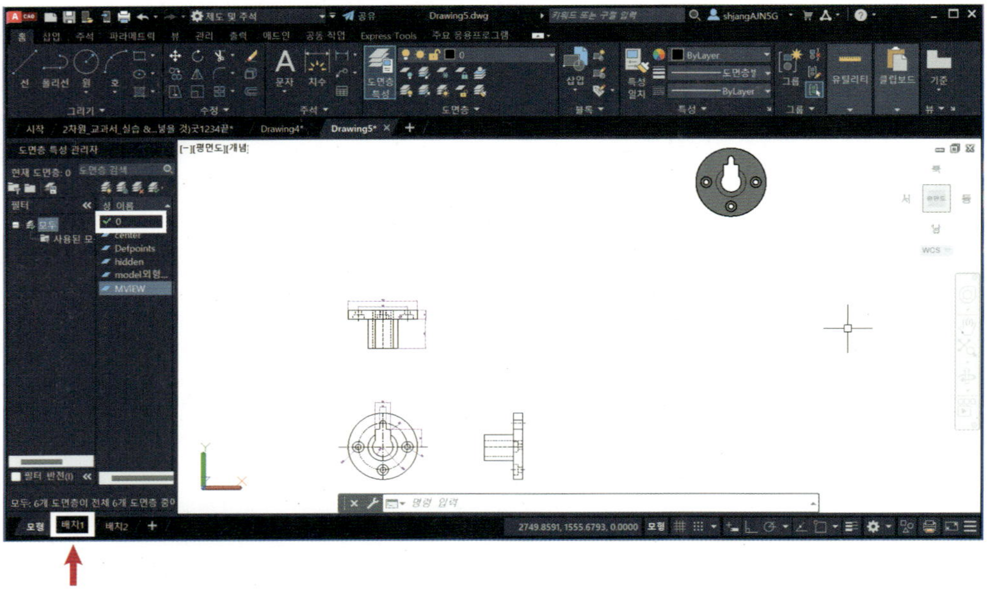

**2** 명령 : Limits : (0,0) 및 (297,210) 입력 Enter
(도면의 한계를(0,0)에서 (297,210)까지로 하기임.)

**3** 명령 : Zoom 전체(A) Enter → "용지설정"완료됨.

**4** 명령 : 직사각형 Enter (0,0) 및 (297,210) 입력 Enter
(도면의 한계에 직사각형 그리기)

**5** 명령 : 간격띄우기 : 10 Enter↵

(직사각형 안쪽으로 10 만큼 간격띄우기를 한 직사각형 그리기, 그림 참조)

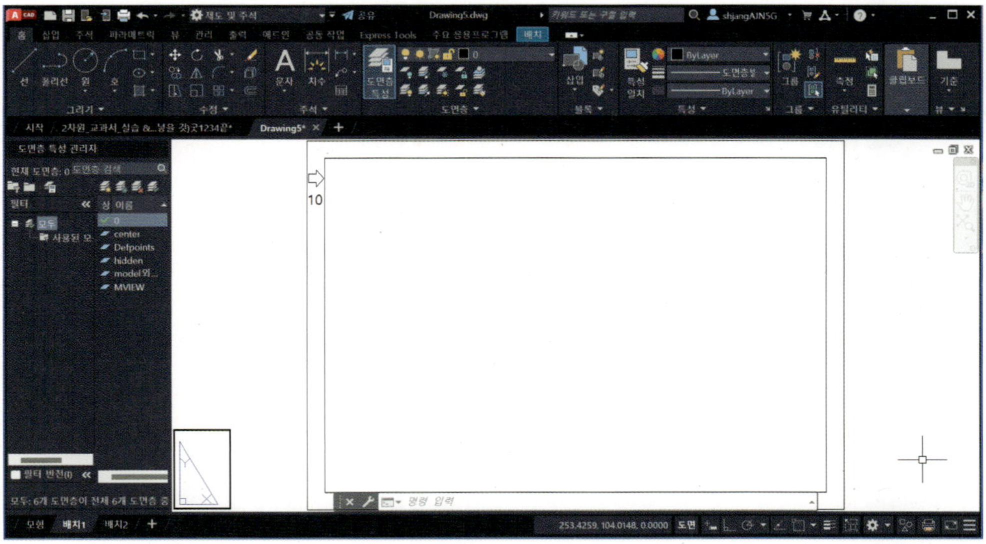

**6** 명령 : 지우기 : 바깥 사각형 Enter↵

(도면의 한계에 그린, 바깥쪽 직사각형을 지우기)

**7** 명령 : mview (4개짜리) Enter

(도면의 한계내에 그린 안쪽 직사각형에 4개짜리 뷰포트 만들기, 그림 참조)

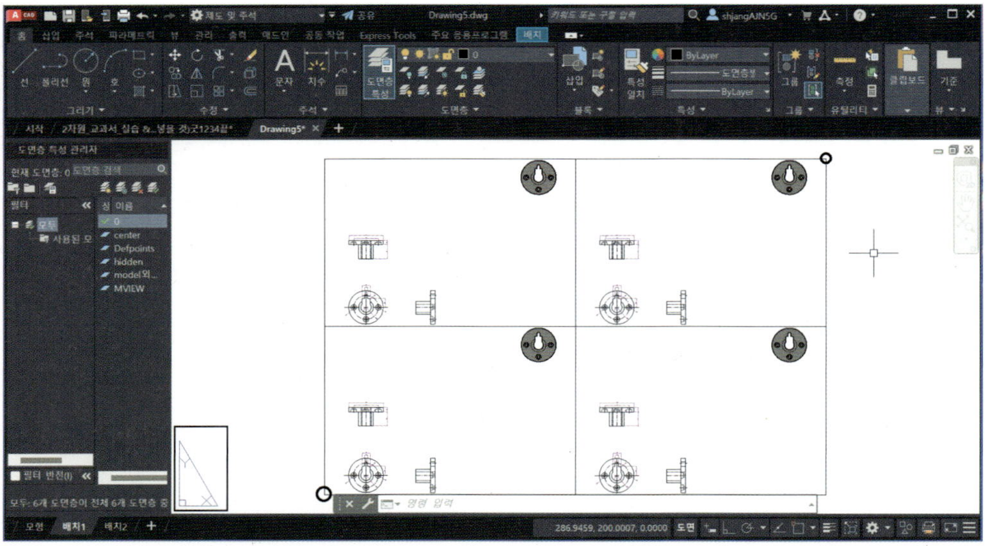

단, 그린 그림들이 모두 배치내에 들어오지 않을 때는 다음 그림과 같이 옵션 → 화면표시(display)내의 배치요소(layout elements) : 배치 및 모형 탭 표시(display layout and model tabs)만 "ON"으로 하고, 나머지는 모두 OFF로 하면 된다.

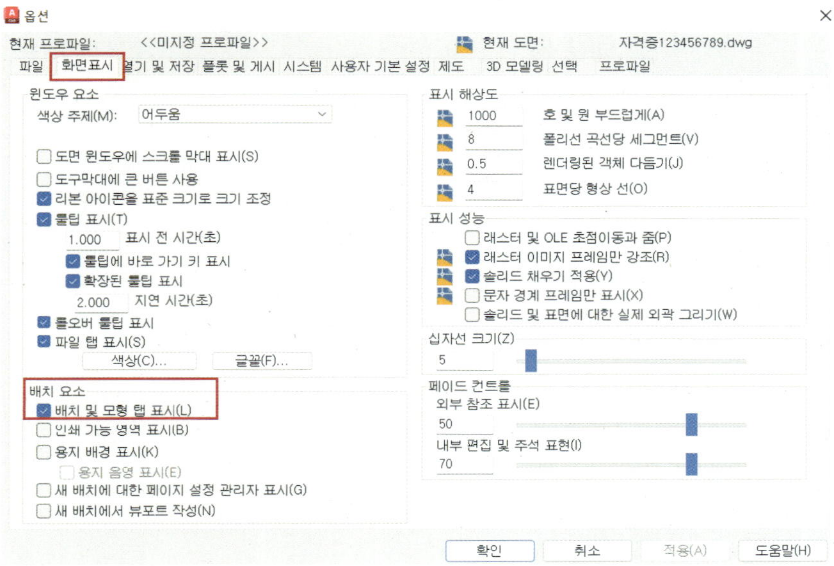

**8** 작성한 그림들을 zoom과 pan으로 대략 화면 내에 희망하는 크기와 위치에 맞추기(4개의 면 모두에 들어가서 각각 원하는 크기로 맞추어야 함.)

**9** 명령 : Zoom : 1/2xp Enter (도면의 크기를 scale = 1/2로 하는 것을 의미하며, 4개의 면에 모두 들어가서, 명령윈도우에 이를 각각 입력하여야 함.)

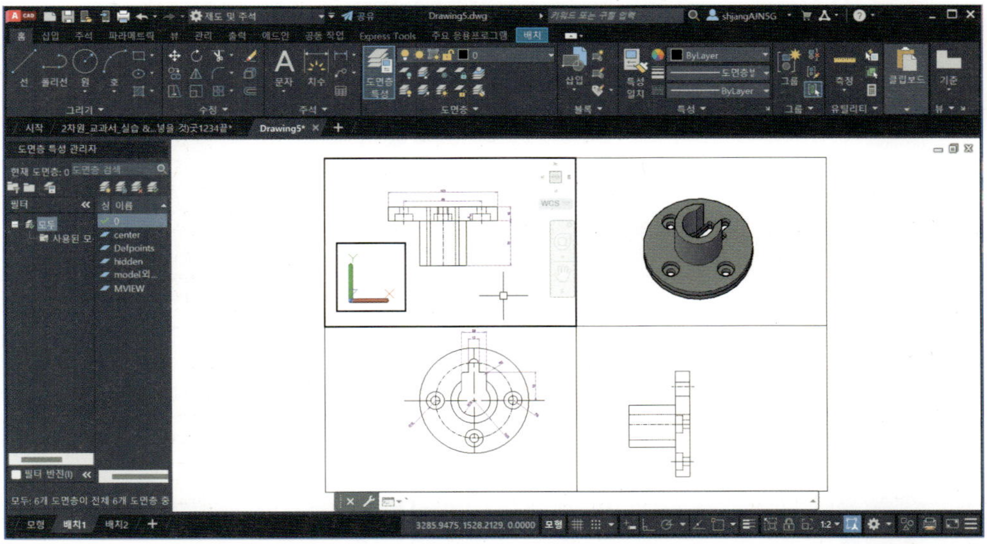

**10** 명령 : mvsetup Enter↵

(평면도, 정면도, 우측면도를 수직 및 수평방향으로 정렬하기)

A(정렬 : align) : 선택

V(수직정렬 : vetical) : 선택

H(수평정렬 : horizontal) : 선택

단, 객체스넵(Osnap)을 “끝점 ON”으로 하면 작업하기 쉬움(화면 속에 들어가서 Zoom을 사용하면 안 됨.)

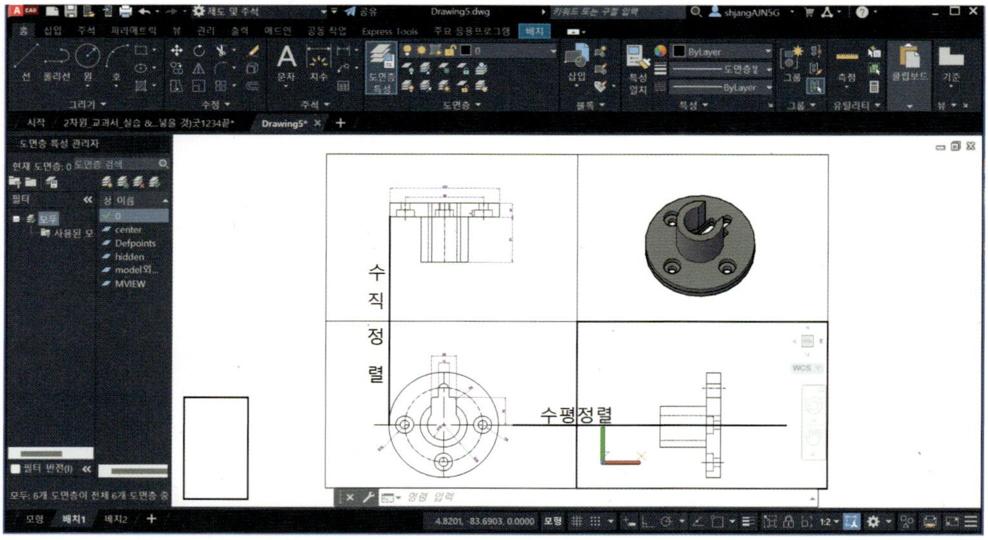

**11** mview에서 완전히 밖으로 나가, paper space로 들어가기(mview화면의 밖을 커서로 클릭하면 됨.)

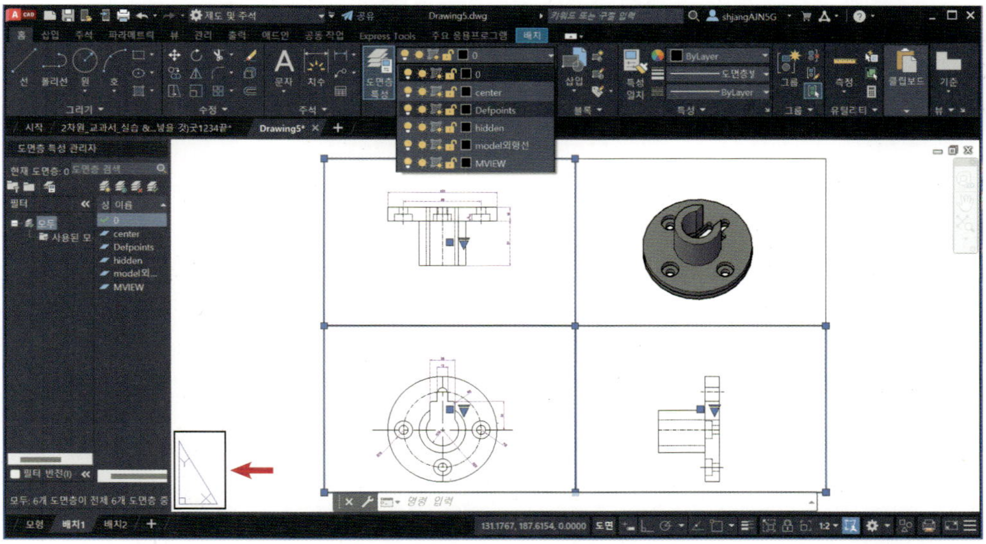

**12** 명령 : 도면층에서 "mview"레이어 만들기 Enter

**13** 명령 : 도면층에서 "mview"동결하기 Enter (다음 그림과 같이 됨)

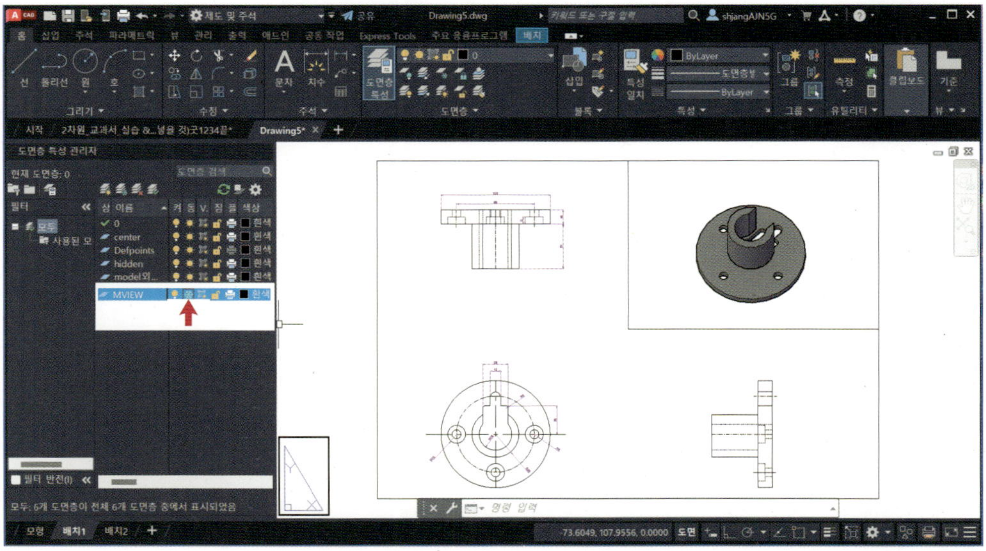

**14** 인쇄 Enter (용지크기:A4, 플롯영역 : 범위, 플롯축척 : 용지에 맞춤)

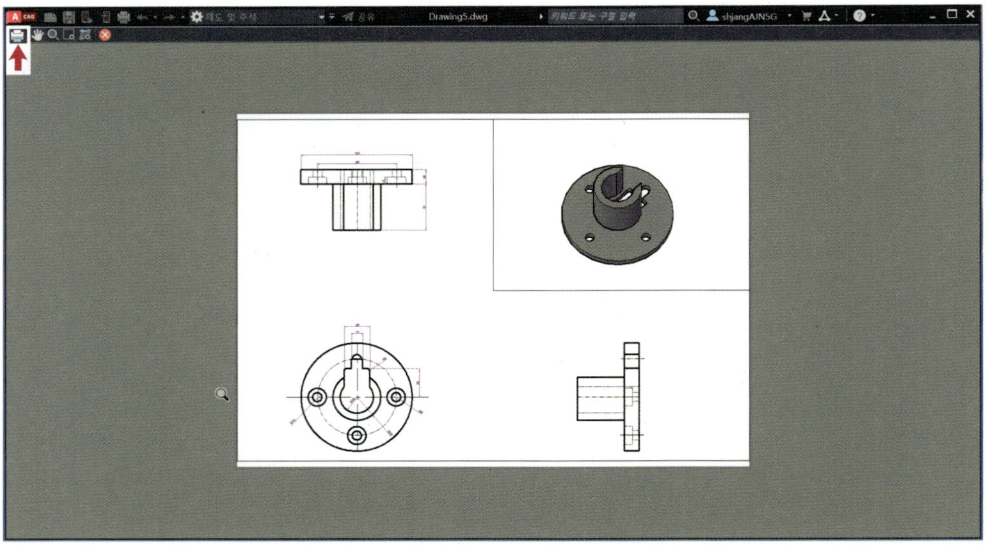


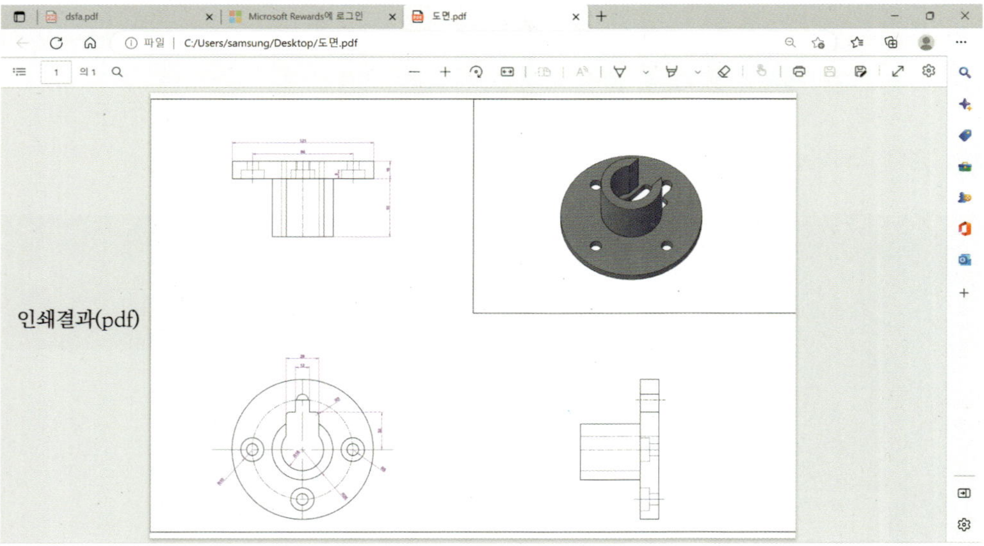

# 부록 B. 제도법

## 1. 제도의 정의

### 1.1 제도

제도란 선과 문자, 기호로 구성된 도면을 작성하는 작업으로서, 물체의 모양, 크기, 재료, 가공 방법, 구조 등을 일정한 법칙과 규격에 따라 정확, 명료, 간결하게 나타내는 것을 말한다.

### 1.2 도면의 종류

도면은 일반적으로 사용 목적, 내용, 작성 방법 및 성격에 따라 다음과 같이 분류된다.

a) 사용 목적에 따른 분류 : 계획도, 제작도, 견적도, 주문도, 승인도, 설명도
b) 내용에 따른 분류 : 스케치도, 조립도, 부분조립도, 부품도, 공정도, 상세도
c) 작성 방법에 따른 분류 : 연필도, 먹물제도, 착색도
d) 성격에 따른 분류 : 원도, 트레이스도, 복사도

### 1.3 제도의 규격

제도의 규격에는 국제규격, 국가규격, 단체규격, 사내규격 등이 있다. 국제규격으로는 국제 표준화 기구인 ISO가 있으며, 국가규격으로는 한국 산업 규격 KS, 영국 규격 BS, 독일 규격 DIN, 미국 규격 ANSI, 일본 공업 규격 JIS 등이 있다.

## 1.4 제도에 사용되는 선의 굵기

제도의 선 굵기는 초기 손제도 및 만능제도기를 이용한 제도를 할 때 사용되던 제도용 만년필의 굵기를 그대로 사용하는 것으로, 0.18mm, 0.25mm, 0.35mm, 0.5mm, 0.7mm, 1.0mm, 1.4mm, 2.0mm 등이 있으며, AutoCAD에서도 이와 동일하게 적용된다.

## 1.5 제도에 사용되는 선의 종류

a) 굵은 실선 :

- 외형선(대상물의 보이는 겉모양 표시)

b) 가는 실선 :

- 치수선(치수를 기입하기 위하여 사용되는 선)
- 치수보조선(치수를 기입하기 위하여 도형에서 인출해내는 선)
- 지시선(지시, 기호 등을 나타내기 위하여 사용하는 선)
- 수준면선(수면, 유면 등의 위치를 나타내는 선)

c) 파선 :

- 숨은선(대상물의 보이지 않는 부분의 모양을 표시하는 선)

d) 1점 쇄선 :

- 중심선(도형의 중심을 나타내며 중심선이 이동한 중심 궤적에도 사용됨)
- 기준선(위치 결정의 근거임을 나타내기 위하여 사용하는 선)
- 피치선(반복 도형의 피치의 기준을 잡는 선)

e) 2점 쇄선 :

- 가상선(가공 부분을 이동하는 특정 위치 또는 이동 한계의 위치를 나타내는 선)
- 무게중심선(단면의 무게 중심 연결에 사용하는 선)

f) 지그재그의 가는 실선 :

- 파단선(대상물의 일부를 파단한 경계 또는 일부를 떼어낸 경계를 표시하는 선)

g) 빗금선 :

· 해칭선(단면도의 절단면을 나타내는 선)

## 1.6 선의 우선순위

도면을 그리다 보면 여러 선이 겹칠 수 있다. 그럴 때에는 선의 우선순위에 따라서 더 우선적인 선을 그려주면 된다. 예를 들어, 외형선과 숨은선이 동일선상에 존재할 경우, 외형선만 그리면 된다. 선의 우선순위는 다음과 같다.

1) 외형선
2) 숨은선
3) 절단선
4) 중심선
5) 치수선

# 2. 단면도, 정투상법 및 등각투상법

## 2.1 단면도

단면도에는 물체를 반으로 절단해서 나타내는 전단면도가 있고, 위아래, 좌우 대칭일 경우는 위나 아래, 왼쪽이나 오른쪽 중 한 쪽만 절단하여 투영하는 반단면도가 있다. 전체적으로 형상이 비슷한 긴 물체의 경우 한쪽만 잘라내어서 부분 단면도로 표시한다. 계단단면도는 표시한 면의 옆에서 단면선의 방향으로 물체를 보는 것으로, 시작과 끝부분, 그리고 꺾어지는 부분을 아주굵은실선, 이어지는 선을 1점쇄선으로 표시한다. 원통이나 돌려보지 않으면 잘 모르는 단면들은 회전단면도로 표시한다. 일반적으로 기어의 이, 암, 멈춤나사, 키, 축, 강구, 핀, 볼트, 너트, 와셔는 단면도로 표시하지 않는다.

a) 전단면도 : 물체를 반으로 절단했을 경우의 단면도
b) 한쪽(반)단면도 : 대칭인 물체의 단면을 나타낼 경우의 단면도
c) 부분 단면도 : 일부분만 절단할 경우의 단면도
d) 계단단면도 : 2개 이상의 평면 및 곡면을 표시하는 단면도
e) 회전단면도 : 핸들, 바퀴의 암, 레일 등을 90˚ 회전시켜서 나타내는 단면도
f) 얇은 물체의 단면도 : 얇아서 해칭이 어려우면 아주 굵은 실선으로 표시한다.

## 2.2 제 3각법(third angle projection)

물체를 표현하는 방법에는  정투상법, 등각투상법 등이 있다. 정투상법이란 아래 그림과 같이 물체를 네모난 유리 상자에 넣고, 밖에서 안쪽을 보는 것처럼 투상을 한 것을 말한다. 정투상법은 크게 제 1각법, 제 3각법으로 구분된다. 1면각에 놓고 투상한 것을 제 1각법, 3면각에 놓고 투상한 것을 제 3각법(third angle projection)이라고 한다. 일반적으로 정투상법이라고하면 제 3각법을 말하며, 세계적으로 제 3각법을 주로 사용한다. 제 3각법에서 정면도는 그 물체의 모양과 특징을 가장 잘 나타내는 면으로 선정한다. 자동차, 비행기, 선박 등은 그 모양을 옆에서 본 것을 정면도로 선정하여야 특징이 잘 나타난다.

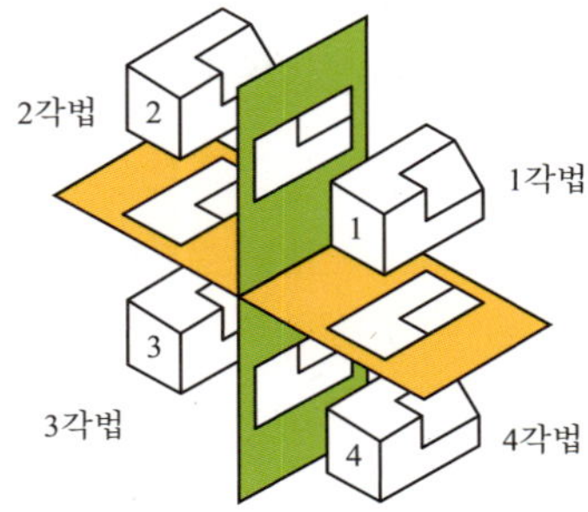


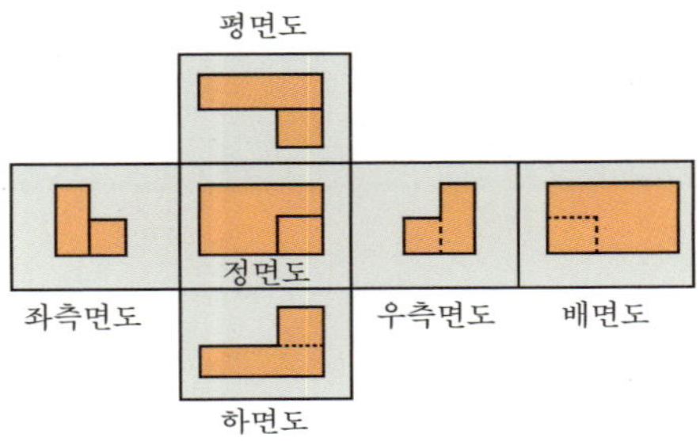


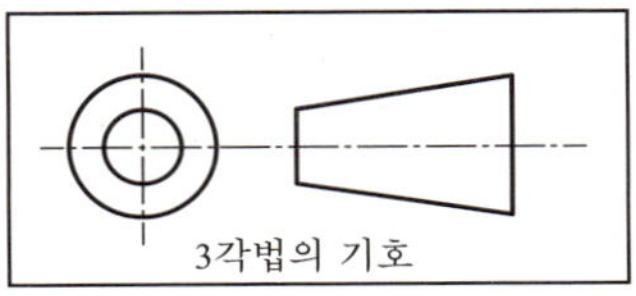


[제 3각법에 의한 도면표시]

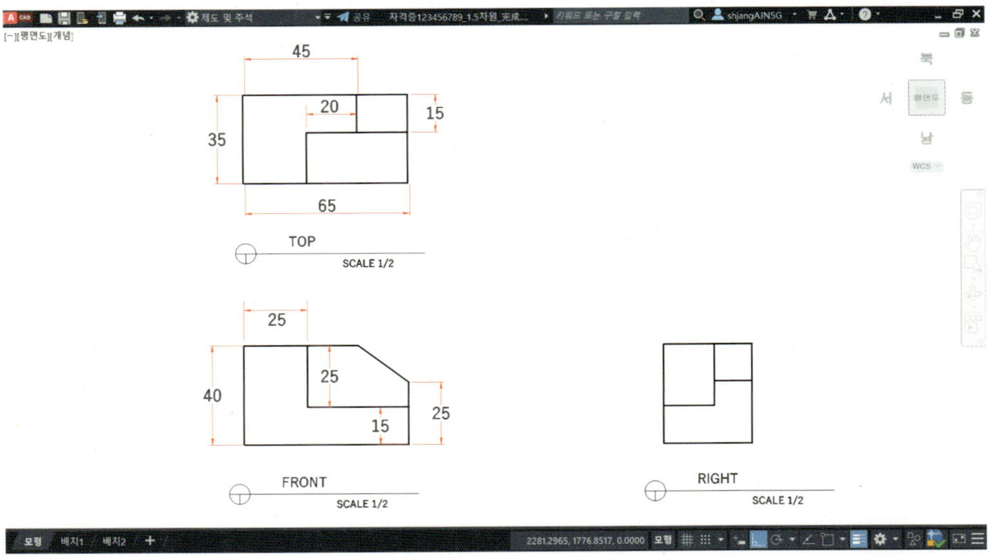

## 2.3 등각투상법

등각투상법이란 대상물의 정면, 측면, 평면을 하나의 투상도로 그려, 모양을 쉽게 알 수 있도록 하기 위하여, 다음 그림과 같이 그린 그림을 말한다. 즉, 등각투상법에서는 대상물을 왼쪽으로 돌린 후, 앞으로 기울여 두 개의 옆면 모서리가 수평선과 30°가 되게 잡아서 대상물을 그리면, 물체의 세 모서리가 서로 120°의 등각을 이루게 된다.

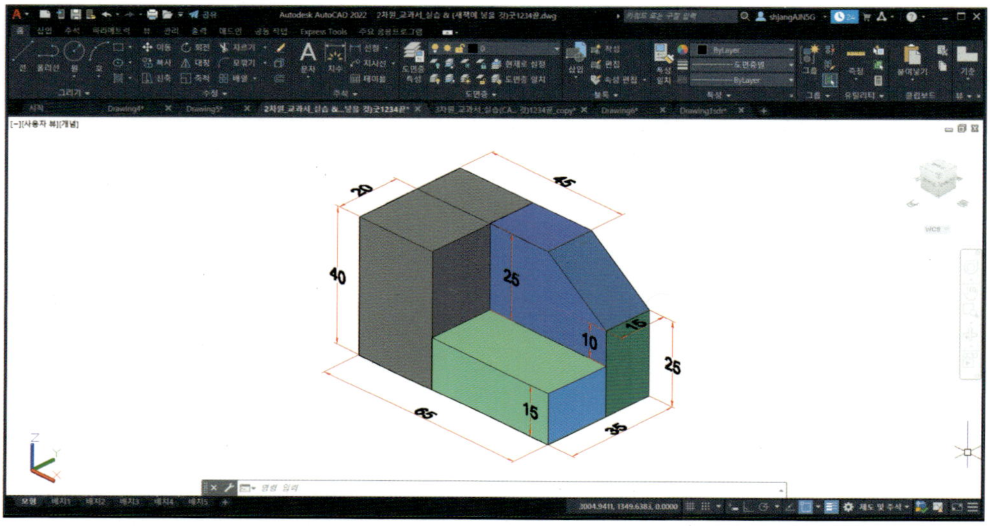

# 3. 도면의 양식

## 3.1 도면의 크기

도면의 크기가 서로 다르면 보관과 관리에 불편하기 때문에 도면은 반드시 일정한 크기로 만들어야 한다. 제도 용지의 세로와 가로의 비는 1189×841 이다. 한국 제도 통칙에서는 A용지 사용을 원칙으로 한다. 또한 큰 도면을 접을 때에는 A4 크기로 접는 것을 원칙으로 한다.

A0 : 1189×841 $mm^2$
A1 : 841×594 $mm^2$
A2 : 594×420 $mm^2$
A3 : 420×297 $mm^2$
A4 : 297×210 $mm^2$

## 3.2 도면의 요소

도면을 그리는 데에는 반드시 필요한 요소들이 있다. 윤곽선, 중심마크, 표제란이 그 중 가장 중요한 요소이다.

a) 윤곽선 : 도면에 그려야 할 내용의 영역을 명확히 하고, 제도 용지의 가장자리에 생기는 손상으로 기재 사항을 해치지 않도록 하기 위하여 그리는 것

b) 중심 마크 : 도면의 사진촬영, 복사 등의 작업을 편리하게 하기 위하여 상하좌우 4개소에 마크해놓는 것

c) 표제란 : 우측 하단에 도번, 도명, 척도, 투상법, 작성일, 제도자 등을 기입하는 것

## 3.3 척도

도면에는 편의에 따라 물체의 크기를 실제와 같거나 다르게 나타낸다. 척도란 물체의 실제 크기와 도면에서의 크기 비율을 말하는 것으로, 실물보다 축소한 것을 축척, 같은 것을 현척, 확대하여 그린 것을 배척이라고 한다. 도면에 최대한 꽉 차도록 척도를 결정하는 것이 가장 옳은 방법이며, 척도는 표제란에 기입한다. 척도의 종류에는 다음과 같은 것이 있다.

a) 축척 : 실제보다 줄여서 그린 것
b) 현척 : 실제의 크기와 같은 것
c) 배척 : 실제보다 늘려서 그린 것

## 3.4 치수

### 3.4.1 치수 기입의 원칙

a) 치수는 될 수 있는 대로 주투상도에 기입
b) 치수의 중복 기입은 피할 것
c) 치수는 계산할 필요가 없도록 기입(간단한 계산 제외)
d) 관련치수는 될 수 있는 대로 한 곳에 모아서 기입
e) 치수보조선과 치수선은 왼쪽과 위쪽으로 그릴 것
f) 치수는 치수선의 위 중앙에 기입

치수보조선과 치수선을 왼쪽과 위쪽에 그리는 것이 원칙이나, 너무 많은 경우 오른쪽과 아래쪽도 그리도록 한다. 지시선을 그릴 때에는 수평선에 대해서 60 ° 기울인 직선으로 그린다.

### 3.4.2 치수 보조 기호

a) 지름 : $\phi$ (세타 확인)
b) 반지름 : $R$
c) 구의 지름 : $S\phi$
d) 판의 두께 : $t$
e) 원호의 길이 : ⌒
f) 45°모따기 : $c$

# 부록 C. 오토캐드에서 사용되는 명령어 및 단축키

## 1) 그리기 명령 및 단축키

| 명령어 | 설명 | 단축키 |
|---|---|---|
| LINE | 선그리기 | L |
| XLINE | 무한선 그리기 | XL |
| POLINE | 연속선그리기 | PL |
| SPLINE | 곡선그리기 | SPL |
| RAY | 광선그리기 | RAY |
| MLINE | 다중선 그리기 | ML |
| RECTANGLE | 사각형그리기 | REC |
| POLYGON | 다각형그리기 | POL |
| CIRCLE | 원그리기 | C |
| ARC | 원호 그리기 | A |
| ELLIPSE | 타원그리기 | EL |
| DONUT | 도넛그리기 | DO |

## 2) 편집명령 및 단축키

| 명령어 | 설명 | 단축키 |
|---|---|---|
| ERASE | 지우기 | E |
| TRIM | 자르기 | TR |
| UNDO | 되돌리기 | U |
| REDO | 되살리기 | REDO |
| COPY | 복사 | CO |
| OFFSET | 옵셋 | O |
| MIRROR | 대칭복사 | MI |
| MOVE | 이동 | M |
| SCALE | 축소 확대하기 | SC |

| EXTEND | 연장하기 | EX |
|---|---|---|
| ROTATE | 회전하기 | RO |
| STRETCH | 늘리기 | S |
| ARRAY | 배열 | AR |
| FILLET | 라운딩 | F |
| CHAMFER | 모따기 | CA |
| EXPLODE | 분해하기 | X |
| BREAK | 중간자르기 | BR |

### 3) 문자명령 및 단축키

| 명령어 | 설명 | 단축키 |
|---|---|---|
| TEXT | 문자 | T |
| DTEXT | 문자 | DT |
| MTEXT | 다중행문자 | MT |
| STYLE | 문자스타일 | ST |
| DDEDIT | 문자수정 | ED |
| SPELL | 문자검사 | SP |
| DDIM | 치수스타일설정 | D |

### 4) 레이어, 해치, 블록 및 단축키

| 명령어 | 설명 | 단축키 |
|---|---|---|
| LAYER | 레이어설정 | LA |
| LINETYPE | 선종류검색 | LT |
| BLOCK | 블록 | B |
| WBLOCK | 블록 | W |
| INSERT | 블록불러오기 | I |
| HATCH | 해치 | H |
| BOUNDARY | 경계영역설정 | BO |

## 5) 특성, 환경변경 및 단축키

| 명령어 | 설명 | 단축키 |
|---|---|---|
| QSAVE | 저장하기 | QSAVE |
| NEW | 새로운도면 | NEW |
| OPEN | 열기 | OPEN |
| ZOOM | 줌 확대 축소 | Z |
| PAN | 화면이동 | P |
| DDCHPROP | 특성변경메뉴구성 | CH |
| OPTIONS | 옵션설정 | OP |
| DWGPROPS | 도면정보 | DWGPROPS |
| OSNAP | 스냅설정 | SE |
| TOOLBAR | 도구막대부르기 | TO |
| REGEN | 화면재구성 | RE |
| REDRAW | 화면다시그리기 | R |
| TIME | 시간정보 | TIME |
| SAVETIME | 자동저장 | SAVETIME |

## 6) Function key

| F1 | 도움말 |
|---|---|
| F2 | text 창 열기 |
| F3 | osnap on/off |
| F4 | tablet on/off |
| F5 | isoplane |
| F6 | coords on/off |
| F7 | grid on/off |
| F8 | ortho on/off |
| F9 | snap on/off |
| F10 | polar on/off |
| F11 | object snap tracking on/off OSNAP |

### 7) 리본메뉴, 메뉴막대, 명령어 리스트(가나다순)

| | | |
|---|---|---|
| 각도 측정 | 리본메뉴 | [홈]탭-[유틸리티]패널- |
| | 메뉴막대 | [도구]-조회-각도- |
| | 명령어 | MEASUREGEOM |
| 각도 치수 | 리본메뉴 | [주석]탭-[치수]패널- |
| | 메뉴막대 | [치수]-각도 |
| | 명령어 | DIMANGULAR |
| 각진부분 | 리본메뉴 | [메쉬]탭-메쉬- |
| | 메뉴막대 | [수정]-표면편집-각진 부분 |
| | 명령어 | MESHCREASE |
| 간격띄우기 | 리본메뉴 | [홈]탭-[수정]패널- |
| | 메뉴막대 | [수정]-간격띄우기 |
| | 명령어 | OFFSET |
| 간섭확인 | 리본메뉴 | [솔리드]탭-솔리드 편집- |
| | 메뉴막대 | [수정]-3D 작업-간섭검사 |
| | 명령어 | INTERFERE |
| 객체가리기 | 리본메뉴 | [홈]탭-[그리기]패널- |
| | 메뉴막대 | [그리기]객체 가리기 |
| | 명령어 | WIPEOUT |
| 객체스냅 | 리본메뉴 | [도구]-제도 설정-[객체 스냅]탭 |
| | 응용프로그램 상태막대 | 오른쪽 버튼 클릭-설정 |
| | 명령어 | OSNAP |
| 거리측정 | 리본메뉴 | [홈]탭-[유틸리티]패널- |
| | 메뉴막대 | [도구]조회-거리 |
| | 명령어 | DIST 또는 MEASUREGEOM |
| 결합 | 리본메뉴 | [홈]탭-[수정]패널- |
| | 메뉴막대 | [수정]-결합 |
| | 명령어 | JOIN |
| 경로배열 | 리본메뉴 | [홈]탭-[수정]패널- |
| | 메뉴막대 | [수정]-배열-경로배열 |
| | 명령어 | ARRAYPATH |

| 관측점 | 메뉴막대 | [뷰]-3D뷰-관측점 |
|---|---|---|
| | 명령어 | VPOINT |
| 교집합 | 리본메뉴 | [솔리드]탭-[부울]패널- |
| | 메뉴막대 | [수정]-솔리드편집-차집합 |
| | 명령어 | INTERSECT |
| 구 | 리본메뉴 | [솔리드]탭-[기본체]패널- |
| | 메뉴막대 | [그리기]-모델링-구 |
| | 명령어 | SPHERE |
| 구름형 수정기호 | 리본메뉴 | [홈]탭-[그리기]패널- |
| | 메뉴막대 | [그리기]-구름형 수정기호 |
| | 명령어 | REVCLOUD |
| 구성선 | 리본메뉴 | [홈]탭-[그리기]패널- |
| | 메뉴막대 | [그리기]-구성선 |
| | 명령어 | XLINE |
| 그라데이션 | 리본메뉴 | [홈]탭-[그리기]패널- |
| | 풀다운 메뉴 | [그리기]-그라데이션 |
| | 명령어 | GRADIENT |
| 그리드 | 메뉴막대 | [도구]-제도설정 |
| | 응용프로그램 상태막대 | 마우스오른쪽버튼-설정 |
| | 명령어 | GRID |
| 기준선 치수 | 리본메뉴 | [주석]탭-[치수]패널- |
| | 메뉴막대 | [치수]-기준선 |
| | 명령어 | DIMBASELINE |
| 길이분할 | 리본메뉴 | [홈]탭-[그리기]패널- |
| | 메뉴막대 | 그리기-점-길이분할 |
| | 명령어 | MEASURE |
| 꺾기 치수 | 리본메뉴 | [주석]탭-[치수]패널- |
| | 메뉴막대 | [치수]-꺽어진 선형 |
| | 명령어 | DIMJOGGED |
| 꺾어진 선형치수 | 리본메뉴 | [주석]탭-[치수]패널- |
| | 메뉴막대 | [치수]-꺽어진 선형 |
| | 명령어 | DIMJOGLINE |

| | | |
|---|---|---|
| 나선 | 리본메뉴 | [홈]탭-[그리기]패널- |
| | 메뉴막대 | [그리기]-나선 |
| | 명령어 | HELIX |
| 네크워크 표면 | 리본메뉴 | [표면]탭-작성- |
| | 메뉴막대 | [그리기]-모델링-표면-네트워크 |
| | 명령어 | SURFNETWORK |
| 눌러당기기 | 리본메뉴 | [솔리드]탭-[솔리드]패널- |
| | 메뉴막대 | [그리기]-모델링-눌러당기기 |
| | 명령어 | PRESSPULL |
| 다중지시선 스타일 | 리본메뉴 | [주석]탭-[지시선]패널- |
| | 메뉴막대 | [형식]-다중지시선 스타일 |
| | 명령어 | MLEADERSTYLE |
| 다중지시선작성 | 리본메뉴 | [주석]탭-[지시선]패널- |
| | 풀다운 메뉴 | [형식]-다중지시선 스타일 |
| | 명령어 | MLEADER |
| 단면평면 | 리본메뉴 | [솔리드]탭-[단면]패널- |
| | 메뉴막대 | [그리기]-모델링-단면평면 |
| | 명령어 | SECTIONPLANE |
| 단일행문자입력 | 리본메뉴 | [주석]탭-[문자]패널-A-단일행문자 |
| | 메뉴막대 | [형식]-A-단일행문자 |
| | 명령어 | DTEXT |
| 단일행문자편집 | 메뉴막대 | [수정]-객체-문자-편집 |
| | 명령어 | DDEIT |
| 대칭 | 리본메뉴 | [홈]탭-[수정]패널- |
| | 메뉴막대 | [수정]-대칭 |
| | 명령어 | MIRROR |
| 도넛 | 리본메뉴 | [홈]탭-[그리기]패널- |
| | 메뉴막대 | [그리기]-도넛 |
| | 명령어 | DONUT |

| | | |
|---|---|---|
| 도면한계 | 메뉴막대 | [형식]-도면한계 |
| | 명령어 | LIMITS |
| 도면층 | 리본메뉴 | [홈]탭-[도면층]패널- |
| | 메뉴막대 | [형식]-도면층 |
| | 명령어 | LAYER |
| 도면층끄기 | 리본메뉴 | [홈]탭-[도면층]패널- |
| | 메뉴막대 | [형식]-도면층도구-도면층 끄기 |
| | 명령어 | LAYOFF |
| 도면층동결 | 리본메뉴 | [홈]탭-[도면층]패널- |
| | 메뉴막대 | [형식]-도면층도구-도면층 동결 |
| | 명령어 | LAYFRZ |
| 도면층병합 | 리본메뉴 | [홈]탭-[도면층]패널- |
| | 메뉴막대 | [형식]-도면층도구-도면층 병합 |
| | 명령어 | LAYMRG |
| 도면층분리 | 리본메뉴 | [홈]탭-[도면층]패널- |
| | 풀다운 메뉴 | [형식]-도면층도구-도면층 분리 |
| | 명령어 | LAYISO |
| 도면층삭제 | 리본메뉴 | [홈]탭-[도면층]패널- |
| | 메뉴막대 | [형식]-도면층도구-도면층 삭제 |
| | 명령어 | LAYDEL |
| 도면층일치 | 리본메뉴 | [홈]탭-[도면층]패널- |
| | 메뉴막대 | [형식]-도면층도구-도면층 일치 |
| | 명령어 | LAYMCH |
| 도면층잠금 | 리본메뉴 | [홈]탭-[도면층]패널- |
| | 메뉴막대 | [형식]-도면층도구-도면층 잠금 |
| | 명령어 | LAYLCK |
| 도면층켜기 | 리본메뉴 | [홈]탭-[도면층]패널- |
| | 메뉴막대 | [형식]-도면층도구-도면층 켜기 |
| | 명령어 | LAYON |

| | | |
|---|---|---|
| 도면층별보기 | 리본메뉴 | [홈]탭-[도면층]패널- |
| | 메뉴막대 | [형식]-도면층-도면층별 보기 |
| | 명령어 | LAYWALK |
| 돌출 | 리본메뉴 | [솔리드]탭-[솔리드]패널- |
| | 메뉴막대 | [그리기]-모델링-돌출 |
| | 명령어 | EXTRUDE |
| 등분할 | 리본메뉴 | [홈]탭-[그리기]패널- |
| | 메뉴막대 | [그리기]-점-등분할 |
| | 명령어 | DIVIDE |
| 로프트 | 리본메뉴 | [솔리드]탭-[솔리드]패널- |
| | 풀다운메뉴 | [그리기]-모델링-로프트 |
| | 명령어 | LOFT |
| 리스트 | 리본메뉴 | [도구]탭-[조회]패널- |
| | 메뉴막대 | [도구]-조회-리스트 |
| | 명령어 | LIST |
| 메쉬 | 리본메뉴 | [메쉬]텝-기본체- |
| | 메뉴막대 | [그리기]-모델링-메쉬-기본체-상자,쐐기,원추,구,원통,토러스,피라미드 |
| | 명령어 | MESH |
| 면돌출 | 리본메뉴 | [메쉬]탭-메쉬편집- |
| | 메뉴막대 | [수정]표면 편집-면 돌출 |
| | 명령어 | MESHEXTRUDE |
| 면병합 | 리본메뉴 | [메쉬]탭-메쉬편집- |
| | 메뉴막대 | [수정]표면 편집-면 병합 |
| | 명령어 | MESHMERGE |
| 면분할 | 리본메뉴 | [메쉬]탭-메쉬편집- |
| | 메뉴막대 | [수정]표면 편집-면 분할 |
| | 명령어 | MESHSPLIT |

| | | |
|---|---|---|
| 면적측정 | 리본메뉴 | [홈]탭-[유틸리티]패널- |
| | 메뉴막대 | [도구]-조회-면적 |
| | 명령어 | AREA 또는 MEASUREGEOM |
| 명명된 뷰 | 리본메뉴 | [뷰]탭-[뷰]패널- |
| | 메뉴막대 | [뷰]-명명된 뷰 |
| | 명령어 | VIEW |
| 모깎기 | 리본메뉴 | [홈]탭-[수정]패널- |
| | 메뉴막대 | [수정]-모깎기 |
| | 명령어 | FILLET |
| 모따기 | 리본메뉴 | [홈]탭-[수정]패널- |
| | 메뉴막대 | [수정]-모따기 |
| | 명령어 | CHAMFER |
| 모서리간격 띄우기 | 리본메뉴 | [솔리드]탭-솔리드 편집- |
| | 명령어 | OFFSETEDGE |
| 모서리메쉬 | 리본메뉴 | [메쉬]탭-[기본체]패널- |
| | 메뉴막대 | [그리기]-모델링-메쉬-모서리메쉬 |
| | 명령어 | EDGESURF |
| 모서리 모깎기 | 리본메뉴 | [솔리드]탭-솔리드 편집- |
| | 메뉴막대 | [수정]-솔리드 편집-모서리 모깎기 |
| | 명령어 | FILLETEDGE |
| 모서리 모따기 | 리본메뉴 | [솔리드]탭-솔리드 편집- |
| | 메뉴막대 | [수정]-솔리드 편집-모서리 모따기 |
| | 명령어 | CHAMFEREDGE |
| 모서리 추출 | 리본메뉴 | [솔리드]탭-솔리드 편집- |
| | 메뉴막대 | [수정]-3D 작업-모서리 추출 |
| | 명령어 | XEDGES |
| 문자스타일 | 리본메뉴 | [홈]탭-[주석]패널- -문자스타일 관리 |
| | 메뉴막대 | [형식]-문자 스타일 |
| | 명령어 | STYLE |

| | | |
|---|---|---|
| 문자 축척 | 리본메뉴 | [주석]탭-[문자]패널- |
| | 메뉴막대 | [수정]-객체-문자-축척 |
| | 명령어 | SCALETEXT |
| 반지름 측정 | 리본메뉴 | [홈]탭-[유틸리티]패널- |
| | 메뉴막대 | [도구]-조회-반지름 |
| | 명령어 | MEASUREGEOM |
| 반지름 치수 | 리본메뉴 | [주석]탭-[치수]패널- |
| | 메뉴막대 | [치수]-반지름 |
| | 명령어 | DIMRADIUS |
| 방향벡터메쉬 | 리본메뉴 | [메쉬]탭-[기본체]패널- |
| | 메뉴막대 | [그리기]-모델링-메쉬-방향벡터메쉬 |
| | 명령어 | TABSURF |
| 복구 | 응용프로그램 | [파일]-도면 유틸리티-복구 |
| | 명령어 | RECOVER |
| 복사 | 리본메뉴 | [홈]탭-[수정]패널- |
| | 메뉴막대 | [수정]-복사 |
| | 명령어 | COPY |
| 부드러운 메쉬 | 리본메뉴 | [메쉬]탭-[메쉬]패널- |
| | 메뉴막대 | [그리기]-모델링-메쉬-더부드럽게하기 |
| | 명령어 | MESHSMOOTH |
| 부착 | 리본메뉴 | [삽입]탭-[참조]패널- |
| | 명령어 | ATTACH |
| 분해 | 리본메뉴 | [홈]탭-[수정]패널- |
| | 메뉴막대 | [수정]-분해 |
| | 명령어 | EXPLODE |
| 블록삽입 | 리본메뉴 | [홈]탭-[블록]패널- /[삽입]탭-[블록]패널- |
| | 메뉴막대 | [삽입]-블록 |
| | 명령어 | INSERT |

| | | |
|---|---|---|
| 블록작성 | 리본메뉴 | [홈]탭-[블록]패널- / [삽입]탭-[블록정의]패널- |
| | 메뉴막대 | [그리기]-블록-만들기 |
| | 명령어 | BLOCK |
| 블록편집 | 리본메뉴 | [홈]탭-[블록]패널- / [삽입]탭-[블록정의]패널- |
| | 메뉴막대 | [도구]-블록편집기 |
| | 명령어 | BEDIT |
| 블록을 파일로 저장 | 리본메뉴 | [삽입]탭-[블록정의]패널-블록편집기 |
| | 명령어 | WBLOCK |
| 비주얼스타일 | 리본메뉴 | [뷰]탭-[비주얼스타일]패널 |
| | 메뉴막대 | [뷰]-비주얼스타일 |
| | 명령어 | VSCURRENT |
| 비주얼스타일 관리자 | 리본메뉴 | [뷰]탭-[비주얼스타일]패널 |
| | 메뉴막대 | [뷰]-비주얼스타일-비주얼스타일관리자 |
| | 명령어 | VISUALSTYLES |
| 빠른계산기 | 리본메뉴 | [홈]탭-[유틸리티]패널- |
| | 메뉴막대 | [도구]-팔레트-빠른계산기 |
| | 명령어 | QUICKCALC |
| 삼각기둥 | 리본메뉴 | [솔리드]탭-[기본체]패널- |
| | 메뉴막대 | [그리기]-모델링-쐐기 |
| | 명령어 | WEDGE |
| 상자 | 리본메뉴 | [솔리드]탭-[기본체]패널- |
| | 메뉴막대 | [그리기]-모델링-상자 |
| | 명령어 | BOX |
| 새로만들기 | 신속접근도구막대 | |
| | 메뉴막대 | [파일]-새로만들기 |
| | 명령어 | NEW |
| 선 | 리본메뉴 | [홈]탭-[그리기]패널- |
| | 메뉴막대 | [그리기] |
| | 명령어 | LINE |

| | | |
|---|---|---|
| 선형치수 | 리본메뉴 | [주석]탭-[치수]패널- |
| | 메뉴막대 | [치수]-선형 |
| | 명령어 | DIMLINEAR |
| 솔리드변환 | 리본메뉴 | [메쉬]탭-메쉬변환- |
| | 메뉴막대 | [수정]-표면편집-깍인면솔리드로변환 |
| | 명령어 | CONVTOSOLID |
| 솔리드편집 | 리본메뉴 | [솔리드]탭-솔리드편집 |
| | 메뉴막대 | [수정]-솔리드편집 |
| | 명령어 | SOLIDEDIT |
| 스냅 | 메뉴막대 | [도구]-제도설정 |
| | 응용프로그램 | 마우스오른쪽버튼-설정 |
| | 명령어 | SNAP |
| 스윕 | 리본메뉴 | [솔리드]탭-[솔리드]패널- |
| | 메뉴막대 | [그리기]-모델링-스윕 |
| | 명령어 | SWEEP |
| 스플라인 | 리본메뉴 | [홈]탭-[그리기]패널- |
| | 메뉴막대 | [그리기]-스플라인-맞춤점 , 조정정점 |
| | 명령어 | SPLINE |
| 스플라인편집 | 리본메뉴 | [홈]탭-[그리기]패널- |
| | 메뉴막대 | [수정]-객체-스플라인 |
| | 명령어 | SPLINEDIT |
| 슬라이스 | 리본메뉴 | [솔리드]탭-솔리드 편집- |
| | 메뉴막대 | [수정]-3D작업-슬라이스 |
| | 명령어 | SLICE |
| 신속선택 | 리본메뉴 | [홈]탭-[유틸리티]패널- |
| | 메뉴막대 | [도구]-신속선택 |
| | 명령어 | QSELECT |
| 신속치수 | 리본메뉴 | [주석]탭-[치수]패널- |
| | 메뉴막대 | [치수]-신속치수 |
| | 명령어 | QDIM |

| 기능 | 구분 | 실행 방법 |
|---|---|---|
| 여러줄 문자편집 | 메뉴막대 | [수정]-객체-문자-편집 |
| | 명령어 | MTEDIT |
| 여러줄 문자입력 | 리본메뉴 | [주석]탭-[문자]패널-A |
| | 메뉴막대 | [그리기]-문자-여러줄문자 A |
| | 명령어 | MTEXT |
| 연속궤도 | 리본메뉴 | [뷰]탭-[뷰]패널- |
| | 메뉴막대 | [뷰]-궤도-연속궤도 |
| | 명령어 | 3DCORBIT |
| 연속치수 | 리본메뉴 | [주석]탭-[치수]패널- |
| | 메뉴막대 | [치수]-연속 |
| | 명령어 | DIMCONTINUE |
| 연장 | 리본메뉴 | [홈]탭-[수정]패널- |
| | 메뉴막대 | [수정]-연장 |
| | 명령어 | EXTEND |
| 열기 | 신속접근도구막대 | |
| | 메뉴막대 | [파일]-열기 |
| | 명령어 | OPEN |
| 외부참조 자르기 | 리본메뉴 | [삽입]탭-[참조]패널- |
| | 명령어 | CLIP |
| 외부참조 조정 | 리본메뉴 | [삽입]탭-[참조]패널- |
| | 명령어 | ADJUST |
| 외부참조 편집 | 리본메뉴 | [삽입]탭-[참조]패널- |
| | 명령어 | REFEDIT |
| 원 | 리본메뉴 | [홈]탭-[그리기]패널- |
| | 메뉴막대 | [그리기]-원 |
| | 명령어 | CIRCLE |
| 원추 | 리본메뉴 | [솔리드]탭-[기본체]패널- |
| | 메뉴막대 | [그리기]-모델링-원추 |
| | 명령어 | CONE |

| | | |
|---|---|---|
| 원통 | 리본메뉴 | [솔리드]탭-[기본체]패널- |
| | 메뉴막대 | [그리기]-모델링-원통 |
| | 명령어 | CYLINDER |
| 원형배열 | 리본메뉴 | [홈]탭-[수정]패널- |
| | 메뉴막대 | [수정]-배열-원형배열 |
| | 명령어 | ARRAYPOLAR |
| 이동 | 리본메뉴 | [홈]탭-[수정]패널- |
| | 메뉴막대 | [수정]-이동 |
| | 명령어 | MOVE |
| 이전<br>도면층 | 리본메뉴 | [홈]탭-[도면층]패널- |
| | 메뉴막대 | [형식]-도면층도구-이전도면층 |
| | 명령어 | LAYERP |
| 자르기 | 리본메뉴 | [홈]탭-[수정]패널- |
| | 메뉴막대 | [수정]-자르기 |
| | 명령어 | TRIM |
| 자르기<br>복구 | 리본메뉴 | [표면]탭-편집- |
| | 메뉴막대 | [수정]-표면편집-자르기복구 |
| | 명령어 | SURFPATCH |
| 자리맞추기 | 리본메뉴 | [주석]탭-[문자]패널- |
| | 메뉴막대 | [수정]-객체-문자-자리맞추기 |
| | 명령어 | JUSTIFYTEXT |
| 자유궤도 | 리본메뉴 | [뷰]탭-[뷰]패널- |
| | 메뉴막대 | [뷰]-궤도-자유궤도 |
| | 명령어 | 3DFORBIT |
| 저장 | 신속접근도구막대 | |
| | 메뉴막대 | [파일]-저장 |
| | 명령어 | SAVE/QSAVE |
| 점 | 리본메뉴 | [홈]탭-[그리기]패널- |
| | 메뉴막대 | [그리기]-점-단일점/다중점 |
| | 명령어 | POINT |

| 정련 | 리본메뉴 | [메쉬]탭-메쉬- |
|---|---|---|
| | 메뉴막대 | [수정]-표면편집-메쉬정련 |
| | 명령어 | MESHREFINE |
| 정렬 | 리본메뉴 | [홈]탭-[수정]패널- |
| | 메뉴막대 | [수정]-3D작업-정렬 |
| | 명령어 | ALIGN |
| 정렬치수 | 리본메뉴 | [주석]탭-[치수]패널- |
| | 메뉴막대 | [치수]-정렬 |
| | 명령어 | DIMALIGNED |
| 제한된 경로 | 리본메뉴 | [뷰]탭-[뷰]패널- |
| | 메뉴막대 | [뷰]-궤도-제한된경로 |
| | 명령어 | 3DORBIT |
| 조각 | 리본메뉴 | [표면]탭-편집- |
| | 메뉴막대 | [수정]-표면편집-조각 |
| | 명령어 | SURFSCULPT |
| 종료 | 제목표시줄 | |
| | 메뉴막대 | [파일]-종료 |
| | 명령어 | QUIT |
| 줌 | 리본메뉴 | [뷰]탭-[2D탐색]패널- |
| | 메뉴막대 | [뷰]탭-줌 |
| | 명령어 | ZOOM |
| 지름치수 | 리본메뉴 | [주석]탭-[치수]패널- |
| | 메뉴막대 | [치수]지름 |
| | 명령어 | DIMDIAMETER |
| 지시선 수집 | 리본메뉴 | [주석]탭-[지시선]패널- |
| | 메뉴막대 | [수정]-객체-다중지시선-수집 |
| | 명령어 | MLEADERCOLLECT |
| 지시선제거 | 리본메뉴 | [주석]탭-[지시선]패널- |
| | 메뉴막대 | [수정]-객체-다중지시선-지시선제거 |
| | 명령어 | AIMLEADEREDITREMOVE |

| | | |
|---|---|---|
| 지시선추가 | 리본메뉴 | [주석]탭-[지시선]패널- |
| | 메뉴막대 | [수정]-객체-다중지시선-지시선추가 |
| | 명령어 | AIMLEADEREDITADD |
| 지우기 | 리본메뉴 | [홈]탭-[그리기]패널- |
| | 메뉴막대 | [그리기]-지우기 |
| | 명령어 | ERASE |
| 직사각형 | 리본메뉴 | [홈]탭-[그리기]패널- |
| | 메뉴막대 | [그리기]-직사각형 |
| | 명령어 | RECTANG |
| 직사각형 배열 | 리본메뉴 | [홈]탭-[수정]패널- |
| | 메뉴막대 | [수정]-배열-직사각형 배열 |
| | 명령어 | ARRAYRECT |
| 직선보간 메쉬 | 리본메뉴 | [메쉬]탭-[기본체]패널- |
| | 메뉴막대 | [그리기]-모델링-메쉬-직선보간메쉬 |
| | 명령어 | RULESURF |
| 차집합 | 리본메뉴 | [솔리드]탭-[부울]패널- |
| | 메뉴막대 | [수정]-솔리드편집-차집합 |
| | 명령어 | SUBTRACT |
| 초점이동 | 리본메뉴 | [뷰]탭-[2D탐색]패널- |
| | 메뉴막대 | [뷰]-초점이동 |
| | 명령어 | PAN |
| 축척 | 리본메뉴 | [홈]탭-[수정]패널- |
| | 메뉴막대 | [치수]-축척 |
| | 명령어 | SCALE |
| 치수공간 | 리본메뉴 | [주석]탭-[치수]패널- |
| | 메뉴막대 | [치수]-치수공간 |
| | 명령어 | DIMSPACE |
| 치수끊기 | 리본메뉴 | [주석]탭-[치수]패널- |
| | 메뉴막대 | [치수]-치수끊기 |
| | 명령어 | DIMBREAK |

| | | |
|---|---|---|
| 치수스타일 | 리본메뉴 | [주석]탭-[치수]패널- ↘ |
| | 메뉴막대 | [치수]-치수스타일 ↘ |
| | 명령어 | DIMSTYLE |
| 테이블스타일 | 리본메뉴 | [주석]탭-[테이블]패널- ↘ |
| | 메뉴막대 | [형식]-테이블스타일 ↘ |
| | 명령어 | TABLESTYLE |
| 테이블작성 | 리본메뉴 | [주석]탭-[테이블]패널- |
| | 메뉴막대 | [그리기]-테이블 |
| | 명령어 | TABLE |
| 토러스 | 리본메뉴 | [솔리드]탭-[기본체]패널-◎ |
| | 메뉴막대 | [그리기]-모델링-◎ |
| | 명령어 | TORUS |
| 특성 | 리본메뉴 | [뷰]탭-[팔레트]패널- |
| | 메뉴막대 | [수정]-특성 |
| | 명령어 | PROPERTIES |
| 특성일치 | 리본메뉴 | [홈]탭-[클립보드]패널- |
| | 메뉴막대 | [수정]-특성일치 |
| | 명령어 | MATCHPROP |
| 패치표면 | 리본메뉴 | [표면]탭-작성- |
| | 메뉴막대 | [그리기]-모델링-표면-패치 |
| | 명령어 | SURFPATCH |
| 페이지설정 | 리본메뉴 | [출력]탭-[플롯]패널- |
| | 메뉴막대 | [파일]-페이지설정관리자 |
| | 명령어 | PAGESETUP |
| 평면표면 | 리본메뉴 | [표면]탭-작성- |
| | 메뉴막대 | [그리기]-모델링-표면-평면 |
| | 명령어 | PLANESURF |
| 폴리선 | 리본메뉴 | [홈]탭-[그리기]패널- |
| | 메뉴막대 | [그리기]-폴리선 |
| | 명령어 | PLINE |

| | | |
|---|---|---|
| 폴리선편집 | 리본메뉴 | [홈]탭-[수정]패널- |
| | 메뉴막대 | [수정]-객체-폴리선 |
| | 명령어 | PEDIT |
| 폴리솔리드 | 리본메뉴 | [솔리드]탭-[기본체]패널- |
| | 메뉴막대 | 피라미드-폴리솔리드 |
| | 명령어 | POLYSOLID |
| 표면간격띄우기 | 리본메뉴 | [표면]탭-작성- |
| | 메뉴막대 | [그리기]-모델링-표면-간격띄우기 |
| | 명령어 | SURFOFFSET |
| 표면굵게 | 리본메뉴 | [솔리드]탭-솔리드편집- |
| | 메뉴막대 | [수정]3D작업-굵게하기 |
| | 명령어 | THICKEN |
| 표면모깎기 | 리본메뉴 | [표면]탭-편집- |
| | 메뉴막대 | [그리기]-모델링-표면-모깎기 |
| | 명령어 | SURFFILLET |
| 표면변환 | 리본메뉴 | [메쉬]탭-메쉬변환- |
| | 메뉴막대 | [수정]-표면편집-깎인면표면으로변환 |
| | 명령어 | CONVTOSURFACE |
| 표면연장 | 리본메뉴 | [표면]탭-편집- |
| | 메뉴막대 | [수정-표면편집-연장 |
| | 명령어 | SURFEXTEND |
| 표면자르기 | 리본메뉴 | [표면]탭-편집- |
| | 메뉴막대 | [수정-표면편집-연장 |
| | 명령어 | SURFTRIM |
| 플랫샷 | 리본메뉴 | [홈]탭-[단면]패널- |
| | 명령어 | FLATSHOT |
| 플롯 | 리본메뉴 | [출력]탭-[플롯]패널- |
| | 메뉴막대 | [파일]- |
| | 명령어 | PLOT |
| 플롯스타일관리자 | 메뉴막대 | [파일]-플롯스타일관리자-플롯스타일추가마법사 |
| | 명령어 | STYLESMANAGER |

| | | |
|---|---|---|
| 피라미드 | 리본메뉴 | [솔리드]탭-[기본체]패널- |
| | 메뉴막대 | [그리기]-모델링-피라미드 |
| | 명령어 | PYRAMID |
| 합집합 | 리본메뉴 | [솔리드]탭-[부울]패널- |
| | 메뉴막대 | [수정]-솔리드편집-합집합 |
| | 명령어 | UNION |
| 해치 | 리본메뉴 | [홈]탭-[그리기]패널- |
| | 메뉴막대 | [그리기]-해치 |
| | 명령어 | HATCH |
| 해치편집 | 리본메뉴 | [홈]탭-[수정]패널- |
| | 메뉴막대 | [수정]-객체-해치 |
| | 명령어 | HATCHEDIT |
| 현재도면층으로 변경 | 리본메뉴 | [홈]탭-[도면층]패널- |
| | 메뉴막대 | [형식]-도면층도구-현재도면층으로변경 |
| | 명령어 | LAYCUR |
| 호 | 리본메뉴 | [홈]탭-[그리기]패널- |
| | 메뉴막대 | [그리기]-호 |
| | 명령어 | ARC |
| 호길이 치수 | 리본메뉴 | [주석]탭-[치수]패널- |
| | 메뉴막대 | [치수]-호길이 |
| | 명령어 | DIMARC |
| 회전 | 리본메뉴 | [홈]탭-[수정]패널- |
| | 메뉴막대 | [수정]-회전 |
| | 명령어 | ROTATE |
| 회전메쉬 | 리본메뉴 | [메쉬]탭-기본체- |
| | 메뉴막대 | [그리기]-모델링-메쉬-회전메쉬 |
| | 명령어 | REVSURF |
| 회전솔리드 | 리본메뉴 | [솔리드]탭-[솔리드]패널- |
| | 메뉴막대 | [그리기]-모델링-회전 |
| | 명령어 | REVOLVE |

| | | |
|---|---|---|
| 3D 면 | 메뉴막대 | [그리기]-모델링-메쉬-3D면 |
| | 명령어 | 3DFACE |
| 3D 이동 | 리본메뉴 | [홈]탭-[수정]패널- |
| | 메뉴막대 | [수정]-3D작업-3D이동 |
| | 명령어 | 3DMOVE |
| 3D 회전 | 리본메뉴 | [홈]탭-[수정]패널- |
| | 메뉴막대 | [수정]-3D작업-3D회전 |
| | 명령어 | 3DROTATE |
| ID 점 | 리본메뉴 | [도구]탭-[조회]패널- |
| | 메뉴막대 | [도구]-조회-ID점 |
| | 명령어 | ID |
| Streering Wheel | 리본메뉴 | [뷰]탭-[탐색]패널- |
| | 메뉴막대 | [뷰]-SteeringWheel- |
| | 명령어 | NAVSWHEEL |
| UCS | 리본메뉴 | [홈]탭-[좌표]패널 |
| | 메뉴막대 | [도구]-UCS |
| | 명령어 | UCS |
| UCS 아이콘 | 리본메뉴 | [홈]탭-[좌표]패널/[뷰]탭-[좌표]패널 |
| | 풀다운 메뉴 | [뷰]-화면표시-UCS 아이콘 |
| | 명령어 | UCSICON |
| ViewCube | 메뉴막대 | [뷰]-화면표시-ViewCube |
| | 명령어 | NAVVCUBE |

# 부록 D. CAD 관련용어 해설



## A

### accuracy

측량된 값의 정확도를 의미하며, 일반적으로 프로그램이나 알고리즘, 혹은 시스템이 제공하는 절대적 의미의 정확도를 의미함.

### AI(Artificial Intelligence)

각종 지식을 저장하는 지식 데이터베이스(knowledge data base)와 이를 바탕으로 추론하여 의사 결정을 수행하는 추론 엔지(inference engine)의 두 부분으로 구성되어 있으며, 컴퓨터가 마치 사람과 같이 지능을 필요로 하는 일을 수행할 수 있도록 개발한 컴퓨터 응용의 한 분야를 말함(인공지능).

### algorithm

어떤 문제를 풀거나 결과를 얻기 위하여 만들어진, 잘 정리한 규칙이나 문제 해결의 절차를 말함.

### alpha-numeric(alphameric)

각종 명령어나 비 도형 정보의 조작 및 처리에 사용되며, 영문자 A-Z, 숫자 0-9와 특수 문자 *,/,.,(,),+,- 등으로 구성되는 기호를 말함.

### analog

시간의 변화에 따라 연속적으로 변화하는 물리량으로 표시되는 데이터를 말함. 단, 특정 순간의 이산 값으로 표시되는 데이터는 digital이라고 함.

### ANSI(American National Standards Institute)

미국 정부와 산업계로 구성된 설계 및 제도에 관한 규격 및 표준화 협회를 말함.

ASCII(American Standard Code for Information Interchange)
미국 표준협회가 데이터 처리 및 통신 시스템 상호간의 정보 교환용으로 제정한 표준 코드 체계를 말함. 1바이트(byte)는 8비트(bit)로 구성되며, 에러(error)를 검출하기 위한 등가비트(parity bit)를 제외한 7비트를 사용함으로서 128(=$2^7$)개의 코드로 구성됨.

attribute
부품과 관련된 비 도형 정보를 말하며 속성이고도 함.

auxiliary storage
보조 기억장치를 말하며 자기 디스크, 자기 테이프, USB 메모리 등이 이에 해당함.

# B

BASIC(Beginner's All-purpose Symbolic Instruction Code)
전산 전문요원이 아니더라도 손쉽게 프로그램을 작성할 수 있도록 개발된 컴퓨터 프로그래밍 언어를 말함.

batch
하나의 단위 작업을 시스템의 자체적인 제어 하에서 일괄적으로 처리하는 방식으로서, 서로 관련이 있는 작업들을 하나의 관리 단위로 묶어 한꺼번에 처리하는 데이터 처리 기법을 말함.

benchmark
특정 프로그램이나 업무를 선정하여 서로 비교 검토함으로써 성능을 평가하는 기법을 말함.

bit
binary digit.
컴퓨터 내부에 보관되어 처리되는 정보의 최소 단위로서, 0과 1로 구성된 2진수의 한 자리를 말함.

bit map

영상을 만드는데 사용되며, 메모리상에 구성된 각 비트들의 격자형 구조로, 각 비트는 화면상의 각 화점(pixel)과 일대일로 대응하게 됨.

BPI(Bits Per Inch)

자기 테이프의 데이터 보관 용량을 나타내는 단위로서 자기 테이프상의 1인치에 기록 가능한 정보(bit)의 수를 말함.

BPS(Bits Per Second)

데이터 전송속도의 기본 단위로서 통신선로를 통하여 전송되는 1초당의 총 비트수를 말함.

B-spline

자유곡선의 일종으로서 다항식을 사용하여 3차원 공간상의 여러 개의 점을 지나는 근사곡선을 유도하는 기법을 말함.

buffer

하나의 장치로부터 다른 장치로 정보를 전송하는 경우에 있어서 전송되는 정보를 일시적으로 보관하기 위하여 기억장치 내에 할당한 일정영역을 말함.

bug

기계장치나 컴퓨터 프로그램에 있어서 오동작을 일으키게 하는 자체적인 결함을 말함.

bus

컴퓨터내부의 각종 장치(CPU, 메모리, CD드라이버 등)사이를 연결하는 대용량의 데이터 통로를 말함.

byte

문자, 숫자, 특수문자 등 하나의 의미를 가지는 정보의 기본 단위로서 ASCII코드에서는 8개의 비트(bit)가 1 바이트(byte)로 구성됨.

# C

### CAT(computer Aided Testing)

개발된 제품의 품질, 성능 등을 검사하는데 컴퓨터를 활용하는 기법을 말함.
치하여 연구, 검토를 행하는 국제 전신 전화 자문위원회.

### channel.

컴퓨터내부의 CPU와 각종 주변장치 사이의 데이터의 전송 및 제어를 하는 통로를 말함.

### chip

IC제조공정에서 wafer를 절단하여 하나의 소자로 분리한 조각을 말하며, 이 chip에 다리를 접속하고 절연물질 등으로 포장(packaging)을 하면 하나의 IC가 완성됨.

### CIM(Computer Integrated Manufacturing)

생산성을 극대화시키기 위하여, CAD/CAM/CAE/CAT시스템을 적극 이용하여 모든 제조 공정을 하나로 통합한 완전 자동화 공정을 말함.

### CNC(Computer Numerical Control)

마이컴(micro computer, 마이크로프로세서)을 내장한 NC 공작기계를 말함.

### COM(Computer Output Microfilm)

CAD도면을 마이크로필름(microfilm)으로 출력하는 장치를 말함.

### compiler

BASIC, FORTRAN, PASCAL 등으로 작성된 컴퓨터 프로그램을 컴퓨터가 작업을 수행할 수 있도록 기계어로 번역하는 프로그램을 말함.

### CPS(Characters Per Second)

프린터가 1초당 프린트할 수 있는 문자의 수를 말함.

### cursor

현재의 입력 기준점을 표시하는 것으로서 화면상에 밑줄이나 십자로 나타낸 작업 위치를 표시하는 기호를 말함.

### cylinder

자기 디스크에 있어서 동일한 수직열상에 위치한 track 들의 집합을 말함.

## D

### DA(Design Automation)

설계자동화로서 설계공정에서 가능한 한 사람의 개입을 최소화시키는 기술을 말함.

### DB(data base)

각종 프로그램에서 공동으로 사용할 수 있도록 통합된 데이터들의 집합을 말하며, CAD시스템에서 사용되는 데이터베이스로는 부품 library, 도형 및 비도형 정보 등이 있음.

### DBMS(Data Base Management System)

데이터베이스를 효율적으로 사용할 수 있도록 관리해 주는 소프트웨어를 말함.

### debugging

소프트웨어나 하드웨어 상에서 bug를 찾아내어 이를 수정하는 일을 말함.

### default

어떤 변수에 대한 입력 치에 대하여 특정한 값을 입력하지 않을 경우, 프로그램이나 시스템이 미리 결정하여 보관하고 있는 값으로 대치하도록 한 것을 말함.

### diagnostics

시스템의 주요 기능과 오류를 진단하고 찾아내는 프로그램을 말함.

### digital

어떤 현상이나 데이터를 불연속적인 이산 값으로 표시하는 방식을 말함.

### digitize

기계도면을 데이터베이스에 보관하기 위하여 좌표계상의 좌표 값으로 변환하는 작업을 말함.

### digitizer

제도판과 같은 판과 puck, stylus pen으로 구성되며, CAD시스템의 입력 기기로 사용됨.

### disk

레코드판과 같은 자기원판을 사용하여 정보를 써 넣거나 읽어내는 대용량의 보조 기억 장치를 말함.

### distributed processing

업무의 분산처리 및 자원의 공동이용을 가능하게 하기 위하여, 다수의 프로세서를 network로 결합시키는 컴퓨터와 통신망의 결합기술을 말함.

### documentation

설계에서 제조에 이르는 모든 단계에서 작성한 보고서나 설명 등을 말함.

### dot-matrix

점(dot)을 행렬 형태로 2차원상에 배치하여 이 점의 유무로서 글자나 그림을 나타내는 방식을 말함.

### drum plotter

pen plotter의 일종으로 pen은 좌우방향으로 움직이고, 드럼에 감긴 용지가 회전함으로서 도면을 작성하는 plotter를 말함.

### dynamic menu

화면상에 menu를 표시하고, 이를 cursor에 의하여 지정함으로써 특정한 명령이나 작업을 수행할 수 있도록 하는 menu방식을 말함.

## E

### electrostatic plotter

정전기를 이용하여 복사기와 같은 원리로 복사하듯 도면을 출력하는 정전방식의 도면 작성 장치를 말함.

### entity

점, 선, 직사각형, 원, 원호 등 도형을 구성하는 기본 요소를 말함.

### execute

컴퓨터가 지시받은 명령어(command)나 작업(work)을 수행하는 것을 말함. 또한 일련의 명령어로 구성된 file을 execute file이라고 함.

### expert system

특정 영역의 전문가가 가지고 있는 것과 같은 고도의 문제해결 능력을 컴퓨터에 부여한 시스템을 말함. 주로 지식 베이스와 추론 엔진을 사용함.

## F

### FA(Factory Automation)

제조공장에 컴퓨터 시스템을 통합시켜 전체적인 자동화 혹은 무인화를 지향하는 제조 시스템을 말함.

### FEM(Finite Element Method)

기계나 기계에 사용되는 각종 부품을 여러 개의 사각요소 또는 삼각요소 등으로 분할하여 재료역학, 열역학, 유체역학 등의 해석을 하는 방법을 말함.

figure
기본 도형요소로 구성된 심벌이나 부품을 말하며, 재질, 속성, 크기 등의 비 도형정보도 함께 가질 수 있다.

file
컴퓨터내부에 보관되는 연관성 있는 정보(record)의 집합을 말함.

fillet
두 선분이 만나는 모서리 부분을 원호로 처리하는 모서리 처리 방식을 말함.

font
문자를 여러 가지 스타일로 미리 작성하여 보관해 놓은 일종의 library를 말함.

format
보고서, 리스트 등에서 데이터를 표시하고 나열하는 양식을 말함.

FORTRAN
설계계산 작업의 전산화에 광범위 하게 사용되는 컴퓨터 언어의 일종으로서 high-level language임.

function key
임의의 key를 누르면 이에 대응하는 미리 정의되어 있는 기능이나 명령어가 수행되도록 만들어 놓은 입력 장치를 말함.

# G

graphic tablet
CAD/CAM시스템에 사용되는 입력장치의 하나로서, 도형이나 위치 명령을 입력하거나 menu tablet으로 사용된다.

gray level
단색의 화면표시 장치에서 서로 다른 부품의 구분을 위하여 각기 다르게 표시되는 밝기의 정도를 말함.

grid
도면상에 일정한 간격으로 나열한 점이나 선의 집합을 말함.

# H

hidden line removal
은선 제거라고도 하며, 3차원의 형상을 컴퓨터에 표시할 때, 가려서 보이지 않는 선분을 화면상에서 제거함으로써 조금 더 알아보기 쉽도록 표시하는 3차원의 도형표시기법을 말함.

high-level language
PASCAL, BASIC, FORTRAN 등과 같이 사용자 중심의 프로그래밍 언어를 말하며, 이러한 언어로 작성된 프로그램은 반드시 컴파일을 거쳐야만 컴퓨터내부에서 실행이 가능하게 됨.

Hz(hertz)
진동 등 주기운동에 있어서 1초당 발생한 cycle의 수를 말함.

IC(Integrated Circuit)
각종 회로 소자(transistor, capacitor, diode, register 등)를 하나의 회로기판 속에 집적시킨 소형의 회로소자 및 배선의 집합체를 말함.

IEEE(Institute of Electrical and Electronics Engineers)
전기 전자 기술자 협회를 말함.

image processing

화상이나 도면 데이터를 컴퓨터로 처리하는 기술을 말함.

impact printer

핀(pin)을 사용하여 기계적인 충격을 용지에 가함으로서 인쇄하는 방식으로, dot-matrix방식의 프린터가 이에 속함.

interface

기계와 기계, 혹은 기계와 사람 사이에서 정보를 주고받으며 이들을 연결하는 하드웨어나 소프트웨어적인 결합을 말함.

IPS(Inch Per Second)

자기테이프의 초당 진행속도를 의미함.

ISO(International Organization for Standardization)

상품 및 서비스의 국제적인 교환을 용이하게 하기 위해 설립된 국제표준화 기구를 의미함.

## J

joystick

X축과 Y축 방향으로 상호 결합된 두 개의 가변 저항기와 이 가변 저항기를 조정하는 막대로 구성되어 있으며, 컴퓨터에서 cursor의 위치를 조정하는 입력기기 임.

## K

keyword

핵심이 되는 단어, 약어 등을 의미함.

knowledge engineering

지식공학이라고도 하며, 지식 데이터베이스(knowledge database), 인공지능 등을 이용하여 고도의 응용 프로그램을 개발하는 공학체계를 의미함.

## L

label

도면상의 부품, file 등에 대한 간단한 설명이나 표시를 의미함.

LAN

Local Area Network.

가까운 지역 내의 한정된 데이터 통신 시스템으로서, 전송 속도가 고속이라는 특징을 가지며 근거리 정보 통신망, 지역 내 정보통신망이라고도 함.

layer

도면을 몇 개의 층으로 나누어 관리하는 방식을 말함.

layer discrimination

특정 layer에서 사용하는 선의 두께, 색 등을 지정하여, 도면상에서 다른 layer와 구분하는 기법을 말함.

library

자주 사용되는 프로그램이나 부품, 심벌, 기기 등의 집합을 의미하며, 반복 작업을 줄이고 생산성을 향상시킬 수 있다.

light-pen

cursor 위치조절 기기의 일종으로서 refresh형 CRT에서 사용됨.

LISP(LISt Processor)

인공지능 프로그래밍 언어의 일종으로서 list들로 구성된 데이터를 처리하기 위하여 고안되었음.

### load

CD, HD, DVD 등에 보관된 프로그램이나 데이터가 주기억장치 등으로 이동되는 것을 말함.

### low-level language

기계어 중심의 프로그래밍 언어로서 assembler 등이 이에 해당함.

### LPM(Lines Per Minute)

1분간에 인쇄되는 행의 수로서 주로 line printer에서 사용됨.

## M

### machine language

컴퓨터가 직접 실행할 수 있는 low-level language를 의미함.

### macro

일련의 명령어 집합으로서, 반복적으로 사용되는 여러 작업을 하나의 지시로 컴퓨터가 직접 실행할 수 있도록 만들어 놓은 것을 말함.

### main memory

CPU가 처리할 프로그램과 데이터를 보관하는 주기억장치를 말함.

### merge

서로 연관성 있는 file이나 data 들을 하나로 합치는 것을 말함.

### microprocessor

한 개 또는 여러 개의 칩(chip)으로 구성된 제어 및 연산처리 장치를 말함.

MIPS(Million Instructions Per Second)

컴퓨터의 자료 처리속도를 나타내는 단위로서, 1초에 백만 개의 명령어를 실행할 수 있는 능력을 말함.

MIS(Management Information System)

기업에서 행해지는 경영 관리 및 의사결정에 필요한 정보를 조직적이고 종합적으로 제공하도록 하는 통합적인 경영지원 시스템을 말함.

mirroring

도형요소들을 한 직선에 대칭으로 거울에 비친 상처럼 이동 또는 복사하는 것을 말함.

MODEM(MOdulator DEModulator)

전화회선과 같은 회선을 데이터 통신에 사용하기 위해서, 디지털형태의 데이터 신호를 전송용으로 변조하고, 이를 다시 수신측에서 복조하는 데이터 통신용 장치를 말함.

muitiplexing

통신선로의 전송 효율을 높이고 다수의 사용자가 공동으로 이용할 수 있도록 구성한 다중 전송방식을 말함. 하나의 데이터 통로를 다수의 송수신 장치가 시분할, 주파수 분할방식으로 공유함.

multi-processing

하나의 프로그램을 여러 부분으로 나누어 병렬처리 하거나, 여러 개의 CPU를 병령로 연결하여, 다수의 프로그램을 동시에 병렬 처리하는 기법을 말함.

# N

network

다수의 컴퓨터를 서로 연결하기 위한 통신 선로용 데이터 통신망을 말함.

## O

### OA(Office Automation)

사무자동화라고도 하며, 컴퓨터와 통신망을 이용하여 사무의 자동화와 효율화를 이룩하는 기술을 말함.

### off-line

주변장치가 CPU와 연결되지 않은 상태에서 작동하는 것을 의미함.

### on-line

주변장치가 CPU와  전기적으로 접속된 상태에서 작동하는 것을 의미함.

### OS(Operating System)

제어 프로그램과 처리 프로그램으로 구성되며, 시스템 자체의 성능을 향상시키고 처리능력을 높이기 위한 시스템으로서 하드웨어의 효율적인 운영을 위한 기본적인 소프트웨어를 말함.

## P

### parity check

하나 혹은 두 개의 비트(bit)를 이용하여 이송되거나 보관된 정보 속에 내재하는 에러를 판별하는 기법을 말함.

### part

CAD시스템 상에 구축한, 도형 및 비도형의 표시를 통한 기계부품이나 형상의 모델을 의미하며, 보통 하나의 완성된 부품이나 기계를 나타내게 된다.

### part program

제작할 부품의 형상과 이를 가공할 공구의 동작 및 가공 순서를 자동 프로그래밍 언어(NC language)를 사용하여 기술한 program을 말함.

### PCB(Printed Circuit Board)

플라스틱 판위에 마치 인쇄하듯이 배치한 동판 배선의 회로 기판을 말함. 인쇄배선 회로라고도하며, IC나 저항 등의 각종 회로 부품들이 보드 상에 배치됨.

### P&ID(Piping and Instrumentation Diagram)

2차원의 배관 구성도로서 주요기기들 사이의 배관의 구성 상황을 표시함.

### pixel(picture element)

화면상에 가로 및 세로로 등 간격으로 위치하며, 화면상에서 도형이나 화상을 구성하는 화점 요소를 말함.

### plasma panel

두 개의 유리판 사이에 샌드위치 형태로 구성된 네온가스의 층을 이용한 화면표시 장치를 말함.

### plotter

CAD를 이용하여 그린 도형을 출력하기 위한 장치로서, 출력방식에 따라 기계식과 정전식이 있음.

### post-processor

CAD시스템으로 만들어진 부품에 대하여, 설계해석 프로그램의 계산결과에 따라 응력, 온도, 변형도 등을 화면에 표시하기 위한 소프트웨어나 프로그램을 말함.

### precision

정밀도를 말하며, 일반적으로 소숫점 이하의 유효 숫자의 자릿수를 의미함.

### pre-processor

CAD시스템에 있어서 설계 해석용 패키지의 입력형식에 맞도록 입력정보를 자동으로 재구성하는 소프트웨어나 프로그램을 말함.

primitive

도면이나 형상모델을 구성하는 가장 기본적인 도형요소를 말하며, 일반적으로. entity 또는 element라고도 함. 3차원 형상모델링의 CSG(constructive solid geometry)에서 주로 사용함.

processor

소프트웨어적인 의미로는 사용자가 작성한 프로그램을 기계어로 번역하는 언어 번역기 등을 의미하며, 하드웨어적인 의미로는 CPU(중앙연산처리 장치) 등을 의미함.

program

임의의 절차에 따라 어떤 문제를 해결하기 위하여 만들어 놓은 명령어의 집합을 의미함.

prompt

CRT화면에 표시하는 특수한 심벌, 메시지 등을 의미하며, 작업 절차나 명령어상의 에러 등을 지시하기도 함.

property

특정의 부품 등의 규격, 성능, 색상, 가격, 생산자 등 각종 속성정보를 말함.

puck

table, digitizer 등의 위에서 위치 정보를 입력하거나 cursor의 위치를 조절하는 데 사용되는 입력 장치를 말함.

# Q

QC(Quality Control)

일정 수준 이상의 제품을 생산할 수 있도록 품질을 제어하고 관리하는 활동을 말함.

queue

실행되기를 기다리는 항목들을 말하며, 처리 우선순위는 항목들의 정돈 순서에 따라

정해짐.

## R

### RAM(Random Access Memory)

일반적으로 전원이 끊어지면 보관된 내용이 소멸되기 때문에 휘발성 기억소자에 해당하며, 데이터를 써 넣거나 읽어낼 수 있는 기억소자를 말함.

### record

연관성이 있는 데이터들의 집합으로, 이 record들이 모여 하나의 파일(file)을 구성하게 됨.

### register

CPU의 연산에 사용되는 데이터를 일시적으로 보관하는 특수기능을 가진 일종의 버퍼장치를 말하며, 주기억장치의 일부분임.

### reliability

시스템의 안정성을 표시하는 정도를 의미하며, 신뢰도라도 함.

### resolution

인접 요소와의 간격으로서, CRT에서는 식별이 가능한 두 점사이의 간격을 의미하며, 프린터에서는 도면을 구성하는 1인치당의 dot의 수를 의미함.

### response time

사용자가 어떤 명령이나 데이터를 입력한 후, 그 결과를 받아볼 때까지의 경과시간을 말함.

### restart

작업도중 중단시켰던 프로그램을 중단된 지점에서 다시 시작하도록 하는 것을 말함.

### ROM(Read Only Memory)

전원이 꺼져도 기억내용이 소멸되지 않으며, 기억된 프로그램을 지우거나 변경할 수 없는 비휘발성의 기억소자를 말함. 제어용이나 특수목적인 프로그램을 보관하기 위해 주로 사용됨.

### routine

임의의 순서로 정렬하여, 기능적으로 연관성이 있는 부호화된 명령들의 집합을 말함.

## S

### scan

전기적 또는 광학적인 방법을 이용하여 기호나 문자 등을 식별하여, 컴퓨터가 처리할 수 있는 데이터로 구성하는 일련의 작업을 말함.

### scroll

컴퓨터 화면상에 새로운 부분을 추가적으로 표시하기 위하여 기존의 화면을 특정 방향으로 이동시키는 것을 말함.

### security

파일이나 데이터베이스에 허가되지 않은 다른 사용자가 접근하지 못하도록 보호하는 기능을 말함.

### sequence

임의의 규칙에 따라 정보나 데이터를 연속적으로 배열한 것을 의미함.

### simulation

어떤 자연현상(기계적인 공정포함)에 대한 모형(model)을 사용하여 컴퓨터로 임의의 현상을 모사하는 과정을 말함. 수식적으로 정형화된 하나의 논리적인 모델이 사용됨.

snap

cursor를 사용하여 위치를 입력하고자 할 경우, 도면이나 형상 모델상의 어떤 위치를 좌표 값에 의하지 않고, 실물상의 위치나 Grid상의 위치를 찾아가게 하는 기법을 말함.

sort

데이터 정렬에 있어서 item이나 record들을 특정한 규칙에 따라 차례로 배열하는 작업을 말함.

source

FORTRAN, PASCAL, C 등의 컴퓨터언어로 작성한 프로그램을 의미함.

storage

floppy disk, CD, 마그네틱테이프 등과 같이 각종데이터를 보관하는 기억매체를 말함.

stylus

명령어나 위치정보의 입력, 또는 cursor의 위치를 조정하기 위하여 사용되는 pen 모양의 위치정보 입력 기구를 말함.

sub-figure

반복적으로 사용되는 부품이나 기기 등과 같이 이용과 관리가 편리하도록 CAD시스템의 library에 보관된 형상모델을 말함.

syntax

명령어들을 작성할 때 준수해야 하는 규칙을 말함.

# T

tablet

도면의 좌표 값이나 위치정보를 입력하는 소형 판을 말하며, stylus나 puck과 함께 사용된다.

tag

각각의 설계요소에 부가된 번호나 이름 등의 식별용 꼬리표를 말함.

task

처리하고자하는 하나의 단위 업무를 말함.

terminal

네트워크, 컴퓨터 등에서 데이터를 입력하거나 그 처리 결과를 출력시키는 단말장치를 말함.

text editor

text file을 편집하거나 수정하는데 사용되는 작업지원용 소프트웨어를 말함.

time sharing

CPU의 사용 시간을 시분할 방식으로 나누어 여러 개의 업무를 동시에 수행하는 방식을 말함. 사용자의 입장에선 보면 하나의 CPU가 여러 개의 업무를 동시에 처리하고 있는 것처럼 보임.

tool path

부품을 NC 공작기계로 가공하기 위해 작성한 공구의 이동궤적을 말함.

track ball

볼을 손으로 회전시킴으로써 cursor의 위치를 조정하는 위치정보 입력 기구를 말함.

transformation

선, 원, 삼각형, 사각형 등 임의의 도형을 회전, 이동, 축소 및 확대 등 여러 가지로 변환하는 작업을 말함.

TTL(Transistor Transistor Logic)

디지털 논리회로의 일종으로서 AND, NAND, OR, XOR gate 등을 트랜지스터를 이용하여 구성한 로직을 말함.

### turnkey system

공급자가 장비설치, 하드웨어, 소프트웨어, 시험 및 사용자 교육 등을 포함한 모든 지원을 제공하는 시스템 공급방식을 말함.

## U

### UNIX

Bell연구소가 개발한 컴퓨터용의 범용 운영체제 (OS)를 말함.

### utility program

컴퓨터의 작업을 지원하는 프로그램의 집합으로서 파일을 전송하거나 library를 유지보수하는 프로그램을 말함.

## V

### VAN(Value Added Network)

부가가치 통신망이라고도 하며, 통신사업자로부터 회선을 빌려, 이 회선에 컴퓨터를 접속하여 통신망을 구축하고, 공중 통신사업자가 제공하지 않는 새로운 기능(부가가치, 즉, 코드변환, 속도변환, 메시지변환 기능 등)을 사용자에게 제공하는 서비스 네트워크를 말함.

### view

컴퓨터 그래픽에서 화면상에 도형이나 모델을 표시하는 창구를 말함.

### virtual memory

paging이나 segmentation법을 이용하여 메모리 용량을 확장한 가상 기억공간으로서, 기억장치의 물리적인 용량보다 더 큰 용량의 주소를 지정할 수 있음.

# W

### wafer

원통형의 실리콘 단결정을 잘라 얇은 원판으로 만든 것을 말하며, 이 원판 상에 여러 개의 소자(저항, 콘덴서, 트랜지스터, 다이오드 등)가 적층됨.

### window

화면상에 직사각형의 특정 영역을 지정하여 그 속의 도형요소만 묶어서 수정 및 삭제 등 각종 작업을 수행할 수 있도록 한 창을 말함.

### wire frame model

3차원 모델의 가장 기본적인 표현방식으로서 컴퓨터 화면에 표시하고자하는 대상물을 능선, 윤곽선, 교선 등의 특징 선을 사용하여 입체모델을 표시하는 기법을 말함.

### word

일반적으로 1 워드는 32비트 또는 64비트로 구성되며, 연산이나 데이터 전송 등에서 사용되는 정보의 기본 단위를 말함.

### write protect

데이터가 수록된 파일이나 데이터베이스를 수정하거나 지우지 못하도록 설치한 보안 장치를 말함.

# Z

### zooming

화면의 확대 또는 축소 기능을 의미하며, 화면상의 특정부분 또는 화면전체를 확대하거나 축소하는 행위를 말함.

# 찾아보기


**A**

Angle 65
Annotation 137
approximating spline 72
arc 45
ARRAYPOLAR 111
ARRAYRECT 110, 232
arrow size 131

**B**

BEDIT 149
BLOCK 145
Bottom 47
boundary 79
BOUNDARY 76
BOX 200
break 103
BREAK 102
B-spline 72

**C**

Center 60
centermark 134
CHAMFER 115
CHAMFEREDGE 227
circle 134
CONE 202
Construction Line 43
control point 72
COPY 93
Crossing창 86
CYLINDER 205

**D**

default 123
Delete 90
dimension 121
Dimension 131
Dimension Style 128
DIN 297
DIVIDE 58

**E**

EDGE 179
ELLIPSE 67
End 66
EXEL 121
EXTEND 99
extrude 182
EXTRUDE 210

**F**

Fill 71
FILLET 114
Font name 129

**G**

geometric modeling 7
GRADIENT 76
grid display 161

**H**

height 124

**I**

INSERT 147
INTERFERE 220

INTERSECT 219
ISOLINES 186

**J**

JOIN 104
Justification 47

**K**

KS 297

**L**

Layer 142, 290
LAYER PROPERTIES 142
layout 292
Length 64
LENGTHEN 100
Limits 13, 290
Line 18
LOFT 198

**M**

M 방향 180
MEASURE 59
MEASUREGEOM 84
MESHSMOOTH 228
MIRROR 230
MLEADERSTYLE 137
mline 47
Modify 131
MOVE 91
MS WORD 121
MTEXT 120
Multileader 137
MULTILINE 47
mview 292

**N**

N 방향 180
navbar 155
NAVSWHEEL 157

**O**

OFFSET 108
OSNAP 28
OVERKILL 118

**P**

pan 293
PAN 34
Pickbox size 38
POINIT STYLE 57
POINT 56
POLYGON 51
POLYLINE 45
POLYSOLID 212
PRESSPULL 211
PRINT 13
Properties 121
PYRAMID 209

**R**

rectang 198
RECTANG 49
Rectangle 18
REGION 81
Remove Leader 135
REVOLVE 214
ribbon 3
ROTATE 95
RULESURF 183

**S**

setting 124
size 125
SLICE 223
SPHERE 206
spline 188
Standard 121
STRETCH 117
SUBTRACT 217
surface 204
SURFNETWORK 194

SURFTAB 186
SWEEP 196

T
table 140
template 8
Top 47
TORUS 207
TRIM 97

U
UCS 161
UCS좌표계 163
UNION 221
User Coordinate System 152
UTILITIES 82

V
V 방향 194
View Cube 155
VIEWRES 60
VPORTS 167

W
WEDGE 208
width 45
window 13
Window 85
Wire frame model 152
World Coordinate System 152

X
X 레이 158
X-축 161
XEDGES 222

Z
Zoom 290
ZOOM 32

ㄱ
각도 21, 83
각변의 길이 201
간격띄우기 108, 291
간섭 220
객체 145
객체 선택 30
객체선택 85, 89
객체스냅 27, 28
객체스넵 294
객체(Object) 줌 32
거리와 각도 116
결합 104
경계 76
경로배열 112
경사면 165
공정도 297
광선 42
교집합 219
교차점 찾기 27
교통표지판 45
구 206
구성선 42
굵기 53
궤도 155
그리기 40
그리드 23
극좌표 5, 21
극좌표추적 25
글씨 크기 130
글씨 크기 변경 128
기본설정 16
기입의 원칙 304
기준점 145
길이 분할 59
길이조정 100
꼭짓점 160
끊기 102
끊기점 102

ㄴ

PART 1 2차원 도면작성
PART 2 3차원 형상모델링
PART 3 도면 실습
부록

네트워크 표면 194
눌러당기기 211

ㄷ

다각형 51
다중선 40
다중지시선 135, 137
단면도 300
단일행 문자 123
닫기 15
대칭 105
덜 부드럽게하기 228
도구막대 153
도넛 70
도면방향 13
도면 윈도우 3, 157
도면의 양식 303
도면의 요소 303
도면의 종류 297
도면의 크기 303
도면 저장 10
도면층 142, 144
도면파일 8
도면한계 24
돌출객체 182, 210
동결 295
드로잉 3, 16
등각투상법 300, 302
등고선 72
등분할 58

ㄹ

로프트 198
리본메뉴 3, 120, 215

ㅁ

마우스 6, 26
메뉴 막대 3
메쉬 175
메쉬객체 180
메쉬 정련 229
명령복구 31
명령어 및 단축키 305
명령윈도우 17
명령취소 31
모깍기 114
모깎기 49
모델링 153
모두선택 90, 106
모따기 50, 115
모바일 12
모서리 178, 179, 192
모서리 추출 222
모서리 표면 192
문자스타일 121
미키마우스 95

ㅂ

바닥 168
바탕색 35
반지름 61, 83
방향벡터 표면 188
배경 35
배열 110
배치 290
변경 및 이동 89
복사 93, 96
복원 166
부드러운 객체 228
분해 101
뷰 큐브 155
뷰 포인트 153
뷰포인트 153
뷰 포트 167
뷰포트 292
블록 145
블록 삽입 147
블록 편집 149

ㅅ

사각형 291
사분점 찾기 27
사용자 좌표계 152, 161
사자 77
삼각형 83, 144, 160
삽입점 지점 147
상대 극좌표 21
상대좌표 20
상대좌표 치 22
상자 220
상태막대 23
서피스 모델 175
선 40
선 가중치 54
선의 굵기 298
선의 수 변경 186, 204
선의 우선순위 299
선의 종류 53, 298
선종류 143
선택 106
선택점 76
솔리드 217
솔리드 모델 152, 200
수정 85
수평선 44
숨김 158, 178
스냅 23
스윕 196
스티어링 휠 157
스프라인 74
스프라인 맞춤 73
스플라인 72
슬라이스 223
시작점 216
신발 72
신속접근 3, 35
신축 117
십자선 38
십자형 222
쐐기 208

**ㅇ**

아이콘 88
여러줄 48
여러줄 문자 120
여러줄선 47
연속궤도 155
연습도면 10
연장 99
영역 81
올가미 선택 87
와이어프레임 152
우측면도 294
원 60
원 그리기 62
원본 객체 104
원점 43
원점지정 169
원추 202
원통 205, 217
원형배열 111
웹 및 모바일 12
유무선택 143
유틸리티 82
윤곽선 303
음영처리 158
응용프로그램 5
이동 91
이동좌표 165
인쇄 13
인쇄법 290
일본 공업 규격 297

**ㅈ**

자르기 97
자유궤도 155
작업공간 7
작업설정 5
재생성 143, 204

PART 1 2차원 도면작성
PART 2 3차원 형상모델링
PART 3 도면 실습
부록

저장 10
전체재생성 143
절단선 299
절대좌표 17, 41
점 56
점 스타일 57
접선 62
접선 찾기 27
제 3각법 300
제도 297
제도 설정 23
제도의 규격 297
제작도 297
종료 15
좌표 16, 166
좌표계 16
주석 7, 125
줌 32
줌 동적(Dynamic) 32
중복객체 삭제 118
중심 마크 303
중심표식 134
지그재그 298
지름 129
지름지정 60
지우기 90
직교 5
직교모드 25
직사각형 49, 135
직선보간 표면 183

**ㅊ**

차집합 217
척도 2, 304
천장 168
초기화면 3
축소 32
축척비율 54
치수 125, 304
치수 보조 기호 304
치수선 299
치수입력 127

**ㅋ**

컴퓨터 지원 설계 2
클립보드 93
키보드 6

**ㅌ**

타원 40, 67, 188, 203
타원형 호 68
탐색막대 155
테이블 140
템플릿 8
토러스 207, 230
통과점 43, 109
투시 투영 35
특성 29, 54
특성일치 30

**ㅍ**

파선 298
패턴 77
팬 34
평면도 294
평면형 175
폴리곤 51
폴리선 40, 45, 188
폴리솔리드 212
표면 175, 182
표제란 303
표준 좌표계 152
프로그램 2
프리미티브 200
프리즘 159
플롯설정 4
플롯 스타일 30
플롯영역 296
피라미드 209

## ㅎ

한글파일 121
합집합 221
해치 76
헬리컬기어 105
호 64
확대 32
확대/축소 2
확인버튼 145
회전 95, 215
회전단면도 300
회전 솔리드 214
회전 표면 190

## 0-9

1점 쇄선 298
2점 쇄선 298
3차원 도형그리기 166
3차원 뷰 158
3차원 좌표계 152
3D 곡선 210
3D 대칭 230
3D 모깍기 227
3D모델링 153
3D 배열 232
3D 이동 225
3D 회전 226
3DFACE 176
3DMOVE 225
3DROTATE 226
3Point 65
60°돌리기 96

## 저자약력

### 장승호

(일본) 東京大學 공학계연구과 박사
한양대학교 대학원 정밀기계공학과 석사
한양대학교 공과대학 기계공학과 학사

현재 : 경희대학교 공과대학 기계공학과 교수
(미국) MIT(Massachusetts Institute of Technology) 교환교수
(한국) KAIST(과학기술원) 기계공학부
(일본) 東京大學 공학부 기계공학과 Post-Doc.
현대건설 해외 플랜트 사업본부
공공기관 면접위원 역임
기술고시 출제위원 역임

#### 수상

1987년 국비 문부성(일본) 장학생 선정
1996년 한국 섬유공학회 논문상 수상

#### 연구분야

기계진동학, 기구학, CAD/CAE, 설계공학, 메커트로닉스, 지능기계

#### 저서

기구학개론(문운당), 기구시스템해석(경희대학교 출판국), 알기 쉬운 시스템(도서출판 인터비젼), 진동학(경희대학교 출판국), 감성공학의 세계(도서출판 인터비젼), 진동학의 이해(문운당), Auto CAD 연습 및 응용(경희대학교 출판국), 공학도를 위한 기계진동학(문운당), 그래픽 및 공학설계(문운당), 공학설계를 위한 센서의 이해와 메커트로닉스 시스템(문운당), 기구학(문운당), 알기 쉬운 로봇시스템 입문(홍릉과학출판사), 알기쉬운 기계진동학-이론해석과 실전응용(공감북스), 공학도를 위한 오토캐드 2018 실전연습 및 3차원모델링(공감북스), 기구학 개론(도서출판 홍릉), CAD에 의한 기계시스템설계 및 그래픽스(한티미디어) 외 다수의 국내논문 및 SCI급 국제논문.

**AutoCAD 실습 및 실무** 정가 23,000원

저자 : 장승호

발행인 : 임해진
발행처 : 도서출판 구미서관

발행 : 2023년 2월 15일

등록 : 1979년 6월 29일 No.9-6호

주소 : 서울시 마포구 신촌로 2길 5-15 구미빌딩
전화 : 02-333-1101
팩스 : 02-335-2201
http://www.goomibook.com

ISBN 979-11-6257-245-0 (93550)

저자와의 협의 하에 인지를 생략합니다.
파본이나 잘못된 책은 교환하여 드립니다.